Yunnan's 70 Years of Brilliance
Memorabilia

辉煌云南70年大事记

云南省社会科学院　编

云南出版集团
雲南人民出版社

图书在版编目（CIP）数据

辉煌云南70年·大事记 / 云南省社会科学院编. --
昆明：云南人民出版社, 2019.8
ISBN 978-7-222-18570-8

Ⅰ.①辉… Ⅱ.①云… Ⅲ.①社会主义建设成就—云
南 Ⅳ.①D619.74

中国版本图书馆CIP数据核字(2019)第171684号

出 版 人　赵石定
统筹编辑　马维聪
责任编辑　李东华　陶汝昌　陈　亚
责任校对　寸锡彦　周力行　董郎文清
装帧设计　林芝玉

辉煌云南70年·大事记
HUIHUANG YUNNAN 70 NIAN ·DASHIJI
云南省社会科学院　编

出　版　云南出版集团　云南人民出版社
发　行　云南人民出版社
社　址　昆明市环城西路609号
邮　编　650034
网　址　www.ynpph.com.cn
E-mail　ynrms@sina.com
开　本　787mm×1092mm　1/16
印　张　24.5
字　数　400千
版　次　2019年8月第1版第1次印刷
印　刷　云南出版印刷集团有限责任公司
　　　　云南国方印刷有限公司
书　号　ISBN 978-7-222-18570-8
定　价　78.00元

如需购买图书、反馈意见，请与我社联系
总编室：0871-64109126　发行部：0871-64108507
审校部：0871-64164626　印制部：0871-64191534

云南人民出版社公众微信号

编辑说明

七十年砥砺奋进，七十年沧桑巨变。为展现在中国共产党领导下70年来云岭大地发生的翻天覆地变化，展示云南经济社会发展取得的辉煌成就，反映全省各族人民团结拼搏、奋勇争先的精神面貌，迎接中华人民共和国70周年华诞，在编著出版《辉煌云南70年》的同时，由云南省社会科学院、中国（昆明）南亚东南亚研究院编辑出版《辉煌云南70年·大事记》。

在基本架构上，以时间为经、事件为纬，纵向按照时间顺序，以年、月、日逐一编排；横向主要反映70年来云南在经济、政治、文化、社会、生态文明、党的建设等主要领域的事件和活动，做到纵不断主线，横不缺要项。

在内容选录上，从全省高度选取事关全局、反映云南70年来辉煌成就的重大事件、重要史实及重要活动。本书选录原则是：一是突出政治导向，二是突出辉煌成就，三是突出特色亮点，四是突出民生福祉。选录标准是：1. 副国级以上党和国家领导人到滇视察调研，外国国家元首或政府首脑到滇访问等活动。2. 云南省党代会、省“两会”，党委、人大、政府、政协、纪检监察机关召开的重要会议及重要活动。3. 重要政策、法规、决定的发布与实施。4. 工业、农业、商业、交通、外贸、教育、科技、文化、卫生、体育、扶贫、党的建设等领域中的重要成就。5. 涉及云南的重大外事活动。6. 州市及县（市、区）的设置及调整变化情况。7. 部分重大自然灾害抢险救灾情况。

在体例编排上，采用以编年体为主、纪事本末体为辅的方法，按时间顺序记述大事、要事，凡时间跨度相同的事件，标为“同期”，具体日期不确定的事件，列在当月最末，标为“同月”。对关联性事件和活动采用集中记述始末的方式进行适当归并，以求记事有始有终。

目录 CONTENTS

1949 年

12 月 9 日　卢汉在昆明率部起义，宣布接受中国共产党的领导，欢迎解放军入滇。

12 月 11 日　毛泽东、朱德复电卢汉："云南宣告脱离国民党反动政府，服从中央人民政府，加速西南解放战争之进展，必为全国人民所欢迎。"

12 月 12 日　云南人民临时军政委员会宣布成立，负责处理过渡时期的全省军政事务。

12 月 16~22 日　在中国人民解放军的进击下，进攻昆明的国民党军队向南撤退，昆明保卫战胜利结束。

12 月 26 日　中共云南地下党临时创办的《云南人民日报》创刊。

12 月 27 日　中国人民解放军歼灭国民党第八军、第二十六军的滇南战役开始。至 1950 年 2 月 19 日，滇南战役结束，消灭了蒋介石在大陆的最后一个重兵集团，为云南全境解放创造了重要条件。

1950 年

1 月 18 日　中共中央西南局（以下简称“西南局”）制定关于处理云南问题方案。方案强调处理云南问题不可操之过急，而应分清轻重缓急，有步骤地加以解决。

1 月 24 日　西南局批复云南省委制定的《进入云南接管工作纲要》，指出：首先搞好党内会师，达到党内高度集中统一，集中力量与卢汉建立统一战线，做好和平接管工作。

2 月 7 日　贵州安龙会议召开。根据中共中央和西南局的决定，成立中国共产党云南省委员会。会上传达了刘少奇、周恩来、朱德等中央领导对云南省委工作方针为“团结第一，工作第二”的指示。

2 月 22 日　昆明 10 万余人民在拓东广场举行盛大集会，热烈欢迎解放军进驻昆明。陈赓司令员在会上宣布：云南全境解放。

2 月 23 日　省委发出《关于财经工作的指示》，指出要迅速征粮、收税，开展贸易等工作增加收入。征粮中要执行公平合理负担、统一货币，促进城乡物资交流，活跃经济。

2 月 24 日　云南省地师级以上领导干部会议召开，正式宣布中共云南省委（以下简称“省委”）成立，撤销中共滇桂黔边区党委。

3 月 4 日　中国人民解放军昆明市军事管制委员会（以下简称“军管会”）成立，标志着云南的军事接管工作正式开始。至 5 月中旬，共接管 139 个机关和重要企业、事业单位。军管会还派员接管了全省各专署和县政府，建立了从省到县的各级人民政府，至此，接管工作基本完成。

同日　《云南日报》创刊，并发表《加强团结，建设新云南》的发刊词。《云南日报》为省委机关报，报头由毛泽东同志亲笔题写。

同日　昆明人民广播电台成立，并向全省播音。1951 年 3 月 23 日，昆明人民广播电台更名为云南人民广播电台。

3 月 7 日　军管会召开昆明市工人代表座谈会。会议要求“公私兼顾、劳资两利、城乡互助、内外交流”，繁荣经济、发展生产。

3 月 8 日　中国人民银行昆明分行正式成立，开始对外营业。为统一货币、统一金融工作和加强金融管理，军管会宣布人民币为市场流通的唯一合法货币。

同日　军管会为庆祝云南解放后第一个三八妇女节，在胜利堂召集昆明市各界妇女代表 300 多人举行座谈会。会议希望昆明市各界妇女好好学习、树立劳动观点，从劳动中改造自己，克服困难，建设新云南。

3 月 10 日　经毛泽东主席和周恩来总理批准，云南省人民政府（以下简称“省政府”）成立。24 日，宣布撤销云南人民临时军政委员会，云南省军政委员会正式成立。1952 年 9 月 10 日，经中央人民政府批准，撤销云南省军政委员会。

3 月 11 日　昆明市警备司令部正式成立。

3 月 12 日　军管会发布《云南省 1949 年公粮征收办法》和《关于征收 1949 年公粮工作的指示》，实行田地多者多出、田地少者少出、无田地者不出，尽可能做到公平合理。规定少数民族地区应召开少数民族代表会议，凡民族杂居地区，应按各民族人民人口比例，召开农民代表会议；号召少数民族自愿自动缴纳公粮，严禁强迫命令。云南省委组织 3.5 万人的工作队分赴各地开展征粮工作，至年底完成征粮任务 98%。

3 月 17 日　国营云南省贸易总公司成立，在短时间内扭转了物价暴涨、人民币贬值、市场混乱的现象。

3 月 18 日　省委决定，成立云南省人民政府财政经济委员会，负责研究云南财经方面的方针、政策、措施及管理财政、金融、税收、贸易、工农业生产计划、物资分配等工作。

3 月 31 日　军管会文教接管部召集昆明市各公私中等学校负责人举行座谈会。会议明确要贯彻《中国人民政治协商会议共同纲领》所规定的教育政策，建立新的、民族的、科学的、大众的新民主主义文化教育，以爱祖国、爱人民、爱劳动、爱科学、爱护公共财物的国民教育来教育青年。

同月　中共云南省委统战部成立。10 月，省委统战部召开全省第一次统战工作会议，传达第一次全国统战工作会议精神，明确统战工作的重要政策界限和主要问题，强调统一战线工作的重要性。

4 月 1 日　云南省军区成立。军区成立后，即作出部队分片包干兼作地方工作的决议，负责剿匪、征粮和发动群众三大任务，担负起既是战斗队又是工作队的重担。

4 月 3 日　为了搞好民族工作，中共中央批示：省级政府如贵州、云南需要设立民族事务委员会。

同日　省政府发出《关于春耕及农业生产的指示》，争取把 1949 年原来耕种的土地全部继续保持生产，不使荒废；并在这一基础上，争取略加提高，解除生产顾虑，打破地主富农的恐惧心理以及怕被征粮而不放心生产的消极观念。

4 月 3~4 日　军管会工业接管部召开所属各厂矿生产计划会议。会议初步纠正了过去长期存在的无政府盲目生产状态，贯彻了切合实际情况与需要的重点恢复的方针。

4 月 10 日　云南省人民政府税务局成立，随后各地（市）县税务机构相继成立。

4 月 27~30 日　昆明市第一届各界人民代表大会在胜利堂召开，出席会议的代表包括了来自全市不同阶级、不同信仰、不同民族的各界人士共 340 人。

同月　省委决定，成立中共云南省委纪律检查委员会。

5 月 2 日　省委发出《关于争取群众坚决镇压土匪恶霸叛乱的指示（草案）》，对剿匪工作进行了部署。驻滇人民解放军及地方武装在党中央、毛主席“必须肃清一切危害人民的土匪特务、恶霸及其他反革命分子”的号令下，迅速投入剿匪作战。6 日，云南省军区召开第一次剿匪会议。10 月 12 日，云南省军区召开剿匪工作会议，成立了云南省剿匪委员会，陈赓任主任委员。

6 月上旬　毛泽东在中南海住地约见卢汉和宋任穷，指示：云南地处西南边陲，位置很重要，你们双方要搞好团结、密切合作、有事多商量，共同把云南建设好。随后，毛泽东又与宋任穷单独谈话，说云南是少数民族最多的一个省，上层知名人士也不少，一定要注意掌握好民族政策和统战政策，团结一切可以团结的人，把云南的工作搞好。

6 月 27 日　省政府发布《关于禁绝烟毒的布告》，并向全省发出《关于严禁鸦片烟毒的指示》。

同月　云南省粮食公司成立，旨在打击粮食投机商，平抑粮价，加强国营粮食贸易工作，开展粮食购销业务，调剂地区粮食余缺，掌握粮食市场动态，参与市场经营。

同月　省委提出全省经济发展的主要任务是调整城市工商业，要求按照新民主主义经济方针，坚持公私兼顾进行调整，发展社会主义性质的国营工商业，使之成为国民经济的支柱，同时对一切正当的私营工商业加以扶持。

7 月 7 日　中共中央派陈赓为中共中央代表，率工作组从昆明启程赴越南协助组织边界作战。9 月 16 日，边界战役打响，先后解放高平、谅山、亭立、老街、和平 5 座县城。中国广西、云南与越南的交通干线从此畅通。

7 月 20~31 日　中国共产党云南省第一次代表会议在昆明召开。会议强调要保证全党的高度统一，结束独立分散、各自为政的游击状态，加强全党的组织性、纪律性，建立和加强各级党委制。会议提出要坚决贯彻“民族和睦、加强民族团结、消除历史造成的民族隔阂、工作稳步前进”的工作方针，通过了开展减租退押运动的决定。

同月　省政府设立云南民族事务委员会。1951 年 1 月，省委民族工作党组建立，民委机关开始办公。

8 月 3~19 日　云南省第一次农民代表会议在昆明举行。会议着重讨论即将开始的减租退押群众运动问题，通过《云南农民协会组织章程》，发出《为实行减租退押告农民书》。至 1951 年 9 月，减租退押运动基本结束。

8 月 5~19 日　云南省首次教育工作会议在昆明举行。会议回顾了接管以来全省教育工作情况和存在问题，提出今后教育工作的方针和任务。

8 月 6 日　中央访问团第二分团（即云南分团）到达昆明，这是中华人民共和国成立后，中央派到云南的第一个访问团。访问团先后访问了 9 个专区、42 个县，历时 10 个月。每到一地，访问团都向各族人民传达中共中央、中央人民政府的亲切关怀，宣传党的民族政策，并深入少数民族村寨进行调查研究、倾听各族人民的呼声和要求，与各族人民结下深厚的情谊。

8 月 7 日　省委决定成立云南省委党校，它的主要任务是：用马克思列宁主义、毛泽东思想武装党的干部，从思想上、理论上加强党的建设，巩固党的组织，保证党的各项任务胜利完成。

8 月 19 日　西南局就关于边界地区工作方针问题复示云南省委：云南目前摆着国防问题、民族问题和土匪问题，这三个问题是密切关联的，但核心是民族问题；只有解决了民族问题，才能解决国防和土匪问题。

8 月 30 日　滇西卫戍区援藏委员会成立，负责组织运输进军西藏所需物资。9 月，经省委批准，省政府发出《关于“支援解放西藏民工动员”的训令》；号召全省人民发扬爱国主义精神，踊跃参加服役，完成这一伟大历史任务。到 1962 年，云南各族群众节衣缩食，艰苦奋斗，顺利完成了艰巨的运粮和修路任务。云南援藏支前任务圆满完成，为人民政权巩固及边疆安定团结做出了不可磨灭的贡献。

同月　根据中共中央 5 月 1 日发出的《关于在全党全军开展整风运动的指示》和西南局、西南军区党委关于整风的指示，云南省委发出《关于加强干部整风的补充指示》。

同月　云南省人民政府边防保卫局在昆明成立，简称云南省边防局。

9 月 14 日　省政府组织少数民族代表参加的国庆参观团，启程赴京参加首次国庆盛典。佤族头人拉勐等受到毛泽东主席的亲切接见。召存信、刀世勋、刀承宗、刀卉芳等代表西双版纳各族人民，把象征宣慰世袭权力的金伞献给了毛泽东主席。

9 月 15 日　省政府、省军区联合发出指示，要求大力扑灭滇西地区发生的鼠疫。大理专区成立了防疫委员会，组织医疗队到疫区开展防病治病工作，经过军民合作，扑灭了疫情。

10 月 4~9 日　受省委和昆明市军管会委托，昆明市在拓东运动场举行首届人民体育运动会。

10 月 19 日　省委作出《关于加强党委对政府工作的领导，坚决克服党政不分现象的决定》。

11 月 22~30 日　省委在昆明召开第一次少数民族工作会议，总结过去一段时间民族工作的成绩和存在的缺点和错误，研究贯彻中央和西南局关于少数民族政策的具体措施，决定向边疆民族地区派驻民族工作队。

1950 年 12 月 25 日至 1951 年 1 月 2 日　云南省第一届第一次各界人民代表会议在昆明召开。会议选举 69 人组成省第一次各界人民代表会议协商委员会。1951 年 11 月，经省委研究并报经中共中央同意，在召开第一届第二次各界人民代表会议期间，改称各族各界人民代表会议，协商委员会也改称云南省各族各界人民代表会议协商委员会。

12 月 31 日　云南省军区公布 1950 年剿匪战果。从 4~12 月，共歼匪 6.2 万余人。昆明、滇南、滇西及滇东北四大区域的大股土匪已经被歼灭，腹心区域基本净化。对云南及西南区剿匪的显著成效，毛泽东主席于 1951 年 1 月 28 日作出“路线正确，方法适当”“成绩极大”的评价。

1951年

1月1日　宁洱专区所属15个县、26个民族的代表，举行第一届兄弟民族代表会议，即民族团结盟誓大会。各族代表共48人在“民族团结誓词碑”上用汉文、傣文、拉祜文签上自己的名字。碑文中写道：“从此我们一心一德，团结到底，在中国共产党的领导下，誓为建设平等自由幸福的大家庭而奋斗。”这块“民族团结誓词碑”也被誉为“新中国民族团结第一碑”。3月24日，举行了欢迎中央访问团暨宁洱专区民族民主联合政府成立大会典礼。云南历史上第一个专区级的民族民主联合政府成立。

1月15~20日　云南省第一次工人代表会议在昆明举行。会议的中心议题是讨论如何依靠工人、团结职员，搞好生产，健全工会组织，贯彻管理民主化、经营企业化。

1月22日　公安部决定开放云南边境11个出入国境的交通孔道，分别是：河口、畹町、打洛、马鞍底、腾冲、遮岛（梁河县城）、章凤、孟连、孟定、镇越（今勐腊县易武）、麻栗坡。

同日　省政府决定：全省汽油、柴油、润滑油、燃料油实行统购统销。2月12日，省财政经济委员会根据中央人民政府的指示，决定对全省的钨、锑、锡实行统购统销。

1月27日　《云南省建立乡村政权试行方案》制定出台。11月，省政府颁发《云南省划乡建政及城关和场（镇）政权建设试行办法（草案）》。至1953年底，全省共设立10067个乡，确立了省、专区（市）、县、区、乡五级人民政权组织体系。

同月　石龙坝水电站在原厂址东侧另建新厂，将原来的两级开发改为一级开发。

同月　会泽铅锌矿成立。1952 年被划为国家重工业部直属企业。会泽铅锌矿是世界闻名的特富铅锌矿床，它的成功开采为我国深井开采提供了借鉴经验。

2 月　云南省第一个县级各族人民政权——昆明县各族人民政府委员会经省政府批准正式成立。

同月　民航西南办事处昆明站成立，3 月正式开航。

3 月 8 日　军管会根据中央人民政府颁布的《中华人民共和国惩治反革命条例》，号召全省人民一起起来坚决向反革命作斗争，坚决镇压反革命活动。

3 月 18～27 日　云南省第一届卫生工作会议在昆明举行。会议传达、讨论了全国卫生会议和西南卫生会议决定的“面向农工，以预防为主，团结中西医”的卫生工作总方针，研究了开展天花、鼠疫、疟疾等疾病的防疫工作，决定建立和健全卫生机构的基层组织。

3 月 30 日至 4 月 6 日　省委召开地委书记联席会议，讨论减租退押群众运动、整党、镇压反革命、统一战线等工作。

4 月 10 日　省委发出《关于目前少数民族工作问题的指示》，指出：一是关于少数民族地区组织联合政府或实行区域自治问题，应当愈早愈好；二是少数民族建政应成为沿边区各专县的中心工作，结合其他工作一并进行；三是宗教势力较大的少数民族地区，必须把抗美援朝和“三自”革新运动的工作做好，以便开展其他工作。

4 月 17 日　省委批示：各专区、各县根据民族杂居或聚居的具体情况，尽快有准备地组成联合政府或区域自治，是当前民族工作的主要任务。

4 月 20 日　云南省人民政府文物保管委员会成立。8 月 23 日，云南省博物馆筹委会成立。1959 年春，正式成立云南省博物馆，同时成立了长江流域考古工作队和云南文物工作队。

4 月 22 日　《云南日报》报道私营云茂纺织厂实行民主改革的情况，并就此发表题为《从云茂纺织厂民主改革谈私营工业的自我改造》的社论。

5 月 2 日　东川矿务局筹备处成立。1952 年 12 月 12 日，成立东川矿务局，直属中央重工业部有色金属工业管理局西南分局领导，撤销东川矿务局筹备处。1953 年中央重工业部提出“全国支援东川”的口号。1954 年 3 月，设立东川矿区政府，归省直辖。1958 年 10 月 20 日，撤销东川矿区政府，改设东川市。1998 年 12 月 6 日撤市，设东川区，归属昆明市。

5 月 5 日　政务院发出《关于戏曲改革工作的指示》，云南决定首先对滇剧进行“改剧、改造人、改造制度”的三改工作。

5 月 12 日　云南省第一个相当于县级的民族区域自治地方——峨山民族自治县正式成立。1954 年 6 月 18 日改称峨山县彝族自治区。1956 年 6 月正式改为峨山彝族自治县。

5 月 21 日　省委作出《云南省委关于初步整顿党组织的决定》。强调要严肃谨慎地、有领导有步骤地进行整党，以达到提高党员的思想觉悟。

6 月 10 日　省政府发出《云南省少数民族地区各级政权机构组织暂行条例（草案）》，供各地参照执行。根据条例，云南省少数民族地区普遍建立了具有广泛代表性的民族民主联合政府。

6 月 13 日　中国人民解放军总政治部批准组成中共云南省军区委员会。

6 月 20 日　西南局对云南省委关于少数民族地区改革方针作出批示，指出：你们对于民族杂居的腹地，在实际土改时采取召集民族代表会议讨论解决的办法，只搞减租、退押、分土地，不搞算法违法赔偿，也不采取群众斗争的方式，而采取协商解决、法院判决等方式，我们认为这个方针是正确的。

6 月 22 日　为支援抗美援朝运动，省委发出《关于执行〈中央、西南局开展捐献武器运动指示〉的指示》，提出坚持自觉自愿和增加生产的基本捐献原则，把增产节约的一部分或全部用于捐献。到年底，全省捐款入库数达 489 亿元（旧币），超额完成认捐飞机 20 架、大炮 2 门、高射炮 1 门的捐献任务，以实际行动有力地支援了抗美援朝战争。

6 月 25 日　省委召开第一次宣传工作会议，要求在党员、党外积极分子中间和在社会上进行马列主义基本理论的宣传，加强党对人民的思想领导，正确开展思想斗争。

同月　经省委研究决定，以省文教厅的名义颁发《云南省兄弟民族小学教育计划（草案）》，规定：凡少数民族聚居的县均应设省立小学1所。

7月10日　省委发出《关于处理边疆民族问题的指示及公告》，规定：实行宗教信仰自由，尊重各族人民的宗教信仰及风俗习惯，并帮助各民族内天主教徒、基督教徒“三自”革新运动。

7月28日　中国国民党革命委员会、中国民主同盟、民主建国会等民主党派在云南的组织正式公开，开始逐步发展党员，建立健全基层组织。

8月1日　云南民族学院成立。学院是为大力培养各民族政治、经济、文化建设干部而开办。第一期学员包括39个民族共642人。

8月20日　省政府发布《关于进一步禁绝烟毒的指示》。

8月21日至9月13日　省委召开扩大干部会议，总结减租退押中群众运动的经验，安排部署全省的土地改革，审议通过了《关于全省实施土地改革的计划（草案）》，决定分4批于1952年完成内地土地改革。

8月26日　昆明基督教团体联合会发表宣言：反对帝国主义利用教会进行侵略活动，坚决与外国教会割断关系，完成“三自”革新运动。

同月　省政府颁布《关于内地民族杂居地区土地改革的若干规定（草案）》，对内地民族杂居地区的社会经济结构和阶级关系认真进行了分析，认为除少数较落后的部落外，基本上是封建社会的性质，是地主与农民的阶级对立。在此认识的基础上，作了若干具体政策规定。

9月初　昆明、呈贡、晋宁、宜良、曲靖、澄江6个县作为云南省的试点，开始土地改革。至12月份试点先后结束，在此基础上产生了《云南省土地改革实施办法》及《云南实施土地改革补充办法》。

同月　昆明至打洛公路动工修建。这是昆明通往西双版纳的重要干线公路，对巩固国防、开发边疆、增强民族团结具有重要意义。

10月8日　省政府召开全省林业工作会议，决定成立滇西、滇南、思普三个区域调查队，进行产胶植物调查。

10月12日　省政府发布《关于建立广播收音网的指示》，要求各地从10月份起开始普遍建立收音网。

10月26日　西南局对云南省委呈报的《关于少数民族杂居地区实施土地改革若干规定（草案）》及“几项解释”作出“大体同意”的批复。云南省委在《规定》和“解释”中指出，在民族杂居地区实行土改及进行其他改革时的基本指导思想是：从各少数民族的具体情况出发，使各民族绝大多数群众自觉行动起来解放自己。

11 月 15~17 日　云南省第一次文艺工作会议在昆明召开，会议的中心议题是：动员一切文艺工作者为土地改革服务。

11 月 24 日　云南省人民政府土地改革委员会成立。

12 月 8 日　省政府发出指示：要求各地认真宣传贯彻《中华人民共和国婚姻法》，废除包办强迫、男尊女卑的封建婚姻制度，实行男女婚姻自由的新婚姻制度。

12 月 10~17 日　云南省首届妇女代表会议在昆明举行。会议号召全省妇女团结起来，积极参加农村土地改革及城市民主改革工作。

12 月 27~30 日　省委宣传部召开省文教委员会（扩大）会议，讨论有步骤、有计划、有领导地在全省文教界开展思想改造运动，确立和巩固马列主义、毛泽东思想在文化教育事业中的领导地位。

12 月 29 日　云南省军区公布 1951 年剿匪战果，全年共歼灭残匪 46800 余人。

1952 年

1 月 8 日　省各族各界人民代表协商委员会及昆明市协商委员会召开省、市各族各界人民代表会议，讨论大张旗鼓、雷厉风行地开展反贪污、反浪费、反官僚主义运动。同时，讨论组织开展“五反”运动，拉开了云南“五反”运动的序幕。22 日，昆明市各界人民在人民胜利堂广场举行反对行贿、反对偷税漏税、反对盗窃国家财产、反对偷工减料和反对盗窃国家经济情报的群众大会。6 月 9 日，云南省增产节约检查委员会召开云南省、昆明市两级机关干部大会，宣布“三反”运动已进入思想建设阶段。8 月 30 日，省军政委员会、省政府委员会、省各界人民代表大会协商委员会举行联席会议，正式宣布全省各地“三反”“五反”运动胜利结束。

2 月　云南钢铁厂点火恢复生产。该厂于 1943 年开始试炼，是云南第一家现代化的钢铁厂。

3 月 12 日　省政府发布公告，要求彻底申报登记私人企业中的公股公产。

3 月 13 日　省委就内地民族杂居区土地改革情况及其经验总结报告中共中央和西南局。西南局书记邓小平 4 月 5 日批示：经验很好，可发给各省、区阅，并转报中央。

3 月 21 日　省委召开边疆民族工作会议，提出边疆民族地区存在的三种情况，即：我占优势地区、匪特占优势地区、土司占优势地区，并分别进行任务部署工作。

同月　逃到境外的国民党残匪再次窜入镇康、耿马、云县、顺宁等县结合部地区，与当地暗藏特务组成“云南反共救国军沧怒纵队”。5 月，中国人民解放军对其进行军事围剿，10 月，肃清当地土匪。

4 月 8 日　新华社报道：聚居在云南省西部边疆崇山峻岭中的部分景颇族、傈僳族群众，在当地政府和各兄弟民族的帮助下，告别深山，迁移到平坝地区安家生产。

5 月 15 日　省委、省政府抽调干部组织民族工作队（第一队），到保山专区傣族、景颇族地区开展以生产为中心的“做好事、交朋友”的群众工作，帮助少数民族发展生产和推行民族区域自治。民族工作队的组建及其在民族地区开展的工作，为新中国成立初期基层民族工作的开展积累了丰富的经验，成为边疆民族地区组织开展民族工作的一个重要形式。

5 月 18~19 日　省委召开地委书记联席会议，深入研究内地山区、缓冲地区土地改革和整训土改工作队等重要问题。

6 月 1 日　以原云南省人民政府边防保卫局为基础，成立了中国人民公安部云南省公安部队，受云南省军区直接领导。

6 月 26 日　省委向西南局、党中央作出《关于山区及缓冲区土改问题的报告》，明确提出处于国境线上的 26 个县不考虑土地改革，其余接近国境线而又处于内地的县市及一部分内地县中靠近这些县份的部分边界地区划为缓冲区，用缓冲区政策进行土地改革。12 月 3 日，省委向西南局汇报缓冲区土改情况，缓冲区土改工作已经取得了一些经验，表明在缓冲区能够进行且必须进行土地改革，而整个土改过程的每一步都要从民族团结入手达到民族团结，从有利于对敌斗争去工作，争取注意发动与团结少数民族，争取与团结民族上层。1956 年底，以梁河县、潞西县缓冲区土地改革完成为标志，历时 4 年的全省缓冲区土地改革胜利结束。

同月　云南根据教育部与西南文教部的部署，开始进行高等学校院系调整工作。云南大学的法律、政治、航空工程、土木工程、铁道管理、畜牧兽医、园艺、蚕桑等系和昆明师范学院的教育、地理、历史和物理专业调到外省其他高校，贵州大学工学院与理学院一部分、重庆大学有色金属专修科、西康技术专科学校调入云南大学。

7 月 7 日至 8 月 8 日　宁洱地委召开宁洱区“外八县”第一次民族工作会议，对干部进行一次民族政策的系统教育，同时解决民族区域自治和对敌斗争问题。

7 月 21 日　政务院总理周恩来电告西南、中南军政委员会和广西、云南省人民政府，中国与越南两国政府同意开放中国云南河口、广西镇南关、越南同登等地方为边缘地区贸易市场。

同月　中共中央西南局第一书记邓小平、第二书记贺龙派西南医疗队赴德宏进行防疟工作。

9 月 14 日　中共中央发出关于边疆少数民族地区须停止宗教改革运动给西南局和云南省委的指示。

10 月 5 日　省委指出，从现在开始，省委领导的重心由乡村转到城市工业，另外加强对边疆工作的指导。

10 月 21 日　省委撤销省委政策研究室，成立省委农村工作委员会。

10 月 26 日　中国人民航空公司开辟昆明—南宁—广州航线。

10 月 28 日　省各级人民政府、各民主党派、人民团体及所属事业单位的国家工作人员，从本日起正式施行公费医疗制度。

同月　中共云南省委边疆工作委员会（简称“边委”）成立，统一领导边疆工作和全省民族工作。

同月　省政府决定，在昆明市东郊建设一座生产标准红砖的云南机制砖瓦厂，并列入省重点投资项目。1954 年 7 月 1 日建成投产，是云南首批兴建的地方国营建材企业之一。

同月　滇剧参加全国第一届戏剧会演，《雷神洞》等剧目获得好评。

11 月 17 日　省委根据中央和西南局电示，发出《关于检查民族政策执行情况的指示》，要求各级党委必须十分重视民族政策执行情况的全面检查，检查的重点是民族关系、民族干部、民族民主建政、社会改革和边疆问题等。

11 月 25 日　省税务局、昆明对外贸易管理局、昆明海关联合下发《云南省边区对外小额贸易管理及征收征免暂行办法》及其实施细则。将泸水、盏西等 23 个边境县区划为小额贸易区，并对区内的进出口物品分别作出了规定。

同月　云南省根据中央人民政府规定，实行职工工资改革，废除旧的工资制度，实行以按劳付酬为原则的八级工资制。

12 月 4 日　禁烟委员会发出《关于肃毒工作的通报》，指出：至 11 月底，云南全省先后开展肃毒工作的 12 个专区、两个省辖市肃毒运动结束。

12 月 13～14 日　云南省第一届工农业劳动模范生产代表会议在昆明召开。这次会议是进一步开展爱国增产节约运动、迎接国家大规模经济建设的动员大会。

12 月 21 日　云南省农民协会正式成立。

12 月 23 日　省委发出《关于边疆民族区今后工作方针与步骤的意见》，提出今后边疆工作的三个步骤、边疆民族区社会改革的几个基本的先决条件，以及具体的意见。西南局、中共中央分别于同年 11 月 22 日、12 月 6 日作了重要批示。中共中央还指出，有计划地分批组织参观团到内地参观是在少数民族中培养爱国主义的最有效办法之一，这种参观团尽量包括上层人物。

1953 年

1 月 19~21 日　省委农村工作委员会召开昆明、宜良、晋宁、呈贡、曲靖、澄江 6 个县的县委书记会议，研究试办农业生产合作社问题。

1 月 22 日　省政府发布指示，要求各地应重视保护山林，指定盐丰、峨山、罗平、会泽、开远、曲靖、永平、禄劝、保山、丽江、普洱、文山及昆明等市县为重点示范区。

1 月 23 日　云南省第一个专区级民族自治区——西双版纳傣族自治区宣告成立。西双版纳傣族自治区的成立，探索出了一条行之有效的民主建政途径，对中国共产党在云南边疆民族地区民主建政的推进有着重大的政治意义。自治区政府主席召存信在 9 月给中央人民政府主席毛泽东的报告中称："我们已经从民族压迫时代走到民族平等的时代了！"

2 月 5 日　云南省军区组织抗疟总队，分赴滇南、滇西，与当地驻军卫生员一起，在广大边疆地区开展抗疟工作。

2 月 10 日　中共中央就佤族地区工作对西南局和云南省委作出批示，建议云南省委对国防、边境少数民族地区的工作做通盘考虑，指出这些地区的主要任务是极力搞好民族团结、反对帝国主义破坏、巩固国防。

2 月 15 日　云南省第一个农业生产合作社——晋宁县李凤仪村农业生产合作社建成。

2 月 21 日　省委召开民族工作会议，着重研究克服干部中的急躁冒进思想，要求从发展生产、贸易、卫生工作入手，而不是从社会改革入手。

3 月 10~18 日　云南全省教育行政会议在昆明举行。会议进一步明确：教育是文教工作的重点，教育的重点是高等教育，中心是培养人才，尤其是高、中级技术人才。

3月23日　中共云南省委农村工作部成立。其任务是帮助省委掌握农村各项工作的方针政策，中心任务则是组织领导广大农民的互助合作运动，以配合国家工业化的发展，逐步引导农民走向集体化道路。

3月25日　省委作出《关于加强对边疆工作统一领导问题的决定》，指出：目前我省边疆对敌斗争日益尖锐，境外国民党军残部的骚扰日益猖狂，加上边疆地区地域辽阔、交通不便、民族极为复杂、工作基础薄弱，边疆问题错综复杂。针对上述情况，省委决定采取一系列措施加强边疆各级党委一元化领导，对边疆各项工作领导更为集中和统一。

3月27日　省委发出《关于如何开展"新三反"的几点决定》（即反对官僚主义、反对命令主义和反对违法乱纪），决定：自5月起，首先在省级机关和各地、市委机关中开展"新三反"运动，6月下旬推至县级机关。

3月28日至4月5日　中国新民主主义青年团云南省第一次代表大会在昆明召开，大会选举产生了新民主主义青年团云南省委员会。

3月　省委党校开始举办干部轮训班，对干部进行系统的马克思主义教育，帮助干部从政治上、思想上划清社会主义与资本主义、工人阶级与资产阶级的界限，提高社会主义觉悟，以适应国家进入社会主义改造和社会主义建设新时期的需要。

4月4~10日　云南首届工会会员代表大会召开。会议动员全省职工完成和超额完成1953年国家生产计划，迎接第一个五年计划。大会选举产生了省总工会执行委员会，正式成立云南省总工会。

4月8~9日　云南省各族各界边疆慰问团从昆明出发，向驻守在边疆的中国人民解放军、公安部队和地方干部以及各兄弟民族进行慰问。

4月11日　省委批转滇南工委《关于边疆民族上层统战工作的思想问题及几点意见的报告》，指出：在边疆少数民族地区的工作基本上坚持贯彻了中央"慎重稳进"工作方针，对上层人物重视争取团结，抓紧了对他们的教育改造，使得边疆社会秩序基本安定。但目前仍有一些干部脱离边疆实际情况，以片面的阶级观点，企图通过阶级斗争来开展边疆民族工作，很快进行社会改革工作，这种现象是思想上的"左"倾急躁，工作上的盲目冒进，是目前边疆工作的主要危险。

4 月 13 日　省委发出《关于山区生产的指示》，规定山区生产改造的方针是：大力扶助，就地逐步发展。

4 月 20~23 日　中国民主同盟云南省支部举行第一届盟员代表大会，选举产生中国民主同盟云南省第一届支部委员会。

5 月 31 日　根据《中华人民共和国全国人民代表大会和地方各级人民代表大会选举法》规定，经中央人民政府政务院批准，云南省选举委员会正式成立。

同月　中共丽江地委报经省委批准，中共怒江边疆工作委员会成立。原中共怒江特区工委（1949 年 9 月成立）同时被撤销。

同月　昆明机床厂试制出 T68 型卧式镗床，是当时国内最大、最复杂的机床。

6 月 4 日　沧源县班洪佤王胡玉堂等 4 人给毛泽东主席写信，表示永远跟着中国共产党和人民政府。

同月　云南省少数民族语言文字指导工作委员会在中国科学院哲学社会科学部语言研究所少数民族语言组的指导和帮助下，创制了傈僳族文字，在怒江地区试行使用。

7 月 18~24 日　德宏傣族、景颇族自治区首届各族各界人民代表会议在潞西县芒市举行，正式成立德宏傣族景颇族自治区人民政府。

7 月中旬　省委在昆明召开全省工矿企业第一次党务工作会议，研究了当前党组织在工矿企业中的工作，初步明确了今后工矿企业中党委的工作任务。

同月　全省开始进行第一次普选，全部工作到 1954 年 5 月结束，直接选举了基层人代会代表、建立了人民代表大会制的基层政权。

8 月 22 日　云南省第二次教育工作会议在昆明召开。会议进一步明确了今后的教育方针是整顿巩固，重点发展，提高质量，稳步前进和文教建设必须为经济建设服务。

同月　日处理 60 吨原矿的水套开顶式炼铅鼓风炉在会泽铅锌矿投入使用，结束了云南土炉炼铅的历史。

10月21日　省委发出《关于粮食问题的紧急指示》，决定对粮食实行统购统销，于10月底相继开展粮食的收购工作。31日，省委又批转省财政党组《关于在本省执行〈中共中央关于实行粮食的计划收购与计划供应的决议〉的意见》，指出边疆与内地必须采取不同的办法，即内地取消粮食的自由市场，边疆地区尚不能取消自由市场，但亦必须适当管理。为了不使两种市场相互影响，应划出一定的“缓冲”地带，实行过渡办法。11月，全省贯彻执行国务院11月23日发布的《实行粮食计划收购和计划供应的命令》，开始实行粮食统购统销，禁止私商直接从事粮食买卖。

11月26日　昆洛（昆明—打洛）公路通车到达西双版纳傣族自治区首府车里（今景洪市）。1951年初，政务院总理周恩来亲自审阅批准了昆洛公路的测设标准。1952年11月20日，毛泽东主席为国防公路建设者题词："为了帮助各兄弟民族，不怕困难，努力筑路。"朱德委员长专门为昆洛公路题词："以一往无前的精神，战胜天险，打通昆洛交通，实现巩固国防、繁荣经济的光荣任务！"昆洛公路是新中国成立后，云南各族人民修建的里程最长的国防、经济大干线，是云南联接东南亚各国的国际大通道。

同月　云南省第一次手工业代表会在昆明举行。会议确定了对手工业进行社会主义改造的方针是：积极领导，稳步前进，由手工业生产小组、供销生产合作社到手工业生产合作社，逐步发展。

12月9日　《云南日报》报道：到目前为止，全省办起8所干部文化速成学校，毕业学员已达1500人。学员一般都从文盲提高到能认识2000个常用汉字。

12月28日　省委批转省委农工部《今年试办的9个农业生产合作社的情况与经验》，总结了合作社改个体生产为集中生产，可以克服互助组和个体农民所难以克服的生产困难，显示了在统一使用土地、统一组织劳动力、统一安排活路以及进行必要的生产技术改造等方面的优越性。

12月31日　云南省各族各界人民代表会议协商委员会举行（扩大）会议，传达国家过渡时期逐步实现国家的社会主义工业化，实现国家对农业、手工业和资本主义的社会主义改造的总路线和总任务，并布置将在全省开展的基层普选工作。

同月　省委发出《关于加强边疆少数民族地区调查研究工作的决定》，指出随着边疆情况的日趋好转和稳定，今后的民族工作必须稳步地向前推进，但仅仅依靠一般的政策和方法已不能适应民族工作发展的需要，尤其是在国家开始进入计划建设时期；根据国家过渡时期的总路线和总任务，如何在民族平等、国家统一的基础上引导各个不同民族，从其当前发展阶段经过不同道路逐步过渡到社会主义，必须引起各边疆党委的重视并着手加以研究和解决。《决定》强调运用历史的和阶级的分析方法，经常地和踏实地对各民族进行周密的、系统的调查工作。

同月　位于开远的小龙潭煤矿开工建设，后几经改建扩建，成为云南最大的露天煤矿。

同月　云南省军区公布剿匪战果，当年度歼灭土匪 22 股 2457 人。剿匪斗争至 1953 年基本结束。

1954年

1月9日　私营云茂纺织厂被批准为昆明第一家公私合营企业，标志着云南资本主义工商业的改造迈开步伐。

1月14日　省委作出《关于农村工作迅速转入以互助合作冬季生产为中心，深入细致宣传贯彻总路线的指示》。同时指出，农业生产合作社的发展应当适当控制，互助组则可放手发展，积极提高。

1月16日　云南省第二届农业生产互助合作劳动模范代表会议在昆明举行。会议强调：发展互助合作、提高农业生产力是农村工作的中心。

1月30日　云南彝族撒尼人民间叙事长诗《阿诗玛》首次在《云南日报》上全文发表。随后又在《光明日报》和《人民日报》上发表。

同日　云南省花灯剧团正式成立。

同月　云南省第一次手工业工作会议召开，会议明确了对手工业的社会主义改造是通过合作化道路，把手工业经济纳入国家计划的轨道，使落后的手工业经济成为先进的机器生产或半机器生产的社会主义集体经济。

2月12日　西南局批复省委，同意思茅地委《关于边疆民族地区鸦片问题的处理意见》及《墨江县委关于烟毒现行犯及边疆洋烟问题的处理意见》，并转发西南局民委关于边疆少数民族地区禁烟问题的两点意见。

3月1日　西南局民族工作委员会召开西南民族工作会议。会议指出，对于仍保持着很大原始性、阶级分化不明显的云南佤族、傈僳族以及景颇族地区，可以不经过土改，逐渐过渡到社会主义社会。

3月7日　全国人民慰问人民解放军代表团总团、第一总分团（志愿军）、第三总分团的代表在昆明举行慰问大会，慰问云南省军区领导机关和驻昆明部队的全体指战员。随后慰问团又深入到边防各地进行慰问。

5 月 2 日　云南省首届工业劳动模范先进生产者代表会议召开。

5 月 8 日　云南省南大（南涧—孟定大水井）公路南缅（南涧—缅宁）段通车。

5 月 10 日　云南省第一次计划工作会议在昆明召开，对做好“一五”计划工作提出了具体要求。11 月，在省财政经济委员会计划办公室基础上，成立了直属省政府领导的省计划委员会。

5 月 15 日　云南民族识别组正式成立，并分成 7 个小组，进行了以彝族为中心的共 31 个民族单位的识别工作。于 6~10 月间共分为两阶段完成了识别工作。至此，全省初步确定了彝族、白族、哈尼族、傣族、壮族、苗族、傈僳族、回族、拉祜族、佤族、纳西族、景颇族、瑶族、藏族、布朗族、阿昌族、怒族、普米族、崩龙族（现改称德昂族）、独龙族、蒙古族共 21 个少数民族，并经由省委、省政府同意，由国家民委正式列入全国少数民族族别。

5 月 18 日　江城哈尼族自治县成立。

5 月 25 日　中央人民政府副主席朱德在北京接见云南佤族上层人士胡忠华时，就中国与缅甸两国未定国界问题作出指示。

6 月 3 日　中央人民政府办公厅就 1953 年沧源的班老、绍兴、摩邦、碗莫四王给毛泽东主席写信并送象牙一对、虎皮一张、半开一元、黄蜡一条一事回信表示感谢，并希望他们团结佤族人民，为巩固国防和发展本民族政治、经济、文化事业而努力。

6 月 9 日　省委向中共中央和西南局上报《边疆工作情况和今后工作意见（草案）》，提出了在条件具备的边疆民族地区进行社会改革的意见。

6 月 12 日　政务院批准撤销宜良专区，将所辖的罗平、陆良、路南、宜良、泸西划归曲靖专区，将弥勒划归蒙自专区。

6 月 15 日　云南省宪法草案讨论委员会成立并举行第一次会议。

6 月 16 日　孟连傣族拉祜族佤族自治县成立。

6 月 17 日　省委发出《关于进一步加强少数民族地区调查研究工作的指示》，要求各级党委尤其是边疆地区党委，将民族地区的调查研究工作列为党的一项经常性的任务。目前工作的重点是土改遗留问题较多、民族关系还不正常而生产又极其落后的山区。

6月27日　云南漂染厂竣工投产。全厂机器设备均为中国制造，是云南采用现代生产技术的第一座印染企业，解决了我省不能大量漂染色布的困难。

7月2日　云南省合作社联合社第一届社员代表会议在昆明召开。

8月6~12日　云南省第一届人民代表大会第一次会议在昆明举行，选举了云南省人民委员会组成人员和高中级人民法院院长，选举了45名出席全国第一届人民代表大会的代表。会议的召开，标志着人民代表大会制度在云南的正式建立。云南省各族各界人民代表会议代行云南省人民代表大会职权的任务圆满结束。

8月13日　《云南日报》报道：经中央人民政府内务部批准，将6个对少数民族含有侮辱、歧视之意的县名进行更改，缅宁改为临沧、蒙化改为巍山、顺宁改为凤庆、镇南改为南华、平彝改为富源、宣威改为榕峰（1959年，恢复为宣威）。

8月20~28日　云南省第一次妇女代表大会在昆明召开。

8月23日　经国务院批准，将原属于丽江、保山地区的泸水、碧江、福贡、贡山四县划出，成立怒江傈僳族自治区。1957年1月改为怒江傈僳族自治州。

9月28日　中央云南边疆工作组与云南省委联合向中共中央提出《关于加强云南边疆工作的意见》，明确了：云南边疆阶级分化不明显的少数民族地区，可以不经过土地改革运动这一阶段；而是在国家大力扶持和帮助下，通过互助合作，逐步过渡到社会主义。至此，省委比较完整地形成了对云南部分社会经济形态发展比较落后的边疆民族地区实行“直接过渡”的特殊政策。

10月4~13日　云南省青年第一次代表大会在昆明举行。

10月14日　省委发出《关于传达和学习第一届全国人民代表大会第一次会议各项文件的指示》。9月15日，全国一届人大第一次会议在北京举行，大会通过《中华人民共和国宪法》，选举毛泽东为中华人民共和国主席，刘少奇为全国人大常委会委员长，周恩来为国务院总理。

10 月 23 日　罗马尼亚人民共和国大国民议会主席团主席彼特鲁·格罗查抵达昆明，进行友好访问。

10 月 25~27 日　省委召开由边疆地委、民族自治区工委书记参加的边疆工作会议，研究有关边疆民族地区的改革问题。省委于 11 月 16 日向中共中央、西南局呈报了《目前边疆情况和有关边疆改革问题的意见》。中共中央对《意见》作了批示：云南省委所提的方针政策是正确的。

同月　经中共中央批准，省委设立常务委员会。

11 月下旬　中国科学院语言研究所云南工作队和云南省人民政府民族事务委员会语文研究组派出部分工作人员前往德宏傣族景颇族自治区，调查了解景颇族方言和文字发展使用情况。

1955年

2月10~13日　云南省第一届人民代表大会第二次会议在昆明举行，将云南省人民政府改称为云南省人民委员会（以下简称“省人委”）。

2月15日　省委边疆工作委员会和农村工作部提出《关于边沿六县区执行和平协商土地改革中若干问题的规定》。22日，省委原则同意并批转了这个报告。河口、江城、双江、镇康、大雪山和澜沧县内四区随即进行和平协商土地改革。

2月21~24日　中国人民政治协商会议第一届云南省委员会第一次全体会议在昆明举行。

3月15~19日　云南省体育运动委员会召开云南省第一次体育工作会议。

3月20日　新华社报道：经国务院批准，位于川、滇、藏三省交界处的凉山地区正式成立临时军政委员会，统一领导大、小凉山地区的各项工作。

3月28日至4月6日　云南省第一次公私合营工业干部会议在昆明召开。

3月30日　省委决定对和平协商土改区土司和较大头人除在政治上予以安排外，于1955年内拨出90多万元，对4790名民族上层及其1040名家属、204名佣人，采取包养措施，对500余名年老丧失劳动力的乡以上头人，给予适当补助。

4月1日　中国人民解放军昆明军区成立。云南省军区改称为“昆明军区兼云南省军区”。

4 月 1~9 日　云南省第一次初等教育会议在昆明举行。

4 月 8 日　国务院总理周恩来和副总理陈毅率出席亚非会议的中国代表团抵达昆明。周恩来在昆期间，参观了昆明植物研究所和云南大学等。29 日，周恩来、陈毅参加完亚非会议后回到昆明。30 日，到圆通寺参观“云南民族文物展览”。5 月 1 日，参加昆明市庆祝五一国际劳动节集会，检阅了游行队伍。

5 月 15 日　越南民主共和国在昆明开设领事馆。

同月　省委召开全省第一次宗教工作会议。

同月　临沧地区先后创办双江、勐撒、勐底 3 个军垦农场，7 月转归地方党委领导。

6 月 1~8 日　西双版纳傣族自治区各族人民代表会议第二届第一次会议在自治区首府允景洪举行。出席会议的包括傣族、哈尼族、汉族、拉祜族、布朗族、瑶族等 18 个民族的代表。会议根据《中华人民共和国宪法》规定，决定将自治区改为自治州，并通过了自治州各项条例，建立了自治州人民委员会等机构。

6 月 16~30 日　中共云南省第三次代表会召开。会议传达学习了《关于中华人民共和国发展国民经济的第一个五年计划草案的决议》《关于成立党的中央和地方监察委员会的决议》等决议和文件，决定成立省委监察委员会，取代省委纪律检查委员会，并报经中央批准。

7 月 3 日　中华人民共和国政府同意缅甸联邦政府在昆明设立总领事馆，首任总领事为吴巴貌。

7 月 5~30 日　全国人大一届二次会议在北京召开，云南少数民族上层人士——德宏傣族景颇族自治区人民政府主席刀京版、西双版纳傣族自治州州长召存信、怒江傈僳族自治区人民政府主席裴阿欠作为代表先后在大会上发言，介绍了边疆各族人民在党的领导下各方面取得的成就和自己的思想转变过程，表示坚决拥护和支持党在边疆少数民族地区实行的民主改革政策，永远跟着共产党走。

8 月 8 日　省委召开常委会（扩大）会议，传达学习毛泽东主席《关于农业合作化问题》的报告。30 日，省委将传达学习的情况报告中央。中央于 9 月 9 日作出批示：同意云南省委关于发展农业生产合作社的报告，认为报告中所提的方针及各项措施是正确的。

8 月 26 日　省委向中共中央呈报《关于目前边疆和平协商土地改革进展情况报告》，指出：从已经结束土改的地区来看，实践证明通过和平协商土地改革，不仅基本上达到了消灭封建剥削制度、发动群众的目的，而且有利于民族团结和对敌斗争。

同月　根据中共中央决定，省委设立书记处。

9 月 26 日　省委向中共中央报送《关于边疆六县区第一批采取和平协商方式土地改革的初步总结》。12 月 10 日，中共中央转发了云南省委的这个总结报告，请四川、青海、甘肃等省委参考。中央指出，云南省根据这 6 个县区的特点，采取和平协商方式进行土地改革的效果是好的，所取得的经验也很值得重视。1956 年国庆前夕，新华社报道了云南边疆民族地区胜利完成和平协商土地改革的消息。

10 月 8 日　新华社报道：从云南省绥江、盐津、威信、镇雄等县调出的粮食运抵重庆港。这是云南省第一次运出余粮到省外。

10 月 16 日　耿马傣族佤族自治县成立。

10 月 22 日至 11 月 3 日　省委召开地、县、区委书记会议，传达和学习了毛泽东《关于农业合作化问题》的报告及中共七届六中全会的决议，检查了右倾问题，修订了农业合作化规划。全省开始在 50 个县重点试办高级农业生产合作社。

10 月 29 日　中共中央、国务院决定成立中缅未定界勘界委员会。

11 月 9 日　国务院正式批准云南省第一届人民代表大会第三次会议通过的《云南省发展国民经济的第一个五年计划》。云南和全国一起，进入从 1953 年开始的大规模经济、国防和文化建设的第一个五年计划时期。

11 月 11~14 日　缅甸军队友好代表团在昆明进行访问。14 日至 19 日，缅甸文化代表团在昆明访问。

11 月 28 日 ~12 月 3 日　全国人大常委会副委员长宋庆龄在昆明先后视察了云南纸烟厂等 10 个单位。翌年 2 月 25 日，《人民日报》发表了她的《视察云南省工作的报告》。

12 月 2 日　省委召开（扩大）会议，传达了《中共中央关于资本主义工商业改造问题的决议（草案）》，决定在全省掀起对资本主义工商业进行社会主义改造的高潮。

12 月 27 日　在《中国农村的社会主义高潮》一书中，毛泽东对云南省西畴县委上报的反映该县戈木乡东升农业生产合作社整社经验的材料《一个混乱的合作社整顿好了》加了按语。

1956 年

1 月 6 日　省委在向中共中央转报省委边疆工作委员会关于边疆民族工作的意见时提出，省委认为云南边疆阶级分化明显的地区，目前必须集中力量进行土地改革。土改完成之后，必须紧接着发展合作化运动。但这类地区发展合作化的速度，应当采取比内地更为谨慎的态度和较为缓和的步骤。今后主要是试点，摸索经验，俟问题看准，经验较为成熟后，再全面推开。3 月 16 日，中央批示，同意省委的意见。

同日　《云南日报》报道：德宏傣族景颇族自治区在已经完成和平协商土地改革的地区，试办了第一批共 8 个农业生产合作社。

1 月 20 日　省委批转省委农村工作部《关于试办高级农业生产合作社的几个问题的报告》。

1 月 23 日　省委向中共中央作出《关于对私营工商业改造规划意见的报告》。

1 月 25 日　昆明市 15000 多名手工业者在人民胜利堂举行集会，庆祝全市手工业社会主义改造的胜利完成。

同月　云南第一份具有浓郁民族特色的文学期刊《边疆文艺》创刊。办刊过程中，推出了一大批在全国有影响的作品和优秀的民族作家。

2 月 3 日　省委边疆工作委员会在《关于德宏自治区景颇族地区的工作意见》中指出，由于景颇族地区领主地主经济所占绝对数不大，再基于内外关系的影响，考虑在这一地区不必再经过土地改革运动这一阶段，可以通过互助合作，发展生产，直接地但是逐步地过渡到社会主义社会。

2 月 6 日　中共中央政治局委员、国务院副总理兼国防部长彭德怀到云南大学、云南民族学院视察。

2 月 11 日　省委批准思茅地委《关于西双版纳州傣族地区采取和平协商方式进行土地改革的意见》并报中央。3 月 20 日，中共中央批复同意省委意见。该州于 1955 年底在景洪进行土地改革试点。

同月　被列入国家“一五”计划重点建设项目的昆明水泥厂破土动工。这是云南第一家机械化的大中型水泥生产企业。它建成后，将结束云南依靠国外、省外供应水泥的历史。

同月　考古工作者在开远小龙潭第三纪煤系中发现 5 枚森林古猿牙齿化石，根据地层和共生的哺乳动物判断，其时代应为中新世晚期，约相当于 1400 万年以前。开远古猿化石的出土，首次揭露了云南古人类发展的信息。

3 月 2 日　云南省文学艺术工作者第一次代表会议在昆明举行，选举产生云南省文学艺术工作者联合会和中国作家协会云南分会。

3 月 9 日　省委常委会会议通过《关于在边疆已土改地区开展合作化运动的指示》。

3 月 12~18 日　省委召开地（市）委书记会议，讨论根据《全国农业发展纲要（草案）》制订云南农业规划的问题，以及组织春耕生产和整顿农业生产合作社的问题。

3 月 24 日　省委就云南农业合作化情况向中央作简报：云南在春节后发展合作社的工作，到 3 月上旬已结束，基本上完成半社会主义农业合作化。

同日　云南第一座半自动化、现代化的火力发电厂——开远发电厂隆重举行发电剪彩大会。

3 月 27 日　国务院副总理贺龙参加巴基斯坦伊斯兰共和国成立典礼和访问印度后，乘专机回国到达昆明。

4 月 11 日　中缅两国的昆明—曼德勒—仰光航线正式开航。这是根据中缅两国签订的航空运输协议和办理两国航空业务议定书而执行的具体措施。两国之间的协议也是我国与非社会主义国家签订的第一个航空运输协议。

4 月 25 日　德宏傣族景颇族自治州举行第一届人民代表大会第一次会

议。大会根据《中华人民共和国宪法》规定，将德宏傣族景颇族自治区改为德宏傣族景颇族自治州。经国务院批准，撤销保山专员公署，将所属的保山、腾冲、龙陵、昌宁 4 县划归德宏傣族景颇族自治州。

同月　省委决定成立中共云南省高等学校委员会，委员由各大学党委负责人担任。

5 月 9 日　中华人民共和国特使、国务院副总理乌兰夫率领的中华人民共和国代表团参加尼泊尔国王马亨德拉加冕典礼后，回国到达昆明。

5 月 10~15 日　省委召开由地、市委书记和省级机关党员干部参加的省委（扩大）会议，传达和讨论毛主席 4 月 25 日在中央政治局（扩大）会议上关于《论十大关系》的报告，并联系本省情况，着重讨论了农业合作社的生产和分配问题及民族工作。

5 月 25 日　省委根据中央指示，发出《关于全面检查民族政策执行情况的指示》。

5 月 27 日　为贯彻中共中央、国务院《关于扫除文盲的决定》，云南省成立了扫盲协会，云南再次掀起扫盲运动的热潮。到 1959 年，全省青壮年文盲降低 37 个百分点，以识字为主的文化技术扫盲取得了显著成绩。

6 月 8 日　到缅甸参加第六次佛经结集大会闭幕典礼和释迦牟尼涅槃 2500 周年庆祝典礼的中国佛教代表团，在团长祜巴勐率领下，从缅甸奉迎佛牙回国到达昆明。

6 月 25 日　中国共产党云南省第一次代表大会在昆明召开，标志着党的代表大会制度在云南的确立。大会报告指出：省委成立以来的 6 年时期内，我们在党中央的正确领导之下，依靠着全党同志和全省各族人民的共同努力，取得了革命事业的重大胜利：完成了以土地改革为中心的民主改革任务，并且在这个基础上，紧接着执行社会主义建设和社会主义改造的新的历史任务。我们已经和全国一起在社会主义改造事业方面取得了决定性的胜利，省内阶级关系和民族关系已经起了根本的变化；现在正在为巩固和发展这个胜利而奋斗，正在遵照党中央的指示，为“调动一切积极因素为社会主义服务”而奋斗。会议选举云南省出席党的第八次全国代表大会代表 19 人、候补委员 9 人。

7 月 1 日　国内第一座高水头梯级水力发电站——以礼河梯级电站二级水槽子电站正式动工兴建。

同月　经国务院批准，在省委统战部和省宗教事务处的帮助下，佛教界在昆明、德宏组织了佛教徒迎奉和朝拜佛牙的活动，昆明、德宏、西双版纳、大理等地和缅甸、泰国的佛教信徒数十万人参加了朝拜，这是云南历史上规模最大的一次佛教朝拜活动。

8 月　云南省少数民族社会历史研究所成立，重点研究云南少数民族地区经济社会发展的历史。

9 月 1 日　昆明医学院独立建校典礼及开学仪式在潘家湾新址举行。昆明医学院是云南大学医学院分出独立建校的。

9 月 15~27 日　中国共产党第八次全国代表大会召开，作出了社会主义基本制度初步建立、中国共产党已经成为执政党这两个重要论断。云南与全国其他地区一起进入了全面建设社会主义的历史新时期。

9 月 20 日　宁蒗彝族自治县成立。10 月，宁蒗彝族自治县实行和平协商民主改革——废除奴隶制和封建领主制，解放奴隶，至 1958 年 2 月结束。

10 月 1 日　经国务院批准，贡山独龙族怒族自治县成立。

10 月 14 日　印度尼西亚总统苏加诺在国务院副总理陈毅、中国驻印尼大使黄镇陪同下乘专机到达昆明。次日，离开昆明，取道仰光回国。

10 月 22 日　应周恩来总理邀请来华访问的缅甸联邦反法西斯人民自由同盟主席吴努到达昆明，24 日离开昆明赴北京与周恩来总理会谈。

10 月 22~28 日　全省第一次民族教育工作会议召开。会议提出“坚持积极而又稳妥的步骤，根据需要和可能实事求是地发展”的云南民族教育发展的总方针。

10 月 30 日　中共中央云南边疆工作组、省委向中央上报《关于加强云南边疆工作的意见》。

11 月 8 日　省委发出《关于学习和宣传党的第八次全国代表大会文件的决定》。28 日至 12 月 2 日，省委召开（扩大）会议，研究在干部群众中传达中共八届二中全会精神和进一步宣传“八大”的问题。

11 月 9 日　巍山彝族回族自治县成立。

11 月中旬　中央慰问团第五分团前往滇西北地区，慰问世居在那里的彝族、藏族等族人民，慰问活动持续到次年 3 月中旬。

11 月 22 日　云南内地第一个自治州——大理白族自治州宣告成立。

同月底　西双版纳傣族自治州和江城、澜沧、孟连等县的土地改革全部完成。至此，云南边疆除滇西北的藏族、彝族地区和阶级分化不明显的地区外，其余 140 万少数民族人口的地区全部完成了和平协商土地改革，并开始了对农业的社会主义改造。

12 月 16 日　中缅边民联欢大会在德宏傣族景颇族自治州首府芒市举行。两国总理先后在联欢会上发表了讲话。

12 月 28 日　考古工作者在晋宁县石寨山遗址发掘出古滇王金印。

12 月 31 日　路南彝族自治县成立。

1957年

1月2日　国务院总理周恩来、副总理贺龙等结束对越南民主共和国、柬埔寨王国、印度共和国、缅甸联邦和巴基斯坦伊斯兰共和国的友好访问，回国到达昆明。

1月26日　以帕巴拉活佛为名誉团长的西藏参观团抵达昆明。2月1日到达德宏傣族景颇族自治州进行为期4天的参观访问活动。

2月13日　中共中央副主席朱德到昆明视察工作，指出种植经济作物是有价值的。

2月19日　省委批复同意维西县四、五区和中甸县金江区和平协商土地改革条例。

2月24~27日　云南省举行首届农民运动会。

2月26日至3月4日　省委、省人委召开全省第三次文化行政会议，提出要调动一切积极因素，加强农村和民族地区文化工作，努力建设社会主义的民族新文化。

2月28日　中共中央、国务院发布《关于发展养猪生产的决定》。国务院指示各地提高生猪、猪肉的购销价格。云南省根据国务院指示，对全省生猪购销价格作了全面调整，调价以后可增加收入，对发展养猪是有利的。

3月1日　新华社报道：云南边疆约70万阶级分化还不明显的少数民族在党和国家的扶持下，通过试办合作社，发展生产，正直接向社会主义过渡。

3月7~21日　省委边疆工作委员会召开直接过渡地区工作座谈会，确定直接过渡区当前的中心任务是发展生产，互助合作是发展生产从而解决各种复杂矛盾的根本道路。

3 月 22 日　缅甸联邦总理吴努、副总理兼外交部部长藻昆卓、昂山夫人都庆枝以及掸邦事务部政务次长吴季密等到达昆明。29 日，国务院总理周恩来到达昆明，与吴努等缅甸贵宾会见，并就两国边界问题进行会谈。31 日，周恩来致电中共中央和毛泽东并转告外交部，报告同吴努谈定的内容，并建议中缅边界问题谈妥后，两国签订新的边界条约，代替一切旧约。毛泽东表示同意。

同月　省委对私改造五人小组办公室作了《关于对私营工商业社会主义改造的综合报告》，指出：1956 年云南除边疆少数民族地区外，进行改造的 106 个市、县的私营工商业、手工业分别实现全行业合营和合作化。

4 月 23 日　省教育厅确定用景颇文、傈僳文、载瓦文、拉祜文、哈尼文、佤文、彝文 7 种民族文字编译的课本，在部分民族小学进行试教。

5 月 11 日　省委召开常委会（扩大）会议，学习中共中央《关于整风运动的指示》，讨论和布置全省的整风运动。

5 月 15~24 日　云南省先进生产者代表会议在昆明举行，全省 13 个地市、5 个自治州的 1648 位代表出席会议。阿拉伯工会国际联合会代表团，缅甸、越南驻昆明领事，在云南帮助建设的苏联和民主德国专家，也应邀出席会议。

5 月 18 日　省委邀请云南省各民主党派和无党派著名人士 70 多人座谈整风。省委对整风的意义及在云南党组织内整风运动的方针和具体步骤作了说明。省委统战部于 22 日至 6 月 15 日连续邀请各民主党派负责人和无党派民主人士举行座谈会，就党与知识分子的关系、共产党和各民主党派的关系等问题先后共举行了 17 次座谈。

6 月 1 日　《云南日报》报道：云南省人民委员会高寒贫瘠山区民族访问团，经过两个多月的访问工作，现已基本结束。他们访问了永善、巧家、彝良、元阳、红河、金平、富宁、广南、麻栗坡等县的苗族、瑶族、哈尼族、彝族等少数民族地区人民。

7 月中旬　位于小凉山地区的宁蒗彝族自治县 1956 年冬开始进行民主改革试点，已完成 77000 人口地区的民主改革工作，其余 28000 人口地区可于秋收前后结束。

同月　云南著名表演艺术家关肃霜赴苏联莫斯科参加第六届世界青年联欢节，她主演的《泗州城》《打焦赞》获金质奖。

8 月 1 日　中国人民解放军云南省军区成立。

8 月 8 日　中共中央发出《关于向全体农村人口进行一次大规模的社会主义教育的指示》。同日，云南省委召开地委书记会议，决定立即在全省农村开展社会主义教育运动。

9 月 6~13 日　云南省迪庆藏族自治州各族各界人民代表会议在中甸举行，正式成立了迪庆藏族自治州。

9 月 20 日　由苏联地质学家兹罗宾任组长、物探专家契尔洛夫任副组长的 7 人专家工作组及以中国方面的队长李野光、队党委书记李金刚等 300 多名工程技术人员组成的铀矿专业地质队到达临沧，进行铀矿资源调查。在临沧县境内勐旺的白塔地段、帮卖盆地、勐捵盆地等地发现铀矿资源。

9 月 28 日　《云南日报》报道：云南各少数民族已经从封建制度、奴隶制度甚至原始社会，超越了一个或几个社会发展阶段，跨进了社会主义社会。

同月　玉溪烤烟厂建成投产，它是 1956 年由国家投资 280 万元建设的。

10 月 19 日　国务院批准撤销思茅专区，所属各县统归西双版纳傣族自治州人民委员会管辖。

11 月 13 日　红河哈尼族彝族自治州第一届人民代表大会第一次会议在蒙自召开，会议宣布红河哈尼族彝族自治州正式成立。

同月　昆明正式成立天主教爱国会，标志着云南天主教摆脱了国外教会的控制，走上独立自主、自办教会的道路。

12 月 6~10 日　中共云南省第一届代表大会第二次会议召开。大会通过了《关于推进 1958 年农业生产新高潮的决议》。

12 月 14 日　省委召开边疆工作会议，讨论本省边疆地区实现农业合作化和领导各族人民过渡到社会主义的问题。

同日　国务院副总理陈毅到北京机场欢送缅甸总理吴巴瑞率领的友好代表团离京。陈毅作《赠缅甸友人》写道：“我住江之头，君住江之尾。彼此情无限，共饮一江水。”全诗赞美了中缅两国山水相连，人民友好交往的“亲戚”关系。

12月18日　昆河（昆明—河口）铁路（滇越铁路云南段）修复通车。25日，碧色寨至河口的接轨典礼在倮姑举行，中断15年的滇越铁路全部修复。

1958年

1月6日　省委发出《关于边疆和平协商土改区农业合作化的指示》，指出：云南边疆150万人口的民族区于1955~1956年先后结束和平协商土地改革。这期间，省委在“慎重稳进”方针的指引下，坚持分类指导，分阶段、分对象，制定不同的改革政策，保证了改革任务的胜利完成。土地改革是云南历史上最大规模、最为深刻的社会变革之一，从根本上铲除了封建制度的根基，为全省社会主义建设创造了条件，奠定了基础。

1月11日　中国铁道部代表团同越南交通邮电部代表团在河内签订两国铁路联运议定书，决定从3月1日起，正式恢复两国中断了17年之久的铁路国际货物联运业务。3月1日，在云南省河口县举行了中国昆明铁路和越南铁路实行国际联运庆祝大会。

1月24日　省人委会发出《关于立即广泛深入开展以除四害、讲卫生、防疾病为中心的爱国卫生运动的指示》，指出：过去几年来我省爱国卫生运动取得很大成绩，思茅、潞西、双江、耿马、澜沧等城区已基本消灭了几百年来危害人民的疟疾，保证了工农业生产的顺利发展。

1月底　第二个五年计划重点建设工程之一——昆明钢铁厂扩建工程开始施工。这项工程投入生产后，昆明钢铁厂钢锭年产量将比现有生产能力增加4.5倍。

2月4~11日　省委召开地（市）委书记会议，传达中央南宁会议精神，提出新的跃进指标，议定全省农业、工业、文教、卫生等方面的主要指标和措施。

2月6日　中共中央决定将全国划分为东北、华北、华东、华南、华中、西南、西北7个协作区，由有关省、市、自治区党委举行定期或不定期的会议，互通情报、交流经验、互相协作、调节矛盾，以促进各项工作的共同发展。云南、贵州、四川、西藏、陕西划为西南协作区。

3月15~18日　云南省第一届人民代表大会第五次会议在昆明召开。会议通过了《关于省人民委员会的报告的决议》。《决议》号召全省人民在胜利的基础上，马不停蹄、人不卸甲，从胜利走向胜利，把“大跃进”的高潮推向新的高峰。

3月26日至4月1日　文山僮族苗族自治州举行第一届人民代表大会第一次会议。4月1日，文山僮族苗族自治州宣告成立。

4月10~15日　楚雄彝族自治州第一届人民代表大会第一次会议在楚雄举行。15日，楚雄彝族自治州宣告成立。云南最终建立了8个自治州、29个自治县，成为全国民族区域自治地方最多的省份。

4月29日　省委决定成立技术革新指导委员会，进一步加强对全省技术革新的领导。

5月7日　以越南驻昆领事黎松山为团长的越南老街、河江省和泰茵自治区贸易代表团抵达昆明商谈地方贸易问题。省委批准了双方开展小额贸易的协议。同日，双方就中越边境小额贸易问题和1958年度地方贸易进行了会谈，并签订了贸易合同。

5月31日　省民委党组向省委报送了《关于少数民族语文工作的报告》，指出：已帮助10个民族创造和改进714种文字，并已在各少数民族地区试验推行。

6月6日　省委召开电话会议，传达中共“八大”二次会议和中央召开的省市委第一书记会议精神。

6月15~21日　省委召开地（市）委工业书记会议（煤焦钢铁会议），讨论部署大战钢铁。

6月27日　省委决定由省委主办理论性月刊，定名《创造》。根据省委的决定，《创造》杂志于8月1日正式创刊。1959年国家副主席董必武为杂志题写了刊名。

6月28日　省委发出《关于继续顽强战斗、彻底实现今年农业生产

“大跃进”的指示》。

7 月 1 日　省人委发出《关于 1958 年文教卫生计划》。在教育方面的安排是：内地各县要争取普及小学教育；全省农中学生争取年底达到 10 万人；要求做到社社有民办小学，每一大乡至少有一所公办农中；边疆民族地区县有中学，区乡有小学或完小；各地按计划增设新校，应以工矿区、少数民族地区、农村为重点；高中应尽可能多招；初高中录取新生的工农成分应比 1957 年增多。

7 月 29 日　《云南日报》报道：昆明机床厂试制成功我国第一台 2430 型高精度坐标镗床。它的试制成功，标志着我国精密机床制造技术跨入了世界先进的行列。

同月　省委召开炼铜工业会议，确定采取“先土后洋、土洋结合、以土为主”的方针，加速发展炼铜工业。

8 月 1 日　解放军化肥厂在开远举行开工典礼。化肥厂于 1963 年 8 月 1 日建成投产，是云南省第一个生产合成氨的中型企业。

8 月 8 日　云南重型机械厂在昆明近郊举行开工典礼。全部建成后，是云南省机械工业的骨干工厂之一。

8 月 13 日　云南省科学工作委员会和中国科学院云南分院正式成立。12 月，省科学工作委员会改称为省科学技术委员会。

8 月 14 日　柬埔寨王国首相诺罗敦·西哈努克亲王由仰光到达昆明，对我国进行友好访问。

8 月 16 日　《云南日报》报道：内昆（内江—昆明）线云南段、昆一（昆明——一平浪）线、草白（草坝—白沙冲）线和东川支线 4 条铁路，到 8 月上旬已全部动工。

8 月 26 日　云南省教育厅、共青团云南省委联合提出：立即在全省范围内掀起扫盲高潮。全省已组织 450 万人入学，占全省青壮年文盲的 90%以上。扫盲工作取得了很大的进展，农村有 80 万人摘掉了文盲帽子，为解放以来历年扫盲总数的 6 倍多。

8 月 30 日　云南省第一个跨流域开发梯级水电站——以礼河水电站二级电站，提前一年正式发电。

同月　昆明平板玻璃厂建成，后经改、扩建达到年产普通平板玻璃 101.6 万箱、彩浮玻璃 36.8 万箱。

8 月 30 日至 9 月 4 日　省委文教部、省教育厅、省总工会、团省委联合召开全省职工业余教育现场会。会议确定：1958 年职工业余教育的任务是全部消灭职工中的文盲，大力发展中等教育，积极举办红专学校，重点试办各级各类半工半读的工人学校。

9 月 6~9 日　省委召开地、市委工业书记会，传达讨论中共中央政治局（扩大）会议提出的今年钢产量达到 1070 万吨的号召。从此，一场大战钢铁铜运动在全省兴起。

9 月 19 日　凤庆茶厂制成超级红碎茶敬献毛泽东主席。中央办公厅秘书室复信说："你们连续制成多种新的茶叶品种，质量超过锡兰和印度，跃居世界首位，这是值得高兴的。希望你们继续努力，进一步提高产品的质量，以满足人民日益增长的需要，并增加出口争取多创外汇，支援国家的社会主义建设事业。"

10 月 1 日　云南西部电力枢纽之一的西洱河大型水电站的四级电站正式动工兴建。

10 月 2 日　云南省第一届人民体育运动大会在昆明拓东运动场开幕。这是云南省解放以来规模最大的一次运动会，有来自 28 个民族的 800 多名运动员参加。

10 月 5 日　省委向全省发出《关于建立人民公社的指示》，指出：建立人民公社不仅是加速社会主义建设所必需，而且是逐步过渡到共产主义的根本道路。目前这个群众运动的高潮已经到来，必须坚决贯彻执行中央《关于农村建立人民公社问题的决议》，积极地领导这个运动。边疆地区建立人民公社问题，请边疆各地委进行个别试点，认真总结，订出方案，报省委批准后执行。

10 月 13 日　省委边疆工作委员会召开电话会议，下达《关于边疆建立人民公社的几点意见》，指出：边疆地区在今年生产"大跃进"和内地人民公社运动高潮推动下，先后进行了建立人民公社试点。

10 月 21 日　《云南日报》发表《办好公共食堂》的社论：占农村人

口的绝大多数已经不再单家独户自助办伙食了，而是把吃饭这件大事，也交给了集体来管理。办公共食堂，是生活集体化、家务劳动社会化的一个重要内容，我们一定要把公共食堂办好。

10 月 25 日　《云南日报》报道：中共中央总书记邓小平、书记处候补书记杨尚昆在昆明先后视察了昆明钢铁厂、昆明机床厂、昆明第十四中学等 9 个单位。邓小平对云南的钢铁、交通、农业等方面的工作作了指示。

11 月 2~11 日　省委在玉溪召开“1959 年度向水利进军誓师大会”。会议研究了在 1958 年兴修水利 1500 万亩的基础上，1959 年兴修水利 2000 万亩（其中增灌 1400 万亩，改善灌溉 600 万亩），增加控制水量 190 亿立方米，治理水土流失面积 4 万平方千米，建成农村 10 万千瓦小型电站 50 个。

11 月 6 日　《云南日报》报道：在内地建立人民公社运动的影响和推动下，边疆地区也发展起来。其中怒江傈僳族自治州已建立起 20 个人民公社，入社户数达到总户数的 74%，基本上实现公社化。在西双版纳州和红河州、德宏州的边疆县，也正在积极进行试办。

11 月 15 日　昆明电线厂继上海电线厂之后，试制成功我国第二根空心铜排。用这种空心铜排制造的电线，比实心铜排提高效率 10 倍。

11 月 15~20 日　省委召开了地、市委第一书记会议，传达学习中共中央 11 月上旬第一次郑州会议精神。

11 月 18 日　省委向中共中央上报《关于肿病死人情况的检查报告》。最初于 2 月份发生肿病，到 6、7 月间猛增，省委把保证物资供应作为防治肿病的中心环节，调拨了大量的粮食、大豆、肉类、油脂及药品。到 7、8 月份基本遏制了高发的病势。毛泽东主席看了报告后，说“要作为一个教训”。25 日，毛泽东又对中共中央宣传部《宣教动态》145 期转发的这个报告作了题为《一个教训》的重要批示。

11 月 30 日　省委发出《关于在各级领导干部中继续开展整风的指示》。

同日　省委发出《关于保护个人生活资料所有权的通知》，要求：人民公社应当立即普遍向社员宣布，永远保护社员个人原来的和分得的生活资料所有权，凡属个人的日常生活用品、存款、房屋等私有财产一律不得侵犯。

并重申了允许私人养猪和家禽，以及从事一些零星的家庭副业的政策。

12 月 4 日　省委批准省委防治血吸虫病五人小组《关于全省除五害、灭六病、讲卫生的跃进规划报告》，指出：今年头十个月，全省除“四害”为中心的爱国卫生运动成绩显著，在 15 个县的血防工作已取得决定性胜利。

12 月 8 日　云南省运动员许万春、吴镒奎在 1958 年全国冬季田径运动会西南竞赛区，分别以 50 分 43 秒和 50 分 57 秒 8 的成绩打破了 10 公里竞走 52 分 11 秒 6 的全国纪录。

12 月 20 日　省委发出《关于立即组织全党全民认真学习和讨论党中央〈关于人民公社若干问题的决议〉的通知》，指出：坚持贯彻执行这一决议是我省当前的一项重要政治任务。

1959年

1月3日　省委在批复德宏州工委《关于瑞丽情况报告》中指出：在像瑞丽这样的工作薄弱的地区，条件不够暂不办公社，可以根据群众意愿办合作社。即使办合作社，对具体政策问题的处理，也应考虑到当地大多数群众所能接受的程度。特别是耕牛问题，既然大多数群众不愿折价入社，那么也可以采取群众自养后由社租用的方式。这些地区肯定不办公共食堂，粮食分到户。如群众同意，只按劳动力给社内一定口粮以做集体劳动如兴修水利时用，但为数不能多，分配坚持按小社分。

1月10日　省委发出《关于执行中央〈关于人民公社若干问题的决议〉的若干具体问题的规定》，开始整顿人民公社。省委要求把大力发展生产作为人民公社的根本任务，贯彻执行工农业并举的方针，积极发展商品生产。

2月3日　昆明—贵阳—成都民航航线正式通航。

2月18日　省委发出《关于人民公社实行供给制与工资制相结合的根本政策中若干问题的补充规定》，强调人民公社目前主要是集体所有制，按劳分配是人民公社的基本政策。

3月7日　中国科学院云南分院分别建立哲学、社会科学综合研究所，历史研究所和文学研究所。

3月9日　越南民主共和国主席胡志明访问印度尼西亚回国途经云南时短暂停留昆明，到金碧路、华山南路访问并参观昆明钢铁厂。

4月4日　印度尼西亚共产党总书记艾地率领的印度尼西亚共产党代表团参加苏共二十一大并访问越南民主共和国后，由河内到昆明参观访问，7

日离昆取道仰光回国。

5 月 9 日　省委发出《关于执行中央〈关于农业的五条紧急指示〉的几个问题的通知》，立即执行中央关于给社员恢复自留地的规定，并根据云南情况决定恢复社员自留地。

5 月 20 日　省委批转晋宁县委《关于召开公社党代表大会和社员大会试点总结报告》，指出：要在“共产风”刮得高的地方清算旧账，通过算旧账，使农村各级干部、积极分子和一切国家机关、企业人员都懂得爱惜劳力、牲畜、农具、现金，克勤克俭，集中有限的人力、物力、财力去建设社会主义；懂得一定要利用和运用价值法则，一定要等价交换、按劳分配，一定要进行严格的经济核算。

5 月 25 日　省委召开常委会议，讨论边疆民族工作，认为：边疆的安定团结是检验我们工作成败的重要标志。

6 月 2 日　省委批转省委宣传部、教育厅党组《关于教育事业贯彻执行调整、巩固、提高、适当发展的方针的意见》，对 1958 年新办学校进行调整，缩短战线，集中力量，保证办好大发展前的原有学校。

6 月 15 日　省委召开地、市委书记会议，贯彻中央批转国家计委党组《关于调整计划指标的报告》的要求，决定调整工业生产指标和缩短基本建设战线，重点保粮保钢。

6 月 23 日　省委发出《关于立即宣布口粮分配到户的通知》，要求立即向群众宣布口粮以人定量、分配到户、分配到社员。11 月 3 日，中共中央批转了云南省委关于粮食分配问题的两个文件。中央批示：粮食问题是生产建设中的一个根本问题。但是也决不能忽视消费和分配。……云南的做法是好的，他们的分配办法是比较细致、比较周到的。请各地研究参考。

同日　省委发出《关于管好群众生产生活防止夏季疾病的通知》，要求要重视和解决群众的口粮问题和群众疾病的问题；做好预防工作，在吃饱、吃熟、吃热和吃细一些的基础上照顾到营养，强调劳逸结合，保证睡足 8 小时；搞好环境卫生，继续坚持除四害，对生病的人应立即进行治疗。

6 月 30 日　昆一（昆明——一平浪）线铁路完成修复工程，正式移交使用。

7 月 3 日　省委发出《关于晋宁恢复农村初级市场经验的通报》，要求全省各县学习晋宁县做法，恢复街场，并尽快组织实施，吸收群众积极参与，逐步完善，公开向群众宣布政策，除国家物资外都可以上市自由交易，但不许进行投机贩卖活动和囤积居奇，国营商业和供销社应承担收购市场剩余物资或承办委托代卖等业务，协助市场管理机构，为农村初级市场的恢复和发展服务，尽快使农村市场活跃起来。

7 月 11 日　省委发出《关于制止毁林开荒的通报》，规定人民公社和管理区应加强对开荒的组织领导和规划工作，严禁开荒时毁坏任何大小树木。

7 月 25 日　省委发出《关于迅速发展生猪生产，正确执行养猪政策的指示》，明确规定集体养和私养并举，谁养归谁的原则，建议采取生猪派购办法，在完成派购任务之后有权支配属于自己的那一部分产品，以鼓励社员养猪的积极性。

8 月 1 日　昆明市举行松花坝水库建成庆功表彰大会，该项工程是昆明市最大的水库工程。自水库建成后，昆明市就未遭受到大的洪水灾害。

8 月 13 日　省委全会召开，通过了《关于坚决执行党的八届八中全会决议，以实际行动保卫党的总路线，力争提前和超额完成今年生产任务的决议》。

8 月 24 日　省委决定对高级知识分子给予一定的生活照顾，共有 180 名高级知识分子享受这一待遇，另分配给各单位一定的病号名额来照顾 60 岁以上患有慢性疾病仍坚持工作的高级知识分子。

同月　云南艺术学院成立，先后设立美术、音乐、戏剧、舞蹈 4 个系。

9 月 7 日　蒙古人民共和国部长会议主席泽登巴尔率领政府代表团访问昆明。

9 月 25 日　省委发出《关于加强边疆工作的指示》，提出为从根本上解决边疆问题，要加强对各族人民的爱国主义、社会主义和阶级教育，并作为长期根本的战略任务；充分肯定 1958 年上半年调整所有制的意义，继续巩固新建立的人民公社和合作社；大力培养民族干部，是解决民族问题的核心和关键。

9月28日　阳宗海电厂正式送电，向国庆献礼。

10月2日　《云南日报》报道：云南印染厂有4种民族花布经中央纺织工业部评定为国家标准产品。

10月13日　匈牙利人民共和国主席团主席道比·伊斯特万到访昆明，参观访问昆明植物研究所、昆明郊区阿拉公社等。

10月19日　向国庆献礼的电影《五朵金花》拍摄完成。影片是50年代末、60年代初期在中国国内、亚非拉的一些国家及港澳地区最受欢迎的中国电影片之一。其主要演员杨丽坤和导演王家乙在1960年埃及第二届亚非电影节中分别获最佳女演员银鹰奖和最佳导演银鹰奖。

10月31日　参加第一届全国运动会的云南省代表团共获4项全国冠军，33人打破全国纪录13项。

同月　云南省花灯团进京演出，获赞为“艳丽的红山茶”，并赴10余个省、市、区演出。

同月　云南省歌舞团参加中华人民共和国成立十周年招待演出，后赴上海、广东等8个省区市巡回演出，受到热情赞扬。

11月8日　缅甸政府代表、缅甸文化部部长吴漆东率领缅甸文化友好代表团到达云南访问。

11月10日　省委发出《关于开展以两条道路斗争和社会主义教育为纲的整社整风运动的指示》，明确指出：以进行两条道路的斗争和社会主义教育为纲，领导上一手抓政治，一手抓生产，有计划、有步骤地领导群众，用和风细雨的方式进行一次整社、整风运动，并且结合着进行整党、整团工作。

12月1日　云南省国营农场由于劳动力紧张问题相当突出，在一定程度上影响了生产的发展。省人委向农垦部报告了这一情况，要求向云南移民。为此，中共中央书记处发出《关于从湖南原决定支援新疆自治区的劳动力中抽调5万人给云南的通知》。26日，首批前来云南参加边疆社会主义建设的湖南省醴陵县青壮年和他们的家属800多人到达昆明。

12月5日　省委批转省边委《边疆地区当前情况和几点工作意见》，提出：第一，今冬明春或者更长一些时间内，不变动合作社和人民公社的所有制和规模。第二，认真做好秋收分配工作。在增加生产之下，除了完成公余粮任务和适当地但是不宜过多地留下公共积累之外，要保证把大部分收入分给社员，使 90%以上的社员增加收入。第三，在任何情况下，都应当积极抓紧生产，这是推动边疆一切工作前进的根本措施。第四，继续深入开展爱国主义和社会主义教育运动。巩固已得的阵地，各级党委和全体干部，必须有一致的、明确的认识。

12 月 17 日　省委转发省经委、商业厅、轻工厅党组《关于恢复、发展手工业生产座谈会的报告》，提出：当前的任务是将手工业产品的品种、数量、质量迅速恢复到去年 8 月以前的水平，并积极发展新产品，以满足市场需要；手工业生产要坚决贯彻“四为、三优、一服从”的方针；边疆地区工业基础薄弱，资源丰富，潜力大，应作大的努力，为发展当地工业打好基础；手工业企业一般应保持集体所有制，但可按照国家劳动计划以及工厂化程度逐步向全民所有制过渡。

1960年

1月2~15日　全省农业社会主义建设先进单位和先进生产代表会议在昆明召开。会议要求：一是抓紧当前的大好形势，进一步解放思想，乘胜前进；二是云南发展农业的方针为“以粮为纲，粮畜并举，多种经营，全面跃进，继续跃进”；三是积极促进农业机械化，半机械化；四是办好公共食堂，发展集体福利事业，安排好群众生活，保证连续跃进。

1月16日　省委向中共中央和西南局上报《关于农村整社整风运动的报告》，指出：我省以两条道路和社会主义教育为纲的农村整社整风运动已基本结束，这是10年以来最好的一次全党全民思想运动。这次运动的最根本任务是解决了60万农村基层骨干的思想问题。

2月12日　全省钢铁、煤炭、运输、电力、木材系统五级干部会议召开。会议要求工业战线要做到“三保”，即：一保粮，二保铜，三保钢。

2月15~22日　云南省归国华侨、侨眷代表会在昆明召开。会议选举成立了云南省归国华侨联合会。

2月28日　以楚图南为首的中国文化友好代表团，应缅甸联邦政府的邀请，率中国民族歌舞团在访问缅甸后抵达昆明。

4月2日　在印度尼西亚反华排华浪潮中遭受迫害的首批来云南参加社会主义建设的归国侨胞600余人抵达昆明。

4月10~15日　省委召开全省六级干部会议，贯彻中央3月30日发出的《关于反对官僚主义的指示》。

4月13至5月5日　应缅甸联邦政府邀请，国务院总理周恩来、副总理兼外交部部长陈毅于13日到达昆明，15日离昆前往缅甸仰光进行友好访问。

4 月 26 日　省委成立城市人民公社运动委员会。3 月下旬开始，全省在第一批开展城市公社化运动的昆明、东川、个旧、大理 4 个城市和昭通、曲靖、临沧、保山等 13 个县城先后进行了建立公社的运动。

5 月 1 日　中共中央政治局委员、国务院副总理兼外交部部长陈毅在拓东体育场与昆明各族各界人民举行纪念活动，欢度五一国际劳动节。

5 月 5 日　云南省京剧院成立。该院由云南省京剧团、昆明市京剧团和劳动人民京剧团合并组成，院下分三个团并附设一所京剧学校。

5 月 10~19 日　首次云南省文教系统社会主义建设先进单位、先进工作者代表大会在昆明举行。会议提出在昆明等城市办中小学九年一贯制及在各县试办小学五年一贯制的改革构想。

6 月 11 日　阿尔巴尼亚人民共和国议会主席团主席哈奇·列希和劳动党中央政治局委员、书记处书记利丽·贝利绍娃等从上海抵达昆明。

6 月 13 日　云南人民艺术剧院、云南省滇剧院正式成立。

6 月 25 日　省委向中共中央作《关于发展橡胶的报告》。

6 月 27 日　中缅边界联合委员会在仰光正式成立，随即在畹町镇举行了第一次会议。

6 月 28 日　昆明钢铁厂 650×3 轧钢车间建成投产。

6 月 30 日　省委发出《关于执行〈中央关于在农村中开展三反运动的指示〉的指示》，规定“三反”运动的内容是反贪污、反浪费、反官僚主义，其中以反贪污为重点。

同月　云南锡业公司中心试验所试制成功含锡 99.999%的高纯锡。

7 月 12~14 日　中缅边界联合勘察队第一次队长会议在畹町镇举行。

8 月 6 日　省委发出《当前肿病发展情况的通报》。

8 月 8 日　省委发出《关于坚决完成出口猪肉任务的紧急通知》。

9 月 9 日　应中华人民共和国对外文化联络委员会邀请，前来我国访问演出的缅甸联邦文化友好艺术团抵达昆明。

9 月 13 日　省委决定撤销路南彝族自治县，原行政区域并归宜良县；设立寻甸县，撤销寻甸回族自治县和嵩明县，原两县行政区域并为寻甸县的行政区域；设立巍山回族自治县，撤销巍山彝族自治县和永建回族自治县，原两县行政区域并为巍山回族自治县的行政区域。

9月15日　由缅方首席代表、缅甸国防军副总参谋长昂季准将率领的缅甸代表团抵达昆明。18日乘专机前往北京参加中缅边界联合委员会第四次会议。

9月23日　缅甸联邦文化友好代表团、贸易代表团、体育代表团，缅甸联邦国防军总参谋长吴奈温将军及由缅甸联邦总理吴努率领的缅甸联邦政府代表团分别经昆明赴北京庆祝中华人民共和国国庆节和在北京签订《中缅边界条约》。10月4~5日，缅甸联邦总理吴努率缅甸政府团，在结束对北京的友好访问后，途经昆明回国。

9月28日　省委发出《大春分配和明年小春包产的几项规定》。10月6日，发出补充通知，提出自留地按原规定执行，收入归个人所有、不顶口粮也不计分配。

9月30日　缅甸掸邦、克钦邦友好代表团，在掸邦议会主席苏群、克钦邦议会主席吴山纽的率领下，在云南进行友好访问。

10月1日　在北京人民大会堂举行的《中华人民共和国和缅甸联邦政府边界条约》签字仪式上，周恩来总理和吴努总理分别代表本国政府在条约上签字，云南省代表参加了签字仪式。

10月2日　昆明市工业、基建、交通、财贸技术革新、技术革命和新产品比赛展览会在昆明市工人文化宫举行。

10~11月　为保障中缅联合勘察和树立界碑工作的顺利进行，根据中缅两国政府的有关协议，中国人民解放军协同缅方发起对逃缅中国国民党残部的战斗——历时80天、共歼敌741人，保证了佤区勘界和树桩工作顺利进行。

12月1日　省委召开边疆工作会议，研究贯彻中共中央《关于农村人民公社当前政策问题的紧急指示信》。会议指出：边疆工作要服从于政治、外交斗争，要慎重、稳定，这是大前提。

1961 年

1 月 2 日　国务院总理周恩来率领交换《中缅边界条约》批准书的友好代表团应邀前往仰光参加缅甸联邦独立 13 周年庆祝典礼，云南省代表团随同前往。9 日，周恩来总理率领中国政府代表团的部分成员从仰光乘专机返回昆明。14 日，陈毅副总理、罗瑞卿副总理以及部分成员结束对缅甸联邦的访问回到昆明。

1 月 24 日至 2 月 3 日　省委在昆明召开地、市委第一书记会议。会议传达了中央工作会议和中共中央八届九中全会的精神（中央八届九中全会批准了对国民经济实行“调整、巩固、充实、提高”的方针）。

1 月 27 日　省委办公厅印发中共中央制定的《党政干部三大纪律、八项注意（草案第二次修正稿）》，要求云南各级党政干部立即严格执行。

2 月 6 日　省委发出《关于加强调查研究的决定》。《决定》根据毛泽东同志的指示，强调了调查研究的重要性。

2 月 25 日　省委在对宜良石林、楚雄下白庙两个公社开展初步整社经验的批示中，对全省农村的整风整社工作重新作了部署。

3 月 4 日　国务院公布云南石钟山石窟、崇圣寺三塔、爨宝子碑、爨龙颜碑、段氏与三十七部会盟碑、太和城遗址（包括南诏德化碑）为第一批全国重点文物保护单位。

3 月 15 日　云南省内第二条民用航空线——昆明至思茅航线正式通航。

3 月 27 日　国务院副总理兼外交部部长陈毅离开昆明前往印度尼西亚共和国进行友好访问。

3 月 29 日至 4 月 10 日　省委召开全省三级干部会议，传达和讨论中央广州会议精神和毛主席指示。会议结合云南实际研究制定了《中共云南省委关于执行〈农村人民公社工作条例（草案）〉的补充规定》。

4 月 12 日　应周恩来总理邀请，缅甸联邦总理吴努于 6 日下午乘专机到达云南保山后转达大理下关。12 日抵达昆明与周恩来总理亲切会见。13 日到达西双版纳，中缅两国总理在景洪同各族人民一起欢度新年，观看龙舟比赛和过泼水节。

4 月 14 日　据《云南日报》报道：云南籍选手邱钟惠获得第二十六届世界乒乓球锦标赛女子单打世界冠军，首次荣获该项目的特定奖杯——吉 · 盖斯特杯，成为中国体育史上第一位女子世界冠军。

4 月 17~26 日　省卫生厅召开卫生行政会议，总结了去年以来在全省范围内开展群众性卫生治病运动取得的巨大成绩。全省共治愈肿病、妇女病 40 余万人。

4 月 22 日　以老挝王国政府首相梭发那 · 富马亲王的代表坎平 · 帕法为首的老挝王国政府老北代表团到达昆明进行友好访问。

5 月 9 日　省委根据“六十条”在思茅地区作深入调研，就社队规模、公共食堂、分配、耕牛和大农具所有制、山林分级管理、实物分配等问题致信毛泽东，获得毛泽东同志批示和高度评价。

5 月 15 日　省卫生厅成立云南省热带病防治研究所。重点是对原虫病（主要是疟疾）、螺旋病（主要是急性传染性黄疸“外耳氏病”等）、丘克次体病（主要是恙虫病）和其他几种流行广、危害大的热带病开展专门调查研究和防治工作。

5 月 25 日　省委转发了省委农村工作部《关于当前农村公共食堂问题的意见》，提出：食堂停办前应处理好包括有困难的社员、自留地、口粮、食堂家具和剩余物资、房屋和账目等具体问题。

5 月 29 日　省委发出《关于山林分级管理问题的通知》，要求各地迅速确定山林所有权，明确划分国有林、集体林和房前屋后零星果木的私人所有权，建立山林管理制度和具体实施办法。

6 月 1 日　昆明至昭通航线正式通航。

6 月 4 日　根据《中缅边界条约》的相关规定，中缅两国政府委派各自地方官员在指定地点完成下列领土的交接手续：（一）片马、古浪、岗房地区归还中国；（二）班洪、班老部落辖区移交中国；（三）永和寨和龙乃寨移交中国，羊柏寨、班孔寨、班弄寨和班歪寨移交缅甸。同时，由中国移交给缅甸的猛卯三角地（南碗指定区）于 1961 年 1 月 4 日边界条约生效后成为缅甸联邦领土。

6 月 15 日至 7 月 16 日　省委在省委党校召开地（市）、县委书记学习会议，提出要按照马克思列宁主义原则办事，实事求是；深刻总结经验教训，为执行“六十条”和中共中央一系列调整政策奠定了思想基础。

10 月 8 日　中华人民共和国政府和老挝王国政府一致同意在中国昆明和老挝丰沙里互设总领事馆。

同月　云南锡业公司被国家经委列为试行《国营工业企业条例（草案）》的 7 个单位之一。

11 月 5 日　省委制定《关于手工业调整所有制和整顿产供销问题的几项规定》，明确手工业以集体所有制为主，城市和手工业集中的较大城镇，以手工业合作社形式为主。

11 月 20 日　省委决定正式成立傣族、白族、壮族、彝族 4 个剧团。

11 月 29 日　为满足农村人民公社生产大队对初级农业技术员的需要，省委决定专州（市）农校改办为训练班，培养农业技术员。

12 月 1 日　省委发出《关于加强对初级市场的领导的通知》和《云南省农村集市贸易管理试行办法（草案）》。

1962年

1月8~17日　云南省民族戏剧观摩演出大会在昆明举行。德宏傣剧团、文山壮剧团、大理白剧团、楚雄彝剧团和德宏皮影剧团参加了演出。云南举办民族戏剧观摩演出，在全国属创新之举，获得中央领导和其他省、市、自治区的肯定和好评。

1月13日　中华人民共和国和老挝王国政府签订修建公路和航空运输协定。两国一致同意修建自中国云南省勐腊至老挝丰沙里公路，中国政府承担全部工程及费用。

1月17日　植物学家蔡希陶在《云南日报》上发表关于油瓜引进驯化经过的文章，准备于1962年培育出新品种，使其符合人类需求。

2月1日　云南省哲学社会科学学会正式成立。

同月初　邓小平、李富春、杨尚昆等中央领导来昆明与省市领导共度春节。

3月12日　省委批转省妇联党组《关于在整风整社运动中建立健全妇女组织意见的报告》，要求大队和公社都要选举成立妇女委员会。

4月24~5月12日　省委召开地、市委书记会议。会议主要内容是讨论财政经济问题，通过了《关于当前恢复和发展手工业生产的若干问题的意见》等文件。

6月4日　省委批转省商业厅党组《关于若干商品的市场供应办法》。

6月27日至8月4日　省委边委和省委统战部分别召开省委边疆工作委员会（扩大）会议和民族工作会议，讨论研究民族区域自治、团结民族上层、宗教、培养民族干部以及边疆所有制等工作问题。

7 月 2~14 日　省委召开地、市委书记会议，会上传达和贯彻了 5 月中央工作会议和西南局委员会精神，作出了全面贯彻执行“八字”方针和国民经济进行大幅度调整的重大决策，并要求切实按照农、轻、重的次序对国民经济进行综合平衡。

同月　全国人大常委会委员长朱德到个旧视察工作，并为云南锡业公司题词。

10 月 20 日　国务院第 117 次全体会议讨论通过，决定恢复云南省漾濞县、河口瑶族自治县、屏边苗族自治县，撤销河口瑶族苗族自治县。

11 月 21 日　省委批转了省卫生厅《关于调整全省农村基层卫生组织的方案（草案）》。

12 月 6 日　省委宣传部同意省文化局党组《关于剧团改制和电影发行、书店改变管理体制的意见》。全省保留省滇剧院、京剧一团等 6 个剧团，其余分批改为集体所有制。

12 月 14 日　省委转发省委农村工作部《关于加强生产队经营管理工作的一些问题（试行草案）》。

12 月 15 日　省委发出《关于人民公社所有制若干问题的补充规定》。

12 月 19 日　省委批转省农垦局党组《关于调整农场规模、体制的意见》。

1963年

1月20日　省委发出《关于开展多种经营，增强生产队的经济力量，促进农业生产发展的指示》，提出了促进生产队多种经营的多项措施。

2月8日至3月15日　省委召开宣传工作会议，学习讨论中共中央提出的党要管党，执政党必须注意加强党的建设这个根本问题。

3月8~16日　云南省人民委员会代表团和越南民主共和国代表团在老街举行了边境工作配合问题会谈。双方就边境治安、小额贸易口岸、货币管理等问题进行会谈，并达成一致意见。

3月25日　经国务院批准，"佧佤族"改称为佤族。

4月4日　省委发出《关于农村社会主义教育运动的初步总结》《关于执行中央关于厉行增产节约和反对贪污盗窃、投机倒把、铺张浪费、分散主义、官僚主义运动的指示部署意见》等文件。

4月6日　中共中央同意将镇康县划分为镇康、永德两个县。

4月10日　省委发出《关于进一步贯彻执行民主集中制改进县委领导的指示》《关于重新考察干部和加强对干部的管理监督工作的决定》等文件。

4月12至5月22日　国家主席刘少奇经昆明出发，先后访问印度、缅甸、柬埔寨、越南四国。刘少奇主席和陈毅副总理在昆明拓东体育馆与各界人民共3万余人共度五一国际劳动节。

4月15日　省委发出《关于贯彻执行中央〈关于讨论试行全日制中小学工作条例草案和当前中小学教育工作几个问题〉的指示》，初步确定试行学校。

5月6日　省委批转省财政厅党组《关于改进边疆兄弟民族地区工商税

收政策问题的报告》，要求在现行政策的基础上，对征、免税问题进行适当调整。

5 月 26 日　由我国派轮船接回国的首批 740 名印度受难华侨，由湛江乘车来昆明，参加云南社会主义建设。

6 月 2~19 日　省委召开由省级各部门领导干部和地市委书记共 80 余人参加的省委（扩大）工作会议，讨论中共中央发出的《中共中央关于目前农村工作中若干问题的决定（草案）》（即“前十条”）。

6 月 7 日　为根治洱海周围良田的涝灾，洱海沿岸各族人民联合疏挖修整洱海唯一出水口——下关西洱河竣工放水。

6 月 9 日　中共中央同意从巍山彝族回族自治县中划出部分地区新设南涧彝族自治县，原巍山彝族回族自治县名称不变。

7 月 6 日　省委向西南局上报《关于调整全省各级国家机关机构编制的意见》。

7 月上旬　《云南日报》报道：云南省佛教、基督教第一次代表会议在昆明举行，选举成立了中国佛教协会云南省分会和云南基督教“三自”爱国运动委员会。

8 月 13 日　全省从 8 月份开始调整工资，着重解决低工资人员问题。

9 月 14 日　国务院全体会议第 135 次会议通过，恢复鲁甸县，同意设立永德县、南涧彝族自治县和西盟佤族自治县。

9 月 28 日　省委转发了省财办党组《关于边疆地区财贸工作若干具体政策的意见》。

10 月 28 日　《云南日报》报道：云南民族出版社已用傣文、景颇文等 7 种民族文字，编译出版了上百万册马列主义经典著作、毛主席著作及普及文化科学技术知识的通俗图书。

11 月 7 日　应印度尼西亚邀请，国务院副总理、体育运动委员会主任贺龙离开昆明对该国进行友好访问，并参加第一届新兴运动会的观礼。

11 月 8 日　省委、省人委批转了省计划生育领导小组《关于实行计划生育的若干问题的意见》。

11 月 23 日　《云南日报》报道：1956 年全国人民代表大会民族事务

委员会组织并与云南有关高校合作，对全省 21 个少数民族地区进行民族大调查，积累了数千万字的原始材料和实况纪录片，整理出 1000 多万字的历史资料，为今后开展民族研究提供了有利条件。

12 月 9 日　国务院副总理兼外交部部长陈毅应邀参加肯尼亚独立庆典，乘飞机离开昆明前往内罗毕。

12 月 13 日　应阿拉伯联合共和国邀请，国务院总理周恩来乘飞机离开昆明前往开罗。

1964 年

1 月 15 日　中央调整对云南的财政体制。从 1964 年起预备费由原来的 2%提高到 5%，机动资金按行政事业费上年实际加 5%。

2 月 5 日　国务院总理周恩来和副总理陈毅结束对 10 个非洲国家和阿尔巴尼亚人民共和国访问之后，回到昆明。14 日，周恩来总理离开昆明前往缅甸联邦进行友好访问。

2 月 8 日　省委发出《关于向基层干部、党员和人民群众进行反对现代修正主义教育的通知》。

2 月 26 日　中华人民共和国副主席宋庆龄经昆明前往科伦坡，对锡兰进行访问。

3 月 4 日　省委批转省委宣传部《关于贯彻执行党中央和毛主席对文艺工作的指示的若干具体意见》以及省妇联党组《关于部分山区妇女裹脚情况及解决意见的报告》。

3 月 6 日　省委发出《关于改进领导作风，克服故步自封、骄傲自满的决定》和《关于农村各级领导干部参加农业生产劳动，大种试验田的决定》。

3 月 31 日　省委、省人委批转省人委财粮贸委《关于开放农村粮油市场的报告》。

4 月 9 日　国务院副总理兼外交部部长陈毅率领的出席第二次亚非会议筹备会议的中国代表团到达昆明，并于次日前往印度尼西亚。

4 月 13~15 日　省委召开常委会议，学习中央《关于在全党组织干部宣讲队伍把全党全民的社会主义教育运动进行到底的指示》，发出了《中共云南省委常委会会议讨论社会主义教育运动的纪要》。

4 月 23 日　省委批转省委边委《关于发展边疆地区手工业和商业的意见的报告》。

5 月~6 月　中共中央工作会议作出建设三线的重大战略决策。云南省委根据中央精神，将全省划为一、二、三线 3 种地区，作为调整经济布局的重大措施。

7 月 4 日　我国第一次在云南祥云县黑龙山嘴发现一座约西汉前后的少数民族铜棺墓，共发掘出红铜器和青铜器 90 余件。

同日　越南民主共和国政府决定将驻昆明领事馆升格为总领事馆。

7 月 10 日　国务院总理周恩来、副总理兼外交部部长陈毅离开昆明，前往缅甸联邦进行友好访问。

8 月 23 日　国家主席刘少奇在结束对湖南、湖北、广东、广西视察后来到昆明。

9 月 1 日　国务院副总理李先念率领的中国党政代表团，应邀参加罗马尼亚解放 20 周年庆祝活动后回到昆明。

9 月 17 日　应国家主席刘少奇邀请，刚果（布）总统阿方斯 · 马桑巴-代巴乘专机到达昆明，前往北京参加中华人民共和国成立 15 周年庆祝活动。

同日　云南省京剧院在北京演出反映云南景颇族生活的现代京剧《黛诺》，受到热烈欢迎。

10 月 6 日　柬埔寨王国国家元首诺罗敦 · 西哈努克亲王从北京到达昆明。

10 月 10 日　以罗马尼亚副主席扬 · 格奥尔基 · 毛雷尔为首的罗马尼亚人民共和国党政代表团从上海到达昆明。

10 月 28 日　作为贯彻中央加速内地建设指示的部署，冶金工业部将鞍钢 36 孔焦炉两座设施迁到昆明钢铁厂。

11 月 6 日　国务院副总理陈毅率领中国代表团，应邀参加阿尔及利亚革命 10 周年庆典回到昆明。8 日，又应柬埔寨王国政府邀请，前往金边参加柬埔寨完全独立 11 周年庆典。

11 月 15 日　根据党中央关于加强三线建设精神，中国科学院党组拟将北京直属的动、植物研究所有关部分迁至昆明，形成西南生物研究中心。

11月20日　省委、省人委批转《关于食品工作座谈会的报告》和《关于边疆地区恢复和建立供销合作社问题的报告》。

12月20日　省委批转省委农村工作部《关于农村人民公社当前“四清”和收益分配工作中几个问题的意见》。

同日　朝鲜民主主义人民共和国最高议会常务委员会委员长崔庸健在访问非洲和柬埔寨后抵达昆明，国家副主席董必武从北京到昆明迎接。

1965年

1月19~30日　省委召开工作会议，认真学习和讨论了中共中央关于《农村社会主义教育运动中目前提出的一些问题》（即“二十三条”），重新部署云南农村的“四清”运动。

3月1日　《云南日报》报道：云南省边疆少数民族地区的电影放映队，推广吉林延边用朝鲜语为影片口头配音的办法，共用十几个少数民族的语言为电影口头配音。

3月4日　省委批转省卫生厅党组《关于贯彻党中央、毛主席“把卫生工作重点放到农村去”的指示，组织城市高级医务人员下农村的报告》，全省县以上卫生机构掀起了“上山下乡”“巡回医疗”的热潮。

3月5日　西盟佤族自治县成立。

3月27日　省委批转省财办《关于财贸工作会议讨论的几个政策问题的报告》，对粮食征购、肥猪收购、农产品收购和奖售等政策进行了调整。

同日　省委、省人委作出《关于充分发动群众，大搞植树造林的决定》。

4月1日　根据中央、国务院《关于调整当前市场物价的决定》，云南对城镇粮食统销价格进行调整。

4月3日　省委发出《关于加强内地山区少数民族工作的意见》，确定组织固定的工作队到山区工作。

4月9日　朝鲜民主主义人民共和国首相金日成前往印度尼西亚访问途中到达昆明。访问结束后于21日返回昆明，中共中央副主席、全国人民代表大会常务委员会委员长朱德专程从北京前来迎送。

4 月 16 日　国务院总理周恩来、副总理兼外交部部长陈毅应邀参加第一次亚非会议十周年庆祝活动，乘专机离开昆明前往雅加达。

4 月 22 日　以老挝爱国战线党主席苏发努冯亲王为首的老挝爱国战线党代表团抵达昆明。

5 月 1 日　地质部地质科学研究所钱方、浦庆余等在元谋县采集到两颗猿人牙齿化石，经鉴定属更新世早期，是已发现的中国最早的人类化石。该猿人被定为直立人元谋新亚种，距今约 170 万年。

5 月 6 日　省委发出《关于生产队粮食增产部分实行“三三制”的分配政策的规定》。

6 月 9 日　《云南日报》报道：经省委、省人委批准，云南农业劳动大学在寻甸成立。

7 月 1 日　为加强对边疆民族地区的宣传，云南人民广播电台即日起举办傣语广播节目。

7 月 13 日　省委发出《关于四清运动的部署（农村）》及《关于城市四清运动的部署》两个文件。

7 月 31 日　缅甸联邦革命委员会主席、革命政府部长会议主席吴奈温将军在国务院总理周恩来、副总理陈毅陪同下，到昆明参观访问。

8 月 9 日　根据国务院通知，为适应重点建设的需要，将云南省永仁县和平等 6 个公社，划归四川省渡口市管理。

8 月 15 日　应印度尼西亚邀请，由陈毅副总理率领的中华人民共和国政府代表团离开昆明前往雅加达，参加印度尼西亚宣布独立 20 周年庆祝活动。

9 月 18 日　省人委办公厅发出《关于贯彻中共中央和国务院〈关于大力发展农村副业生产的指示〉的几点意见》，12 月 10 日省委批转省委农村工作部《关于进一步开展农村副业生产的意见》。

10 月 12 日　国务院批准将“僮族”改为“壮族”。云南“文山僮族苗族自治州”改为“文山壮族苗族自治州”。

10 月 13 日　柬埔寨国家元首诺罗敦·西哈努克亲王在国务院副总理陈毅陪同下抵达昆明。

11 月 27 日　南涧彝族自治县成立。

12 月 2~5 日　中共中央总书记邓小平在视察四川和贵州后，到云南视察工作。邓小平对边疆农场建设问题作了重要指示，并先后视察了昆明钢铁厂、昆明机床厂。

12 月 20 日至 1966 年 1 月 13 日　省委、昆明军区党委在昆明召开边疆工作会议。

12 月　中共中央和国务院决定把昆明钢铁厂第二次扩建工程列入三线建设的重点项目。

1966年

3月28日至4月5日　省委召开农村“四清”工作会议，指出：云南农村中单干活动和集体经济内部两条道路的斗争是严重的。这是坚持社会主义方向、道路，巩固社会主义集体经济必须解决的极为重要的内容。一定要突出政治，坚决以阶级斗争、两条道路斗争为纲，放手发动群众，依靠群众。

4月4日　省委发出《关于成立文化革命九人小组的通知》，省委文化革命小组成立。

6月11日　省委发出《关于当前文化大革命运动部署的意见》，要求全省各级党委把“文化大革命”作为压倒一切的中心工作。

7月1日　贵昆铁路建成正式交付营运，云南与全国铁路隔绝及没有准轨铁路的历史从此宣告结束。

8月23日　《云南日报》报道了首都红卫兵猛烈横扫“四旧”的消息，并转载《人民日报》社论《好得很》，称“这是破旧立新的革命行动”。当天，昆明地区开始了破“四旧”活动，以后遍及全省。

8月23～27日　省委召开工作会议，传达中共八届十一中全会精神。八届十一中全会是对“文化大革命”的第二次发动。

9月2日　昆明地区红卫兵第一批443人出发赴京串联。至10月底止，云南赴京串连的高等、中等学校学生代表和教职工代表共达4万多人。

9月5日　省委发出《关于把农村“四清”运动同无产阶级文化大革命结合进行的意见》。进行了4年的“四清”运动，被“文化大革命”运动所代替。

11 月 5~30 日　省委召开省委 11 月工作（扩大）会议，也即省、地、县三级干部会议，传达、讨论中央工作会议精神，着重解决各级领导干部对“文化大革命”的思想认识问题。

1967 年

1 月 2 日　省委发出通知，要求各级党组织坚决贯彻中共中央《关于抓革命、促生产的十条规定（草案）》。

1 月 30 日　根据国务院、中央军委《关于民用航空系统由军队接管的命令》，昆明军区接管了中国民用航空云南省管理局，这是云南省第一个实行军管的单位。

2 月 28 日　从本日起，由部队派出人员分 10 批接管了云南省公安系统、邮电系统、交通系统、铁路系统和省商业厅、省粮食厅、省委办公厅、云南日报社、云南人民广播电台等机密要害部门和云南锡业公司、东川矿务局、安宁钢铁厂（即昆钢）等大型厂矿企业。

3 月 11 日　根据中共中央命令，由边疆地区的边防军分区接管了丽江、保山、临沧、思茅、红河、文山 6 个专区（州）及所属各县，全面实行军事管制。以各军分区党委为主，与当地驻军党委共同组成专区（州）军事管制委员会，以各县人民武装部或边防团为主，组成各县军事管制委员会。对县以下的区和公社，根据需要派驻军事代表。

3 月 31 日　中共中央批准，云南省军事管制委员会成立。4 月 5 日，省军管会正式成立并开始办公。同时，自上而下对全省实行全面军事管制。在已建立 6 个边疆专州军管会的基础上，又建立了昆明市、东川市、曲靖专区、玉溪专区、楚雄州、昭通专区、大理州 7 个军管会，并对省级 35 个机关、37 个大型企事业单位派驻了军管代表。

11 月 21 日　兰坪县革命委员会成立，这是云南省成立革命委员会的第一个县。

1968年

1月8日　中共中央决定，在北京举办“毛泽东思想学习班云南班”，解决云南问题，通知云南两派选出代表和军队支左人员共700人参加。另外，根据毛泽东关于集训全军团以上干部的决定，昆明军区也在京举办了四批有3000多军队干部参加的“毛泽东思想学习班昆明班”。5月8日、5月20日、6月3日、8月11日，毛泽东等中央领导人及中央文革小组成员四次接见了各省、市、自治区和各大军区在京学习班的学员，“云南班”和“昆明班”的学员也分别受到接见。

4月18日　中央军委电示：为了维护昆明市社会治安，同意成立中国人民解放军昆明警备区。

4月19日至5月9日　云南省卫生工作会议在昆明召开。会议按照毛泽东关于“把卫生工作的重点放到农村去”的指示，研究卫生工作面向农村、面向群众，从根本上扭转卫生工作的方向问题。会议要求建立各级贯彻执行毛主席指示的领导小组，发动群众，组织卫生工作队，分期分批轮流到农村去，到山区去，到边疆重疫区去，更好地为贫下中农服务。

5月9日　省军管会发出《关于当前边疆地区几个问题的处理意见》，《意见》讲了三个方面的问题：关于巩固提高现有合作社的几个问题，关于成立人民公社的问题，关于清理、审定农村阶级成分问题。

8月6日　昆明军区党委向中央作《关于建立云南省革命委员会的请示报告》。10日中共中央、国务院、中央军委、中央文革小组批准成立云南省革命委员会（以下简称“省革委”）。

8月23日　省革委发布第一号布告，发出解散武斗组织、上交武器装备，不得私设路障等一系列命令。

10 月 6 日　《云南日报》发表《一件带根本性的大事——热烈欢呼毛主席关于干部下放劳动的最新指示》。此后，省级机关和全省各地着手组建“五七干校”，安排干部下放劳动。

11 月 8~30 日　昆明军区党委、省革委会党的核心小组在昆明召开云南驻军团以上党委和云南省、专（州、市）、县革命委员会党员代表大会，为在全省推行“划线站队”作思想认识和组织动员。

12 月 10 日　昆明军区开办的司、政、后机关学习班开学并召开动员会。会议要求：“这次学习班是要分清军内的是非，谁对了，谁错了，要分清楚。”所谓“分清是非”，也就是要开展“划线站队”。从此，云南在部队中开始“划线站队”。

12 月 12 日　省革委会在昆明市下马村举办省级机关“毛泽东思想第一学习班”，又称“下马村学习班”。

12 月 26 日　省革委发出《关于知识青年上山下乡劳动的通知》。大批昆明及全省城镇知识青年开始到农村生产队插队和农场劳动。北京、上海、四川等地知识青年也成批来到云南边疆农场劳动。至 1980 年省人民政府决定城镇知识青年不再上山下乡为止，10 余年共有 33.6 万（其中北京、上海、四川 10.6 万）知识青年上山下乡。

1969 年

2 月 26 日　中央军委办事组召集云南省革委、昆明军区负责人到北京，研究部署开展“政治边防”问题。3 月 17 日至 4 月 3 日，省革委会和昆明军区党委在昆明召开“建设政治边防会议”，全面推行“政治边防”。

4 月　东川铜矿落雪采选厂第一期建设工程竣工，这是我国建设在 3200 米以上高海拔地区的第一座高山铜矿。

7 月 20 日　《云南日报》报道：省革委最近召开全省贯彻毛泽东“6·26”指示（把医疗卫生工作的重点放到农村去）经验交流大会。会议指出：全省已有 22 个县（市）4400 多个生产大队实现了合作医疗，各地已培养了一批深受贫下中农欢迎的亦农亦医的“赤脚医生”，全省各地医院先后组织 4000 多名医务人员上山下乡为贫下中农防病治病。

9 月 20 日　《云南日报》报道：昆明机床厂试制成功一台世界先进水平的高精度圆刻线机。此后，10 月 11 日的《云南日报》又报道：该厂又试制成功具有世界先进水平的光电跟踪长刻线机，世界上只有少数国家能制造。

10 月 6 日　经国务院、中央军委批准，组建“中国人民解放军云南生产建设兵团”，行使军级权限，负责接管云南边疆各地的国营农场和接受安置城市知识青年到边疆各农场插队落户的任务。云南生产建设兵团建制归昆明军区，由云南省革委会和云南省军区负责领导。云南生产建设兵团于 1970 年 3 月正式成立。

12 月 28 日　昆明市革命委员会（以下简称“市革委”）根据省革委指示，召开有 10 万军民参加的“围海造田”誓师大会，布置在滇池浅水边沿挖山运土，筑一条底宽 30 米、高 6 米的大堤，排水造田 1.2 万亩。然后逐步把这里建设成为一个以农业为主，农、林、牧、副、渔五业并举，水利、化肥、机械、电气四化俱兴，亦工、亦农、亦兵的国营农场。1970 年 5 月完工后建成海埂“五七”农场。

同月　开远水泥厂第一条生产工艺线建成投产。1970 年开远水泥厂第二条生产工艺线建成，工程全部竣工后，开远水泥厂成为全省仅次于昆明水泥厂的第二个大中型机械化水泥生产企业。

1970 年

1 月 5 日　玉溪、通海、峨山、建水、华宁地区发生 7.7 级强烈地震。地震发生后，省革委、昆明军区立即召开紧急会议，成立抗震救灾指挥部。7 日，中共中央发来慰问电，号召灾区党员、群众和解放军指战员团结起来，向自然灾害进行斗争，相信灾区群众在国家支援下定能发奋图强、自力更生、重建家园。北京、上海、四川、湖南、广西、贵州等省市自治区先后派来慰问团、医疗队，携带大批医疗器械和药物，支援救灾。阿尔巴尼亚、越南、罗马尼亚、南斯拉夫等国，向我国政府和国家领导人发来慰问电，表达他们对灾区人民的问候。

1 月 13 日　《云南日报》报道：由昆明机床厂、昆明二九八厂和国家计量局合作研究试制的我国第一台光电波比长仪在昆明机床厂胜利诞生。

1 月 26~30 日　省革委在昆明召开血吸虫防治工作会议，提出消灭血吸虫病是贯彻毛泽东主席“备战、备荒、为人民”的重要内容，是广大贫下中农的迫切愿望，是疫区党组织和各级革委会必须带领群众办好的一件大事。12 月，省革委批转省革委血防领导小组的报告，称全省流行血吸虫病的 15 个县市中，已有 8 个县（市）消灭了血吸虫病。

2 月 18 日　省革委发出《关于开展打击反革命破坏活动，反对贪污盗窃、投机倒把，反对铺张浪费运动的指示》。此后，被称为“一打三反”的政治运动在全省范围内铺开。

3 月 18 日　省革委发出《关于统一县以下体制名称的通知》，全省县以下的区一律改为公社，小公社改为大队。县以下基层组织为公社、大队、生产队 3 级。

4 月　省革委制定的《云南省 1970 年国民经济计划要点和第四个五年计划的初步设想（草案）》提出：工业合理布局，形成“小而全”、满足吃穿用打，并为国家作出一定贡献的相对独立的经济体系的目标。

5 月 16 日　省革委、昆明军区发出《关于开展向小新寨学习活动的通知》，要求边疆各级革委会和各边防部队党委、机关，都要认真把学习小新寨的活动抓紧抓好，为把我区边防第一线村寨都建设成为小新寨式的战斗村而努力奋斗。

7 月 1 日　沟通川滇两省的成昆（成都—昆明）铁路正式建成通车，交付营运。这条铁路全长 1090 千米，云南境内有 293 千米。整个筑路工程历时 12 年，耗资 33.1 亿元。成昆铁路是国家铁路网中一条南北干线，对西南边疆民族团结、社会进步，以及政治、经济、国防建设都具有重要意义。

7 月 4 日　昆明金马矿山机械厂成功试制出“昆明”牌 48 马力轮式中型拖拉机并投入生产，结束了云南不能生产拖拉机的历史。

11 月 22 日　昆明钢铁厂建成投产了云南省第一座现代化纯氧顶吹转炉，次年又建成云南第一个薄板车间，结束了云南不能生产板材的历史。

12 月 15~24 日　省革委召开全省农村工作会议，学习和贯彻《国务院关于北方地区农业会议的报告》，着重讨论农业学大寨问题，形成《云南省农村工作会议纪要》和《关于开展农业学大寨群众运动的决定》两个文件，提出苦战三五年，为全省社、队变大寨和县县变昔阳而奋斗。

12 月 27~28 日　宜良、晋宁县分别召开大会，成立中共宜良县委员会和中共晋宁县委员会，这是云南省最早恢复成立县委的两个县。此后各县、区陆续召开党的代表大会，成立县一级委员会。至 1972 年 3 月，全省县级党委会全部成立。

1971 年

1 月 1 日　遵照国务院指示，省革委决定全省各专区均改称“地区”，国家行政机关改称“云南省××地区革命委员会”。

1 月 26 日　中共中央发出《反党分子陈伯达罪行材料》，2 月 21 日又发出《关于扩大传达反党分子陈伯达的通知》。云南各级党的领导机关逐步开始“批陈整风”运动，即“批修整风”运动。

3 月 3 日　《云南日报》报道：昆明工学院、昆明师范学院、昆明医学院、云南中医学院 4 所大学分别于 3 月、4 月开始，从农村、厂矿、部队和企业事业单位招收工农兵学员。5 月 1 日昆明师范学院、昆明医学院、云南中医学院举行开学典礼，来自全省各地 18 个民族的 1000 多名工农兵学员入学。

5 月 31 日至 6 月 3 日　中国共产党云南省第二次代表大会在昆明召开。大会通过《关于深入开展批修整风运动，认真学习马克思主义、列宁主义、毛泽东思想的决定》。大会选举出中共云南省第二届委员会委员 89 名、候补委员 15 名。

8 月 16~20 日　昆明军区党委召开昆明军区国防工业领导小组第一次全体会议，贯彻 7 月全国国防工业会议精神，着重讨论加快三线建设问题。会议确定要坚持集中力量打歼灭战的方针，切实集中人力、物力、财力，狠抓三线建设项目的收尾、续建配套工程，加快建设进度，保证建成一个投产一个。

8 月 23 日至 9 月 6 日　省委召开全省农业会议。会议总结交流了全省三年多来学大寨运动的经验，讨论了进一步加强党对农业学大寨运动的领导问题，研究了继续落实农村各项经济政策、各行各业支援农业和加速农村“四化”进程的问题。

8 月 24 日　省革委同意并转发省文化局《关于加强文物保护工作的报告》，提出：加强文物保护和管理工作，对破损文物逐步进行必要的维修，加强联系共同做好文物保护工作。

9 月 12 日　昆明军区党委和云南省委召开全省边防工作会议（此会召开时，原名“政治边防工作会议”，后改名为“边防工作会议”，并删除了有关“政治边防”的内容）。

11 月　省委、省革委决定恢复已被撤销的德宏自治州革委会，直属省革委领导。州属各县也从保山地区划出，归德宏州直辖，但州党委仍由保山地委领导。

12 月 23 日　省委召开地、州、市委书记会议，传达中共中央〔1971〕77 号文件，深入揭发批判林彪、陈伯达反党集团。

1972 年

1 月 15 日　省委发出《关于贯彻〈中共中央关于农村人民公社分配问题的指示〉的通知》，要求认真检查党的农村人民公社的分配政策和各项经济政策的落实情况，指出在粮食分配上要三兼顾，既要保证及时完成国家征购任务，又要同时安排好社员生活，绝对不可以购过头粮。工分粮与基本口粮，实行“三七开”或“四六开”。

1 月 30 日　《云南日报》报道：昆明机床厂最近设计和制成了我国第一台具有先进水平的大型双柱坐标镗床。

3 月 1 日　《云南日报》报道：从海南岛引种的胡椒苗，已在云南新平、元江、耿马、沧源、景谷、景东等 20 多个县试种成功，其中部分县开始收获。

3 月 21 日　省委向中共中央作了《关于我省召开地、县党代会，建立新党委的情况报告》，提出：“遵照中央《关于召开地方各级代表大会的通知》，我省各地（州、市）、县建立新党委的工作，从 1970 年 12 月开始到目前止，17 个地州市已全部建立了新党委，128 个县（包括相当于县的两市、四区、一镇），除漾濞、巍山、盐津、永善、罗平、元江 6 个县外，122 个县建立了新县委。”

同日　省委发出《关于加强农村广播网工作的通知》。据 3 月 9 日《云南日报》报道：目前全省已形成中短波结合的无线广播发射网，各县、市建立了有线广播站，通广播的农村生产队已占全省生产队总数的 74.6%。

4 月 19 日　省革委同意并转发省财政局《关于我省 1972 年财政管理体制意见的报告》，提出：1972 年的财政管理体制拟改为各地州市按照省下达的财政预算超收分成，其中收大于支的按差额上交省财政，支大于收的则由省财政贴补。

4 月 28 日　省革委发出《关于粮食征购“一定五年”的机动数实行分级管理的通知》，规定自 1972 年起，对粮食征购“一定五年”机动数实行分级管理：原来由省掌握的 1.8%的机动数，省里留 0.8%，其余的 1%给地州市掌握；各县按地、州下达的“一定五年”粮食征购任务，增加 3%的机动数，并入当年超购任务，一并向下安排。

5 月 31 日　《云南日报》报道：“文化大革命”以来，云南清理和发掘了一批古代文化遗址与墓葬，发现了许多珍贵的历史文物。1971 年底，在元谋县大墩子发现新石器时代文化遗址。1966 年底和 1972 年初，云南文物和考古工作者又先后两次在江川县李家山古墓群进行发掘，清理出一批汉代五铢钱、铜弩机、铜镜等，说明早在两千多年前，云南与祖国内地在经济、政治和文化等方面就有密切联系，滇池地区的劳动人民与全国各族人民共同创造了祖国悠久的历史和灿烂的文化。

6 月 24 日　省革委发出《关于大力开展计划生育工作的决定》，要求在全省推行计划生育，提倡晚婚，实行免费供应避孕药械。要求在“四五”期间，全省人口自然增长率在 1971 年 24.7‰的基础上逐年降下来，1975 年达到国务院的要求，即城市控制在 10‰左右，农村在 15‰以下。

7 月 6 日　国务院总理周恩来从上海来昆明，在安宁温泉别墅同越南总理范文同就有关越南和美国巴黎会议问题交换意见。周总理还与云南省委、昆明军区党委负责人谈话，对国际形势、云南边疆民族工作、领导班子、整顿社会秩序和“批林整风”等问题作了指示。周总理强调滇池污染问题要尽快解决。周总理还说：“云南省有个划线站队问题，你们早解决比晚解决好。”

9 月 29 日　省委发出《关于进一步贯彻落实〈中共中央关于农村人民公社分配问题的指示〉的几点意见》。

11 月 14 日　尼泊尔王国首相比斯塔应我国政府邀请，前来进行友好访问。在昆期间参观了云南省工业交通展览。

11 月 30 日　以礼河梯级水电站全部建成投产。在鲁布格水电站投产之前，它是云南电网的主力发电厂。它的建成使云南进入了开发中型河流高水头梯级水电站的新阶段。

1973年

2月22日　省委发出《关于成立省委批林整风清查小组的通知》。

3月29日　《云南日报》报道：云南血吸虫病防治工作取得新胜利。去年全省共出动41.7万多人次查螺灭螺，消灭钉螺面积达811万多平方米，查病47.4万多人，治疗3.5万多病人。楚雄彝族自治州有35个生产队已找不到钉螺，大理白族自治州有15个大队基本接近消灭血吸虫病。

4月17日　中共山西省委书记、中共昔阳县委第一书记、大寨大队党支部书记陈永贵，应云南省委、省革委邀请前来昆明传授大寨和昔阳的经验。陈永贵还到呈贡县、玉溪县和大理县进行参观指导，并在玉溪地区和大理地区作了经验介绍报告。

5月21日　省委、昆明军区党委发出《关于贯彻〈中共中央、中央军委关于三支两军若干问题的决定（草案）〉的意见》。云南分期分批对"三支两军"人员进行了调整。

7月9日　《云南日报》报道：今年以来，在西畴县仙人洞的堆积物中，发现三枚古人类牙齿化石；在马关县九龙口洞和罗平县羊洞，分别采集到一些打击石器，并在文山、砚山、邱北等县的10多个山洞中，采得一些哺乳动物化石。这是首次在山洞里发现了古人类化石和打击石器。这些化石和石器，对于研究人类早期历史、第四纪地质、石灰岩洞穴发育史等，具有重要科学价值。

同月　滇藏公路盐井到西藏芒康段竣工。至此，滇藏公路（下关—芒康）公路全线建成，于1976年7月4日正式通车。

8月10日　经中央批准，省委发出《关于成立中共西双版纳、德宏、迪庆、怒江 4 个州委员会的通知》。这 4 个州都于年底前成立州委会，直属省委领导。除德宏州所属各县于 1971 年 11 月在州革委恢复后即已从保山地区划出来但仍归德宏州直辖外，西双版纳、迪庆、怒江各县，在各州成立中共州委会的同时，均划回归各州直辖。中央还同意怒江州府由碧江县知子罗镇迁至泸水县六库镇。

9 月 1 日 经省委批准，省委民族边疆工作委员会发出《关于民族政策再教育的意见（报告提纲）》，指出：林彪一伙全盘否定云南边防工作，诬蔑为“修正主义的边防”，大肆推行“政治边防”的反动方针。通过教育认识到在云南任何政策的执行都离不开民族这个特点，切实解决在工作指导上一般化，要求上“一刀切”“一个样”的问题，尊重少数民族风俗习惯，认真贯彻党的民族政策。

9 月 25 日 省委发出《关于深入学习毛主席“大办民兵师”指示的通知》，指出：今年 9 月 29 日是毛主席发出“大办民兵师”指示 15 周年纪念日。认真学习和贯彻这一指示，对于加强国防建设，防止帝国主义侵略，巩固无产阶级专政，建设社会主义具有重要战略意义。

10 月 16 日 昆明军区遵照中共中央、国务院、中央军委《关于云南省西双版纳等 4 个自治州领导体制的批复》和中央军委《复新建 4 个军分区的编组方案》的指示，决定将思茅军分区分编为思茅和西双版纳 2 个军分区，将保山军分区分编为保山和德宏 2 个军分区，将怒江军分区分编为怒江、丽江、迪庆 3 个军分区。思茅、西双版纳、临沧、保山、德宏、怒江军分区归昆明军区建制领导，丽江、迪庆军分区归云南省军区领导。

10 月 31 日 《云南日报》报道：省革委召开全省环境保护会议，会议要求，根据“全面规划，合理布局，综合利用，化害为利，依靠群众，大家动手，保护环境，造福人民”的方针，有计划、有步骤、有重点地治理“三废”。首先要抓好含酚、氰、汞和砷的废水处理，同时抓好废气和废渣的回收利用，切实加强对环境保护的管理。

12 月 7 日 尼泊尔国王比兰德拉应中华人民共和国代主席董必武和国务院总理周恩来的邀请，前来我国进行国事访问，乘专机飞抵昆明。

1974 年

1 月 11 日　省委批转省民族边疆工作委员会《关于边疆地区复查阶级成分情况和意见的报告》。省委在批语中指出，进一步搞好边疆地区复查阶级成分的工作，对于增强民族团结，反帝反修，巩固边防，具有十分重要的意义，各级党委应加强领导，切实搞好复查工作，力争在年底完成这个任务。

2 月 4 日　《云南日报》报道：更大规模的农田基本建设群众运动正在云南各地深入开展。有 310 多万劳动大军战斗在农田基本建设第一线，到 1 月 20 日止，已完成三改面积 321.8 万亩，比去年同期增加 147 万多亩，其中新造的大寨式梯田 96.2 万亩，比去年同期增加一倍多。

5 月 7 日　省革委批转《云南天然气化工厂建设会议纪要》，要求集中力量打歼灭战，确保按照国家规定的建设期限，高质量、高水平地把云南天然气化工厂建设投产。工程于 1974 年 10 月 2 日正式破土动工，1977 年 10 月建成投产，每年可为农业提供 48 万吨尿素，为云南增产粮食提供了重要物质条件。

5 月 11 日　云南省昭通地区和其毗邻的四川凉山州境内发生 7.1 级地震。毛泽东主席和党中央、国务院对灾区各族人民十分关怀，派出慰问团前往灾区慰问。云南省委和四川省委分别组织有关部门到震区做好防震救灾工作。朝鲜金日成主席、金一总理，阿尔巴尼亚霍查总书记、谢胡主席，越南范文同总理，毛里塔尼亚达达赫总统，罗马尼亚曼内斯库总理分别打电报给毛泽东主席和周恩来总理，对遭受地震灾害的人民表示亲切慰问。

5 月 30 日　英国前首相、保守党领袖爱德华·希思从西安到昆明参观访问。

6 月 25 日　柬埔寨民族统一阵线中央政治局主席、王国民族团结政府首相宾努亲王从北京到达昆明参观访问。

6 月 26 日　国务院、中央军委批复：同意撤销云南生产建设兵团和师、独立团的建制，团改为农场。兵团、师撤销后，云南省成立农垦总局，实行企业经营。兵团现役干部，分期分批撤回部队。

8 月 10 日　省革委举行庆祝大会，祝贺昆明工学院、昆明师范学院、昆明医学院、云南中医学院、云南民族学院 5 所院校的 1397 名首届工农兵大学生毕业。

9 月 4 日　为满足建设攀枝花钢铁基地的需要，云南、四川两省协议并报请国务院批准，云南省永仁县的大龙潭、平地公社（除落水洞、大麻塘、小石桥 3 个生产队外）划归四川省渡口市（后改名攀枝花市）。

10 月 17 日　《云南日报》报道：目前全省农村已有近 30%的公社建立了农科站，40%的大队和 50%的生产队建立了科技组，农村群众性的科学实验队伍已达到 34 万人。各地区普遍推广了作物良种、化学除草、微生物农药、菌肥等新技术。城市工矿企业也纷纷建立了有领导干部、工人和技术人员参加的三结合小组，广泛开展了以技术革新和技术革命为主要内容的群众性科学实验活动。

10 月 31 日　省革委发出《中缅、中老边境边民互市暂行管理办法》，允许参加互市者为边界 20 千米内居民，农副产品、农药、化肥及小农具等免征税。

11 月 7 日　云南省歌舞团参加在广州举办的 1974 年秋季中国出口商品交易会，演出近 1 个月。并由珠江电影制片厂摄制成艺术性纪录片《彩蝶纷飞》，在东南亚国家和香港、澳门等地区放映，备受称赞。

1975年

1月6日　中共中央召集的云南赴京汇报会议开始，会议由云南省委主持。云南省委宣布：根据中央首长的指示，这次会议的方针是贯彻执行毛主席关于“无产阶级文化大革命，已经八年。现在，以安定为好。全党全军要团结”的伟大战略部署，解决存在问题，使毛主席的指示在全省进一步落实。步骤上分两步：第一步解决停止武斗，收缴武器，恢复社会秩序问题；第二步学习文件，掌握武器，提高思想，增强团结，解决云南的是非问题。

1月17日　身患重病的周恩来总理来到人民大会堂宴会厅看望出席第四届全国人民代表大会的代表，把自己用的“英雄”牌水笔赠送给云南佤族代表保洪忠。

1月19日　新华社《国内动态清样》报道：云锡公司是目前国内外较为罕见的肺癌高发企业，具有明显的井下作业职工高发的职业特征。2月5日，周恩来总理看到这一材料后，指示一定要解决云锡矿工肺癌问题，并亲自向北京日坛医院布置。随后北京日坛医院、中国医学科学院肿瘤研究所、昆明医学院等39个科研单位及大专院校先后到云南锡业公司开展肺癌的防治科研工作，取得突破性进展。1985年9月，全国政协主席邓颖超为纪念周恩来指示10周年，作了“为控制云锡矿工肺癌继续努力”的题词。

1月23~24日　中共中央领导人两次接见云南赴京汇报会全体代表，继续强调要不折不扣坚决贯彻中央2号文件，缴枪，解散武斗组织。在京的省委常委制定了《中共云南省委贯彻执行中央〈关于禁止抢夺武器问题的通知〉的决定》。

2月27日　省委发出《关于撤销省委批林批孔办公室的通知》，“批林批孔”运动正式结束。

4 月 27 日　国务院、中央军委发出《关于加强边防工作的指示》。根据省委指示，省委办公厅于 6 月 7 日印发了这一文件，要求各有关部门认真组织学习讨论，研究贯彻落实的具体措施。

5 月 24 日　中共中央发出《关于云南省委、昆明军区领导任免的通知》。这是中共中央为了解决云南严重的派性而采取的一项重大组织措施。

5 月 27 日　叶剑英、邓小平、李先念等中央领导人接见了参加省委常委（扩大）会议的云南省委领导干部。

6 月 3~14 日　省委和昆明军区党委召开地（州、市）委书记会议和军区师以上干部会议，传达、学习经过毛主席、党中央审查同意的《中共云南省委常委扩大会议向中央的报告》（即：省委 26 文件），以增强无产阶级党性、消除资产阶级派性为重点，联系实际，开展批评与自我批评。

7 月 4 日　泰国总理蒙拉查翁·克立·巴莫从上海到昆明参观访问。

7 月 24 日至 8 月 4 日　省委召开专案审查和复查工作落实政策座谈会。9 月 10 日，省委转发了《座谈会纪要》，强调对“文化大革命”以来，凡定为敌我矛盾性质的案件，本人有申诉或长期有争议的案件，受“划线站队”和资产阶级派性影响的案件，都应认真进行复查。

7 月 25 日　省革委同意省财办关于恢复建立供销合作社的报告。省供销社于当年 12 月 15 日起与省商业局正式分开办公，并恢复建立了各级供销合作社。

9 月 23 日　省委向中共中央作了《关于贯彻〈省委常委扩大会议向中央的报告〉的情况报告》，指出：3 个多月来，云南省各级党组织和广大干部群众，认真学习和贯彻了《中共云南省委常委扩大会议向中央的报告》，从城市到农村广泛开展了“一学、四批、五大讲”的群众运动，对形形色色的“资产风”，特别是对资产阶级派性进行了批判，山头林立的混乱局面已经改变，党的领导和党的观念显著加强，经济形势越来越好。

9 月 28 日　第三届全国运动会上，云南省体育运动员有 13 人 27 次打破 19 项全国纪录、1 项亚运会纪录，共获金牌 7 块、银牌 14 块、铜牌 8 块，其中游泳运动员杨占昆独得金牌 4 块、女子游泳队获团体总分第一名。

10 月　云南省文物工作队在楚雄州有关部门配合下发掘楚雄万家坝古墓群，出土文物 1000 余件，其中出土的铜鼓是世界上制造时间最早的铜鼓。

11 月 15 日　省委召开省级机关和省属各单位参加农业学大寨工作队全体动员大会。部署开展农业学大寨运动、进行党的基本路线教育的任务。

11 月 25 日　省委批转省委落实政策办公室《关于文化大革命期间非正常死亡人员处理意见（试行稿）》，强调：对于在“文革”期间和“划线站队”专案审查中被杀死、打死、自杀等非正常死亡的人员，要在党委统一领导下，实事求是地作出结论、分别情况，按照党的政策迅速处理，并做好家属、子女的工作。

12 月　在禄丰县城北 9 千米的石灰坝庙山坡煤窑晚、中新世褐煤层中，发现腊玛古猿头骨化石 6 个、西瓦古猿头骨化石 2 个及上下颌骨牙齿化石 30 多件、200 多个，单个牙齿化石 500 多个。经鉴定，其时间约距今 800 万年，表明禄丰古猿是人属进化的代表型。

1976 年

3 月 22 日　以老挝人民革命党总书记、老挝人民民主共和国政府总理凯山·丰威汉为团长的老挝党政代表团，由南宁到达昆明访问。代表团参观访问了昆明机床厂和云南民族学院，游览了石林。

5 月 29 日　云南省西部的龙陵、潞西一带连续发生两次强烈地震，震级为 7.3 和 7.4 级。地震发生后，中共中央发来慰问电，并派出中央慰问团前往灾区慰问。这次地震的破坏性大，但由于事前地震部门做了预报工作，组织了预防，因而人员伤亡较少。

10 月 20 日　云南省、昆明市和昆明军区 25 万军民举行坚决拥护华国锋为首的党中央群众大会，拥护中央的两项重要决定（指中共中央、人大常委会、国务院、中央军委《关于建立毛主席纪念堂的决定》和中共中央《关于出版〈毛泽东选集〉第五卷和筹备出版〈毛泽东全集〉的决定》）。

10 月 23 日　云南省、昆明市和昆明军区举行了有 50 多万人参加的庆祝大会，全省 1000 多万军民收听了大会实况广播并举行集会游行，庆祝党中央一举粉碎“四人帮”的伟大胜利，声讨“四人帮”反党集团篡党夺权的罪行。

10 月 30 日　省委发出《关于认真学习贯彻中央 16 号文件，彻底揭发批判“四人帮”反党罪行的通知》。

12 月 20~28 日　省委统战部、省委民边委、省公安局联合召开武定、禄劝、禄丰、元谋、嵩明、寻甸、富民、安宁和西山区基督教工作座谈会。1977 年 1 月 13 日，省委批转了《座谈会纪要》，要求各级党委要把民族宗教工作真正摆到重要议事日程上来，切实加强领导。地、州、县（市）要确定一名副书记主管，要经常检查贯彻执行党的民族政策和宗教政策的情况。

1977 年

1 月 5 日　省委举行省级机关干部、省直属厂矿职工和大专院校师生共10 万人大会，会议号召全省军民迅速掀起农业学大寨、普及大寨县新高潮。

1 月 6~15 日　省委和省革委在昆明召开全省工业学大庆会议，传达学习国务院召开的全国工业学大庆会议筹备会精神，讨论和初步制定了云南建设大庆式企业的规划和措施。

1 月 18 日至 2 月 3 日　中共中央解决云南问题会议在北京举行，会议由中共中央政治局主持。2 月 4 日，中央同意《云南省委和昆明军区参加中央解决云南问题会议同志向党中央的报告》。中央批示，望云南省委和昆明军区党委认真贯彻执行，稳妥地把云南问题解决好。

3 月　云南省粮食工作会议召开。省委决定对沿边 27 个县、108 个公社，总共约 123 万人口的地区，实行基本口粮保证供应的办法。这一办法得到边疆民族群众的拥护，既解决了这些地方群众口粮严重不足的困难，又利于保障这些地区的稳定。

4 月 9 日　新华社报道：中国考古工作者在禄丰县石灰坝煤场发现一个完整的古猿下颌骨化石，是世界上第一次发现从猿到人过渡类型的下颌骨化石。

4 月 18 日　省委报送中共中央关于云南两个月的工作情况。报告指出，自中央召开解决云南问题会议以来，全省情况已开始发生变化。中共中央于5 月 9 日转发了云南省委的报告，并批示：云南省委的工作做得是好的，希望再接再厉，团结战斗，乘胜前进，夺取社会主义革命和社会主义建设的更大胜利。

6 月 9 日　省委落实政策办公室下发了《关于加快落实政策工作的意见》，要求必须抓紧时间，把落实政策工作做深、做细、做扎实。

6 月 10～25 日　全省边疆民族工作会议在昆明召开。会议传达了中共中央主席华国锋和副主席叶剑英对云南边疆民族工作的指示，听取了省委《关于在我省边疆民族地区贯彻华主席抓纲治国的战略决策实施决定》的说明报告，研究和制订了巩固边防、发展边疆民族地区农业生产和经济建设、培养民族干部等措施。

6 月 15～24 日　省革委召开全省畜牧、水产会议，要求各地坚决执行党在农村的各项方针政策，尽快把以养猪为中心的畜牧、家禽、水产事业搞上去。

6 月 30 日　省委召开向科学技术领域进军的广播大会。会议要求各级党委加强对科技工作的领导，并制定规划，提出奋斗目标，把云南科技事业发展起来。

7 月 12 日　省委下发了《关于解决过去专案审查和复查工作中若干政策问题的意见（试行草案）》，要求调动一切积极因素，凡对过去专案审查和复查工作没有完成的，应认真、尽快、抓紧做好。

7 月 24 日　省委和昆明军区党委在昆明召开有 50 万军民参加的集会，庆祝和拥护中共中央第十届三中全会关于追认华国锋为中共中央主席、中央军委主席的决议；恢复邓小平为中共中央委员，中央政治局委员、常委，中共中央副主席，国务院副总理，中国人民解放军总参谋长的职务的决议；永远开除王洪文、张春桥、江青、姚文元的党籍、撤销其党内外一切职务的决定和关于召开党的十一次全国代表大会的决定。

8 月 21 日　昆明地区 10 万军民在昆明市东风广场举行集会，庆祝中共十一大和十一届一中全会的召开，拥护以华国锋为首的新的中央委员会。

9 月 20～30 日　省委召开的云南农业学大寨会议在昆明举行。经省委请求和中共中央批准，中共中央政治局委员、国务院副总理陈永贵和山西省昔阳县大寨大队党支部书记郭凤莲、平定县委书记李锁寿前来参加会议介绍经验。

10 月 20 日　云南省外事办公室约见越南驻昆明领事，就越方事先不与中方磋商，单方面采取行动，大批驱赶中国迁移越南边民回归，向越方提出交涉，指出这种做法违反了1963年云南省与越方3省关于双方边境工作配合问题会谈纪要精神，有损中越两国人民的传统友谊，希望越方认真按会谈纪要精神办事，不再发生类似事件，以维护两国边境地区的安宁。11月21日，云南省外事办公室就越南驻昆明领事关于交涉的“答复”，进一步据理驳斥。

10月22日　省委邀集各民主党派和工商联云南省地方组织负责人举行座谈会，传达中共中央批转中央统战部《关于爱国民主党派问题的请示报告》，以及中央《关于召开五届人大的通知》《关于召开五届政协会议的通知》。会议重申了党提出的“长期共存，互相监督”的方针，要求人民政协和各民主党派把工作活跃起来。从此，云南省各民主党派地方组织开始恢复工作，逐步开展了正常的政治活动。

10月24日至11月6日　省委在昆明召开全省化肥、农机会议，要求全面贯彻“以农业为基础、工业为主导”发展国民经济的总方针，围绕农业办支农工业，围绕支农工业办基础工业，办“五小”和社队企业，集中一切力量，以化肥、农机带头，加速建设全省支农工业体系。

10月30日　省委召开全省高等学校招生会议。会议按照国务院批转教育部关于1977年高等学校招生工作的意见，对今年的招生工作作重大改革，决定采取德、智、体全面平衡，择优录取，自愿报名，统一考试，地、州、市初选，学校录取，省招生委员会批准的方法。这是云南高校恢复招生考试制度的一次重要会议。此后，中断了12年的招收研究生制度也在部分高校恢复。

12月12~16日　因“文化大革命”中断活动10年之久的中国人民政治协商会议云南省委员会在昆明召开第四届第一次全体会议。

12月13~17日　云南省第五届人大第一次会议在昆明举行。这是粉碎“四人帮”后首次召开的人大会议。1977年10月，省委根据中共中央通知，决定召开省第五届人大，并把此前的省革委算作一届，即第四届。省三届三次人大在1965年2月召开，“文化大革命”开始后，一直停止活动。

1978年

1月2日　省委发出通知，要求各级党委采取有力措施，加强对已经形成的农田基本建设高潮的领导。并且要求地（州、市）县两级要有一名副书记和常委专管农田基本建设。

1月19日　省委党校第一期干部读书班和理论宣传干部训练班举行开学典礼。

1月25日　云南省蔗糖、烤烟生产会议在昆明召开。

1月26日　地州市委书记会议召开。会议指出，当前要防止和克服右倾松劲情绪，打好“第三战役”，从思想上肃清“四人帮”流毒，做好清查、审定对象的定案、结论和处理工作，并在整顿中建设好领导班子。

同日　云南省召开治理螳螂川污染工作会议和省环境保护座谈会，决定成立治理螳螂川污染领导小组，力争两三年内彻底解决螳螂川污染问题。

2月4日　省委边疆工作委员会邀请民族工作干部以及研究民族历史的学者进行座谈会，揭发批判“四人帮”破坏党的民族政策，破坏民族团结，破坏边疆工作的罪行。

同日　《云南日报》发表了省委民族边疆工作委员会大批判组题为《认真贯彻党的民族政策，调动一切积极因素，进一步做好民族边疆工作》的文章。

2月27日　省外事办公室约见越南驻昆明总领事馆副领事，就越南当局驱赶越南华侨问题提出交涉。3月10日，越南驻昆明总领事馆对中方交涉作了“答复”。省外办对“答复”中回避实质歪曲事实的情况，予以驳斥。

3月16日　国务院副总理李先念结束对菲律宾的正式友好访问，乘专机抵达昆明。3 月 18 日前往孟加拉国进行正式友好访问。李先念在访问孟加拉国前听取了省委对云南工作的汇报。

同月　全省林业会议召开。省革委转发了会议纪要，并通知各地严格执行国家颁布的《关于加强山林保护管理，制止破坏山林、树木的通知》和《森林保护条例》，要求发动群众，大打植树造林的人民战争。

4 月 13 日　云南省、昆明市向科学技术现代化进军动员大会在东风体育馆举行。

4 月 14 日　云南省边疆民族地区第一座人民广播电台——西双版纳人民广播电台建成并开始播音。除每天转播中央人民广播电台和云南人民广播电台的节目外，还用汉、傣双语广播自办节目。

4 月 23 日至 5 月 8 日　省委召开农业学大寨座谈会。

5 月 7~12 日　省委召开落实政策和审干复查工作会议。

5 月 8~20 日　省革委在昆明召开全省工业学大庆工作会议，传达贯彻全国工业学大庆会议精神，研究加快云南工业学大庆步伐和加快工业发展速度的措施。

5 月 9 日　省委发出通知，云南省除省、自治州、市、县（包括相当于县的市、镇）和公社设革命委员会外，其他一切工厂、生产大队、学校、商店等企业事业单位和国家机关，一律不再保留革命委员会。各地区是省革委的派出机构，设立行政公署。

5 月 13 日　《云南日报》全文转载 5 月 11 日发表于《光明日报》的《实践是检验真理的唯一标准》文章。

同日　省委同意并批转省委宣传部关于省级宣传文教系统的体制和机构设置的请示报告，决定将云南大学、云南农业大学、云南林学院、云南工学院、云南中医学院、云南民族学院 6 所院校党的核心小组，一律改为党委会，核心小组成员暂改为党委委员。

5 月 23~25 日　国务院副总理方毅到西双版纳考察工作，对严禁毁林开荒、保护森林问题作了重要指示，考察结束后向中共中央提交了考察报告。12 月 1 日，中共中央副主席邓小平指示：西双版纳的自然条件好，潜力很大，对这一地区要搞好发展经济的规划。随后，全国人大常委会副委员长李井泉在北京主持召开研究西双版纳地区开发利用规划问题的会议，在此基础上，制定了西双版纳自然资源保护发展和开发利用方案。

5 月 26 日　省委发出《关于抓紧解决科技、教学人员用非所学问题的通知》，指出：粉碎“四人帮”以来，已有 1337 人恢复了研究员、讲师、工程师以上职称，1030 人被提升和授予了助理研究员、讲师、工程师以上职称。

5 月 30 日　新华社报道：大批被越南当局驱赶回国的难侨从河口入境后，省委召开了紧急会议，并成立接侨办公室。

5 月 31 日　省委发出《关于恢复云南省民族事务委员会通知》，决定恢复云南省民族事务委员会，同时撤销省民族边疆工作委员会。

同日　省委向党中央报告政策执行情况：第一，在揭批“四人帮”过程中，省委始终把注意力集中到摧毁资产阶级帮派体系，调整各级领导班子，收回被“四人帮”及其余党篡夺的那部分权力；第二，全面清查与“四人帮”篡党夺权阴谋活动有牵连的人和事；第三，落实人的政策取得很大成绩；第四，在揭批“四人帮”的斗争中，坚决打击了其社会基础；第五，经济形势也是好的。

6 月 6 日　经国务院批准，云南省昆明市、路南县列为对外国人开放地区。

6 月 7 日　省委通知，将云南省革委工业交通办公室改为云南省经济委员会。

6 月 9 日　由缅甸国防部长兼三军总参谋长觉廷上将率领的缅甸军事代表团到达昆明进行友好访问。

6 月 16 日　中国政府被迫决定撤销我驻胡志明市总领事的任务。根据对等原则，中国政府通知越南政府，请越方立即关闭中国广州、昆明、南宁三个总领事馆，并在最短时间内撤离全部总领事馆人员。

7 月 1 日　陆良、平远街、稼依、甘庄、红河、太和、宾居、芒市、耿马 9 个华侨农场正式由农垦总局移交省侨务办公室主管，改为国营华侨农场。又对临沧地区的勐库农场、保山地区的新光农场、省林业厅主管的富宁县金坝林场和省公安厅主管的宾川县牛井农场划归省侨务办公室主管，改建为国营华侨农场。

7 月 7 日　省委发出 6 月下旬召开的地书会议会议纪要。提出在深入揭批"四人帮"的第三战役中，要增加批判林彪的分量，联系批判"划线站队"。

7 月 8~19 日　省革委召开全省教育工作会议，学习讨论邓小平在全国教育工作会议上的讲话和全国教育工作会议精神，研究制定了全省教育事业恢复发展的基本思路。

7 月 12 日　云南德宏州的少年儿童恢复了本民族语文学习，现全州民族小学有 80%开设了傣文课和景颇文课。

7 月 31 日　省委发出通知，要求全省党组织认真学习党中央向全党转发湖南省湘乡县委《关于认真落实党的政策，努力减轻农民不合理的负担的报告》，切实采取有效措施落实党在农村的经济政策，解决农民负担过重的问题。同时，省委作出了《关于减轻农民不合理负担的 14 条具体政策》。

8 月 17 日　省委发出《关于在全省开展扫盲工作的通知》，要求把扫盲工作列入党委的议事日程，因地制宜地采取多种形式开展扫盲工作。

8 月 24 日至 9 月 4 日　省革委召开全省物价会议，要求各地继续贯彻"稳定市场、稳定物价"方针，和"基本不动，个别调整"的原则，纠正自由定价，变相涨价，乱定协作价和乱收费用。

8 月下旬　云南省文物考古工作队在维修大理崇圣寺的千寻塔时，清理出南诏、大理国时期的佛像、刻字铜片、写本佛经等文物 600 余件。其中一尊金质造像，重 1135 克，高 24 厘米。这是迄今发现的南诏、大理国时期文物中最丰富最重要的一批，为研究其历史、宗教、文化提供了宝贵资料。

8 月 30 日至 9 月 9 日　省委召开全省县委书记会议，贯彻全国农田基本建设会议精神。

9 月　省委纪律检查委员会重新建立。1983 年，改称中共云南省纪律检查委员会。

10 月 1 日　《五朵金花》影片重映。此片在林彪、"四人帮"时期被禁锢了 10 年之久。

10 月 5 日　《云南日报》报道：曲靖、沾益、陆良、宜良 4 个县的 16

万劳动力，10 个月来投工 1600 多万个工日，完成土方 1535 万立方米；在南盘江上截弯改直 18 段，开挖新河 60 多千米，将原长 84 千米的老河道缩短 32 千米，危险地段护岸 24 千米，砌石拦墙 24.49 万立方米，炸滩 9 千米，新建桥梁 25 座，砌涵洞 118 个，建拦水泄洪闸 13 座。

10 月 7 日　省革委发出《关于坚决实行粮食征购任务“一定五年”不变和做好今年粮油征购工作的通知（草案）》，具体落实省委 1978~1982 年对粮食征购任务实行“一定五年”不变，超产超购、加价、奖售政策。

10 月 9 日　省革委批转省公安局关于划定边境管理区问题的报告，决定把全省 28 个边境县、镇（含梁河县）中一些边境线长、情况复杂，对敌斗争和治安管理任务重的部分县全县划为边境管理区，另一部分县可根据情况，以行政区划和纵深不少于 20 千米的边境前沿公社划为边境管理区。

11 月 6 日　云南省文物工作者在沧源佤族自治县北部勐省和中部勐来高山崖壁上发现古代崖画。初步确定是 3000 多年前新石器时代作品。这是我国迄今发现年代较早的原始崖画，为研究云南佤族历史和原始社会史、民族史、艺术发展史提供了资料。

11 月 12 日　省委发出《关于省属各部、委、办、局分别成立党委或党组的通知》，逐步调整党政合一的“一元化”领导体制。

11 月 15 日　省委召开理论座谈会，讨论实践是检验真理的唯一标准问题。同日，新华社向全国播发云南省委表态支持真理标准讨论的消息。

11 月 17 日　省委召开“文化大革命”结束以来第一次纪律检查工作座谈会，提出着重在揭批“四人帮”的斗争中做好党员的纪律教育工作。

同日　云南省召开科学技术工作会议，对全省科学技术 8 年发展规划纲要和 1979 年的计划进行了认真讨论。强调要大力加强农业科技工作。工业交通方面，要着重抓好轻工、能源、材料和交通运输等重要领域的科学研究工作。

11 月 24~29 日　全省摘帽工作会议在昆明召开。会议就贯彻中共中央批转中央统战部等部门的《关于全部摘掉右派分子帽子的请示报告》和《贯彻中央关于全部摘掉右派帽子决定的实施方案》等文件交换了意见。

12 月 26~28 日　省委举行常委（扩大）会议，学习贯彻党的十一届三中全会精神——重新确立马克思主义的思想路线、政治路线、组织路线，把全党的工作重点转移到社会主义现代化建设上来。

12月31日　省革委通知各地开放粮、油市场，以县为单位，在完成国家粮油征购任务以后，允许社员少量的粮油上市，进行品种余缺调剂。

同月　中国科学院古脊椎动物与古人类研究所和云南省博物馆联合考察队在禄丰县石灰坝古猿遗址中发现一个800万年前的“西瓦古猿”头骨化石。这是迄今世界上所发现的晚中新世到早上新世（距今大约1500万年到700万年）各类古猿中第一个古猿头骨化石。

1979 年

1 月 4 日　中共中央副主席邓小平与中央政治局委员、国务院副总理王震交谈时指出：西双版纳这个地方一定要搞好，要搞一个规划，这个地区还可以用联合企业的办法搞农场。农场不要只注意发展橡胶，还可以发展多种经营，一方面可以供出口换外汇，另外，将来国内旅游业发展也需要；总之，国家可投入大一点，但是要搞好。根据邓小平的指示，国务院和云南省有关部门组成规划组开展工作。21 日，省委召开常委会议，专门讨论邓小平关于建设西双版纳的发展规划问题，3 月 25 日，省委报送中央《关于西双版纳经济发展规划的方针政策性意见的报告》。

1 月 11~24 日　省委召开全省县委书记会议，传达学习党的十一届三中全会和中央工作会议精神。会议讨论了如何把党的工作着重点转移到社会主义现代化建设上来，以及如何加快云南农业发展等问题。会上妥善地处理了“政治边防”和“二次土改”等一些重大历史遗留问题。

1 月 12 日　省委向中共中央作《关于解决国营农场知青问题的请示报告》，国务院同意了请示报告，后经修改，又拟制出《关于解决云南国营农场知青问题的意见》。经与四川省委，北京、上海、重庆市委充分协商并取得他们的同意后，于 2 月 6 日报国务院同意，即于当日以云南省革命委员会的名义印发了《关于贯彻执行中央〔1978〕74 号文件，统筹解决云南省国营农场知青及有关问题的通知》。云南采取招工、调动、顶替、病退等办法，仅用了半年时间解决了原来计划两年解决完的农场知青回原籍安置问题，到 7、8 月份农场知青绝大部分都返回原籍，从而迅速恢复了边疆的稳定。

同日　省委发出通知，要求各级领导根据中共中央“全部摘掉右派分子帽子，并对他们进行妥善安置，实事求是地做好错划右派的改正工作”的指示精神，采取有力措施把这项工作做好，不要再留尾巴。到1983年，全省共改正错划右派1.09万人并做了妥善的安置。

1月19日　省革委通知各地，根据国务院有关文件规定，云南省社队企业开办初期免征工商税3年，免税时间从1979年1月开始执行。所得税仍按原规定暂不征收。

1月20日　《云南日报》报道：省地质局第十一地质队在云南西部探明了一个巨型铅锌矿的情况。铅锌矿在怒江州兰坪县，勘探查明，单矿床储量有1400万吨，居世界前列。

1月21日　经国务院批准，寻甸县改为寻甸回族彝族自治县。12月20日，正式宣告成立。

1月29日　《云南日报》报道：彩色电影《阿诗玛》被禁映10余年之后重映。

2月1日　根据五届全国人大通过的新宪法，云南省人民检察院重建并正式办公。

2月3日　新华社报道：云南省牟定县新近出土一套战国时期的铜编钟共6件，是目前云南省已出土的3套铜编钟中最大、最完整的1套。这套编钟为研究云南少数民族的乐器，为研究古代云南的冶炼技术及同中原的联系，提供了新材料。

2月14日　中共中央发出《关于对越进行自卫反击，保卫边疆战斗的通知》。中国人民解放军边防部队于2月17日在云南边境地区，被迫对越南侵略者奋起反击。3月16日达到预期目的后，全部撤回中国境内。

2月16日　省委统战部转发中共中央批转上海市委《关于落实党对民族资产阶级若干政策问题的请示报告》和中央统战部印发的《关于落实党对民族资产阶级若干政策问题的宣传提纲》等文件，开始全面落实对原工商业者的政策。此项工作持续到1985年基本结束。

2月19日　《云南日报》发表本报评论员《要认真落实基层干部的政策》的文章。

3月1日　省革委发出通知，命名云南重型机器厂、云南冶炼厂、昆明纺织厂、云南纺织厂等 14 个单位为大庆式企业。

3 月 25 日　以中共中央政治局委员、国务院副总理方毅为团长，阿沛·阿旺晋美等为副团长的中央慰问团到达昆明，慰问对越自卫还击作战的云南边防部队指战员、民兵和支前民工。

3 月 26 日　省委决定设立省委民族工作部，撤销省委民族边疆工作委员会。

3 月 30 日　省委决定成立中共云南省革命委员会党组。省委、省革委会正式分开。

4 月 6 日　省委专门召开常委会学习讨论邓小平在 1 月 30 日全国理论工作务虚会第 2 阶段会议上作的题为《坚持四项基本原则》的重要讲话。会议指出：四项基本原则，犹如社会主义大厦的四根支柱，这是我们的立国之本，不能有任何动摇。

4 月 9 日　根据《中共中央关于加快农业发展若干问题的决定（草案）》的精神，省委决定设立云南省农业委员会，同时撤销省革委农林办公室和省委农林政治部。

4 月 13 日　《云南日报》发表社论：《坚持四项基本原则，发展大好形势》。

4 月 28 日　省革委批准省物价局于 3 月 12~21 日召开的全省物价会议情况的报告。省物价会议按照全国物价会议精神，提出提高农业产品收购价格的具体意见。

5 月 28 日至 6 月 5 日　省革委在昆明召开全省基本建设工作会议，贯彻中央提出的“调整、改革、整顿、提高”的方针和全国基建工作会议精神。

5 月 29 日　省委、省革委召开全省科技成果颁奖大会，对新中国成立以来云南省的 1600 多项重要科技成果进行奖励。

同日　省委批准成立云南广播电视大学。

5 月 31 日　国务院批复同意正式确定基诺族为我国的一个单一的少数民族，是全国 55 个少数民族中最后确认的一个。1982 年 7 月 1 日，全国第三次人口普查，云南世居少数民族增加了满族、水族、布依族，最终确定了云南全省有25个世居少数民族。

同月　楚勐（楚雄—勐捧）公路建成通车，全长640千米。

6月14~15日　省委从省级机关中抽调了一批处级以上干部，组成了5个民族工作民族政策检查组，分别到红河、文山、西双版纳、德宏、怒江、大理、楚雄7个自治州，思茅、临沧、昭通、曲靖4个地区，以及宁蒗彝族自治县，检查了解党的民族政策执行情况，协助当地党委进行民族政策的宣传和再教育以及解决当前急需解决的一些问题。1980年11月，省委又从省级机关和各地、州、市、县抽调了2000多名干部组成民族政策检查团，对全省各地各部门执行民族政策情况作了一次全面检查，解决了一些实际问题。这次民族政策检查和再教育，前后历时一年半，是全省历史上时间最长、投入人数最多和教育范围最广的一次民族政策再教育。

6月18日　省委发出关于解决好"文化大革命"中"二次土改""政治边防"以及"四清"中在边疆民族地区补划阶级成分问题的通知。

6月22日　省革委发出紧急通知，要求各地开展物价检查整顿，严格控制物价上涨。

7月3~4日　省委、昆明军区联合举行6个边防军分区移交云南省军区仪式。根据边境地区形势的变化，中央军委6月12日批示，将思茅、西双版纳、临沧、德宏、保山、怒江6个军分区划归云南省军区直接领导和指挥。

7月8日　云南省京剧一团与北京电影制片厂合拍的戏曲片《铁弓缘》摄制完成。该片获文化部1979年优秀影片奖和全国第三届电影"百花奖"最佳戏曲片奖。

7月26日　省革委转发国务院5个改革管理体制的文件，并决定再选择50个工业、交通企业按照国务院文件要求作为第二批进行扩大企业自主权的试点。

8月25~29日　中国共产党云南省第三次代表大会在昆明举行。大会报告指出：这次大会是在具有伟大历史意义的党的十一届三中全会之后，全国五届人大第二次会议胜利闭幕不久召开；是在揭批林彪、"四人帮"的群众运动已经基本上胜利完成，抓纲治国已经大见成效，全党工作重心正在转移到社会主义现代化建设上来的伟大历史转变时刻召开的。这次大会的任务是，动员和组织全省各级党的组织、共产党员和各族人民，高举马列主义、毛泽东思想的伟大旗帜，紧密地团结在以华国锋同志为首的党中央周围，进一步解放思想，发扬民主，同心同德，聚精会神，打好四个现代化的第一个战役，加快我省社会主义现代化建设步伐，为实现党的十一届三中全会和全国五届人大第二次会议提出的各项任务而奋斗。大会选举出中共云南省第三届委员会委员 92 名、候补委员 26 名，中共云南省纪律检查委员会委员 49 名。

9 月 5 日　省委、省革委联合发出《关于划分社员自留山的通知》。

9 月 7 日　省委常委会联系工作和思想实际，讨论实践是检验真理的唯一标准问题，并对全省深入开展真理标准讨论作了部署。

同日　省革委决定从 1979 年起对农业税实行起征点办法，减免部分经济条件较差地区的农业税负担。

9 月 8 日　省委同意并转发了省委组织部、省纪委《关于贯彻〈中共中央关于对被定为右倾机会主义分子的平反、改正问题的通知〉的请示报告》。

同日　在北京人民大会堂举行的全国第二次“质量月”广播电视大会上，云南白药厂生产的茶花牌云南白药、云南锡业公司第一冶炼厂生产的精锡获金质奖章；昆明机床厂生产的 T4163 型单柱坐标镗床获银质奖章。

9 月 8~13 日　中共云南省委纪律检查委员会第一次全体会议在昆明举行。

9 月 11 日　省委和省革委同意并转发省革委待业人员安置领导小组和省劳动局《关于认真做好城镇待业人员安置工作的报告》。

9 月 15~30 日　第四届全国运动会在北京举行。云南省运动员获金牌 10 枚，银牌 7 枚，铜牌 9 枚。有 16 人 22 次打破 11 项全国纪录，有 2 人平全国纪录。田径队马拉松组囊括了马拉松赛跑前三名，被国家体委授予“勇攀高峰运动队”光荣称号。

9 月 21~27 日　全省县级直接选举人民代表试点工作会议在昆明举行。

9 月 25 日　省委、省革委发出《关于加快发展林业的通知》《关于改革森工企业管理体制的通知》，提出要贯彻“以营林为基础，造管并举，造多于伐，采育结合，综合利用”的方针，加强森林保护。

9 月 28 日　国务院表彰工业交通基本建设战线的全国先进企业和全国劳动模范。云南省受表彰的先进企业有云南省第九地质队、昆明机床厂、江边林业局等；受表彰的劳动模范有马福昌、麦伟麟、戴恒贵、王禄民、陈朝刚等。

10 月 3 日　省委宣传部发出《关于认真组织学习叶剑英〈在庆祝中华人民共和国三十周年大会的讲话〉的通知》。《讲话》是在中共中央第十一届四中全会上讨论通过的，《讲话》第一次提出建设社会主义精神文明的任务。

10 月 4 日　昆明电视台改名为云南电视台。

10 月 28 日　《云南日报》报道：云南姚安发现明代佛经《径山藏》1788 册、6000 多卷，据称是目前国内保存较为完整的一套。据有关部门考证，这部佛经始刻于明万历十七年至三十七年（1579～1609）间，距今有 400 年。

11 月 1 日　云南省从今日起，提高肉、禽、蛋、奶等 7 种副食品价格（蔬菜不提价），同时给予全民所有制职工每人每月补贴 5 元，与提价同时实行。

11 月 15～29 日　省委召开全省山区经济建设和民族工作座谈会。提出高寒、边沿分散的几个民族大约有 100 万人口，推行包产到户。

11 月 20 日　省委发出《关于加快发展云南省旅游事业的通知》。

11 月 30 日　省委同意省公安局的请示报告，决定从 1980 年 1 月 1 日起，将云南省现在实行的民警制的边防武装和指挥管理机构的干警一律改为现役，实行义务兵和志愿兵相结合的体制，统称人民边防武装警察部队。

12 月 1 日　云南天然气化工厂举行国家验收大会，由国家验收委员会发给《国家验收鉴定书》。

12 月 15 日　省革委作出《关于扩大企业自主权试点中若干问题的补充规定》。

12 月 24 日　省革委转发国务院《关于职工升级的几项具体规定》，决定给 40%的职工升级。此后又根据中央有关规定，将 55 个县由三类工资区调整为四类工资区，10 个县由四类工资区调整为五类工资区。

12 月 27~31 日　云南省五届人大第二次会议在昆明举行。会议总结了 1978、1979 两年各方面的成就，提出云南从 1979 年起 3 年调整国民经济的主要要求。会议根据《中华人民共和国地方各级人民代表大会和地方各级人民政府组织法》，将云南省革命委员会更名为云南省人民政府。

12 月 28 日　国务院在人民大会堂隆重举行第二次授奖仪式，嘉奖农业、财贸、教育、卫生、科研战线的全国先进单位和全国劳动模范。受表彰的全国先进单位中，云南有玉溪县北城公社、大理县湾桥公社、屏边苗族自治县新现公社西沙大队、景洪县允景洪镇曼景兰大队曼景兰生产队、昭通县博禄公社宁边大队、国营景洪农场、马关县仁和供销社、个旧市第一中学；受表彰的全国劳动模范中，云南有周福生、俸爱国（女）、郭津德、朱迪（女）、吴征镒、李婉云（女）、李秉权、罗桂友（女）、李廷芳、何心萍。

1980年

1月2日　省人大常委会举行会议，决定将昭通、曲靖、玉溪、思茅、丽江、保山、临沧7个地区革委会改为地区行政公署。

1月5日　省委决定恢复和建立地、州、县民族事务委员会。

1月7~13日　省政府召开全省烤烟工作会议，研究如何提高烤烟质量。

1月13~20日　全省计划生育工作会议在玉溪召开。会议指出：全省人口自然增长率从1978年的19.23‰下降到1979年的14.6‰。

1月17~24日　省政府召开全省蔗糖工作会议。

1月20日　《云南日报》报道：交通部委托云南省交通局组织17个有关单位，对澜沧江西双版纳境内158千米航道进行试航验收，这些航道基本可通行40吨客货轮和120吨至140吨机驳船队。

1月22日　昆明市从今日起敞开供应猪肉。

2月23~25日　德宏傣族景颇族自治州的景颇族人民举行“木脑总戈”（目瑙纵歌）活动，此活动在“文化大革命”期间被禁止，在粉碎“四人帮”后得以恢复。

3月5日　云南省第一届盲人、聋哑人代表会议在昆明召开，选举产生了云南省盲人、聋哑人协会第一届委员会。

3月15日至4月12日　省政府召开全省教育工作会议，确定云南普通教育工作的主要任务是：大力普及小学五年制教育，积极进行中等教育结构改革，加强民族教育，特别要抓紧扫除文盲。

4月15日　省委批转了省科委提出的《关于加强科技工作的10项措

施》。

4 月 18 日　省委批转省农业委员会《关于整顿和加强云南省农村人民公社经营管理的意见》。

5 月下旬　国务院决定从 1980 年起，设立“支援经济不发达地区发展资金”，主要用于老革命根据地、边远山区、少数民族自治地方和经济基础比较差的地区加快经济发展。1980 年拨给云南 4000 万元（包括开发西双版纳专款 1500 万元）。

5 月 25 日　省政府发出通知，根据省人大常委会会议决定，将省人民政府的 16 个局改称为厅。

7 月 10 日　云南京剧院先后到法国、意大利、奥地利、瑞士、列支敦士登 5 国访问演出后回到昆明。

7 月 12 日　省政府印发《云南省综合农业区划（草案）》。《区划（草案）》根据云南“立体农业”的特点，将全省划分为 7 个农业区和三层六类农业类型。

7 月 20 日至 8 月 4 日　省委召开全省地、州（市）委书记和县委书记会议，讨论确定：粮食政策继续贯彻执行让农民休养生息的方针，坚持粮食征购基数 15 亿斤贸易粮，一定五年不变。农业税现金继续减免，一定四年不变。在边疆民族地区和内地高寒、分散、贫瘠山区，即 1000 万人口的地区，坚决实行包产到户，包交提留到户。其他地区因地制宜，实行各种生产责任制。

7 月至 8 月　省委先后两次专门开会研究发展云南民族教育事业，并决定：举办 40 所寄宿制民族中小学、扩建云南民族学院、修缮部分民族地区中小学校舍、在部分大学和中专举办民族班。

8 月 21 日　省委批转省委组织部《关于善始善终地做好落实干部政策工作的意见》。

8 月 28 日　省委、省政府同意和转发了全省劳动就业会议就做好城镇劳动就业提出的意见。

9 月 1 日　国务院在人民大会堂举行全国第三次“质量月”广播电视大会，云南省获金质奖章的产品有昆明机床厂生产的 T42100 型双柱坐标镗床，获银质奖章的有昆明香料厂生产的依兰牌桉叶油和云南金马农业机械厂生产的金马 X195 型柴油机。

9 月 16 日　云南林学院举行开学典礼。它是北京林学院迁回北京后新建立起来的高等学校，以培养亚热带林、经济林和采伐运输机械化的技术人才为主，面向四川、西藏、贵州和云南四省区招生。

9 月 30 日　省委发出《关于认真学习贯彻〈中共中央进一步加强和完善农业生产责任制的几个问题〉的通知》。

10 月 10 日　省政府印发《关于中缅中老边民互市管理办法》和《关于中缅边境小额贸易管理规定》。

10 月 15 日　省委发出《关于认真组织学习和贯彻〈中共中央关于控制我国人口增长问题致全体共产党员、共青团员的公开信〉的通知》。

10 月 21~27 日　中共中央总书记胡耀邦在云南视察工作。胡耀邦在省和驻昆部队党员负责干部会议上作报告：希望大家加强调查研究，加强革命的团结，加强力争上游的雄心壮志，把云南工作搞得更好。

10 月 30~31 日　泰国总理炳 · 廷素拉暖上将在云南进行友好访问。

11 月 5 日　云南歌舞团赴缅甸、泰国、新加坡进行友好访问演出。这是中泰两国 1975 年建交以来，应泰国政府邀请前往演出的我国第一个艺术代表团，也是近 10 多年来，应缅甸政府邀请的第一个艺术代表团。

11 月 14 日　新加坡共和国总理李光耀到达云南参观访问。

11 月 15 日　昆明三聚磷酸钠厂开工。它是“六五”期间国家重点建设项目之一，是新中国成立以来国家对云南一次投资最多、规模最大的建设项目。

同日　泰国众议院议长汶廷 · 通沙瓦率领泰国众议院议会代表团到达云南进行友好访问。

11 月 20 日　由圣地亚哥 · 卡里略总书记率领的西班牙共产党代表团到达云南进行友好访问。

11 月 22 日　元江哈尼族彝族傣族自治县宣告成立。

11 月 25 日　新平彝族傣族自治县宣告成立。

1981 年

1 月 4 日　省委、省政府批转省农委《关于改善场群关系，加强民族团结的意见》。

1 月 12 日　省委、省政府批转省农委《关于建设云南省商品粮基地的意见》，确定澄江、晋宁等 16 个县为商品粮基地，安宁、通海等 49 个县的 197 个坝区公社为商品粮基地社。

1 月 25 日至 2 月 1 日　省委召开工作会议，讨论贯彻中央工作会议提出的在经济上实行进一步的调整，在政治上实现进一步的安定团结的方针。

2 月 12 日　省委向中共中央书记处汇报云南回族地区工作情况。胡耀邦、彭冲、宋任穷、方毅、万里等中央领导人听取了汇报。中央领导人还同云南的同志一起座谈讨论了加强民族工作的 10 个问题。在此基础上形成了《云南民族工作汇报会纪要》，7 月 6 日由中共中央办公厅正式下达，即中办发〔1981〕26 号文件。这是根据云南省实际制定的指导我省今后民族工作的一个极为重要的文件，对全国民族工作均有指导意义。

2 月 20 日　省委宣传部、省教育厅、共青团云南省委联合发出通知，要求各级宣传、教育部门和共青团组织互相配合，在青少年中进一步开展“学雷锋、树新风”活动，努力建设社会主义精神文明。

3 月 9 日　省政府颁发《关于保护野生动物的布告》。

3 月 21 日　省委决定成立省委民族工作领导小组。

4 月 7 日　新华社报道，云南省在口粮分配上已有 65%的生产队实行按工分分配为主加照顾的办法。

4 月 29 日　省政府批转省财办《关于调整农副产品采购政策的意见》，

确定除粮、油仍继续贯彻执行统购、统销外，实行派购的二类产品从原来的56种中退出25种，同时又新增加7种。

5月4日　省委、省政府作出《关于发展城镇集体经营若干问题的决定》。

5月15~31日　省政府召开全省林业会议，研究贯彻《中共中央国务院关于保护森林、发展林业若干问题的决定》的具体政策和措施。会议总结了新中国成立以来出现“以农挤林”“以粮伤林”的经验教训，提出在20世纪内把全省森林覆盖面积提高到40%，再用10年时间恢复到50%左右，并提出8条措施。

5月17~19日　泰王国玛哈·扎克里·诗琳通公主在昆明访问。

6月9日　省人大常委会举行会议，通过《关于加强中小学教育、民族教育、业余教育的决议》。

7月1日　省委发出关于认真学习中共十一届六中全会通过的《关于建国以来党的若干历史问题的决议的通知》。

7月14日　省政府对进一步恢复和发展城镇个体工商户作出暂行规定。

8月3日　省政府办公厅印发省劳动局《当前我省劳动就业的情况和问题》，指出：到1980年底已安置待业人员48.3万余人，1979年以前的待业人员基本安置完毕。

8月8~12日　省人大常委会举行会议，通过《关于加强科学技术工作的决议》。

8月26日　经国务院批准，云南财贸学院成立。

8月31日　省委报送中共中央《关于加强云南边疆宣传文化工作抵制境外思想文化渗透情况的报告》。

9月7日　中央政治局委员、全国人大常委会副委员长彭冲到德宏州视察，他强调打击毒品犯罪要严，态度要坚决，绝不能让毒品再危害我们的国家和民族。

9月29日　省委、省政府印发省委财贸部、省财办《关于商业企业实行经济责任制的意见》。

10月13日　省委、省政府批转省计划委员会、省城镇集体经济办公室

《关于大力发展城镇集体经济加强小城镇建设的意见》。

10 月 13~30 日　省委在昆明召开全省县委书记会议，集中讨论思想战线、经济战线和民族工作几方面的工作。

10 月 19 日　省政府批转大理医学院建院方案。该院是在原大理卫生学校的基础上，经国务院批准建立的。

10 月 27 日至 11 月 1 日　省人大常委会会议在昆举行，通过了《云南省第五届人大常委会关于加强民族工作的决议》。

11 月 3 日　省委、省政府作出规定：全省所有生产队，不论采用哪一种形式的生产责任制，凡承包到户、到劳、到组的耕地，除了极少数因劳力转移、丧失、增添，国家、集体建设需要占用土地，以及其他特殊情况，可做少量调整之外，要相对稳定一段时间，有的地方可以一定三年、五年不变，有的地方可以一定八年不变。

同日　昆明至香港直达航线开航。

11 月 6 日　省政府批准在全省范围内建立 22 个自然保护区和 12 个自然保护点。总面积为 2194.97 万亩，占云南省面积的 3.82%。

同日　云南省第一次台湾民主同盟盟员、台湾同胞代表大会在昆明举行。会议选举产生了台盟云南省支部第一届委员会和云南台胞联谊会第一届理事会。

同日　省委、省政府批转省经委《关于我省工业生产推行经济责任制的意见》。

11 月 12 日　省委批转省农委《关于改变贫困山区面貌的意见》。

11 月 17 日　省委批转省委农村工作部《关于当前农业生产责任制的几个问题的意见》，指出：建立各种形式责任制的生产队已占生产队总数的 98.8%，其中各种形式的联产责任制占 80.3%，小段包工、定额计酬责任制占 18.5%。原实行包产到户的生产队大多数已转为包交提留到户，包交提留到户的生产队已占总数的一半以上。经过近 3 年的实践，绝大多数生产队已选定了符合当地实际情况的责任制。

11 月 18 日　经国务院批准，设立昭通市。

11 月 24 日　省委同意并批转省委民族工作领导小组的意见，从省级机关和有关企业事业单位抽调人员，组成包括医疗队、教育组、文化组、科技组和财贸组等各种专业队组在内的民族工作队分别到武定县发窝公社、禄劝县撒营盘公社、富民县款庄公社、盈江县卡场公社、陇川县邦瓦公社蹲点带面，摸索经验，帮助当地搞好山区民族工作。工作队每期半年，到期轮换。第一期 239 人于 12 月 15 日分赴各县。前后共进行了 5 期。

12 月 6~10 日　朝鲜民主主义人民共和国政务院总理李钟玉在云南访问。

12 月 9 日　省委、省政府根据中共中央和国务院的指示，发出关于全面整顿企业的通知。

12 月 23 日　省委、省政府发出《关于开展林业“三定”工作的通知》。

1982 年

1 月 15 日　《云南日报》报道：最近省政府发出通知，要求各地坚决贯彻 1 月 9 日国务院《关于坚决稳定市场的通知》，巩固安定团结的政治局面，保证国民经济的调整和改革的顺利进行。

1 月 18 日　省委、省政府发出通知，要求各地和有关部门把财贸企业的全面整顿作为今后一两年内的一项重要任务，切实搞好。这次整顿是对企业进行一次综合治理。

1 月 31 日　《云南日报》报道：云南穷县之一的澜沧拉祜族自治县，1981 年开始做到粮食自给有余，摘掉了“包袱县”的帽子。

2 月 1 日　《云南日报》报道：云南下关茶厂的中茶牌沱茶和云南冶炼厂的铁峰牌松醇油获 1981 年国家银质奖。

2 月 15 日　经国务院批准，云南省昆明和大理被定为国家第一批历史文化名城。

2 月 23 日　国务院批准并公布了第二批全国重点文物保护单位 62 处。其中，云南有：太和宫金殿（清，昆明市）、地藏寺经幢（937~1094 年，昆明市）、元谋猿人遗址（旧石器时代，元谋县）。

2 月 26 日　省委办公厅转发省委宣传部、团省委《关于深入开展“五讲四美”活动的意见》。

3 月 1 日　云南各地广泛开展第一个“文明礼貌月”活动。

3 月 8 日　省人大常委会会议审议通过《关于开展全民义务植树运动的实施细则》。省政府于 3 月 24 日正式公布施行。

3 月 26 日　《云南日报》报道：云南天然气化工厂为利用每年约 10 万

吨左右的剩余氨水而兴建的硝酸、硝酸铵工程建成投产。

3月27日　省委、省政府发出《关于贯彻执行中共中央国务院〈关于进一步做好计划生育工作的指示〉的通知》，要求执行一对夫妻只生一个孩子的指示。

4月1日　经省委和省政府批准，云南省烟草公司成立。11月25日，省政府决定把烟草产品作为第一拳头产品来抓，同意引进较先进的卷烟机、包装机等专用设备，改造卷烟厂。

4月3日　省政府发出《关于严禁鸦片烟毒的通知》，针对部分地区走私贩毒和吸食鸦片、私种罂粟的违法犯罪活动，决定把烟毒流行较严重的德宏、保山、临沧、西双版纳、思茅等地作为重点，集中力量抓好群众性的查禁烟毒工作。

4月25日至5月5日　全省统战工作会议召开，总结了十一届三中全会以来统一战线工作取得的成绩。全省原划右派分子12514人，已改正和安置的达95%以上；全省15000原工商业者中已区别出小商、小贩、小业主12081人，恢复了他们的劳动者身份；全省近30000名原国民党起义投诚人员中，应予复查落实政策的有7000余人，现已做了复查和落实的达80%以上；各级政协和各民主党派地方组织、有关团体先后恢复和开展活动；开展对港、澳、台和海外的统一战线工作；恢复和建立各级统战工作机构。

5月10日　省委、省政府发出关于坚决执行《中共中央国务院关于打击经济领域中严重犯罪活动的决定》的通知。

5月11日　根据国务院有关加强边境管理的规定，省政府颁布《关于加强边境管理的布告》，规定：凡进入富宁、麻栗坡、马关、河口、贡山等28个县、镇，年满15周岁以上的人员，必须持有县以上公安机关签发的《边境管理通行证》，军人须持有部队团以上机关签发的《军人通行证》方准通行。

5月15~16日　佛得角非洲独立党总书记、佛得角共和国总统阿里斯蒂德斯·马里亚·佩雷拉在云南进行访问。

5月19日　《云南日报》报道：我国目前最大的第三纪褐煤煤田——昭通褐煤盆地的详查地质勘探工作已于去年底结束，探明可供工业利用的褐煤储量 79.2 亿吨。

7 月 1 日　第三次全国人口普查工作在云南省全面展开。据 10 月 29 日云南省统计局公布的普查主要数据：1982 年 7 月 1 日零时，全省总人口为 32553817 人，比 1964 年 7 月 1 日零时第二次人口普查的 20453450 人增长 59.16%，平均每年增长 2.61%。汉族人口为 22234819 人，占 68.3%，各少数民族人口 10318998 人，占 31.7%。在各少数民族人口中，超过 4000 人以上的有 24 个民族。

7 月 10~22 日　省委召开全省完善农业生产责任制座谈会，会议总结了实行责任制 3 年来的基本经验，肯定多种形式的责任制符合云南的客观实际。到年底，全省建立家庭联产承包责任制的工作基本结束。

9 月 13 日　省委召开常委会学习讨论中共十二大文件。1~11 日，中共十二大在北京举行，邓小平提出了关于建设有中国特色的社会主义的思想，成为整个新的历史时期改革开放和现代化建设的指导思想。

9 月 27 日　在全国第五次“质量月”授奖大会上，云南省的金马牌 X195 型柴油机、云南天然气化工厂的合成氨、尿素装置工程和云南光学仪器厂引进生产线工程获银质奖章。

10 月 3 日　国家重点建设工程之一的云南天文台第一期工程竣工验收。云南天文台的建设，对于观测南天星相，改变我国天文台过于集中沿海的格局有重要意义。

10 月 27 日　省委、省政府发出《关于坚决贯彻执行〈中共中央国务院关于制止乱砍滥伐森林的紧急指示〉的通知》。

11 月 4~18 日　省委全体（扩大）会议召开。大会报告指出，党的十一届三中全会以来，云南经济建设工作取得巨大成绩，国民经济比例严重失调状况得到调整，发展速度加快，1977~1981 年工农业总产值以平均每年 10.5%的速度递增，国民经济已经走上稳步健康发展的轨道。

11 月 11 日　《云南日报》报道：大理县自育的“滇榆一号”粳稻新良种通过技术鉴定和品种审定。这个品种在前两年连续获得小面积平均单产 1600 多市斤的基础上，今年最高单产 1887.79 市斤，创我国粳稻一季亩产最高纪录。

11 月 24~26 日　民主柬埔寨联合政府总理宋双在云南进行友好访问。

12 月 4 日　云南省运动员张国伟在第九届亚运会获男子 10000 米赛跑金牌。

12 月 12 日　新华社报道，我国西南地区主要运输干线之一的贵昆（贵阳—昆明）铁路电气化工程开始动工。

1983年

1月6日　省委决定，成立省委机构改革指导小组，在省委常委领导下，负责指导全省党政机关和地州市县一级机构改革和领导班子配备工作。

1月20日　根据中共中央、国务院的决定，云南全省从今日起适当提高棉纺织品价格，与此同时降低化纤品和几种轻工、电子工业品价格。

同日　开远小龙潭电厂第一期主体工程开工。这是云南省兴建的第一座煤矿坑口电厂。

1月23~26日　中央政治局委员胡乔木受中共中央和国务院委托赴红河、文山州慰问在保卫边疆战斗中做出贡献的部队官兵。

1月29日　省政府转发省教育厅《关于中等教育结构改革座谈会的情况报告》，指出：党的十一届三中全会以来，云南教育战线认真贯彻以调整为中心的“八字”方针，中等专业学校由1978年的70所增至103所（其中10所尚未招生），在校学生由2.66万人增至3.31万人；技工学校由22所增至53所；农业中学（含农业初中）在校生由3800人增至6300人；普通高中经过调整，由1978年的850所减为529所，在校学生由23.86万人减为12.74万人。从而使各类职业技术学校的学生在高中教育阶段所占的比重由1978年的12.5%提高到25.4%。

2月4日　省委、省政府决定成立省高等教育自学考试指导委员会。11月27日，全省首次举行高等教育自学考试，有5600多名在职职工和待业青年参加了考试。

2月21日　省委、省政府发布《关于保护森林发展林业的几个问题》。

2月26日　省政府转发省农业委员会《关于发展民营橡胶为主的热带

作物生产的意见》。

4 月 6 日　省委办公厅根据中央有关通知以及省委指示，发出关于县（市）和市辖区设立政协问题的通知。

4 月 24 日　中国致公党云南省小组正式成立。

5 月 5~12 日　省委召开县委书记会议，决定实行“两山（自留山和责任山）到户”。

5 月 6 日　省政府印发国务院批转财政部的《关于国营企业利改税试行办法》和云南省的《国营企业利改税的补充规定》。

5 月 8 日　中国民主同盟云南省委筹办的昆明社会大学正式开学。

5 月 11 日　省委、省政府、昆明军区党委联合发出《关于开展军民共建精神文明的通知》。

5 月 14 日　《人民日报》报道：到 5 月上旬，云南省少数民族地区已有各类“两户”（即专业户、重点户）13 万多户，约占全省“两户”的一半。

5 月 19 日　省委决定成立云南省“五讲四美三热爱”活动委员会。

5 月 23~27 日　省委统战部、民族工作部、省民委邀请省民革、民盟、民进、农工、九三、致公、民建等民主党派和工商联，共同召开云南省民主党派、工商联“智力支边”、经济咨询工作会议。

5 月 31 日　省委、省政府下发《关于改革我省农村政社合一体制的试行草案》。

6 月 8 日　云南省航模队女运动员姜杰的一项 FIC 活塞发动机水上模型飞机直线距离的成绩，被国际航空联合会正式批准为世界纪录。

6 月 14 日　省政府同意省经委《关于加快农村供销合作社体制改革步伐的意见》，并批转各地贯彻执行。

6 月 17 日　中共中央办公厅、国务院办公厅批复云南省省级党政机关机构改革方案。中央、国务院原则同意省委、省政府 3 月 22 日《关于云南省省级党政机关机构改革方案的请示报告》。

6 月 20 日　省政府批转省经委、商业厅《关于调整农副产品购销政策、组织多渠道经营的意见》，将实行派购的二类农副产品由 30 种调减为 18 种，其中新增 1 种，减少 13 种。同时，省政府批转省经委、省物价局《关于开展农副产品议购议销的意见》。

6 月 21 日　省政府同意和转发省经委、省商业厅《关于发展城乡集体和个体商业、服务业的意见》。

8 月 23 日　省政府下发《云南省科技成果奖励条例》。

8 月 27～30 日　泰国国会主席、上议院院长乍鲁布·銮素万率领的泰国上议院议员代表团到思茅、西双版纳、昆明进行友好访问。

8 月下旬　云南开始打击严重危害社会治安的刑事犯罪分子的第一个战役。

8 月 29 日至 9 月 2 日　云南省民族团结表彰大会在昆明举行。

9 月 23 日　省委组织部召开全省组织工作座谈会。据会议统计，全省平反纠正 17 万多名干部的冤假错案，有 5600 多名知识分子的冤假错案得到平反纠正，给 5100 多名用非所学科技人员调整工作，发展新党员 5.7 万余人。

10 月 5 日　《云南日报》报道：在通海县发现一批产自杞麓湖沉积物中的人类和哺乳类动物化石，时代属于距今大约 6000 年至 10000 年的全新世早期。它的发现和研究，填补了云南省人类史的缺环，对研究人类史和高原湖泊的演化发展及第四纪地区划分对比均具有重要意义。

同月　国务院正式作出对三线建设调整改造的决定。云南决定在已建成的 164 个三线建设项目中，规划 30 个企事业单位作为调整改造的对象，其中涉及军工业企事业单位 25 个，地方企业 5 个。

11 月 7 日　《云南日报》报道：云南鱼类有 370 种（不包括从外地引进的 30 种），约占全国淡水鱼种数的一半，与其他省区相比居全国首位。在云南省已知鱼类的种数中，约 70%是特有种，为国内外鱼类学者所瞩目。

12 月 17 日　根据《中共中央关于整党的决议》，中共云南省委常委会会议决定，成立省委整党工作指导委员会。

12 月 28 日至 1984 年 1 月 8 日　省委召开县委书记会议，贯彻全国农村工作会议精神。这是地、县机构改革建立新的班子以后的第一次县委书记会议。会议讨论了改革农村镇社合一的公社体制，实行政社分设，建立乡政府问题。

1984 年

1 月 4 日　省委、省政府决定，除继续办好 40 所寄宿制民族中、小学外，从 1984 年起，每年由支援不发达地区资金中拨出 1500 万元，举办一批由国家给予补助的半寄宿制高小。

1 月 11 日　省委、省政府发出《关于贯彻执行中共中央国务院〈关于实行政社分开建立乡政府的通知〉的通知》。6 月，云南改革农村政社合一体制、取消人民公社、建立乡一级政权的工作全部完成。10 月 4 日，省委、省政府转发省农村体制改革领导小组《关于我省农村设区建乡工作的总结报告》表明：全省设立 1380 个区，119 个县辖镇，建立 12539 个乡（其中民族乡 1682 个），452 个区辖镇。

1 月 12~18 日　云南省首届民族舞蹈会演在昆明举行。

1 月 29 日　省委、省政府发出《关于在国营农林牧渔场兴办职工家庭农场的通知》，提出职工家庭农场是继农村普遍实行家庭联产承包责任制后的又一新发展，对解放国营农场的生产力，迅速发展生产，显示了巨大威力。

2 月 20 日　经国务院批准，公安部公布，云南省大理市列为对外国人开放地区。

3 月 1 日　全省城乡开始第三个“文明礼貌月”活动。它是全国范围内的最后一次“文明礼貌月”活动，以后转入经常性工作。

3 月 10 日　全省林业工作会议召开。会议以《中共中央国务院关于深入扎实地开展绿化祖国运动的指示》文件为指导思想，并结合云南实际，讨论确定：继续解放思想，进一步放宽政策，开发山区，大念“草木经”；把云南建设成为林牧业基地，让云南尽快富裕起来。

3 月 23~27 日　国家主席李先念结束国事访问后到达昆明，视察昆明植物研究所等地，并在植物研究所亲手种下一株云南山茶。

3 月 24 日　根据省政府和中国有色金属工业总公司决定，中国有色金属工业总公司昆明分公司成立。

3 月 26~30 日　省委召开百户专业户座谈会，学习贯彻中共中央 1 号文件精神，强调大力发展农村商品生产。

4 月 9 日　省政府转发中国农业银行云南省分行《关于信用社管理体制改革意见的报告》。

4 月 11 日　昆明师范学院更名为云南师范大学。

4 月 15~19 日　四川、云南、贵州、广西四省区五方经济协调会议第一次会议在贵阳召开。会议是根据中共中央总书记胡耀邦视察西南时，为加速开发西南地区经济提议召开的。会议商定，经济协调会今后每年开一次，主席由各方轮流担任，在重庆设立联络处。

4 月 16 日　省政府决定成立云南省经济体制改革委员会。5 月 4 日，省经济体制改革委员会召开第一次全体会议，就 1984 年的主要工作和如何加强省经济体制改革委员会的建设作了讨论。

4 月 28 日　省政府发出《关于小型国营工商业扩大经营管理自主权问题的通知》，决定对小型国营工商业企业实行国家所有，集体经营，独立核算，自负盈亏的办法。

同日　云南边防部队在老山主峰举行“老山纪念碑”落成典礼。纪念碑高 198.4 厘米，中部宽 42.8 厘米，分别象征中国人民解放军收复老山作战的公元纪年和日期。

5 月 22 日　省政府批转省工商行政管理局《关于支持发展城乡集市贸易、个体工商业和乡镇企业意见的报告》。

5 月 24 日　省政府发出《关于城乡集体企业若干政策问题的规定》。

5 月 28 日　省委、省政府发布《关于放手发展专业户、重点户，促进商品生产发展的若干政策问题的规定》。

6 月 1 日　省委批复丽江地委《关于发展商品生产，改变小凉山地区贫困面貌的请示报告》。

6 月 13 日　省委整党工作指导委员会召开第一批整党单位的党组、党委负责人，整党工作指导小组组长以及省委派出的整党联络小组组长、副组长会议。

7 月 1 日　澄江县帽天山发现 5.3 亿年前的娜罗虫化石及其他化石。

7 月 12 日　省委发出通知，决定在省委边防工作领导小组下，设立云南战略支前领导小组。

7 月 14 日　中日双方关于鲁布革水电站引水系统工程承包合同在昆明签字。10 月 26 日电站正式动工兴建。鲁布革水电站是我国第一个引进外资、对外开放的水电站，也是云南省兴建的第一座大型水电站。鲁布革水电站的建设，使云南省跨入开发高水头大流量大型水电站的新阶段。

7 月 24~26 日　省委常委会召开会议，学习中共中央整党指导委员会 9 号通知，讨论清除派性、增强党性，认真搞好清理“三种人”和彻底否定“文化大革命”的问题。

8 月 11 日　《云南日报》报道：烤烟和卷烟已成为云南优势产品，调出省外的烤烟在全国名列前茅，调出卷烟产量占全国第一位。

8 月 13 日　中央政治局委员习仲勋、宋任穷和中央书记处书记胡启立在北京听取云南省委和中央派驻云南整党联络员小组关于对云南工作和整党情况的汇报。中央领导充分肯定了云南省委工作中所取得的成就，并就云南省整党工作作了指示。

8 月 15~18 日　云南省伊斯兰教第一次代表会议在昆明召开，会上宣布正式成立云南省伊斯兰教协会。

8 月 17 日　根据《中共中央办公厅国务院办公厅关于认真搞好国营工业企业领导体制改革试点工作的通知》，省委、省政府确定在昆明钢铁公司等 10 个企业进行厂长（经理）负责制的领导体制改革试点工作。上述试点单位同时也是抓好扩大企业自主权工作的重点。

8 月 31 日　全国第七次“质量月”授奖大会在北京举行。云南白药厂的茶花牌云南白药，云南锡业公司第一冶炼厂的云锡牌精锡和昆明机床厂的昆机牌 T42100 型双柱坐标镗床获国家金质奖；昆明磷肥厂的昆磷牌工业黄磷，昆明机床厂的昆机牌 T4163C 型单柱坐标镗床和昆明铣床厂的 X4200 型立体刻模铣床获银质奖。

9 月 4 日　中华人民共和国军事委员会主席邓小平发布命令，授予在老山、者阴山地区对越自卫还击作战中战功卓著的云南边防部队 6 个英雄单位和 10 名个人荣誉称号。10 月，邓小平主席又发布嘉奖令，表彰参加云南边境老山、者阴山地区对越自卫还击作战的全体指战员和民兵、民工为祖国建立的功勋。

9 月 5 日　《云南日报》报道：省商业厅决定对全省小型国营零售商业和饮食服务业进一步放宽政策，搞活经营。改革商业管理体制，下放二级批发站，建立以城市为中心的开放式、多渠道、少环节的商业批发体制。物价局和商业厅联合决定改革商业物价管理，对各种不同商品采取不同价格管理办法。

9 月 10 日　昆明市第一所新型综合性职业大学——昆明大学正式开学。

9 月 13 日　省委、省政府作出《关于改善知识分子生活待遇的暂行规定》。

9 月 30 日至 10 月 4 日　缅甸木姐、南坎两镇区组成的代表团入境到瑞丽，与我共同欢庆国庆节。这是中缅两国政府边境当局关系长期中断后的首次官方友好往来，对中缅两国边境地区政府友好关系的恢复和发展有重要意义。

10 月 28~29 日　应国家主席李先念的邀请，缅甸联邦社会主义共和国总统吴山友抵达昆明进行正式友好访问。

10 月 29 日至 11 月 2 日　中国金属学会与英国采矿冶金学会联合在昆明召开国际选矿及提取冶金学术会议。出席会议的国内外专家认为云锡公司在锡矿石重选及冶炼技术的一些领域处于世界领先地位。

11 月 26 日　省委批转省委民族工作领导小组《关于改革和发展我省民族教育的意见》。

11 月 30 日　省政府同意和转发省经委、省经济体制改革委员会《关于我省工业领导管理体制改革试点意见的报告》。

同月　中国民主促进会云南省暨昆明市第一届代表大会在昆明举行。

会议选举产生第一届委员会。

12 月 12~18 日　省委举行工作会议，学习贯彻《中共中央关于经济体制改革的决定》，强调大胆改革，搞好对外开放，推动全省社会生产力出现新的腾飞。

1985 年

1 月 3 日　省委发出《关于贯彻执行〈中共中央关于经济体制改革的决定〉若干问题的意见》。

1 月 4 日　省政府作出《关于进一步搞活国营大中型工业企业的若干暂行规定》。

1 月 8 日　省委决定成立云南省贫困地区工作领导小组。

1 月 17 日　省委召开省级机关部委办厅局主要负责人会议，就学习中共中央 1 日发出的 1 号文件《中共中央国务院关于进一步活跃农村经济的 10 项政策》提出贯彻意见。会议提出：改革农产品统派购制度，从 1 月 21 日起取消生猪派购，自由上市和交易；从 4 月 1 日起取消粮食统购，改为合同定购；集体林区取消木材统购，开放木材市场，允许集体木材自由上市。自此，全省开始了农产品统派购制度的改革和农村产业结构的调整。

1 月 24 日　省委、省政府向全省各级党政部门、人民团体、大专院校发出《关于尊师重教的通知》。

1 月 31 日　经国务院批准，德宏州畹町镇改设为县级畹町市。

2 月 2 日　省政府发出《关于认真抓好西双版纳自然保护区建设的通知》。

2 月 4 日　全省中国建设银行行长会议确定，云南省国家预算内基本建设投资，全部由财政拨款改为建设银行贷款，建设资金由过去无偿使用变为有偿使用。

2 月 10～24 日　中共中央总书记胡耀邦视察云南省的文山、红河、大理、德宏、保山、丽江、楚雄 7 个地州，并看望老山前线边防部队。

3 月 27 日　省政府印发《云南省关于边境贸易的暂行规定》，决定取消边民互市在边境沿线 20 千米内进行的限制。

3 月 29 日　中共中央政治局委员宋任穷在昆明听取云南省委、省委整党指导委员会工作汇报，并与省部分干部进行座谈。宋任穷指出：云南省要在端正党风，增强党性，增强团结方面，把工作做得更好，我们的各项改革和经济工作，都要在团结的基础上，在端正党风的基础上才能搞好。

4 月 1 日　云南省取消长达 30 年的粮食统购，改为合同定购。

4 月 2 日　省委整党指导委员会召开省属机关各大口负责人和派出的第一期整党联络员小组全体人员座谈会，云南省第一期整党工作基本结束。5 月 14 日，省委整党工作指导委员会第二期整党工作会议在昆明召开。

4 月 4 日　省政府和中国民用航空局达成协议，联合组建云南航空公司。

4 月 12 日　西双版纳电视台试播双伴音电视（即随意选择傣语或汉语播音）成为国内第一座双伴音电视发射台。

4 月 23~28 日　西南四省区五方经济协调会第二次会议在重庆召开。云南省同有关各方开展双边和多边的交往和洽谈，签订了各种协作协议 114 项。

5 月 16 日　《云南日报》报道：为进一步贯彻对外开放、对内搞活的方针，德宏傣族景颇族自治州作出决定，将全州 5 县 1 市全部开放为边境贸易区。

5 月 25 日　省委批转省纪委、省委宣传部《关于在全省广大党员中进行党性教育的意见》。

5 月 30 日　省政府颁布《云南省矿产资源开发试行办法》。

5 月 30 日至 6 月 10 日　云南省人民政府代表团在香港举行国际经济技术合作贸易洽谈会。会上共签订经济技术合作项目 302 项，成交总金额 3.22 亿美元。

6 月 10 日　《云南日报》报道：省政府投资 63 万元，整理澜沧江上的虎跳石滩，使西双版纳州境内澜沧江航道成为省内最长的一段航道。

6 月 11 日　国务院批准云南省设立 8 个自治县。它们是：双江拉祜族佤族布朗族傣族自治县、维西傈僳族自治县、景东彝族自治县、景谷傣族彝族自治县、普洱哈尼族自治县、漾濞彝族自治县、禄劝彝族苗族自治县、金平苗族瑶族傣族自治县。

6 月 14 日　中央军委主席邓小平签署命令，昆明军区与成都军区合并，整编为成都军区。

6 月 23 日　省政府批转省人民银行、省农业银行、省工商银行、省建设银行、中国银行昆明分行《关于控制信贷规模和货币发行，努力搞活资金，促进国民经济持续、稳定、协调发展的报告》。

同月　经国务院批准，玉溪市、通海县、楚雄市、曲靖市、景洪县、勐海县、丽江县列为对外国人开放地区。

7 月 6~12 日　中国共产党云南省第四次代表大会在昆明召开。大会报告指出：十一届三中全会以来，我们主要清除“左”的影响，排除各种干扰，把党的工作重点转移到经济建设上来。结合云南实际，贯彻执行中央关于“调整、改革、整顿、提高”和“对内搞活经济，对外实行开放”的方针，使整个国民经济得以健康发展。大会选举出中共云南省第四届委员会委员 56 名、候补委员 14 名，中共云南省纪律检查委员会委员 33 名。

7 月 18 日　省委、省政府发出《关于发展乡镇企业注意解决好几个问题的通知》。

8 月 31 日　云南省第一所老年人大学——云南老年大学在昆明人民胜利堂举行成立暨开学典礼。

9 月 10 日　省委、省政府举行大会，隆重庆祝首届教师节。

9 月 16 日　云南省第一条彩电生产线在云南电视机厂正式投产。

9 月 20 日　经国务院批准，云南省少数民族之一的“崩龙族”正式更名为“德昂族”。

10 月 3 日　云南同东北、西北、华北等地 70 多个城市签订了供应 1.17 亿斤冬早蔬菜的合同。

10 月 6~9 日　云南省天主教第一次代表会议在昆明召开。会上正式成立了云南省天主教爱国会暨云南省天主教教务委员会。

10 月 14 日　中国农工民主党云南省第一次代表大会在昆明开幕。大会选举产生中国农工民主党云南省第一届委员会。

10 月 18 日至 11 月 2 日　云南省经济贸易考察团应邀访问挪威、瑞典，并顺访法国。

11 月 30 日　泰王国干拉雅妮 · 瓦塔娜公主抵达昆明，对云南进行友好访问。

12 月 6 日　小龙潭电厂工程一号机组建成投产。它的投产为改变云南电网长期以来的小机组、小电网、高煤耗的落后状况，向大机组、新技术过渡，迈出了第一步。

12 月 16 日　昆明三聚磷酸钠厂第一期工程通过国家验收，正式投入生产。

12 月 20 日　云南省首届个体劳动者代表大会在昆明召开。

1986年

1月1日　遵照国务院的决定，昆明铁路局正式撤销并入成都铁路局。

1月15日　省委同意省社会科学院《关于恢复云南省社会科学联合会的请示》，决定恢复云南省社会科学联合会。

1月29日　省政府作出《关于鼓励农业科技人员到农业生产第一线工作的规定》。

2月4~16日　中共中央总书记胡耀邦视察云南曲靖地区，并题词："治穷致富发奋图强"，留赠当地干部群众。3月31日，省委向中央书记处并胡耀邦总书记呈送《云南1985年开展"增百致富"活动的情况报告》。4月19日，中央书记处政策研究室回电：胡耀邦同志对报告很满意，希望各级干部和群众再接再厉，取得新的收获，总结新的经验。

2月13日　《云南日报》报道：云南天然气化工厂生产的"金沙江"牌尿素荣获国家优质产品金奖，云南省宣威食品公司生产的"宣字牌"宣威火腿荣获银质奖。

2月19~22日　中国致公党云南省第一次党员大会在昆明举行。大会选举产生致公党云南省第一届委员会。

2月21日　省委、省政府发出《关于增加农业投资，加快农业发展的决定》《关于完善粮食合同定购若干政策的规定》。

2月23日至3月1日　云南省沿缅边境地区宣传工作座谈会在德宏州陇川县召开。会议确定了边境宣传工作的指导思想和今后一段时间边境宣传要着重抓好的工作。

2月24日至3月3日　省政府召开全省经济工作会议，着重研究搞活大中型企业、推动企业技术进步、加强企业管理等问题，并确定把深入改革，搞活大中型企业作为1986年经济工作的主要任务，决定对全省现有大中型企业，除继续执行原来的各种办法，鼓励出口创汇，制止各种不合理摊派等外，还采取6项放宽搞活的措施。

3月13日　省委、省政府和省军区联合通知各地认真贯彻中共中央、国务院、中央军委关于县（市）人民武装部改归地方建制的各项规定，积极稳妥地做好交接工作。

3月14日　省委、省政府发布《关于切实加强贫困地区工作，尽快解决温饱问题的决定》。

3月17日　省委作出《关于切实转变领导作风，深入实际调查研究的决定》。

4月2日　昆明—曼谷的临时定期航班正式开航。

4月10日　缅甸联邦社会主义共和国总理吴貌貌卡抵达昆明，开始对我国进行正式友好访问。

4月12日　云南省破获重大国际烟毒案，缴获海洛因22768克。

4月28日　省委召开讨论怒江州经济发展方针的座谈会。

5月1日　漫湾水电站主体工程开工。该电站是全国第一个由中央部委和省合资建设的水电站，是我国在"七五"期间西南地区建设的骨干水电站之一。漫湾水电站的建设，使云南水电事业进入开发大江大河的新阶段。

5月10日　云南涤纶化纤厂动工建设。该厂由北京市纺织工业设计院负责设计，生产线及关键设备从联邦德国及日本引进，其年设计生产能力为涤纶长丝2万吨。

5月14日　中央军委发布命令，授予云南老山防御作战有功单位及个人荣誉称号。

5月15日　省政府批转省商业厅《关于进一步放开、搞活国营小型零售商业、饮食服务业的补充规定》。

5月20~22日　省委宣传部和省少数民族语文指导工作委员会在昆明召开民族语文宣传工作座谈会。

5月20~24日　西南四省区五方经济协调会第三次会议在昆明举行。

会议宣布西藏自治区为协调会正式成员，从下次会议起，更名为五省区六方经济协调会。

5 月 22 日　昆明邮政通信枢纽大厦正式投产使用。这是云南省首幢现代化的通信枢纽大楼，邮件进出口处理、储存使用和内部操作都实现了机械化。

5 月 30 日　省委、省政府批转省侨办《关于我省国营华侨农场经济体制改革的意见》。

5 月 31 日　省政府颁发《关于搞活国营大中型商业企业的若干具体规定》。

6 月 24~26 日　中共中央总书记胡耀邦、国务院副总理李鹏等结束对英国、德国、法国和意大利的友好访问回到昆明。在昆期间，胡耀邦亲切会见中共云南省委、省顾委、省纪委、省人大常委会、省政府、省政协的负责同志和在昆的中顾委委员、全国人大常委会委员。此外还视察了玉溪，听取该地区和所属各县去年“增百致富”和今年“增收致富”情况的汇报，并就如何开发利用资源，加速经济发展等问题作了指示。

7 月 3 日　省人大常委会会议通过《云南省环境保护暂行条例》，于 11 月 1 日起施行。

7 月 8~17 日　省委思想政治工作会议在昆明举行。它是云南省在党的十一届三中全会以来讨论思想政治工作规模最大的一次会议。

7 月 21~30 日　省政府在昆明召开全省首次县长会议。

8 月 11 日　昆明市城市煤气工程第一期工程建成并出焦供气，其建成投产历时 5 年。昆明煤气工程规模年生产焦炭 60 万吨，日产煤气 96 万立方米。

9 月 22 日　省委下发《关于农村整党工作的安排意见》，确定农村整党要全面完成统一思想、整顿作风、加强纪律、纯洁组织 4 项任务。

9 月 24 日　省政府决定投资 1.7 亿元，将停产近 3 年的云南维尼纶厂复产。

10 月 6 日　省委发出《贯彻中共中央〈关于全党必须坚决维护社会主义法制的通知〉的意见》，提出：各级党委一定要坚持依法办事，成为维护社会主义法制的表率。

10月9日　全国人大常委会副委员长班禅额尔德尼·确吉坚赞进入迪庆藏族自治州，开始对云南视察。

10月10日　美国国防部长卡斯珀·温伯格到云南进行访问。

10月14日　云南省支前参战民兵英模命名表彰大会在昆明举行。

10月16~18日　英国女王伊丽莎白二世和丈夫菲利普亲王在云南访问。29日，菲利普亲王和他率领的世界野生生物基金会代表团到西双版纳州访问。

10月29日　省人大常委会会议通过《云南省实施〈中华人民共和国义务教育法〉办法》。

11月12日　省政府作出《关于集体林区木材生产、流通若干政策规定》，自1987年1月1日起执行。

11月17日　国务院总理赵紫阳、副总理李鹏抵达陆良县和鲁布革水电站工地进行视察。翌年6月，李鹏在全国施工工作会议上，要求在全国全面推广鲁布革水电站的建设经验。

11月24日至12月2日　省委召开全会，传达学习党的十二届六中全会决议，讨论通过《中共云南省委关于学习贯彻〈中共中央关于社会主义精神文明建设指导方针的决议〉的决定》。

11月25日　水富港奠基典礼在水富县举行。水富港与长江主干流域的7省20个市相连，是云南对外航运通道的门户港。

12月8日　国务院批准云南省丽江县为第二批国家历史文化名城。

12月9~13日　省政府召开全省第二次矿业开发会议，决定把开发矿业作为“七五”振兴云南经济的一项重大战略措施。会议制订《云南省关于开发矿业若干政策的补充规定》。

12月19日　省政府决定授予周林“云南省劳动模范”称号。周林是云南省医学工程研究所青年发明家，他所发明的WS-冻疮治疗机获1985年世界青年发明展览金奖，WS-多功能治疗机获第35届尤里卡世界发明博览会个人发明荣誉奖的最高奖骑士勋章。

12月20~25日　省委民族工作部和省民委召开全省民委主任会议。会议指出：民族工作的中心任务是加快少数民族地区经济文化的发展，促进各民族的共同繁荣。

12 月 27 日　思澜（思茅—澜沧）公路全线建成通车，公路于 1984 年 9 月 15 日破土动工，全长 173 千米。

1987 年

1 月 2 日　省政府作出《云南省关于鼓励外商投资的若干规定》。

1 月 10 日　云南省边防民兵英模事迹报告团鲍朝元、骆科帮、李芸、王和文、王汉祖、邓光发、代成宽 7 名英模代表，与广西边防民兵英模共同组成“云南、广西边防民兵英模事迹汇报团”，前往北京向党中央、国务院、中央军委和首都军民做汇报。

1 月 15 日　省委、省政府发出《关于选拔奖励有突出贡献的优秀专业技术人才的通知》，决定从本年起每年选拔和奖励一次有突出贡献的优秀专业技术人才。

2 月 13 日　省委转发中共中央《关于当前反对资产阶级自由化若干问题的通知》和《关于宣传贯彻全国人大常委会关于加强法制教育维护安定团结的决定的通知》。

3 月 5 日　“引洱入宾”灌溉工程在大理市海东区南村乡动工。该工程经水电部和省人民政府批准，正式列为云南省“七五”期间开发热区的一项重点水利工程。每年引洱海水总量控制在 5000 万立方米，灌溉面积 5.8 万多亩。

3 月 9~15 日　省委召开全省党建工作会议。会议指出，要用建设有中国特色社会主义的基本理论、基本路线、基本方针武装党员，使党从理论和思想上适应形势；坚持从严治党，加强党的廉政建设、党纪和党风建设，保廉防腐，清除腐败分子，从组织上保持党的纯洁。7 月 10 日，省委下发《关于加强党的建设的意见》。

3 月 11 日　昆明动物所的科研人员在维西傈僳族自治县境内成功捕到

4 只滇金丝猴，成为世界灵长类生物学研究史上的重要事件。滇金丝猴是猴类动物中进化程度最高的品种，处于从猴向猿进化的中间地位上。

3 月 29 日　省人大常委会议通过《云南省乡镇集体矿山企业和个体采矿管理暂行条例》。

4 月 14～19 日　云南省大中型企业会议在昆明召开。省政府于 6 月 20 日印发《云南省全民所有制大中型企业承包经营责任制试行办法》和《云南省全民小型工业企业租赁经营试行办法》。

4 月 20 日　省政府发出《关于清理撤销行政性公司有关问题的通知》，要求各地各部门坚决按照国务院国发〔1986〕103 号文件的规定，限期清理、撤销行政性公司。

4 月 24 日　省政府批转省经济体制改革委员会《关于 1987 年城市经济体制改革工作意见》。

5 月 25～29 日　西南五省区六方经济协调会第四次年会在成都召开，云南省同其他各方共达成 89 项经济技术联合协作意向性协议。

6 月 26 日　省委办公厅转发省委农村工作部《关于新平鲁奎山铁矿开发情况的调查报告》。鲁奎山铁矿作为云南省大型矿山建设改革的试点，由昆钢和新平县联合开发，昆钢投资，新平县以补偿贸易的方法提供矿石。

同月　元谋发现迄今最早的大熊猫化石，生活年代距今 300 万～400 万年。

7 月初　中央书记处在北京召开会议，讨论云南民族工作的有关问题。会议指出：云南是一个多民族的边疆省，又是对越作战的前线，要妥善处理好民族关系，要注意工作方法，关心各民族群众的生活，发展安定团结的政治局面。10 月 8～14 日，省委召开全省民族、边疆工作会议。会议指出，云南发展民族经济要从云南处于社会主义初级阶段低层次的实际出发，在国家扶持下，努力改变民族、边疆的贫穷落后面貌。

7 月 12 日　《云南日报》报道：党的十一届三中全会以来省个体经济得到迅速发展。到 1986 年底，全省个体工商户发展到 32 万户，从业人员 48.5 万人，营业额近 23 亿元。其中从事商业、饮食、服务、修理行业的个体工商户 25 万户，从业人员 37 万多人，分别比 1980 年增长 31 倍和 39 倍。

7 月 14 日　省人大常委会会议通过《关于进一步深入开展增产节约增收节支运动的决议》《云南省严禁赌博条例》。

同日　经过验收，华宁县达到水电部颁发的农村电气化初级标准，成为云南省第一个达到这一标准的县。

7 月 19 日　德意志联邦共和国总理赫尔穆特 · 科尔从拉萨抵达昆明访问。

7 月 29 日　云南省出口商品展览及经济技术贸易洽谈会在香港展览中心结束。会上出口成交达 4500 万美元，经济技术合作及进口签约 41 项，合同金额 3400 余万美元。

8 月 4 日　昆明市电信局首次开通移动电话和无线寻呼系统。1 月 10 日云南首次开通了昆明至各地、州、市传真通信网。

8 月 9 日　省政府同意恢复全省各地苦聪人的拉祜族称谓。

8 月 21 日　省政府印发《关于搞活企业工资分配的试行意见》。

8 月 22~27 日　省社会主义初级阶段理论讨论会在昆明召开。

8 月 24 日　新华社报道：保山市郎义乡龙溪山东麓近期清理出一处东汉时代大型建筑遗址，这是云南省首次发现全国稀见的汉代建筑遗迹，它对了解古代西南边区与祖国内地的经济文化关系，研究滇西两汉时代的社会情况和建筑历史具有重要价值。

9 月 7 日　昆明市烟草机械集团总公司成立。它是昆明市第一家具有法人资格、实行计划单列的企业集团。

9 月 21 日　云南生物医学工程研究所高级工程师周林发明的生物反馈血压调整仪在西班牙第一届国际发明和新技术展览会上获特别奖。后又在西班牙和比利时发明博览会上获得 5 个国际奖。

9 月 30 日　云南氮肥厂年产 24 万吨复合肥料扩建工程项目正式列入国家“七五”计划。该项目 20 万吨硫酸工程，是国内最大的一套硫酸生产装置。

10 月 2 日　《人民日报》报道：改革开放推动了云南的商品经济。8 年来，云南的财政收入稳步增长，平均每年递增 12. 3%，本年 1~8 月，全省财政收入又比去年同期增长 28. 6%，完成年计划的 72. 3%。在财政收入的增长幅度上，云南省已跨入全国先进行列。

同日 《云南日报》报道：大理州洱源县奶牛总数已达 2.7 万多头，居全国万头奶牛县的首位，成为中国西南地区的奶牛基地、云南省的乳制品基地。

10 月 6 日 省委、省政府联合发出《关于组建县以上各级行政监察机关的通知》。12 月 14~16 日，省纪律检查委员会召开首次党风建设经验交流会。

10 月 16 日 省政府确定，建水、巍山、腾冲、威信（扎西）4 县县城为云南省第一批省级历史文化名城。

10 月 17 日 省人大常委会会议通过《云南省施行森林法及其实施细则的若干规定》。

同月 历时 4 年，从 1983 年 11 月开始的中共云南省党组织的整党工作基本结束。

11 月 3~6 日 全国政协副主席钱伟长对云南省保山、德宏、大理、丽江、楚雄、思茅、西双版纳 7 个地州、11 个县就经济发展问题进行考察。

11 月 9~11 日 省委召开地州市委书记会议，部署学习、宣传、贯彻党的十三大精神。25 日，省委下发《关于认真学习和宣传党的十三大文件的安排意见》。

12 月 9 日 省委、省政府发出《关于改革区乡体制的通知》。

12 月 10 日 省委转发省委农村工作部《关于切实加强服务，稳定家庭经营，完善农村联产承包责任制的意见》。

12 月 17 日 经国务院批准，撤销云南省兰坪县，设立兰坪普米族自治县。

1988 年

1 月 4 日　《云南日报》报道：云南省烟草工业质量、效益居全国领先地位，技术装备已接近世界先进水平，卷烟成品合格率居全国同行业中的先进水平。税金、销售利润居全国第一位。

1 月 13 日　国务院公布第三批全国重点文物保护单位，云南省有 8 处：昆明市的云南陆军讲武堂旧址、聂耳墓，沧源县的广允缅寺，勐海县的景真八角亭，景洪县的曼飞龙塔，盐津县的袁滋题记摩崖石刻，弥渡县的南诏铁柱，禄丰县的腊玛古猿化石地点。

1 月 23 日　云南省出口商品展销、经济技术洽谈代表团赴新加坡举办云南出口商品展销、对外经济合作洽谈会，并对新加坡进行友好访问。

1 月 29 日至 2 月 2 日　省政府在昆明召开省第三次民族教育工作会议，专题研究民族教育改革问题。会议提出要真正把教育放在民族地区经济发展战略的首位。

2 月 13~15 日　澳大利亚联邦总督尼尼安·斯蒂芬爵士在昆明访问。

2 月 17 日　省政府颁发《关于加强烟草专卖管理的暂行规定》。

2 月 25 日　在首届女企业家评选活动中，有 50 名在“四化”建设中做出突出贡献的女经理、女厂长获得“全国优秀女企业家”称号。云南白药厂厂长朱宝凤，是云南唯一获此荣誉的优秀女企业家。

3 月 22 日　省政府发出《关于加强保护发展森林资源，实行各级行政首长任期目标责任制的通知》，决定从 1988 年起，实行州长、专员、市长、县长、乡长保护发展森林资源任期目标责任制。

3 月 22~26 日　全省乡镇企业工作会议在昆明召开。会上表彰了 1987

年度发展乡镇企业成绩突出的地区、乡镇、企业共 284 个。官渡区联盟镇成为全省乡镇企业第 1 个亿元乡（镇）。

4 月 7 日　省政府发布《云南省贯彻〈中华人民共和国民族区域自治法〉的若干规定（试行）》。

4 月 18~21 日　西南五省区六方经济协调会议第五次会议在南宁市召开。会上，五省区六方达成协议，共同投资 5 亿元，支持国家尽快修建南昆（南宁—昆明）铁路。

4 月 25~29 日　国务院在北京召开全国民族团结进步先进集体、先进人物表彰大会。云南省受表彰的先进集体有 46 个，先进个人有 39 名。

5 月 1 日　中国科学院昆明动物研究所培育的第一只白猴“珍珍”降生。培育白猴的出生在国内外尚属首次。

5 月 2 日　省政府印发《云南省国营企业职工退休费用实行社会统筹的试行办法》。

5 月 4 日　省政府公布第一批省级风景名胜区 9 处。它们是：武定县狮子山、建水县、泸西县阿庐古洞、通海县秀山、澄江和江川两县的抚仙—星云湖泊风景区、威信县、曲靖市珠江源、广南县八宝镇和文山县老君山风景名胜区。

5 月 7 日　省政府发出《关于组织科技人员到生产第一线开展科技承包的通知》。

5 月 9 日　国务院公布第二批国家级森林和野生动物类型自然保护区名单。云南省有：德钦县的白马雪山自然保护区和位于楚雄等五市、县交界处的哀牢山自然保护区。

5 月 23 日　《云南日报》报道：云南省杂技团在墨西哥进行了长达十个半月的演出活动，创造了中国文艺团体在国外演出时间最长、场次最多的纪录。

6 月 8 日　省政府发出《关于组建云南省残疾人联合会的通知》。

6 月 8~15 日　云南省代表团及贸易小组应邀访问波兰。访问期间，双方进行了贸易会谈，并签署了第二次易货贸易备忘录。

6 月 20 日　个旧锡业联合开发集团在个旧市正式成立。联合集团遵照

“资源共享、风险共担、长期共存、共同发展”的原则，根据国家计划，实行统一规划、统一勘探、统一开发，实行保持性科学开发。

6 月 30 日　省委、省政府发出《关于贯彻执行中共中央〈关于党和国家机关必须保持廉洁的通知〉的通知》，指出：改革开放，繁荣经济，要坚定不移；保持廉洁，防止腐败，也要坚定不移。要使党和国家机关成为廉洁、高效、遵纪守法的机关。

同月　省委批转了省委宣传部《关于在全省开展生产力标准问题理论讨论的意见》，要求把开展生产力标准问题的讨论，作为贯彻十三大精神的重要措施和对真理标准讨论的继续和深化来抓，通过这项讨论进一步加深对云南省情的认识，了解和掌握云南现代化建设发展的特殊规律，加快云南的改革开放和商品经济的发展。

7 月 15 日　省人大常务委员会会议决定，从今年起，每年农历九月初九日为云南省“敬老节”。

7 月 22 日　省政府聘请美国纽约州立大学著名教授、高能物理研究所所长、诺贝尔奖获得者杨振宁博士为云南省人民政府名誉顾问。

7 月 27 日　《云南日报》报道：澜沧江流域被国家列为全国 19 个重点综合开发区之一。

7 月 27 日至 8 月 10 日　云南省贸易代表团对缅甸进行工作访问。双方就开展双边贸易问题进行了友好会谈。云南省进出口公司与缅甸缅玛进出口公司签署了关于边境贸易的协议。中国银行昆明分行与缅玛外贸银行签订了关于贸易结算的银行协议。

7 月 28 日　国家对全国 13 种名优烟实行价格放开，其中云南省的占 9 种，它们是：昆明卷烟厂的“云烟”“红山茶”“大重九”“茶花”，玉溪卷烟厂的“红塔山”“玉溪”“阿诗玛”“恭贺新禧”和曲靖卷烟厂的“石林”。

8 月 1 日　国务院公布的第二批国家重点风景名胜区共 40 处，其中云南省有 3 处：三江并流风景名胜区、昆明滇池风景名胜区、丽江玉龙雪山风景名胜区。此外，省政府同意追加公布腾冲地热火山风景名胜区为第一批省级风景名胜区。至此，云南省共有国家重点风景名胜区 6 个，省级风景名胜区 10 个。

9 月 6 日　省政府下发《贯彻国务院关于深化科技体制改革若干问题决定的规定》《关于放活科技人员的若干政策规定（试行）》《关于进一步完善粮食合同定购制的规定》。

9 月 9 日　省政府转发国务院《关于施行〈鼓励台湾同胞投资的规定〉若干问题的通知》。

9 月 19~21 日　新加坡总理李光耀率领新加坡政府经济贸易代表团抵昆访问，这是李光耀总理第二次来昆访问。

9 月 24 日至 10 月 6 日　首届云南民族艺术节在昆明、大理、西双版纳举行。

10 月 4 日　省政府转发国务院《关于授权省、自治区、直辖市、经济特区和计划单列市人民政府审批外资企业的通知》。

10 月 17 日至 11 月 10 日　云南省代表团前往美国和玻利维亚访问并代表中国参加在玻利维亚举办的国际博览会，展销云南出口商品，并进行广泛经贸洽谈活动。代表团在美国访问期间，就云南省同美国俄亥俄州等州、市进一步发展经济技术、商业贸易、教育文化领域的合作进行了考察和商谈。

10 月 23 日　经国务院批准，云南省洱源县、剑川县、宾川县、巍山彝族回族自治县、禄丰县、武定县、元谋县、南华县、永仁县、大姚县、姚安县、个旧市、开远市、建水县、弥勒县、泸西县、永胜县、江川县、澄江县列入对外国人开放地区。

10 月 27 日　省政府发出认真执行省人大常委会《关于制止乱砍滥伐切实保护森林资源的决议》的通知。

10 月 30 日　《人民日报》报道：我国第一条全电熔彩色浮法玻璃生产线日前在昆明平板玻璃厂正式投产，标志着我国玻璃工业技术水平跨入了世界先进行列。

11 月 3~9 日　省委、省政府召开全省深化企业改革工作会议。16 日，省政府印发《关于深化企业改革的意见》。

11 月 6 日　云南省西南部地区发生 7.6 级和 7.2 级强烈地震，是云南省解放后仅次于通海地震的第二次强烈地震。国务院总理李鹏于次日主持会议，听取云南震情报告，并派出以国务委员宋健为团长的中央慰问团赶赴地震灾区。30 日，在澜沧县又发生一次 6.7 级地震。

11 月 15 日　省委、省政府发出《关于规范乡镇党政机关人员设置和加强村公所建设的通知》。

11 月 20 日　省政府转发国务院《关于加强物价管理严格控制物价上涨的决定》。

12 月 10~13 日　云南省边境贸易代表团同缅甸边境贸易代表团在畹町举行了会议，签订了两个换货合同。根据合同，缅方将向中方提供玉米等，中方将向缅方提供香皂、牙膏、洗衣粉、奶粉等。

12 月 16~22 日　中共中央政治局委员、国务委员、国家教委主任李铁映在云南视察教育和计划生育两方面的工作情况。

12 月 25~29 日　省委宣传部、省司法厅在昆明联合召开第三次全省法制宣传教育工作会议。会议总结了 1986 年开始以来 3 年的全省公民基本普及法律常识工作。1990 年底"一五"普法结束时，全省 2600 多万普法对象中有 2080 万人参加了普法学习，参学率达 80%。

1989 年

1 月 12~18 日　中共中央政治局常委、中央书记处书记胡启立视察云南，指出：对民族地区和落后地区要扶贫就要从根本上扶，“救济扶贫一阵子，科技扶贫一辈子，教育扶贫拔掉穷根子”。

1 月 16~18 日　中共中央政治局常委、国务院总理李鹏到达云南，视察耿马、沧源和澜沧县灾情，鼓励大家搞好抗震救灾工作，搞生产自救，自力更生，重建家园。

1 月 27 日　施工长达 6 年之久的六兰（六库—兰坪）公路通车。这条公路的修通极大地缩短了六库到兰坪县城的时空距离，有效地缓解了怒江州物资运输矛盾，极大地方便了群众的往来。

2 月 20 日　省委、省政府选出 27 名省管优秀中青年专家并举行座谈会，选拔省管优秀专家在云南省是第一次。此外，为了进一步加强应用基础研究，云南省决定从 1989 年起，每年拨款 200 万元设立应用基础研究基金，重点支持云南有优势有重要应用前景的研究领域和项目。

2 月 23 日　昆明铣床厂被国务院机电产品出口办公室授予“全国出口创汇先进企业”称号，在全国同行业中出口创汇第二，人均创汇第一。

3 月 11 日　省委决定设立中共云南省高等院校工作委员会，作为省委的派出机构，领导高等院校党的工作。

4 月 3 日　云南机床厂党委书记孙家仁，玉溪卷烟厂党委书记、副厂长饶德明，云南白药厂厂长朱宝凤以及云南锡业公司，分别获得中共中央宣传部表彰的“全国优秀企业思想政治工作者”以及“全国思想政治工作优秀企业”称号。

6月26日　省委办公厅编印的《情况汇报》刊登文章《坚持实事求是，深化农村改革》，对云南农村10年改革实践进行了回顾总结。1988年与1978年相比，农业总产值由50.34亿元增加到87.5亿元，增加73.9%；粮食总产量由172.8亿斤增加到188.1亿斤，增长8.9%；乡镇企业总收入由6.03亿元增加到58.85亿元，增长8.8倍；农民人均纯收入由130.6元增加到427.7元，增长2.3倍。

7月4日　根据中共十三届四中全会精神，省委发出通知，成立云南省廉政建设领导小组。同时，全省纪检工作会议在昆明召开。会议决定以查处大案、要案作为当前惩治腐败，加强廉政建设的重点。10月19日，省廉政工作会议总结了三个月以来惩治腐败、加强廉政建设的工作。到年底，省廉政建设领导小组重点排出的两批123件大要案已结案70件，占56.9%。

7月7日　历时8天的川、滇、黔、桂、藏、渝五省区六方经济协调会第六次会议在拉萨圆满结束。云南与各方达成农业、轻纺、化工、机电、冶金、能源等协作项目62项。

8月4日　省委、省政府作出《关于近期做好8件群众关心的事的决定》，包括：彻底清理整顿公司；坚决制止县级以上领导干部的配偶子女经商；严肃认真地查处贪污、受贿、投机倒把等犯罪案件，特别要抓紧查处大案要案；严格执行领导干部出国的各项规定；严格按规定标准配车；反对铺张浪费，禁止请客送礼；严禁在社会经济活动中牟取非法利益；不准党政干部在县以上城市建私房，不准党政机关超标准建房。

8月14日　省政府决定对100户关系全省国民经济全局的重点骨干企业实行倾斜政策，在资金分配、电力供应、石油分配、物资供应和基建、技改的立项等方面优先安排。

8月26~30日　省委、省政府召开省民族工作会议和第二次民族团结进步表彰会。会议指出，做好民族工作，加快民族地区的经济发展，必须坚持以经济建设为中心，坚持四项基本原则，坚持改革开放。会后，省委、省政府作出了《关于加强民族工作的决定》。

8月31日　省委宣传部、省高校工委和省教育厅发出《关于加强高等学校当前思想政治教育工作的意见》，按照国家教委统一部署，高等学校新学年开始时，都要以邓小平三次讲话精神和党的十三届四中全会精神为指导，围绕“一个中心、两个基本点”，对学生（包括研究生）集中进行一次政治教育和法制教育。

9 月 10~13 日　全省水利工作会议在澄江县召开。据不完全统计，截至今年 4 月底，全省水利建设项目动工 24 件，总投资额达 2. 66 亿元，已累计出工 1. 8 亿个工日，新增灌溉面积 56. 36 万亩（包括水浇地），恢复、改善灌溉面积 313. 69 万亩，除涝面积 28. 19 万亩，治理水土流失面积 429. 56 平方千米，解决了 77. 19 万人、46. 17 万头大牲畜的饮水困难。

9 月 23 日　云南省首条一级公路——昆畹（昆明—畹町）线的碧安（碧鸡关—安宁）段正式竣工通车。该路全长 16. 2 千米，这段高等级公路设计日交通流量为 24000 辆。

9 月 28 日至 10 月 2 日　国务院在京召开全国劳动模范、先进工作者表彰大会。云南省有武云虎、朱兆康、刘枢等 63 名劳动模范受到国务院的表彰。

10 月 11~12 日　老挝人民共和国部长会议主席、老挝人民革命党中央委员会总书记凯山・丰威汉访问云南。

11 月 16~20 日　省委召开会议，着重学习中共十三届五中全会精神和全会通过的《中共中央关于进一步治理整顿和深化改革的决定》。

11 月 16~22 日　中共中央总书记、中央军委主席江泽民视察了云南省文山州、思茅地区、西双版纳州和昆明市，还视察了驻昆部队某部和文山、西双版纳边防部队。他指出，民族和睦，民族团结，发展民族经济，发展民族教育、文化事业，改善群众生活，这是所有在民族地区工作的干部必须高度重视的问题。

11 月 29 日至 12 月 28 日　云南省政府代表团先后对缅甸、泰国、老挝进行友好访问。访泰期间，在曼谷举行了中国云南省出口商品展览及经济技术合作洽谈会开幕式。

11 月　国务院、中央军委批准国防部通报表彰全国民兵、预备役工作先进单位和个人。云南受表彰的有：临沧军分区；麻栗坡县人民武装部；宣威县人民武装部；禄丰县人民武装部；云南汽车厂；河口瑶族自治县放马哨民兵哨所；麻栗坡县支前民兵四连，以及德宏傣族景颇族自治州州长兼人民武装委员会主任刀安钜等 8 人。

12 月 16 日　省委作出《关于加强农村思想政治工作和精神文明建设的决定》，就农村思想政治工作和精神文明建设的任务和内容等问题作了具体规定。

12 月 18 日　云南省第一条地方投资、修建的铁路——昆玉（昆阳—玉溪）铁路破土动工。昆玉铁路的修建对改善滇中、滇南交通运输条件，开发滇中、滇南地区矿产、热区资源，将发挥重要作用。

12 月 19 日　《云南日报》报道：被视为“植胶禁区”的西双版纳傣族自治州国营东风农场 10 万余亩高纬度胶园，平均亩产达 102. 5 公斤，居世界一流水平。该农场还创平均株产干胶 5. 5 公斤、胶工人均产胶 1. 83 吨、制胶工全员劳动生产率 44. 5 吨的全国新纪录。

同日　在昭通市大山包乡境内发现世界珍禽、国家一类保护鸟类黑颈鹤。

12 月 27 日　宣威县田坝矿区选煤厂通过验收，移交生产。该厂于 1987 年动工兴建，建设规模为年处理原煤 90 万吨，是当时云南最大的选矿厂。

1990年

1月2日　省委、省政府召开农村工作会议，落实省委四届六次全会提出的用6年时间使全省粮食总产量达到250亿市斤，农林牧副渔全面发展的措施。

2月18日　国务院授权国家计委批准四川、云南两省合编的《金沙江下游国土规划》，这是我国第一部由国家批准并付诸实施的国土规划。《规划》提出以昭通市和宜宾市为中心，建立以能源、化工及其他加工业为主的地域生产综合体，带动区域经济的全面发展。

2月18~21日　国务委员、外交部部长钱其琛在云南调查。19日上午，省委在国防体育馆举行形势报告会，钱其琛外长作形势报告。

2月26日至3月7日　省人大在昆明召开会议。会上作的政府工作报告宣布云南1989年初提出的治理整顿的主要目标已基本实现。

3月25日　昆明巫家坝机场一期扩建工程竣工，工程各项指标均达到设计要求。昆明机场有了能起降载客300人以上的大型客机的跑道。正式投入使用后，波音747、空客A310等各种大型客机都能在昆明机场起降。

3月30日　昆明至西双版纳的航线正式开通。

4月10日　昆明至德宏州芒市的航线正式开通。

4月13日　省政府作出《关于科技兴农的决定》。

4月14日　云南省与老挝交通部关于考察湄公河部分航道第一次会谈纪要在昆明签字。

4月19日　省委批转省委“两案”审理领导小组《全省“两案”工作总结》。省委批示：省委“两案”领导小组，严格按照党中央的方针、政策和部署，经过11年的努力，做了大量艰苦细致的工作，基本查清了我省与“四人帮”有牵连的人和事，彻底粉碎了“林彪、江青集团”在云南的帮派体系。

4月29日　昆明盐矿安四井建成投产，并从此进入边建设边生产阶段。昆明盐矿位于安宁县，矿区面积达60平方千米。盐矿全部建成后，将是国内设备最先进，产量最大的井采盐矿之一，年度产盐20万吨左右，为云南省一年盐消耗量的一半以上。

5月15日　镇沅彝族哈尼族拉祜族自治县举行成立大会。至此，云南省共成立了29个民族自治县。

5月16日　云南女子体操队获1990年全国体操锦标赛女子团体赛冠军。

5月18~19日　能源部、国家能源投资公司与广东、广西、贵州、云南4省（区）政府联合办电第三次协调会议在广州举行。会议决定在广州成立中央和地方合资兴办的联营企业——中国南方电力联营公司。

5月22~26日　云南省首次高校党的建设工作会议召开。会议提出：振奋精神，努力开拓，抓好高校党的建设工作，办好具有中国特色的社会主义大学，为祖国培养德才兼备的有用人才。

5月29日　省委召开常委会听取省林业厅“关于长江中上游防护林体系建设工作会议”的情况汇报。会议决定成立云南省长江中上游防护林体系建设领导小组。会后，被列入这一系列工程第一期重点建设的云南省金沙江流域防护林工程的建设率先开展。1990年，工程造林68万人次，投工投劳297.4万个，共完成人工造林、封山育林123.2万亩。

6月17日　云南氮肥厂24万吨复合肥料工程正式开工。工程总规模为年产23万吨硫酸，8万吨五氧化二磷湿法磷酸，14万吨DAP，10万吨NPK三元复肥，工程总投资人民币2.2亿元。它是中国第一套最完整的复合肥料装置，具有80年代末的世界先进水平。

6月27日至7月1日　省委、省政府在宁蒗彝族自治县召开全省民族贫困山区经济教育发展现场会。会上提出了云南民族贫困山区发展经济教育基本思路：治穷必须先治愚，开发经济必须同开发智力相结合，把提高各民族文化技术素质摆在首要战略位置，从民族贫困山区的实际出发，因地制宜、实事求是、找准路子、扬长避短，择优发展自己的经济。

6 月　国家农业综合开发领导小组批准同意云南省保山、德宏、思茅、临沧、西双版纳 5 个地州所属 20 个县市，列为滇南农业综合开发区。

7 月 1 日　全国统一进行第四次全国人口普查登记工作。据云南省统计局于 11 月发表的关于 1990 年人口普查主要数据的公报，1990 年 7 月 1 日零时全省总人口为 36972610 人，同第三次全国人口普查的 1982 年 7 月 1 日零时 32553817 人相比，8 年间共增加 4418793 人，增长 13.57%，平均每年增加 552349 人，年平均增长率为 1.60%。

7 月 9 日　经国务院批准，云南省保山市、腾冲县、龙陵县、潞西县、畹町市和瑞丽县列为对外国人开放地区。

7 月 16 日　省委、省政府向中共中央、国务院呈送《关于贯彻执行〈中共中央关于进一步治理整顿和深化改革的决定〉情况的报告》。1990 年，治理整顿取得明显成效：通货膨胀得到控制，货币投放平稳，全年零售物价指数比上年上升 2.1%，是 1985 年以来涨幅最小的一年。国民经济稳步发展，农业总产值 94.9 亿元，比上年增长 5.4%；工业总产值 200.94 亿元，比上年增长 7%；地方财政收入 73.12 亿元，比上年末增长 17.8%；农民人均纯收入增加 11.86 元。

8 月 1~7 日　中国共产党云南省第五次代表大会在昆明召开。大会报告指出，5 年来，我们紧紧抓住经济建设这个中心，从云南的实际出发，调整产业结构，选准起步产业，发挥云南优势。走了一条以农业为基础，发展农业促轻工，依靠轻工积累资金，集中财力保证重点建设的路子。会议确定了“教育为本、科技兴滇”和在今后 6 年内建成 2500 万亩高产稳产农田的战略方针和措施。大会选举出中共云南省第五届委员会委员 46 名、候补委员 7 名，中共云南省顾问委员会委员 16 名，中共云南省纪律检查委员会委员 33 名。

8 月 8~12 日　西南五省区七方第七次经济协调会议在贵阳举行。会议期间，云南省与其他方达成经济合作项目 59 项，涉及能源、交通、农业、轻工等许多方面。

8月12日　云南天然气化工厂通过国家一级企业考核组考核，成为云南省第一个正式通过国家一级企业考核的工厂。

8月14~15日　国务院总理李鹏圆满结束对印度尼西亚、新加坡的正式访问和对泰国的工作访问，乘专机从曼谷抵达昆明。

9月10日　省政府召开纠正行业不正之风动员大会，部署云南廉政建设，强调要把制止“三乱”作为纠正行业不正之风的重点来抓，迅速行动，抓出成效。

9月12日　全省第一个高新技术开发区——五华高新技术产业开发区，被云南省人民政府正式批准列为省级开发区，并享受特殊扶持政策。

9月17~21日　省委、省政府召开“以建设2500万亩高产稳产农田为主题，以农田水利建设为中心”的全省农田水利基本建设会议。会议强调打好实现云南农业历史性突破攻坚战。1990年，共投资1.4亿多元，投工17228万个，建成稳产高产农田373万亩。

9月22日至10月6日　第十一届亚运会在中国北京举行。云南省参加亚运会的8名运动员共获得4枚金牌、3枚铜牌和1个第四名。

10月初　省委发出通知，要求各级领导切实转变作风，带头深入基层、深入群众，帮助基层解决工作中遇到的实际问题和困难。1990年全省共组织了4批各级党政机关干部下基层，人数达125166人，占全省县以上党政机关干部总数的45.6%。

10月25日　由云南省政府和老挝交通部联合组成的载货试航船队从景洪出发，历时12天到达老挝首都万象，结束了湄公河上段不能通航的历史。

12月22日　省人大常委会会议通过《云南省计划生育条例》。条例规定：生育必须在各级人民政府的指导下有计划地进行。提倡晚婚晚育，少生优生，禁止计划外生育。提倡一对夫妻只生育一个孩子，控制生育第二个孩子，除条件规定允许的外，不得生育第三个孩子。

12月24日　“八五”重点工程南昆（南宁—昆明）铁路破土动工。它将是西南地区未来以电力机车为牵引动力的铁路干线，也是全国一次实现电气化最长的铁路和山区单线运输能力最大的铁路，全程约874千米，横跨广西、贵州、云南三省区。

12 月 29 日　云南省第一条高等级公路——石安（石林—安宁）公路全线通车并举行了通车典礼。石安公路全长 120 千米，公路总投资近 4 亿元，是国家“七五”期间 27 条重点公路建设项目之一。

1991 年

1 月 4 日　新华社报道：云南省经过 10 年建设，资源优势正在转变为明显的经济优势。烟草行业各项主要的经济技术指标名列全国前茅，天然橡胶、蔗糖和茶叶分别名列全国第二、三、六位。10 年中，云南用于能源和交通、邮电的投资约占全省基建投资的 35%。电力工业每年以 7.3%的速度递增。澜沧江 8 个梯级开发规划已付诸实施。全省新建和改建公路 4000 多千米；贵昆铁路电气化改造完成；南宁到昆明的铁路已开始动工。正在兴建全国最大的磷肥基地。云南每年生产的近 20 万吨有色金属，也源源不断地运往国内外供应用户。

1 月 9~10 日　《云南日报》报道：云南电子设备厂近 10 年来获国际国内授予的各种科研产品奖 20 多个；南天 B 系列和 M 系列微机、南天银行终端及光栅数显表 4 项产品达到 80 年代末期国际水平；主导产品在国内计算机产业首次获得美国、加拿大、联邦德国 3 国安全质量认证，取得了进入世界市场的通行证。

1 月 11 日　《云南日报》报道："七五"期间全省各级党委、政府切实加强了对扶贫工作的领导，贫困地区经济有了新发展。1989 年与 1985 年相比，41 个贫困县工农业总产值由 7.85 亿元增加到 31.87 亿元，财政收入由 1.98 亿元增加到 4.1 亿元，全民所有制单位固定资产投资额由 2.98 亿元增加到 4.23 亿元。到 1989 年底，农民人均纯收入超过 200 元的已有 27 个县，占贫困县总数的 67%，解决温饱问题的人口 320 万人，占 1985 年确定的未解决温饱问题人口的 65%。

1 月 14~20 日　省委召开工作会议，传达上年 12 月下旬召开的中共十三届七中全会精神和全会审议通过的《中共中央关于制定国民经济十年规划和“八五”计划的建议》。会议认为“今后 10 年，就是要为实现第二步战略目标而奋斗”，为此，云南必须做到：大力加强和发展农业；继续发挥烟、糖、茶产业的优势；加强交通、能源和邮电通信建设；重点开发磷化工业、钢铁和有色金属工业、橡胶加工业、林纸加工业这四大产业。

1 月 21～27 日　中共中央政治局常委、书记处书记李瑞环在云南视察，指出：十一届三中全会以来云南变化很大，中央对云南的工作是重视的、满意的、放心的。

1 月 24 日　《云南日报》报道：全省第二轮承包合同已基本签订完成，到 1990 年 12 月底止，全省 85%的企业签订了新一轮承包合同，春节前后，全省企业将全部承包，成为全国最先完成新一轮承包的省份。

1 月 28 日　全国民族团结进步先进集体、先进个人云南表彰会在昆明举行。会上由云南省人民政府代国家民委表彰了全省民族团结进步先进集体共 96 个，先进个人 101 名，其中少数民族占 80%。

同月　省委提出要采取“三变”策略促进边境贸易发展。即要变等客上门的单边贸易为主动打到外延的双边贸易；要变多头零星的小额贸易为专门联合大宗的进出口贸易；要变单纯的商业中转贸易为开发型的“两头在外”的工业开发区市场，进一步推动民族地区经济的发展。1991 年全省完成边贸进出口总金额 16.4 亿元，比上年增长 30%。

2 月 7～16 日　中共中央政治局常委乔石视察了红河、西双版纳、昆明等州市。他指出，云南要坚持对外开放，搞好外贸、边贸和横向经济合作。

2 月 21 日　省政府制定并颁发了《关于发展边境贸易的若干补充规定》。

3 月 1 日　省委首期“三基本”（马克思主义基本理论、党的基本路线和党的基本知识）教育培训班在省委党校开学。开班式上强调，要抓好干部马克思主义理论教育，练就工人阶级先锋战士基本功，提高建设有中国特色社会主义和全面正确地贯彻党的基本路线的自觉性和坚定性。

3 月 5～14 日　云南省人民代表大会会议在昆明举行。会上作的政府工作报告指出：“七五”期间，云南各条战线取得了显著成绩。云南省国民经济和社会发展第七个五年计划的主要指标已经基本完成或超额完成，实现了国民生产总值比 1980 年翻一番的战略目标，为全省 90 年代经济和社会发展创造了良好的条件。

3 月 20~24 日　省委、省政府召开全省首次科学技术大会，就加快实施“科技兴滇”战略进行了深入研究部署。会上有 1200 多名科技人员和工人农民受到表彰，还特别表彰了在“七五”期间为推动科技进步做出突出贡献的 21 名县级领导。

3 月 21 日　《云南省关于鼓励台湾同胞投资的规定》《云南省关于鼓励华侨和香港澳门同胞投资的规定》出台。两个《规定》分别对港、澳、台同胞及其他华侨在云南投资所享受的优惠政策作出了明确规定。

3 月 28 日　六库怒江大桥建成通车。大桥全长 337.52 米，为 3 孔变截面预应力混凝土连续箱梁桥，主孔跨 154 米，为全国同类桥梁之首。大桥建成通车，改善了从六库通往边境泸水、福贡、贡山县和保山、腾冲等地的交通条件。

4 月 1~6 日　省委、省政府在曲靖市召开全省林业工作会议。制定了关于完善“两山”责任制，加强森林资源全额管理，消灭资源赤字，加强木材经营管理，建立林业基金制度等方面的政策措施。

4 月 14 日　周恩来总理参加傣族泼水节 30 周年纪念铜像在西双版纳州景洪县春欢公园落成。

4 月 20~30 日　中共中央政治局委员、国务院副总理田纪云在云南视察工作。他强调，云南山区的开发应贯彻因地制宜方针，宜林则林，宜果则果，宜牧则牧，宜农则农。

4 月 29 日　能源部、国家能源投资公司、广东省人民政府和云南省人民政府达成合资开发澜沧江中下游梯级电站的原则协议。

5 月 17 日　云南省人民政府和上海市人民政府在上海签署了关于进一步加强经济技术协作的会谈纪要。

5 月 28 日　《云南日报》报道：昆阳矿务局海口磷矿已形成年产磷精矿 150 万吨的能力，成为目前全国最大的磷精矿生产、供应基地。精矿的质量和生产 1 吨精矿所获得的利润，均居全国同行之首。

6 月 11～14 日　省政府在昆明召开云南省企业工作会议，讨论贯彻《国务院关于进一步增强国营大中型企业活力的通知》和云南省贯彻国务院通知的若干政策规定。

6 月 15 日　国家主席杨尚昆在访问印度尼西亚和泰国之后回到昆明。

6 月 19～23 日　省委召开纪检工作会议，强调要全面加强党风廉政建设，进一步充分认识党风廉政建设的长期性和紧迫性，进一步提高从严治党的自觉性。

7 月 5 日　云南天然气化工厂厂长郑春敏，中共思茅地委委员、组织部部长魏应昌，中共耿马傣族佤族自治县县委书记李启运，路南彝族自治县县长毕品文，昆明轻工机械厂厂长杨学忠，受到中共中央组织部表彰，获得“全国优秀领导干部”称号。

7 月 12 日　昆明至思茅航线恢复通航。

7 月 12～17 日　省委召开全会（扩大）会议，审议通过了《关于制定我省国民经济和社会发展十年规划和“八五”计划建议的说明》。《建议》强调必须坚持“教育为本，科技兴滇”，把教育和科技事业放在优先发展的战略地位，使教育和科技的发展成为振兴云南的强大动力。

8 月 1 日　省政府确定在云南省边境地区建立 12 个省级口岸，以进一步扩大与缅甸、老挝、泰国、越南的边境贸易和经济技术合作。这 12 个口岸是：怒江州泸水县的片马、保山地区的腾冲县城、德宏州的盈江县城、陇川县的章凤、临沧地区镇康县的南伞、耿马县的孟定、思茅地区的孟连县城、澜沧江上的思茅港、西双版纳州的景洪县、勐海县的打洛、红河州金平县的金水河、文山州的麻栗坡县城。

8 月 5 日　国家民委、财政部、商业部、中国人民银行根据国务院关于在现有基础上适当调整民族贸易县的精神，确定全国民族贸易县为 421 个。其中云南省为 57 个，除原定的 56 个县（不含 1986 年撤销建制的碧江县）保留外，增加镇沅彝族哈尼族拉祜族自治县。

8 月 5～9 日　西南五省区七方经济协调会第八次会议在重庆举行。云南省与各方达成联合协作项目 48 项。

8 月 9 日　省委、省政府发出《关于加强社会治安综合治理的通知》。

8月24日　应中华人民共和国主席杨尚昆的邀请，来我国进行工作访问的缅甸国家恢复法律和秩序委员会主席苏貌抵达昆明。

9月12日　《云南日报》报道：云南省地方小水电已成为发展地方工业的基础产业。目前全省地方电力装机容量112.2万千瓦，居全国第六位，年发电量达33亿千瓦小时。

9月14日　省政府在镇雄县召开全省扶贫开发工作会议。会议提出“八五”期间的扶贫工作要以稳定解决温饱为重点，向最贫困、最偏僻、最落后的地区延伸。1991年国务院决定将云南17个国营农场纳入“八五”扶贫计划。

10月1日　经国务院企业管理指导委员会批准，玉溪卷烟厂晋升为国家一级企业。这是全国烟草行业晋升为一级企业的第一家。

10月25~26日　老挝总理坎代·西潘敦在云南访问，参观了昆明卷烟厂、昆明面粉厂。陪同坎代总理来访的老挝驻华大使蓬沙瓦·布法26日约见省外办负责人，就老挝在昆设立总领事馆问题交换了意见。

10月26日　《云南日报》报道：由中国烟草公司主持的5年1次的全国卷烟国优产品评选活动于10月中旬揭晓。这次评出的2块金牌分别由云南省的“云烟”和“红塔山”获得。

10月31日　云南省代表团与越南黄连山省、莱州省、河宣省和海防市代表团经过友好会谈，在昆明签署了《会谈纪要》。

11月7~12日　云南省政府代表团访问新加坡，双方就加强友好合作以及开辟昆明至新加坡航线等问题交换了意见。

11月7日　国家计委批准云南省人民政府和中国有色金属工业总公司联合上报的“兰坪铅锌矿一期工程项目建议书”。该项目列入国家“八五”计划重点项目，建设规模为日采矿3000吨，日选矿2500吨，冶炼年产电锌6万吨，总投资11.12亿元。

11月11日　在西班牙首都马德里隆重举行的“欧洲杯”第五届国际质量授奖仪式上，昆明机床厂被授予企业质量最高奖——欧洲奖。昆明机床厂是中国唯一获此殊荣的企业。

11月26日　《云南日报》报道：云南省重视少数民族语言文字的研

究推广工作，已有 14 个民族使用着 22 种民族文字或拼音方案，广大少数民族群众用本民族文字学习科学文化，收到了良好的效果。有 11 个少数民族的 14 种文字进入了全日制学校，为少数民族群众扫除文盲，学习科学文化知识创造了有利条件。

12 月 5 日　在公安部、宣传部和 9 家新闻单位联合举办的“中国十大杰出民警”评选中，云南省施甸县公安局副局长陈新民荣膺首届“中国十大杰出民警”称号。

12 月 17~21 日　国务院副总理邹家华为南昆铁路西段开工剪彩，并考察了西双版纳傣族自治州、曲靖地区和昆明市。

12 月 27 日　省委发出《关于在全省农村继续深入开展社会主义思想教育的通知》，要求在党的正确路线指导下，开展农村干部群众的自我教育活动，团结、教育和引导各族农民沿着中国特色的社会主义道路阔步前进。

1992 年

1 月 18 日　全省对外经贸工作会议指出：1991 年是全省外贸系统实行自负盈亏新机制第一年，全省出口创汇 4.01 亿美元，比 1990 年增 19%，净增出口创汇 6400 万美元；工业制成品在出口中比重增至 73.5%，比 1990 年提高了 15 个百分点；对亚太地区的出口达到 2.84 亿美元，占全省出口总金额的 83%，比 1990 年增长 29%；利用外资、技术进出口有新突破。

1 月 20~25 日　国务院副总理朱镕基对昆明市、西双版纳州、玉溪地区和曲靖地区进行考察。他指出，办好企业仍是三句话：坚持和完善厂长负责制，进一步发挥党组织的核心作用，全心全意依靠工人阶级。

1 月 22 日　《云南日报》报道：玉溪卷烟厂扶持的 20 万亩烤烟基地生产的烤烟，氮碱、氮糖等比例成分全部达到世界先进水平，该厂扶持的其他地区的烤烟品质也全部接近世界先进水平，中国烤烟在国际卷烟业只能作充填料、不能做主料烟的历史宣告结束。

2 月 8 日　《云南日报》报道：云南省长江防护林工程启动 3 年，已在长江上游的金沙江流域地区营造固沙林、护岸林等长江防护工程林 288 万亩。在林业部不久前组织的质量检查中，云南长江造林质量名列全国第一。

2 月 11~13 日　省委召开民族工作会议指出：90 年代云南民族工作的主要任务之一就是发展民族地区的教育和科学，把经济开发和智力开发结合起来，提高各族人民的文化技术素质，促进民族地区的经济发展。

2 月 14~17 日　全国人大常委会委员长万里在云南考察时指出，云南与全国各地情况千差万别，工作要根据云南自己的特点，因地制宜、实事求是，千万不要搞“一刀切”。

2 月 18 日至 3 月 3 日　第三届中国艺术节在昆明举行。党和国家领导人为艺术节题了词。江泽民的题词是“建设有中国特色的社会主义文化”，李鹏的题词是“团结、繁荣、进步”。第三届中国艺术节名誉主席万里、艺术节主席李铁映，以及港、澳、台地区来宾和 27 个国家 1780 多人出席了艺术节开幕式。到 3 月 2 日止，参加经济、贸易、科技等 9 项活动的国内外客人约万人，资金、期货及现金成交额、合同额超过 40 亿元。其中云南省与外商签订的合资办厂合同达 30 项，成交金额 7974 万美元。

2 月 28 日　中国—联合国咖啡项目即云南咖啡厂在昆明北郊建成投产。

3 月 7 日　省委发出《关于认真传达学习邓小平同志重要谈话的通知》。《通知》要求全体党员、干部全面深刻地领会谈话的精神实质，尽快把思想认识统一到谈话精神上来，同时要紧密结合各自实际，认真贯彻执行。

3 月 29 日　省委、省政府对在农村智力开发中有成绩的呈贡、江川等 9 个县进行表彰。1990 年下半年，省委、省政府制订和颁发了《云南省农村智力开发试点县实施方案》。一年多来，试点工作逐步深入，各县、乡都不同程度地取得了显著成绩。省委、省政府决定从 1992 年开始在全省推广此项工作。

4 月 1 日　省委宣传部、省政府办公厅和省政府新闻办公室联合召开首次新闻通气会，通报了省政府为贯彻邓小平南方谈话精神、加快发展开放步伐采取的政策措施。

4 月 4~12 日　中共中央政治局常委宋平先后考察了德宏、西双版纳、大理和昆明等州、市，着重检查了解学习贯彻邓小平南方谈话和中共中央政治局全体会议精神情况。他指出，云南发展同东南亚地区的贸易和经济合作，前景广阔，要放手吸引外资、内资，把边境口岸和开发区建设好，在这方面，思想要再解放一点，办法再多一点，步子再快一点。

4 月 20 日　省政府召开全省加快企业自主经营试点动员大会，向 19 个自主经营试点企业正式颁发《企业经营试点办法》。

4 月 28 日　省委全体（扩大）会议在昆明举行。会议在进一步学习邓小平同志南方谈话的基础上，讨论了云南省改革和发展的若干重大问题，要求全省各级干部思想大解放、作风大转变，带领全省各族人民加快改革开放步伐，使云南经济跃上新台阶。全会强调要加快昆明、大理和丽江、西双版纳、德宏 4 大旅游开发区的建设，把云南的旅游业发展成为一个大产业。

5 月 2 日　老挝人民民主共和国主席、老挝人民革命党主席凯山 · 丰威汉抵昆访问。

5 月 27~31 日　中共中央政治局委员、国务院副总理吴学谦先后到西双版纳州、昆明市、玉溪地区进行考察。他指出，云南发展旅游事业很有前途，要积极引进外资，促进经济发展。

6 月 9 日　国务院决定昆明市实行沿海开放城市的政策，畹町、瑞丽、河口 3 县市实行沿海经济开放地区的一些政策措施。

6 月 26 日　省政府召开省长办公会议，决定成立云南省铁路公司，作为省能源交通发展的重点改革试点单位，云南省铁路建设工程公司划归云南省铁路公司。

6 月 27 日　昆明市委全会召开。会议要求昆明市在全省改革开放、加快经济发展中当排头兵。并宣布了省委的决定：中央赋予省的权限放给昆明市，在昆明地区的所有企业一律享受昆明的开放优惠政策；3 个开发区基本上实行特区政策。

7 月 3~8 日　省政府召开常务会议。会议指出：要尽快形成不同层次的全方位开放的格局。滇中地区的对外开放和经济发展对全省有着举足轻重的影响，要以昆明的开放带动滇中曲靖、玉溪、楚雄 3 个地州的对外开放，促进滇中经济的更快发展。

7 月 10 日　继广大（广通—大理）铁路广楚（广通—楚雄）段开工之后，西端大理段正式开工。

7 月 16 日　民政部通知，国务院已批准云南省瑞丽市的建制，设为县级市。

7 月 20~25 日　云南省首届边境商品交易会在瑞丽市举行，有来自北京、上海、广东、福建、深圳等 10 个省市和香港、台湾地区以及缅甸、泰国、新加坡、越南 8 个国家的宾客参加。交易会总成交额达 3 亿多元，签订经济技术协议 20 多项。其中德宏州与外商成交商品 3000 多万元。

7 月 27~29 日　西南五省区七方经济协调会第九次会议在昆召开，这是五省区七方经济协调会九次会议中层次最高的一次。中共中央政治局常委、国务院总理李鹏为会议作了“希望西南各省区联合起来，加快改革，扩大开放，走向东南亚”的题词，中共中央政治局委员、国务院副总理田纪云专程来昆进行指导。会议各方商定联合起来开拓东南亚和南亚市场。

7 月 28 日　中国云南航空公司正式成立。公司成立后仍保留民航局云南省管理局建制，实行一套机构、两块牌子的管理体制。

8 月 8 日　云南民办科技园破土动工。它是全国第一家民办高新技术产业园，是国家科委选定的深化科技体制改革的试点，是昆明高新技术产业开发区的一部分。

8 月 12 日　云南大学和国防工办所属云南天力生物发酵厂共同开发研制的云南省高科技项目衣康酸，完成调试并投入批量试生产。云南省研制成功并投入批量试生产，使我国成为继美、日、独联体后第四个能生产衣康酸的国家。

8 月 13 日　省政府发布《云南省中缅边境地区中方人员出入境管理暂行规定》。31 日发布《云南省中越、中老边境地区人员出入境管理规定》。

8 月 18～22 日　全省发展高产优质高效农业经验交流会在玉溪召开。

8 月 20 日　省政府发布实施《云南省城镇住房制度改革实施方案》。

9 月 1 日　云南省通往广西北海港口的唯一公路通道——文山州的平远街至罗村口全长 398 千米公路改建工程全线开工。

9 月 4 日　省政府公布《云南省鼓励外商投资的规定》。

9 月 5 日　昆明市话网由原来的 5 位制一次成功升到 7 位制。至此，昆明市成为继上海、广州之后全国第三个市话全网启用 7 位号码的城市，市话号码容量由原来的 8 万门增至 800 万门。

9 月 9 日　云南省第一个县乡工业开发区——嵩明杨林工业开发试验区经省政府批准成立。

9 月 24 日　省委、省政府派出第三批社会主义思想教育工作队启程奔赴农村。第三批队员要完成全省尚未开展的 14%的行政村和 17.3%的乡镇的社教任务。

9 月 24～26 日　省政府在昆明召开省公路会议。会议指出到 1991 年底，全省纳入国家统计的公路里程达 5.8 万多千米，居全国第二位。

9 月 25 日　省政府在宜良县召开省长现场办公会，正式批准阳宗海旅游度假区为云南省第一个省级旅游度假区。

同日　云南省目前装机容量最大的火力发电厂——小龙潭电厂的 6 号机组建成投入带负荷试运行，电厂基本全部建成。

10 月 8 日　昆明钢铁公司又一“八五”重点改扩建项目——50 孔焦炉移地大修工程开工。计划投资 1.75 亿元，1994 年 6 月底完成投产。

10 月 16 日　云南省歌舞团应台湾传大艺术事业有限公司邀请，自香港飞抵台北。该团是大陆赴台演出的第一个地方文艺团体。

10 月 19 日　云南省“八五”重点建设项目、全省最大的水利工程——昭通渔洞水库导流隧洞工程正式开工。渔洞水库建成后可增加昭通、鲁甸两县（市）盆地灌溉面积 32 万亩，还可为昭通市居民生活和工业生产供水。

11 月 2~9 日　省委召开党员干部会议，学习贯彻十四大精神，提出用建设有中国特色社会主义理论武装全党，以思想大解放促进生产力大发展。

11 月 12 日　曲靖经济技术开发区奠基。曲靖经济技术开发区是省政府批准兴建的省级开发区之一，将建成容纳企业、金融、商业、娱乐、科技等多项为一体的新型现代化城市区域。

11 月 14 日　全国第一条高水平专用出口卷烟制丝线在昆明卷烟厂建成。新制丝线投产后，单箱卷烟消耗由 45 公斤左右下降到 39 公斤，接近世界最低烟丝消耗水平。

11 月 16 日　云南省又一省级经济开发区——蒙自经济开发区正式奠基。该经济开发区总体规划开发 10 平方千米，发展方向是以工业、加工业、商贸、金融为重点的外向型、多功能、产业结构合理、科学技术先进、高度文明的经济开发区。

11 月 25 日　云南省“八五”重点项目——昆明钢铁公司第三炼钢厂工程热负荷试车成功。昆钢三炼钢工程设计年产钢 66 万吨，总投资约 5 亿元，是昆钢建设历史上规模最大、投资最多的工程。

12 月 5 日　云南省歌舞团创作演出的大型彝族舞剧《阿诗玛》在沈阳

举行的全国舞剧观摩演出中获得综合演出第一名，并获得舞美奖、灯光奖、服装奖第一名，音乐作曲一等奖，3 人获得最佳演员奖。

12 月 8 日　“中国昆明出口商品交易会国际贸易展览中心”工程建设典礼在昆明新民航路施工现场举行。该工程总建筑面积近 10 万平方米，是省计划安排中的第一项重点工程。

12 月 14 日　被国家列为边境重建重点项目的中华人民共和国文山天保口岸工程开工奠基。

12 月 15 日　著名的“史迪威公路”（中印公路）保山至腾冲段改造工程全线开工。保腾公路是走向缅甸密支那、印度乃至东南亚的国防要道，是南方古丝绸之路的延伸，全程为 150 千米。

12 月 18 日　云南“八五”期间干线公路改造的重大工程之一的昆明至曲靖、曲靖经陆良至石林的高等级公路正式开工建设。昆明至曲靖、曲靖至石林高等级公路全长分别为 132. 5 千米和 103 千米。

12 月 19 日　经省政府首批批准的 3 个省级开发区之一的玉溪经济技术开发区奠基。

12 月 25 日　从镇沅县的恩乐镇，横贯哀牢山南部，终于新平县水塘乡的恩水公路正式通车。该线 1989 年 12 月开工，全长 126. 5 千米，投资 8000 多万元，成为沟通云南滇南与滇西间联系的又一条重要经济干线。

12 月 30 日　我国规模最大、配套最全的 24 万吨/年复肥工程在宣威云南云峰化学工业公司建成投产。该工程于 1990 年 6 月 17 日开工。工程总投资 6 亿多元。复肥工程建成投产，对发挥云南资源优势，改造云南省化肥产品结构有重要作用。

12 月 31 日　《云南省全民所有制工业企业转换经营机制实施办法》通过国务院经贸办和国家体改委的联合审核，开始在全省范围内具体执行。

1993 年

1 月 27 日　普洱县发生 6.3 级强烈地震，房屋财产损失严重。中共中央总书记江泽民、国务院总理李鹏分别于 29 日、30 日亲自打电话详细询问地震后的情况，向灾区人民转达党中央、国务院的亲切慰问，并勉励灾区人民奋起抗震救灾，恢复生产，重建家园。

2 月 1~7 日　中国云南出口商品展销暨经济技术洽谈会在香港展览中心举行。这是改革开放 13 年来，云南省在香港举办的规模最大、水平最高的一次展洽会。展洽会共签订合同协议 430 项，成交总金额达 8.8 亿多美元。

3 月 1 日　省委办公厅转发省委农村工作部拟定的《关于在全省农村广泛开展奔小康活动的意见》。《意见》提出：奔小康是 90 年代农业和农村工作的总目标、总任务，各级党政负责人要加强领导，从本地区实际出发制定小康规划，把奔小康的战略目标落到实处。

同日　经省政府批准，从今日起，在昆明市全市范围内，除军供用粮外，放开粮食购销价格，实行市场调节，放开后的粮食价格由粮食企业自定。

3 月 12 日　全省对外经济贸易工作会议提出云南发展外向型经济的几条原则以及云南发展外向型经济的基本途径。

3 月 26 日　澜沧江中游水电有色金属基地规划通过国家级鉴定。在此基础上，省委、省政府加快了对澜沧江水利电力资源的开发。在有色金属方面，以兰坪铅锌矿为基地，经过几期努力，最终形成年产 20 万吨铅锌冶炼能力；铜、锡、金、锑金属也形成一定的规模。

4 月 1 日　《云南日报》报道：中断了 30 多年的陇川县章凤口岸至缅

甸八莫口岸的国际公路正式修复通车。

4 月 4 日　云南民族博物馆在昆明滇池旅游度假区奠基。云南民族博物馆是云南各少数民族历史文化最集中的收藏与展示场所，也是东南亚最大的民族博物馆。

4 月 14~15 日　省政府治理滇池污染现场办公会议召开，就综合治理滇池污染作出部署。

4 月 30 日　云南省彝族舞剧《阿诗玛》、花灯剧《情与爱》、话剧《哈尼姑娘》获文化部第三届文华奖。

5 月 7 日　滇西南第二期农业综合开发项目设计任务书在北京经国家农业综合开发办公室及中央有关部委正式审查批准。开发区范围为保山、德宏、临沧、思茅、潞西、景洪等 25 个县、市，占 5 地（州）32 个县、市的 78%。

5 月 14 日　中断 44 年的中印公路（又称史迪威公路）腾冲至缅甸克钦邦密支那段正式修复通车，该段全长 217 千米。

5 月 18 日　中断 14 年之久的中国河口至越南老街国家级口岸正式恢复开通。

6 月 10 日　《云南日报》报道：云南光学仪器厂引进外资嫁接改造老企业 5 年多来，年总产值由嫁接前的 5000 多万元增为 1.2 亿元，主要产品望远镜的产量翻了两番，品种由 8 个增为 24 个，职工收入也翻了近一番。

同日　云南省地区间首条高等级公路——昆明至玉溪汽车二级专用公路全线通车。

6 月 18~20 日　马来西亚总理马哈蒂尔·穆罕默德率领由政府官员、工商界人士等 317 人组成的代表团在云南访问。

6 月 20 日　中断 10 多年的中国天保至越南清水河国家级口岸恢复开通。

6 月 21 日　《云南日报》报道：一条用数字微波和光缆联结而成，由昆明经楚雄、下关、保山、芒市直达畹町、瑞丽的大容量通信干线全线开通，使滇西楚雄、大理、保山、德宏 4 个地州的长途电话线增加了 4.7 倍，从根本上缓解了滇西方向打电话难的局面。

6 月 26 日　经国务院批准，云南民办科技园被定为国家级高新技术产业开发区。云南民办科技园是由国家科委（科技部）和云南省人民政府共同创办，由国务院授权国家科委批准成立的国家级高新科技园区。

6 月 28 日　昆明盐矿试车投产。该矿将从根本上确保云南食盐市场供应，并为云南发展盐化工打下基础。

6 月 30 日　云南省最大的电站——漫湾水电站第一台 25 万千瓦机组，顺利结束 72 小时试运行，提前半年正式并网发电。12 月 25 日，漫湾电站第二台 25 万千瓦机组又顺利投产发电。

7 月 8 日　云南省“八五”期间重点工程项目之一——昆钢高速线材工程破土动工。

7 月 24 日　《云南日报》报道，云南省大力增加支农资金投入，使财政支农资金的增长速度超过了同期财政总支出的增长速度，在近 4 年内创下了财政支农资金支出的绝对额和增长幅度有 3 年处于全国首位的纪录。

8 月 8 日　首届中国昆明出口商品交易会在昆明国际贸易中心开幕。这次由四川、云南、贵州、广西、西藏、重庆和成都五省区两市联办，云南省人民政府主办的首届昆交会，是中国大西南展示经济建设成果，扩大对外开放，携手联合走向世界，让世界了解中国西南的一次盛会。交易会总成交金额达 17.57 亿美元。

8 月 13 日　全国人大常委会委员长乔石结束对东盟 5 国的访问后抵达昆明，考察了正在举办的第一届昆明出口商品交易会。他强调，云南要充分发挥自己的资源和地缘优势，真正成为大西南对外开放的通道和“窗口”。

8 月 21 日　云南田径选手钟焕娣在第四届世界田径锦标赛上荣获女子 10000 米银牌。

9 月 1 日　泰国总理川 · 立派乘专机从海南省海口市抵达昆明。

同日　缅甸联邦驻昆明总领事馆举行重新开馆仪式。

9 月 23 日　云南省最大的合资项目——昆明醋酸纤维有限公司正式成立。该项工程建成后可年产二醋纤维丝束 1.25 万吨，基本可满足云南卷烟生产制造咀烟丝束的需要。

10 月 11 日　由云南、广西、贵州三省（区）联手与港商投资 10 亿美元建设的全国最大的中外合资企业——北海炼油厂签约仪式，在深圳正式举行。

11月1日　昆明昆机集团公司、昆明机床股份有限公司在昆明正式成立。昆明机床厂是云南一个集科研、开发、制造、销售为一体的大型骨干企业，1992年9月被确定为全国9家股份制规范化试点企业之一。

11月10日　省委、省政府发出《关于加快乡镇企业发展的决定》，指出乡镇企业发展严重滞后，已成为云南经济发展中突出矛盾，要求从现在起到20世纪末，以年平均高于30%的速度发展，实现2000年总收入突破1000亿元目标。

11月13日　越南国家主席黎德英抵达昆明进行友好访问。

11月28日　云南白药实业股份有限公司在昆明正式成立。作为云南第一家上市公司的云南白药股票，于12月在深圳证券交易所挂牌上市。

12月16日　小龙潭煤矿已建成为我国最大的现代化地方露天煤矿，共生产褐煤7640万吨，日产量达1.2万多吨。

12月16~24日　中共中央政治局常委、书记处书记胡锦涛在云南考察。他对云南贯彻中央一系列决策和部署所取得的成绩给予了充分肯定。指出云南的变化很大，进步很快。他还就云南如何加快发展作出重要指示。

12月17日　省委在省委党校县以上主要领导干部读书班上指出，云南近年的发展，得益于经济结构的调整。一是扭转了轻重工业的比例不合理状况，从过去的4∶6调整到5∶5；二是粮食和经济作物的比例由原来的9∶1调整到现在的8∶2；三是两烟成为云南的支柱产业；四是培植了一批具有潜在优势的产业，为全省产业结构的进一步优化奠定了基础。

1994年

1月4日　云南省建水和巍山入围第三批国家历史文化名城。至此，云南拥有5座国家历史文化名城。

1月10日　国务院发布了第三批国家重点风景名胜区名单，云南省腾冲地热火山风景名胜区、瑞丽江—大盈江风景名胜区、九乡风景名胜区、建水风景名胜区入选。

1月16日　滇池防洪保护及污水资源化工程的一期主体工程——西园隧道在安宁县举行开工典礼。

1月19日　省政府召开全省体制改革工作会议。会议认为，经过15年改革，云南以公有制为主体的多种经济成分并存的新型所有制结构已经形成。

1月24~25日　省政府在昆明市召开花卉现场办公会议，就充分利用和发挥云南优越的自然条件和丰富的花卉资源，把花卉作为一项产业来发展，走高起点、工厂化、专业化、规模化的路子，提出了奋斗目标和实施意见。

1月28日　国务院总理李鹏对罗干赴云南考察边防工作的情况报告作重要批示："各级政府都应重视和支持边防工作，为保卫国家安全发展，睦邻友好，繁荣边境地区经济做出贡献。"

2月6日　1991年8月开工、总长136千米的安楚（安宁—楚雄）汽车专用二级公路建成通车。这是新中国建立以来云南省投资最大的公路建设项目。

3月18日　日处理污水10万立方米的昆明市第二污水处理厂正式动工

建设。

4 月 5~8 日　省委、省政府在昆明召开近 10 年来规模最大的全省农村工作会议。会议认为，云南农村经济面临第二次战略转变，第一次战略转变是推行家庭联产承包制，基本解决了农民的温饱问题；第二次战略转变是建立市场经济，引导农民实现小康目标。

4 月 6 日　国家一类口岸的景洪港举行奠基仪式。景洪港是澜沧江-湄公河国际航线上的一个重要港口，下设景洪港中心码头、橄榄坝码头、关累码头。

4 月 13 日　电力工业部、国家开发投资公司、广东省和云南省《两省四方联合办电与经济合作会谈纪要》在昆明举行签字仪式。

4 月 19 日　省政府在北京人民大会堂隆重举行对外招商会。来自德国、俄罗斯、美国、英国、法国、日本、加拿大、西班牙、荷兰、挪威、韩国、马来西亚等 20 多个国家和地区的驻华使馆经济、商务参赞和世界有名的企业、银行、商社的专员、首席代表共 400 余人参加了招商会。

4 月 25 日　历时 7 年，国家计划委员会和水利部批准的全省重点建设项目“引洱入宾”工程通水。工程总投资 7284 万元，年引水量逾 5000 万立方米。

5 月 3 日　肯尼亚总统丹尼尔·阿拉普·莫伊从印度孟买抵达云南进行访问。

5 月 4 日　新华社消息，素有“植物王国”之称的云南省已成为我国天然香料最大生产出口基地。

7 月 5~9 日　省委和省政府在楚雄召开全省林业工作会议，集中研究省委、省政府提出的到 2000 年基本消灭全省宜林荒山，把林业建设成一个产值上百亿元产业的奋斗目标问题。

8 月 8~16 日　1994 年中国昆明出口商品交易会在昆明国际贸易中心举行，交易会对外经贸各项业务总成交额达 14.62 亿美元。

8 月 15 日　省政府常务会议通过《云南省“七七”扶贫攻坚计划》，力争用 7 年时间基本解决目前云南省 73 个贫困县农村 700 万贫困人口的温饱问题。1994 年解决了 124 万贫困人口的温饱问题。

9 月 6 日　经国家教委批准，云南工业大学成立。该所大学是在云南工学院、重庆建筑工程学院昆明分院、云南化工专科学校、成都电子科技大学昆明分部 4 所工科院校的基础上组建的。

10 月 20 日　云南省第一条地方筹资建设的铁路——昆玉（昆明—玉溪）铁路通车运营。

11 月 11 日　省政府常务会议审议通过省政府机构“三定”工作方案，省机构改革进入定职能、定机构、定编制阶段，云南省党政机构改革迈出重要一步。

11 月 15～17 日　由中外双方多边联合举办的中国西南国际投资招商会，在昆明举行。会上签订了 11 个项目，协议总金额 1.25 亿美元，其中利用外资 6020 万美元。

12 月 8～10 日　’94 中国国内旅游交易会在昆明国际贸易中心举行。这次交易会达成意向性组团数 13.5 万个，签订组团协议 16.16 万个。

1995 年

1 月 12~13 日　克罗地亚共和国总理尼基察·瓦伦蒂奇率政府代表团访华期间到云南进行友好访问。

1 月 17~19 日　全省经贸工作会议在昆明召开。会议要求通过 3~5 年努力，落实政企分开、科学管理、建立社会保障体系，基本建立现代企业制度的框架，并就组建国有资产经营公司试点、无主管部门企业试点、职业化企业家培养试点、企业厂长经理实行年薪制、职工持股等问题进行积极探索。

1 月 21 日　《云南日报》报道：云南邮电通信重点项目“54321 工程”全部顺利竣工投产，全省电话网总容量突破 100 万门。73 个国家级贫困县中，已有 65 个县能通过程控电话直拨全国、全世界。

2 月 6 日　由中国云南航空公司与老挝航空公司合资经营的老挝航空发展联营有限公司首届董事会在昆明召开。这是我国首家与外国合资经营的航空公司，公司合作期限为 20 年。

2 月 7~11 日　省委、省政府召开全省教育工作三级干部会议，讨论省委、省政府贯彻实施《中国教育改革和发展纲要》的意见。会后颁发《中共云南省委　云南省人民政府贯彻落实〈中国教育改革和发展纲要〉的意见》《中共云南省委　云南省人民政府贯彻落实〈中共中央关于进一步加强和改进学校德育工作的若干意见〉》，对 20 世纪末、21 世纪初全省教育事业的发展具有根本性、全局性、战略性的重要意义。

2 月 25 日　全省旅游工作会议指出，进入 90 年代以来，云南省旅游业增加值平均每年以 40%的幅度增长，省委、省政府决定要把旅游业培育成为云南新的支柱产业。

2 月 23 日至 3 月 3 日　中共中央政治局委员、书记处书记、中纪委书记、全国总工会主席尉健行在云南考察。他指出，要把反腐败斗争进一步引向深入，关键是各级领导干部要以身作则作出表率。

3 月 28 日　云南省重点工程之一的宜良县柴石滩水库导流隧道工程破土动工。这是云南现有水库中坝型最新、大坝最高、蓄水量最多的水库。

4 月 15 日　省委组织部、宣传部联合发出通知，要求广泛开展向中共西藏自治区阿里地区党委书记孔繁森学习的活动。

5 月 10 日　被列为国家“八五”重点建设工程的漫湾至昆明草铺的 50 万伏大型超高压骨干输电线路正式建成送电。工程横跨滇西 6 地州 8 县（市）。

5 月 26 日　云南省“八五”重点建设项目昆钢高速线材工程建成，并进入热负荷试车。这项工程是昆钢形成 200 万吨钢综合生产能力的主体工程。该工程年产光面盘条及螺纹钢 35 万吨，整个生产工艺过程均为连续化自动控制，具有世界先进水平。

6 月 22 日　漫湾电站装机总容量为 125 万千瓦的 5 台机组全部投产发电，漫湾电站一期工程全部竣工，极大地缓解云南电力紧张的局面，实现了“云电东送”的战略目标。

7 月 1 日　云南“八五”重点工程——蒙自县五里冲水库正式下闸蓄水。该水库的建成是我国利用天然岩溶凹地修建无大坝中型水库的首次成功尝试。

7 月 4~6 日　老挝人民民主共和国国家主席诺哈 · 冯沙万赴昆明、西双版纳进行友好访问。

7 月 28~29 日　苏丹共和国总统奥马尔 · 哈桑 · 艾哈迈德 · 巴希尔中将率代表团访问云南。

8 月 5 日　国务院副总理朱镕基圆满结束对坦桑尼亚、津巴布韦、莫桑比克、博茨瓦纳、纳米比亚、安哥拉和赞比亚 7 国的正式友好访问回国，在昆明视察了国际贸易中心。

8 月 8~15 日　’95 中国昆明出口商品交易会在昆明国贸中心举行。

8 月 22~26 日　中国共产党云南省第六次代表大会在昆明召开。大会报告指出：加快经济发展，不仅需要量的增长，而且要实现质的飞跃，要走加强基础、发挥优势、调整结构、依靠科技、加快发展的路子。在讲求经济效益的前提下，力争较快的发展速度；在夯实农业基础的同时，着力搞好重点建设；在巩固现有骨干产业的基础上，围绕资源优势调整产业结构；努力把经济工作转到依靠科技进步、提高劳动者素质的轨道上来，促使国民经济持续、快速、健康发展。大会选举出中共云南省第六届委员会委员 47 名、候补委员 7 名，中共云南省纪律检查委员会委员 35 名。

8 月 28 日　昆明市白马和新迎两个园丁小区举行落成典礼，2000 多套教师住房竣工交付使用。

9 月 19 日　“玉溪红塔烟草（集团）有限公司”在玉溪卷烟厂宣布正式成立。

10 月 6~11 日　中共中央政治局常委、国务院代总理朱镕基在云南考察。考察中，他把中央的扶贫工作方针精辟地概括为 4 句话：自力更生，生产自救，各方支持，共同富裕。

10 月 8~10 日　全省农业综合开发会议在保山召开。会议指出：自 1990 年国家立项实施滇西南第一期农业综合开发以来，全省各级各方面对农业开发投资 6.2 亿元，共改造中低产农田 189 万亩，建成高产稳产农田 52 万亩。植树造林 114 万亩。建成骨干水利工程 44 件，新增库容 5670 万立方米。建成三面光水渠 2300 多千米。6 年中实现新增粮食 3.8 亿公斤，新增肉类 3800 万公斤。

10 月 20~26 日　全国边疆文化长廊建设现场会在德宏芒市举行。

10 月 28~31 日　省委、省政府召开全省科学技术大会。会议提出了全面实施“科教兴滇”6 项奋斗目标，7 项主要任务和 10 项重大措施。

11 月 5~12 日　中共中央政治局委员、中央书记处书记、国务院副总理吴邦国到昆明出席第五届全国少数民族体育传统运动会开幕式后到西双版纳等地考察。

11 月 24 日　由云南咖啡产业有限责任公司承建的云南“18 生物资源开发工程”咖啡产业化开发项目正式启动。该项目从 1995 年实施至 2008 年，近期先建 9.3 万亩种植基地，年产 2000 吨焙炒咖啡，待 2000 年建成达产后，再根据当时的市场情况和资金投入的条件考虑筹建 15.7 万亩种植地、年产 1.7 万吨焙炒咖啡，成为云南经济的重要支柱之一。

11 月 27 日至 12 月 1 日　中共中央政治局委员、国务院副总理李岚清在云南考察工作，并出席在昆明召开的第二次全国教职工住房建设工作经验交流会。

11 月 28 日　大理机场正式通航。大理机场属地方支线机场，是全国第一个高海拔、高填方机场。

1996年

1月2日　《云南日报》全文发表《关于云南省国民经济和社会发展“九五”计划和2010年远景目标纲要的说明》。

1月7日　中国昆明至老挝万象航线通航，这是目前国内唯一通航老挝的航线。

1月8日　省委、省政府作出《关于打好扶贫攻坚战确保“九五”基本脱贫的决定》。《决定》指出：10年来全省共投入扶贫资金近60亿元，解决了500多万贫困人口的温饱问题，贫困地区经济社会面貌发生了明显的变化。

同日　云南松茸1995年出口653吨，创汇3209万美元，为历史最高水平。

1月12日　缅甸国家恢复法律秩序委员会主席丹瑞大将在云南访问。

1月15日　经由勐腊县磨憨国家级口岸进入老挝的中老两国汽车运输正式开通。

1月15~21日　国务院副总理姜春云先后到西双版纳、大理、昆明等地考察，充分肯定云南的经济建设工作，就云南农业、农村经济发展提出了要求。

1月21日　省政府召开全省经贸工作会议，指出转变思想观念与经济增长方式是今后的重要任务。

1月21~23日　省委、省政府在宜良县召开全省“四荒”有偿出让与开发工作会议，加快“四荒”出让开发步伐，促进全省农村经济的发展。

1月25~27日　化工部、省政府召开云南磷复肥基地规划研讨会，提出努力将云南建成全国最大的磷化工基地，到2010年磷化工产值达200亿元。

1月28日　《云南日报》报道：全省17个地州市已全部获得外贸进出口经营权。

2月1日　楚雄至大理一级公路开工建设，全长178.78千米，计划于1998年11月建成。楚大公路是昆明通往滇西、滇西北、滇西南8地州的主要经济干线，是国家交通部和云南省“九五”期间的重点建设项目，也是云南第一条按照业主负责制，利用亚洲开发银行贷款和通过国际招标方式建设的高速公路。

2月3日　丽江、中甸发生7.0级地震。4日，中共中央政治局委员、中央书记处书记、国务院副总理吴邦国率中央慰问团飞抵丽江地震灾区慰问。

2月4~5日　全省旅游工作会召开，会议要求为把云南建成旅游大省而努力奋斗。

2月6日　中央军委授予云南省军区第一扫雷队“英雄扫雷队”荣誉称号命名大会在昆明举行。

2月14日　中越铁路正式恢复通车。

2月29日　云南首家扶贫公司——省扶贫领导小组直属的云南中地集团公司成立。

3月11~13日　云南省首次面向全社会招考党政群机关国家公务员及工作人员。

3月14日　省统计局公布1995年1/100人口抽样调查结果，全省人口总数为3971.31万人，较1990年7月1日零时总人口增加274.05万人。

3月18~23日　云南省学习考察团在上海学习考察，与上海市党政领导就两地经济技术合作交换了意见。19日，考察了云南省在上海浦东投资的第一个项目——晶田电子有限公司。

3月21~26日　中共中央政治局候补委员、书记处书记温家宝在楚雄、迪庆、丽江等地考察农业与地震抗灾情况。

3月23日　昆明市首批1875套国家安居工程住房交付使用。

3 月 28 日　国务院办公厅印发《关于建设第三批农村电气化县有关问题的通知》，云南省 40 个县入选全国第三批农村水电初级电气化县名单。此前云南第一、二两批 28 个电气化县已完工验收。

3 月 29 日　省人大常委会公布《云南省星云湖管理条例》。

3 月 31 日　昆明至乌鲁木齐、天津、宁波、贵阳、石家庄航线正式开通。

4 月 1 日　西双版纳至重庆直达航线开通。

4 月 3 日　中外合资项目云南新美铝铝箔有限公司成立，总投资 7028 万美元。

4 月 5 日　省委农村工作领导小组举行第一次会议，提出实施农业十大工程，促进云南农业上新台阶。

4 月 7 日　西双版纳至曼谷航线开通。

4 月 11~21 日　中共中央政治局委员、中央军委副主席刘华清到昆明、丽江灾区、德宏、大理等地以及驻云南部队、武警、陆军学院考察。

4 月 12 日　云南“九五”重点建设项目——迪庆螺丝湾电站开工。

4 月 13 日　中老缅泰四国边境地区文化艺术节在景洪市开幕。

5 月 3 日　云南大学“211 工程”获主管部门预审通过。

5 月 10~17 日　中共中央政治局常委、国务院总理李鹏考察西双版纳、丽江、德宏、大理、昆明等地。考察中，他对云南省“九五”的总体安排、澜沧江流域水电资源开发、边贸和口岸管理、民族团结和精神文明建设等方面作了重要指示。

5 月 14 日　中越铁路国际联运第一列货运列车正式运行，由中国河口瑶族自治县山腰站发车，开往越南老街新铺。

5 月 15 日　省邮电管理局开通“全球通”数字移动电话系统。

5 月 21 日　省机械设备进出口公司承建缅甸仰光港波昂觉码头扩建工程合同签订，金额约 3000 万美元。

5 月 24 日　国务院批准扎西红军烈士陵园和屏边烈士陵园为第三批全国重点烈士纪念建筑物保护单位。

6 月 1 日　广大（广通—大理）铁路广楚（广通—楚雄）段与全国铁

路联网开通运营。

6月5日　在法国召开的国际展览局会员代表大会正式批准1999年世界园艺博览会在昆明举行。12月20日，’99昆明世界园艺博览会国家组委会首次会议在北京召开。中共中央政治局常委、国务院副总理李岚清任组委会主任。

6月13~14日　全省放开放活国有小企业现场会在陆良召开。

6月25日　南昆（南宁—昆明）铁路南段提前半年开通，省委、省政府在曲靖召开表彰大会。

7月1日　云南有线电视台正式开播。

7月7~27日　云南省代表团访问津巴布韦、巴西、美国3国，重点考察了烟草产业的先进经验。

7月16日　全省县乡公路工作会议通报，云南省公路通车里程达到9.82万千米，跃居全国第三，路况等级有明显提高。

7月24日　省委、省政府举行吴征镒院士从事植物学研究60周年庆典。吴征镒院士主持的国家自然科学基金重大项目——《中国种子植物区系研究》历时5年完成，居于国际领先水平。

7月25日　省政府召开滇池治污现场办公会，要求加快治理步伐，争取五年初见成效。

7月28日　云南“18工程”获得国家大力支持，正式列入全国农村改革试验区序列，重点进行大企业集团在实现农业产业化过程中的探索试验，实现大企业与农户连接方式的突破性进展。

8月1日　云南航空公司引入首架波音767-300型飞机。

8月6日　昆明重工（集团）股份有限公司开业，为云南首家进入百家国家级现代企业制度试点的地方企业。

8月7日　云南设在美国的媒体窗口《国际日报·今日云南》创刊仪式在昆明举行。

8月8~15日　中国昆明第四届进出口商品交易会在昆明国际贸易中心举办，进出口业务成交额达12.53亿美元。

8月9日　’96澜沧江-湄公河流域国际经济合作开发研讨会在昆明国

贸中心举行。

8 月 14 日　省交通厅与香港新丽华投资公司签订安石（安宁—石林）公路经营权转让合同，预计收回 7299 万美元投入新公路建设。

8 月 18 日　首届云南省乡镇企业商品展销会结束，商品销售额达 2.66 亿元，引进资金 7.4388 亿元。

8 月 19 日　云南铜业（集团）有限公司在昆明成立，整合原有云冶、东川矿务局、易门矿务局、大姚铜矿、牟定铜矿 5 家铜生产企业，注册资本 10 亿元。

8 月 28~30 日　澜沧江-湄公河次区域经济合作第六届部长级会议在昆明举行，国务院副总理姜春云到会代表中国政府致辞。

9 月 1 日　云南省澜沧江-湄公河次区域经济合作协调指导小组举行第一次会议。

9 月 6 日　首届促进东部与中西部企业合作会议闭幕，正式签约 108 个项目，合作金额 34 亿元。其中云南企业 68 个，金额 24 亿元。

9 月 20 日　省政府贯彻国务院环保决定，召开办公会，提出抓好环保 8 项工作。23 日，昆明市政府决定关停 112 家污染严重企业。

9 月 23 日　省政府批准开放沧源、田蓬为二类（省级）口岸。

10 月 1 日　云南首条城市快速路——昆明东二环通车。

10 月 20 日　云南—上海合作项目签字仪式在昆明举行，达成合作项目 55 个，资金 19.36 亿元。

10 月 25 日　云南首条高速公路——昆曲（昆明—曲靖）高速公路全线通车。

10 月 30 日　武警云南森林警察总队成立。

11 月 3 日　全国政协副主席王兆国率全国政协代表团出访越南、老挝、泰国回国后在昆明考察。

11 月 19 日　省人大常委会发布《云南省实施〈中华人民共和国城市居民委员会组织法〉办法》《云南省陆生野生动物保护条例》。

12 月 3 日　国家科委、省政府联合举办螺旋藻产业发展国际研讨会，10 多个国家的 200 多名专家学者到会。

12 月 6 日　省委、省政府作出《关于加快四大支柱产业建设的决定》。《决定》指出：发展烟草产业、以食品为重点的生物资源开发产业、以磷化工和有色金属为重点的矿产业、以自然风光和民族风情为特色的旅游业这四大支柱产业。

12 月 26 日　省委全会通过《贯彻党的十四届六中全会〈决议〉，加强全省精神文明建设的实施意见》。

12 月 31 日　全省有 120 万人脱贫。农村贫困人口由“八五”末的 660 万人减少至 540 万人。

1997 年

1 月 7 日　省政府召开全省农业综合开发工作会。“八五”期间，云南省按照集约化、商品化、现代化的发展思路，提高了农业综合生产能力。通过第一、二期农业综合开发，使项目区水利化程度提高了 8 个百分点，森林覆盖率增加 3 个百分点，建成了一批贸工农一体化的项目。累计新增粮食 5.06 亿公斤，新增油料 1506 万公斤，新增肉类 3607 万公斤，农民人均年纯收入新增 200 元。

1 月 13～14 日　省政府召开第二次西双版纳旅游现场办公会。会议指出云南要形成以昆明为中心，具有国际一流水平的“一园两区”（一园即西双版纳热带森林公园，包括西双版纳 3 县市和思茅南部的部分地区；两区为“三江”高原风光旅游区和岩溶地貌旅游区）的发展格局。

1 月 17 日　全国双拥工作领导小组和国家民政部、解放军总政治部授予昆明市“全国双拥模范城”称号。这是昆明市第二次获此殊荣。

1 月 17～31 日　云南省政府代表团到孟加拉国、越南两国就乡村银行对穷人实行小额信贷扶贫情况进行了考察访问。回国后，结合云南情况进行了试验推广。

1 月 21 日　全省第六次环境保护会议在昆明结束。会议提出：将拨专项资金保护中国唯一绿宝石——西双版纳热带雨林及滇池、洱海等 9 个高原湖泊。

1 月 23 日　上海、云南两省市领导在上海举行会谈，就推动沪滇对口帮扶和社会经济协作向纵深发展问题进行了探讨，并签署了《上海—云南对口帮扶与经济社会协作“九五”计划纲要》。

1月24日　由云南省政府、上海市政府联合主办的云南省郁金香花展在上海开幕。

2月1日　昆明钢铁总公司6号高炉开工建设。6号高炉建成后是国内同类型先进水平高炉之一，该工程被列为云南“九五”重点建设项目。

2月4日　国家“八五”重点工程——云南磷肥工业基地一期工程三大主体装置试车成功。云南磷肥工业基地是云南利用外资项目及建设规模最大的磷肥工程（又称大黄磷工程），其三个主体装置均由国外引进。

2月6~15日　中共中央政治局委员、国务委员李铁映在云南考察边境口岸建设、企业改革、环境保护、旅游及古生物化石遗址等，并向地震灾区的干部群众进行慰问。他强调：云南的发展在很大程度上取决于开放，开放是最大的改革。

2月10日　《云南日报》报道：云南“九五”农业发展纲要提出的“十大工程”建设已全面启动，包括滇中现代化农业示范工程、开发热区农业工程、农业综合开发工程、商品基地建设工程、扶贫攻坚工程、农田水利建设工程、农业科技推广工程、山区林业综合开发工程、农业生产资料工程、畜牧现代化工程。

2月13~15日　全省乡镇企业工作会议在昆明召开。会议指出，云南乡镇企业近几年取得显著成绩，1996年与1990年相比，乡镇企业户数由46.5万个增加到95.7万个，从业人员由150万人增加到323万人，营业收入由80.5亿元增加到1004.3亿元；1990年全省只有8个亿元乡镇，1996年已有亿元乡镇190个、亿元村（处）93个、亿元企业44个，有32个企业被列入全国大中型乡镇企业。

3月18日　南昆（南宁—昆明）铁路全线铺通，中共中央政治局常委、国务院总理李鹏参加了在广西百色举行的南昆铁路全线铺通庆祝大会。南昆铁路东起南宁，西至昆明，北接红果，途经广西、贵州、云南3省区19个县（市）。

3月28日　云天化集团有限责任公司成立。省政府将云天化作为省级现代企业制度试点，整体改制为国有独资的“集团有限责任公司”，由省政府授权集团公司作为现有国有资产的投资主体和营运主体，经营授权范围内的全部国有资产。

3 月 29～31 日　省卫生工作会议在昆明召开。这次会议是新中国成立以来，第一次由省委、省政府召开的全省卫生工作会议。会议总结了新中国成立以来特别是党的十一届三中全会以来，省卫生事业所取得的成就和经验，共商深化卫生改革，加快卫生事业发展的大计，促进卫生事业更好地服务于各族人民。

4 月 1 日　经国务院批准，昆明铁路局在昆明成立。昆明铁路局由铁道部直接领导，管辖范围包括原昆明、开远分局管段和南昆铁路部分区段。

同日　国家“九五”重点项目——昆明机场扩建工程举行开工典礼。扩建后的新机场，年客运量将达到 100 万人次，货运量将达到 10 万吨。

4 月 2～5 日　经国务院批准，全国边境地区民委工作会议在景洪市召开。会议主要任务是总结党的十一届三中全会以来边境地区民族工作取得的成绩，交流工作经验，研究和部署今后一个时期边境地区的民族工作。国务委员司马义·艾买提在会上作了题为《加强民族工作，为建设繁荣稳定的边疆服务》的报告。

4 月 7 日　“云大-120”新型高效植物生长调节剂生产线在昆明建成投产，生产工艺技术及产业化程度均达到世界领先水平。“云大-120”新型高效植物生长调节剂先后被列入火炬计划、国家科技成果重点推广计划、“九五”中国粮食增产综合技术推广应用项目、中国农业丰收计划、云南省 12 项农科重点推广项目和“18 生物工程”项目。

4 月 8 日　世界最大规模螺旋藻养殖加工基地在昆明和永胜县程海湖两地建成投产。

4 月 10 日　漫湾发电厂被正式批准为全国特大型企业。它是云南省第一座百万千瓦级大型水电厂，也是我国第一座由中央和地方合资建设的大型水电工程。

4 月 12 日　广东发展银行昆明分行成立开业。它是国内首家被获准进入云南开办金融业务的区域性股份制商业银行。

4 月 18 日　中越铁路国际旅客联运列车开通，两国铁路客货运输全面恢复。

4月22日　云南磷肥工业基地一期工程竣工投产。由国家开发投资公司、云南开发投资公司合资经营，按现代企业制度组建的云南磷肥工业有限公司同时宣告成立。

4月23~30日　云南省政府代表团对芬兰进行为期一周的考察，借鉴芬兰在林业和有色金属深加工领域里的成功经验和先进技术，进一步推动双方合作。

4月28日　省政府召开新闻发布会，宣布云南著名卷烟“红塔山”被国家工商行政管理局商标局认定为“中国驰名商标”，是云南唯一的中国驰名商标。

6月11日　新华社报道，龙陵县“一碗水”自然保护区内发现世界最大面积的野生桫椤。桫椤被称为“植物活化石”，是珍稀濒危植物。

7月1日　国家重点建设工程——易门矿务局大红山铜矿一期工程经过11年建设竣工投产。二期工程建成投产后，矿务局年产精矿含铜将突破2.5万吨，成为全国第三大铜矿山。

7月16~18日　越南共产党中央总书记杜梅在云南访问。

8月4日　国家正式批准云南兴建大朝山水电站。这是云南继漫湾电站之后，在澜沧江上兴建的第二座梯级电站。

同日　沪滇合作农业示范基地协议在昆明正式签字，这是上海与云南合作的第一个高科技农业扶贫项目。示范基地选址在蒙自县草坝农场。

8月8~15日　’97中国昆明出口商品交易会在昆明国贸中心举行。本届昆交会对外经济贸易总成交额达15.67亿美元，比上届增长24.5%。

8月22日　国家一级保护动物野生纯种绿孔雀在瑞丽市野生动物拯救站人工繁殖成功，使这一濒危物种得以繁衍。

8月27日　国务院正式批准兴建迪庆民用机场，场址在中甸县城西南拉咱坝，是云南省“九五”期间重点建设项目。

8月28日　云南国际文化交流代表团对法国进行友好访问。法国奥古斯特·弗朗索瓦遗产保护协会在巴黎正式向中国云南国际文化交流中心转让1896年至1904年间法国奥古斯特·弗朗索瓦先生所拍摄的有关云南历史照片的使用权，这批照片是当今世界上最早、最完整记录云南情况的珍贵历史图片资料。

8 月 30 日　国务院批准云南施甸县、昌宁县等 18 个县对外国人开放。根据《中华人民共和国外国人入境出境管理法》第四章第二十条规定，外国人持有效签证或者居留证件，即可前往上述地区旅行，不必申办旅行证件。

9 月 9 日　昆明—澳门的空中航线正式开通。

9 月 10 日　党和国家领导人江泽民、李鹏、刘华清、胡锦涛等来到北京展览馆“光辉的五年”成就展云南展厅参观。省委、省政府向江总书记汇报了十四大以来云南“两个文明”建设取得的成就，重点汇报了基础设施建设和建立四大支柱产业、发展特色经济以及’99 昆明世界园艺博览会的筹备情况。云南近几年的建设发展得到了党和国家领导人的高度肯定。

9 月 18 日　墨江县建成北回归线标志园。该园坐落在县城西侧登高架山上，占地 260 余亩，是目前世界范围内建设规模最大的北回归线标志园。

9 月 21 日　省政府在迪庆向中外记者发布：香格里拉就在迪庆。云南省计划用 5~10 年的时间，把迪庆建成世界级旅游景区。

9 月 23 日　省委召开党员干部会议，传达学习贯彻中共十五大精神。会议强调：学习贯彻好十五大精神，是当前头等重要的任务，要把握十五大的灵魂和主题，高举邓小平理论旗帜，用邓小平理论统一思想，凝聚力量，推进富民兴滇大业。

同日　昆玉（昆明—玉溪）高速公路玉溪段全线开工。这是在昆玉高等级公路的基础上扩宽改建的 6 车道、全封闭、全立交的高速公路，是继玉元（玉溪—元江）高等级公路全线动工后，云南省加速滇中经济区公路干道建设的重点工程。

9 月 29 日　云南首届外国专家“彩云奖”颁奖仪式在昆明举行。云南省外国专家“彩云奖”是从 1997 年起为表彰为云南经济建设、文化发展和社会进步作出杰出贡献的外国专家而设立的。

10 月 5 日　据新华社报道，德钦县发现一个海拔只有 2700 米的现代冰川。专家称，这是国内迄今发现的海拔最低、纬度最低的冰川，具有极高的观赏与探险价值。

10 月 19 日　我国首家进口烟机翻新大修和配件加工合资企业——昆明

莫林斯烟草机械有限公司在昆明经济技术开发区奠基开工。

10月27日　挪威国王哈拉尔五世前往云南民族学院参观访问，并捐赠15万美元作为该院民族教育和民族文化研究的奖学金。

10月28日　昆明柴石滩水库顺利实现高标准截流成功。柴石滩水库位于距昆明市86千米的珠江干流上游南盘江上，是一座具有灌溉、发电、防洪、供水和保护生态环境等多种功能的大型水利枢纽工程。

11月7日　曲靖举行撤地设市揭牌仪式，地级曲靖市宣告成立。

11月8日　云南省花卉产业联合会在昆明成立，它在省政府授权范围内，承担扶持、引导云南花卉产业发展的重任。

12月2日　南昆（南宁—昆明）铁路全线开通运营。南昆铁路是国家“八五”“九五”期间重点建设项目，辐射12.4万平方千米。

12月4日　经联合国教科文组织世界遗产委员会第21次会议正式批准，丽江古城被列入世界文化遗产名录，成为我国99个历史文化名城中进入世界文化遗产名录的第一个名城。

12月9~13日　云南招商引资暨贸易洽谈会在香港国际展览中心隆重举行。会展期间云南省共推出招商项目近60个，签订投资贸易协议总金额达10.36亿美元。

12月15日　国家“九五”重点建设项目南昆铁路配套电源工程——曲靖电厂1号机组30万千瓦并网发电成功。该项目率先在云南电力建设中采用项目法人制、招投标制、工程监理制等现代企业的管理方式。

12月16日　云南省政府代表团对以色列进行正式友好访问，重点考察了以色列农业经营管理方面的成功经验和先进技术。

12月16~18日　省委全会在昆明召开。省委常委会作了题为《全面贯彻落实十五大精神，努力开创云南改革发展稳定的新局面》的报告。

12月26日　300吨级超浅水船在国家一类对外开放口岸思茅港下水，这是云南目前在国际航道澜沧江-湄公河吨位最大的货轮。

1998 年

1 月 8 日　根据国务院国函〔1997〕108 号文件批复，省政府发出《关于撤销玉溪地区设立地级玉溪市的通知》。玉溪市新设红塔区，以原县级玉溪市的行政区域为红塔区的行政区域。

2 月 8 日　由云南农垦东风农场与港商合资组建的云南高原葡萄酒公司，在弥勒建成全省首座大型葡萄种植、葡萄酒酿制基地。

2 月 9 日　省政府转发《国务院关于建立统一的企业职工基本养老保险制度的决定》并印发《云南省实施统一的企业职工基本养老保险制度的规定》。对企业和从业个人缴纳基本养老保险费的比例和缴纳方式做出了具体的规定。

2 月 13 日　由省委党史研究室主办的云南省纪念周恩来 100 周年诞辰座谈会在昆明举行。会议回顾了周恩来总理生前对云南的深切关怀和重视，举行了《情系南滇——周恩来与云南》一书的首发式以及电视专题片《永恒的丰碑——云南各族人民心中的周恩来》首映式。

同日　西南地区第一台投产发电的国产 30 万千瓦火力发电机组——曲靖电厂一号机组建成，并于 17 日正式投产。

2 月 23 日　省政府决定在全省推行小额信贷扶贫工作，从 1998 年起至 2000 年，用 9 亿元支持 506 个乡扶贫攻坚。

2 月 27 日　省政府与清华大学签订了科技、教育、人才培训合作项目。4 月 8 日双方签署了 33 项合作协议，其中第一批启动的科技项目 5 个，1998 年度人才培训合作项目 2 个。6 月 12 日，省政府与北京大学全面合作协议及首批合作项目签字仪式在昆明举行。双方第一批签署的合作项目共 36 个，协议资金3191万元。

3月3日　省政府赴京学习考察团访问中国科学院，就巩固省院科技合作，推进合作上新台阶进行磋商。

3月13日　省政府与中国有色金属工业总公司共建昆明理工大学、与林业部共建西南林学院协议在京签字。

3月25~27日　中国’99昆明世界园艺博览会第一次参展国政府代表会议在昆明国贸中心隆重开幕。32个国家和国际组织签订参展文件。5月21~22日，中共中央政治局常委、国务院副总理李岚清在昆明主持召开了中国’99昆明世界园艺博览会组织委员会第三次会议暨第二次国内组展工作会议，并发表了重要讲话。

3月29日至4月4日　全国政协副主席钱正英来云南考察了’99昆明世界园艺博览会工地和滇池，并着重考察了漫湾电站的运行情况和小湾电站的筹建情况。

4月20日　省委办公厅转发省委组织部《关于在全省实施“党员、干部结对扶贫工程”的意见》。该工程以部门挂钩扶贫为基础，以结对帮扶到户为主要手段，帮助全省90多万贫困户解决温饱问题。

4月25~27日　云南省个体私营经济工作会议在昆明举行，这是以省委、省政府的名义第一次在这方面召开的会议。会上表彰了100户先进个体工商户、私营企业，命名私营企业100强。会议还确定了重点扶持发展的第一批100户私营企业名单。5月9日，省委、省政府颁布《关于大力发展个体私营经济的决定》。

5月5日　《云南日报》报道：经云南省林业专业技术人员对全省红豆杉资源的全面调查后得出结论，云南是我国红豆杉资源的主要分布区。

同日　经国家外经贸部严格考核决定，由云南省国际经济技术合作公司代表中国政府为总承包商，为老挝援建总投资为6000万元人民币的老挝国家文化中心。

5月12日　省政府印发《云南省解决农村人畜饮水困难实施意见》。《意见》就目标任务、资金筹措、解决标准以及项目管理、项目实施、组织领导、奖惩办法等方面作了具体规定。

5 月 17 日　省委、省政府发布《关于进一步扩大对外开放的若干意见》。

5 月 21 日　《云南日报》报道：省工业微生物发酵工程重点实验室在世界上首次从天然植物中成功提取出有机碘物质并鉴定出其分子结构。

5 月 26 日　省绿化委员会会议通报，1993～1997 年的 5 年间，云南省首次实现了森林面积和森林蓄积量双增长，森林“赤字”已经消灭，全省有林地面积达到 1287 万公顷，覆盖率达到 33.6%，含灌木林的覆盖率达到 44.29%。

5 月 27～29 日　全省科技扶贫工作经验交流会在玉溪市召开。会议提出今后 3 年科技扶贫工作的基本思路以及实施科技扶贫工程的具体工作目标和主要任务。

6 月 1 日　保山地区的扫盲工作通过省人民政府检查验收，率先成为云南第一家实现基本扫除青壮年文盲的地州。

6 月 5 日　昆明物理研究所承担的重点科研项目——红外热成像工程，使我国自行研制成功中国 I、II 类通用组件热像仪，并达到了同类产品国际先进水平，对我国夜视技术的发展作出了突出贡献。该项工程获得国家科技进步一等奖、中国工程科技奖。

6 月 13 日　交通部怒江扶贫首批项目，瓦六片（瓦窑—六库—片马）等 5 条路段完工并通过验收。至此，怒江大峡谷实现了交通建设由低层次向高层次的飞跃。

6 月 16 日　铁道部、省政府在昭通隆重举行内昆铁路云南段开工典礼。内昆铁路是国家“九五”重点工程，是国家继贵昆（贵阳—昆明）、成昆（成都—昆明）、南昆（南宁—昆明）铁路之后投巨资在大西南修建的又一条钢铁大动脉。内昆铁路北起四川省成渝铁路的内江站，南至昆明，全长 871 千米。

6 月 22 日　广大（广通—大理）铁路通车庆典在大理火车站举行。广大铁路于 1990 年底经国家批准立项，1992 年 7 月正式开工，全长 206 千米，是连接省会昆明和滇西地区的主要交通干线，也是国家铁路规划中与东南亚铁路连接和入藏铁路的主要干线。

7月2日　省政府出台《加快咖啡产业发展的意见》和《加快花卉产业发展的意见》。《意见》分别指出：咖啡产业有望成为我省的一个优势产业，部分地区可培育成支柱产业；花卉作为云南省生物资源开发工程的重点产业，可望成为云南省的新兴骨干产业。

7月10日　省委下发《关于贯彻党的十五大精神进一步加强党的建设的意见》。《意见》强调：为全面落实党的十五大精神，团结带领全省人民实现改革和经济社会发展的各项任务，全省各级党组织必须按照江泽民同志提出的“关键在于坚持、加强和改善党的领导，进一步把党建设好”的要求，从思想上、组织上、作风上全面加强党的建设。

7月10~12日　为贯彻中共中央、国务院发出的《关于切实做好国有企业下岗职工基本生活保障和再就业工作的通知》精神，全省国有企业下岗职工基本生活保障与再就业暨国有企业改革与脱困工作会议在昆明举行。

7月17日　省委下达《关于认真学习贯彻〈中共中央关于在全党深入学习邓小平理论的通知〉的通知》。《通知》强调了深入学习邓小平理论的重要性和紧迫性，结合本省实际提出了相应的学习要求，并要求各地、各部门和各单位结合实际，认真贯彻落实。

7月21日　省政府出台《云南省城市居民最低生活保障制度实施意见》。《意见》对实施保障的方针、办法、对象以及保障标准、保障金的审批和发放、保障资金的来源和管理等都作了具体阐述。

8月8~15日　’98昆明出口商品交易会在昆明举行。有来自美国、法国、德国等14个国家和地区的200多家海外企业参展。国内有27个省区市以及香港特别行政区的政府及企业组团参加，共有企业2000多家。本届对外经贸各项进出口成交总金额达18.17亿美元，签订招商引资项目61个，国际承包工程签约18项，联办各方及兄弟省市对外经贸总成交达3.44亿美元。

8月17日　《云南日报》报道：吉布提共和国总统哈桑·古莱德·阿普蒂敦圆满结束在云南的友好访问，离开昆明前往北京。这次访问加深了吉布提人民对云南省的了解，促进了双方间的友谊，有利于中吉之间交流与合作的推进。

9月1日　省委、省政府决定从10月1日起全面停止金沙江流域天然林采伐。实施以停止金沙江流域天然林采伐、保护天然林资源为主要内容的五项具体措施。

9 月 2 日　省政府印发《关于重点扶持 100 户私营企业的工作意见》。《意见》总结了近年来云南省私营企业取得的发展和存在的差距，规划了今后的发展蓝图，还就基本工作方针及原则、扶持的主要政策措施等作了具体规定。

9 月 4 日　省委、省政府印发《云南省国有企业三年改革与脱困纲要》。《纲要》对云南省国有企业 3 年改革与脱困需达到的新进展及相关具体措施都做了具体的部署。

9 月初　外交部在麻栗坡县举行“希望工程”“一助一”活动捐赠仪式。钱其琛副总理及全体领导在内的广大干部职工积极参与“一助一”捐资助学活动，与麻栗坡县 815 名贫困中小学生结成帮扶对子，共捐赠“希望工程”款 19.42 万元，用来解决贫困学生的学费和书费。这是外交部对麻栗坡县扶贫的新举措。

10 月 7 日　临沧民用飞机场正式开工。临沧机场是云南“九五”计划和澜沧江-湄公河次区域经济合作的重要项目之一。该机场的建成通航对促进临沧交通、经济、政治、社会等的发展以及云南与缅甸及东南亚地区的边境贸易发展都具有重要的意义。

10 月 15~19 日　“西奥夫”第二十九届世界年会在昆明举行。本届年会是中国自 1993 年正式成为西奥夫会员后在我国举办的首次年会。由昆明市人民政府承办，共有来自中国、阿根廷、巴西、加拿大、美国、法国、意大利、马其顿、埃及、印度等 58 个国家和地区的 150 多位代表、荣誉会员、准会员及观察员出席。本届年会的议题是“妇女知识的来源及在传统文化中的地位”。

10 月 21 日　省委、省政府下发《关于进一步促进乡镇企业改革、发展与提高的若干意见》。《意见》就发展路子及各项改革、发展措施进行了具体的阐述。

10 月 26 日　《云南日报》报道：全省广大农民与村社签订土地延包 30 年的合同。同时，全省各地逐级建立健全了农业承包合同管理机构，以加强农业承包合同的管理。

11 月 8 日　省政府出台《关于加快糖业改革步伐稳定制糖业发展有关政策》并下发通知，总结了云南省优势产业之一的蔗糖业的发展成绩和面临的严峻形势，并指出了今后的发展路子。

11 月 12 日　《关于泰王国从中华人民共和国购电的谅解备忘录》在北京人民大会堂正式签署。《谅解备忘录》在中泰合作开发云南澜沧江水电资源等诸多方面达成了共识，开创了我国直接利用外资参股建设大型水电站的先例。

11 月 24 日　省委、省政府作出《关于加快发展高新技术产业的决定》，确定到 2005 年高新技术产业工业产值占全省工业总产值的比重由 1997 年的 4.2%提高到 13%。

12 月 15 日　云南机床厂已出口机床 1770 台，创汇达 1009 万美元，成为 1998 年全国机械行业机床唯一出口创汇突破 1000 万美元的生产企业。目前，云南机床厂的机床出口已遍及世界 72 个国家和地区。1998 年，该厂销售收入 70%是在国际市场实现的，25%是在国内沿海发达地区实现的。

12 月 20 日　国家和云南省重点建设项目——漫湾水电站工程通过国家竣工验收。电站装机容量占云南电力系统的近三分之一，发电量约占省电力局发电总量的 28%。在建设过程中，漫湾电站创造出国内水电建设史上的 6 个第一，为云南省国民经济的发展作出了重大贡献。

12 月 25 日　省委为认真贯彻落实《中共中央开展以“讲学习、讲政治、讲正气”为主要内容的党性党风教育的意见》精神，下发《关于在县级以上党政领导班子和领导干部中深入开展以“讲学习、讲政治、讲正气”为主要内容的党性党风教育的意见》。

12 月 26 日　昆明钢铁公司成功引进卢森堡设备建成的六号高炉出铁，标志着昆钢历史上最大一次技术改造——投资 30 亿元的炼铁系统三大工程全面竣工投产。三大工程的全面完成，宣告昆钢到 2000 年形成 200 万吨钢综合生产能力的奋斗目标提前实现。

1999 年

1 月 30~31 日　老挝人民民主共和国总理西沙瓦·乔本潘对云南进行友好访问，参观了中国’99 昆明世界园艺博览会会址，对世博会的建设表示赞赏。西沙瓦·乔本潘总理还参观了昆明船舶设备集团有限公司，希望该公司与老挝有关方面加强卷烟设备方面的合作。

2 月 1 日　省委“三讲”教育领导小组印发《云南省“三讲”教育工作实施方案》，对全省“三讲”教育作了总体安排。确定在玉溪市、省财政厅、省广播电视厅、云南天然气化工厂、云南大学等 5 个单位先行试点。

2 月 2 日　云南省“九五”重点工程，迪庆藏族自治州有史以来投资规模最大的建设项目——螺丝湾水电站，实现 3 台机组一次全面投产发电。螺丝湾水电站的建成对停伐天然林后实施“以电代柴”，培植替代产业，加快脱贫致富步伐，将发挥重大作用。

2 月 3 日　《云南日报》报道：在党中央、国务院的亲切关怀和省委、省政府的正确领导下，丽江地区各族人民经过 3 年的顽强拼搏，艰苦奋斗，全面完成了地震灾后恢复重建任务。

2 月 5 日　国家副主席胡锦涛圆满结束对非洲 4 国访问后抵达昆明。他考察世博会在建场馆，并希望云南成功地承办好世博会，展现中华民族灿烂的园艺艺术，增进与世界各国的友谊与合作。

2 月 7 日　《云南日报》报道：云南省生态环境建设规划拟以金沙江、珠江、澜沧江、红河、怒江、伊洛瓦底江等 6 大水系为单元，将全省生态环境建设分区域，分期分批逐年实施。争取到 21 世纪 50 年代，全省生态环境有根本性的改善。

3月2~3日　全省城市居民最低生活保障工作会在昆明召开。截至1998年底，全省已有昆明、曲靖等11个地州市的58个县市建立了城市居民最低生活保障制度。按省政府的安排，到1999年10月底，要在全省所有县政府驻地以上的城镇全部建立并实施这项制度。

3月4日　根据党的十五届三中全会《中共中央关于农业和农村工作若干重大问题的决定》和省委六届七次全会通过的实施意见，为确保全省延长土地承包期工作的顺利开展，省政府发出《关于认真做好土地承包期再延长30年工作的通知》。

4月1日　云南省首次巡视工作会议举行。经中共中央1996年批准，中央纪律检查委员会第六次全会作出建立巡视制度的决定，并制定了《建立巡视制度的试行办法》。

4月5日　联合国禁毒署在云南思茅召开“中国-缅甸替代发展项目”合作会议。会议对云南实施跨境替代种植取得的成就给予了充分肯定。近年来，云南省在严厉打击贩毒的同时，帮助金三角地区实施“经济替代”，逐步铲除毒源，在金三角的缅甸第四特区完全禁种罂粟成功，其他各区也已收到程度不同的效果。联合国秘书长科菲·安南、副秘书长兼禁毒署执行主任皮诺·阿拉奇高度评价云南这一造福人类的创举，称在禁毒方面，全世界都应该学习中国，云南既是中国的也是世界的楷模。

4月27日　省委召开常委（扩大）会议，传达学习江泽民总书记在4月22日于成都召开的4省市（云南、重庆、贵州、四川）国有企业改革和发展座谈会上的重要讲话，研究云南省的贯彻意见。

4月28日至5月3日　中共中央总书记、国家主席、中央军委主席江泽民，在专程前往云南出席中国’99昆明世界园艺博览会开幕式活动期间，对云南进行了考察。江泽民总书记就民族工作、军队工作、世博会开幕和开园式的成功、关于边疆和民族地区政策、关于领导干部要增强政治敏锐性等问题作了重要指示。江泽民总书记还为省委题写了云南省党建三句话：“领导当楷模，机关作表率，基层树形象。”

4月30日　第22届世界园艺博览会开幕式在昆明拓东体育场隆重举行。中华人民共和国主席江泽民出席开幕式，并宣布中国’99昆明世界园艺博览会开幕。'99 昆明世界园艺博览会是第一次由发展中国家主办的大型世界园艺博览会。5 月 1 日，中国'99 昆明世界园艺博览会正式开园。江泽民主席和来自世界各地的贵宾出席了开园仪式。

同日　迪庆机场首航成功。这在迪庆交通史上具有里程碑的意义，标志着迪庆交通事业的发展又迈上了一个新台阶。

5 月 16~19 日　中共中央政治局委员、国务院副总理钱其琛先后到丽江和昆明考察，充分肯定了云南发展旅游业的成果和经验，对云南将旅游业确定为支柱产业进行重点发展表示赞赏。

5 月 17 日　新华社报道：我国科研人员经过 5 年努力，在云南省迪庆藏族自治州成功建成了世界上海拔最高的郁金香种球生产基地，为当地藏民找到了一条脱贫致富的新途径。

5 月 20~22 日　'99 中国国内旅游交易会在昆明举行。交易会期间，签订旅游合同达 2.2 万份，成交合同总金额 6 亿余元，达成意向性合同 4.4 万份，达成意向组团人数 605 万人次，均创历届旅交会之最。

6 月 1~5 日　'99 昆明国际艺术节在昆明举行。它是继俄罗斯、保加利亚、美国之后举办的又一次高水平的国际艺术盛会。这次艺术节充分展示了云南丰富多彩的民族文化艺术，推动了云南民族文化大省的建设，促进了云南全面走向世界。

6 月 4~5 日　西南六省区市七方经济协调会第 15 次会议在昆明举行。会议围绕"基础先行、产业联动、携手迈入 21 世纪"的主题，结合六省区市七方经济协调会共同致力于振兴大西南这一宗旨，进行了深入的研究，达成了共识。

6 月 6~10 日　'99 中国昆明出口商品交易会举行。全国有 28 个省区市的企业和代表团参展。5 天签订国内经济技术协作项目 160 个，累计投资额达 44.9 亿元，引进资金达 21.6 亿元。

6 月 16~17 日　中非共和国总统昂热-菲利克斯·帕塔塞来华进行国事访问期间顺访云南。

7 月 4 日　《云南日报》报道：云南省代表团在上海市就对口帮扶工作和滇沪合作的重点领域进行了座谈和交流，签署了《关于加强上海市与云南省对口帮扶合作工作纪要》《上海市原投入云南5000万元小额贷款转为无偿支援的协议》和《上海市向云南扶贫安居工程建设支援1000万元的协议》3个文件。

7月6日　《云南日报》报道：云南省建工集团第四建筑工程公司再次被授予1998年度全国建筑业最高荣誉奖——“鲁班奖”。此次省建四公司报送参与评选的工程项目是该公司施工建设的丽江机场。目前，该公司已成为省内唯一具有国家民航总局颁发的机场建设施工资质的企业。

7月8日　省委印发《中共云南省委、省人大、省政府、省政协领导班子和领导干部“三讲”教育实施方案》。

同日　“云南省大学科技园”正式挂牌，首批进入科技园的有云南大学、昆明理工大学等5所高校，31个企业（项目）获准首批入园，投资金额达10220万元。

8月6~7日　全省扶贫开发工作会议在昆明召开。会议总结了1994年以来的扶贫攻坚工作，5年来解决了430万人的温饱问题，探索了一条符合云南实际的扶贫开发路子。

8月12日　中国’99昆明世界园艺博览会隆重举行中国馆日活动，朱镕基总理出席馆日仪式并致辞。

8月15~17日　“中印缅孟地区经济合作与发展国际研讨会”在昆明举行。会议一致通过并签署了《昆明倡议》。

9月6日　国际园艺生产者协会第五十一届年会在昆明举行。来自世界各国的70多名著名园林园艺专家和企业家出席了会议。

9月9日　贡山独龙族怒族自治县的独龙江公路全线贯通。独龙江公路历经4年建成，全长96.2千米。独龙江公路的全线贯通实现了我国唯一不通公路的少数民族聚居区—独龙江乡的通路通车，为独龙族人民的脱贫致富开辟了路径。

9月14日　新华社报道：解放军总参谋部、总政治部、总后勤部、总装备部近日通报表彰云南省军区扫雷部队，号召全军广大指战员向这支英雄的扫雷部队学习。云南省军区于1997年11月奉命再次组建扫雷部队，在中越边境进行第二次大扫雷。经过1年多的艰苦奋战，于今年6月底圆满完成任务。

10 月 4~5 日　中共中央政治局常委、全国人大常委会委员长李鹏在云南考察工作。考察期间，听取了省委、省人大常委会、省政府的工作汇报。李鹏要求云南认真贯彻党的十五届四中全会精神，切实搞好国有企业的改革和发展。

10 月 6 日　《云南百科全书》首发式在昆明举行。《云南百科全书》是《中国大百科全书》系列中的一卷，全书共 250 万字、近 900 幅图片，是一部全面、系统介绍云南各方面知识的综合性大型工具书。

10 月 21 日　省委召开常委会研究对内开放工作。会议提出：抓住国家西部大开发的有利时机，尽快形成云南全方位、多层次、宽领域的对内开放格局。25 日，全省对内开放工作会议在昆明召开。11 月 22 日，省委、省政府作出《中共云南省委　云南省人民政府关于进一步扩大对内开放的决定》，积极推进云南与省外的经济、技术和社会合作。

10 月 28 日至 11 月 1 日　中共中央政治局常委、国务院副总理李岚清在云南省考察。李岚清对云南省城市建设、生态保护、旅游产业、园林园艺等工作作了重要指示。在滇期间，他出席了中国’99 昆明世界园艺博览会总结表彰大会和闭幕式，并在总结表彰大会上作了发言。

10 月 31 日　举世瞩目的中国’99 昆明世界园艺博览会闭幕。中国’99 昆明世界园艺博览会，是世界最高级别（AI 级）的专题性博览会，是中国政府举办的第一个国际博览会，也是我国举办的规模最大的国际盛会，有 95 个国家、地区和国际组织参展参会。国际展览局、国际园艺生产者协会向中国政府颁发特别奖项，向云南省政府颁发组织奖，向云南省园艺博览局颁发贡献奖。

11 月 4 日　在英国出版的国际权威学术刊物《自然》发表了西北大学舒德干，云南地质科学研究所罗惠麟、胡世学、陈良忠，英国剑桥大学古生物学家康威 · 莫里斯，中科院北京古脊椎及古人类研究所朱敏等研究人员合作研究论文《华南早寒武世脊椎动物》，它代表了一个半世纪以来对寒武纪大爆发研究中最重大的关键性突破。

11 月 6 日　全省查禁取缔邪教组织工作会议在昆明召开。会议要求：

全省各级有关部门要精心部署，采取坚决措施，夺取这场斗争的全面胜利。

11 月 11~12 日　省委全会在昆明举行。会议审议并原则通过了《中共云南省委关于贯彻〈中共中央关于国有企业改革和发展若干重大问题的决定〉的意见》。

11 月 20 日　昆明理工大学戴永年教授当选为中国工程院院士，结束了云南省高校无两院院士的历史。

11 月 24 日　省委办公厅下发《关于在全省开展以改革开放为动力，“调整结构、开拓市场、搞活流通”为主题的解放思想、更新观念大讨论的通知》。

12 月 22~24 日　云南省民族工作会议暨第四次民族团结进步表彰大会在昆明举行。这次大会围绕认真学习和贯彻落实中央民族工作会议暨国务院第三次全国民族团结进步表彰大会精神，总结云南省民族工作的成就和经验，紧紧抓住国家实施西部大开发战略的历史机遇，研究进一步加强民族工作的具体政策措施，部署跨世纪民族工作。

12 月 25~26 日　全省教育工作会议在昆明举行。会议强调：动员全省各族人民解放思想，改革创新，全面推进素质教育，大力实施科教兴国战略，为积极投入西部大开发，实现云南省跨世纪发展目标奠定人才和知识基础。

12 月 31 日　省委、省政府为认真贯彻落实党的十五大精神和江泽民总书记、朱镕基总理视察云南时的重要指示，突破人才瓶颈制约，全面推进云南经济社会发展，作出加快高层次人才培养引进的决定。

2000年

1月10日　全省旅游工作会议在昆明召开。这次会议着重强调了'99昆明世界园艺博览会后云南旅游业要尽快实现转型、提高和发展。

1月15日　楚雄州姚安、南华、大姚一带先后发生5.9级和6.5级地震。地震发生后，党中央、国务院高度重视，云南省委、省政府以及受灾地区的各级党委、政府带领广大干部群众积极开展抗震救灾工作。30日，中共中央政治局委员、国务院副总理温家宝前往灾区查看灾情，看望慰问受灾群众，部署抗震救灾工作。

1月31日　省委、省政府出台《中共云南省委　云南省人民政府关于贯彻〈中共中央国务院关于深化教育改革全面推进素质教育的决定〉的意见》，提出了具体落实深化教育改革、全面推进素质教育的六项措施。

2月2日　云南西双版纳—泰国曼谷国际航班通航，极大地推动了云南与泰国的往来与交流。

2月9日　《云南日报》报道：云南省边境小额贸易出现历史以来第三次新高潮。1999年全省边贸进出口总金额达到了2.88亿美元，比上年增长1.2倍，占全省对周边缅甸、老挝、越南3国进出口贸易总金额的70.43%，接近或超过1989年和1993年两次边贸高潮的水平。

同日　新华社报道：经过近年来将旅游业作为支柱产业的着力培养，云南省1999年旅游总收入达205亿元，占全省GDP的比重从1995年5%上升到10%，全省外汇收入的四分之一来自旅游业，旅游业直接、间接从业人员达147万人，食、住、行、游、购、娱旅游6大要素形成规模，旅游业的发展水平居中西部之首，云南省已成为中西部旅游大省。

2月13日　国务院批准昆明经济技术开发区为国家级开发区。

2月15日　省委印发《中共云南省委常委“三讲”教育整改方案》。

2月25~26日　省委、省政府在昆明召开云南省技术创新工作会议。会议提出要真正掀起一场新的农业科技革命，努力把高新技术产业培育为云南新的经济增长点，要用技术创新促进传统产业的改造升级，打好绿色牌，大力推进生物技术工程开发。3月11日，省委、省政府下发《关于贯彻〈中共中央国务院关于加强技术创新，发展高科技，实现产业化的决定〉的实施意见》。

2月29日　武定县“三讲”教育动员会议召开，拉开了云南省县（市、区）级“三讲”教育工作的序幕。7月14日，云南省县（市、区）“三讲”集中教育工作总结大会在昆明召开。到年底，全省县以上领导班子和领导干部“三讲”集中教育基本结束。这次活动从1999年1月开始至2000年底结束，历时两年，参加集中教育的领导班子共3947个，教育对象16343人，其中省级领导班子4个25人，地厅级班子161个1040人，县处级班子1670个8669人。

3月3~5日　《广东省人民政府和云南省人民政府关于“云电送粤”的协议书》签署。

3月9日　云南退耕还林还草示范工作正式启动，确定了迪庆、丽江等8个地州市的中甸、丽江、鹤庆、元谋、会泽、东川、寻甸、彝良、兰坪9个县（区）为试点示范县，实施规模为79万亩，其中退耕20万亩，荒山荒地造林（草）59万亩。主要政策措施是“封山植树、退耕还林、以粮代赈、个体承包”。

3月17日　老挝国家最高艺术殿堂——老挝国家文化中心经19个月的兴建，正式建成交付老方使用。该项目由中国政府援助、云南省承建，是迄今为止各国在老援建文化建设项目中最大的项目，是中老友好合作的又一重要象征。

3月28日　省委、省政府作出《中共云南省委　云南省人民政府关于加快城镇建设的决定》。

3月30日　云南省花卉示范园区开工兴建。园区位于昆明市嵩明县，占地 313 公顷，是亚洲面积最大的花卉生产基地。

同月　省民委、省财政厅、省教育厅联合下发《云南省边境沿线行政村以下小学学生免费教育试行办法》，决定自 2000 年起，省民委和省财政厅每年拨出 1800 万元的资金，对全省 25 个边境县、123 个边境乡镇、1549 所校点的 13.93 万名在校小学生实行“三免费”教育。

4 月 4 日　景东无量山被批准为国家级自然保护区，主要保护对象为横断山脉南部亚热带中山湿性常绿阔叶林生态系统和以黑冠长臂猿、黑颈长尾雉为主的野生动物，面积 1000 平方千米。

4 月 7 日　省委、省政府确定了云南参与西部大开发战略的思路和行动计划：以改革开放为动力，强化基础设施建设，着力改善生态环境，调整优化经济结构，努力振兴科技教育，把云南建设成绿色经济强省、民族文化大省和中国连接东南亚、南亚的国际大通道。

同日　国务院批准腾冲猴桥为国家一类口岸。

4 月 10 日至 5 月 10 日　首届中国昆明国际旅游节在昆明举行。旅游节期间，共接待海内外旅游者 555.4 万人次，旅游总收入达 34.1 亿元。

4 月上旬　“云南省 18 生物资源开发工程”正式更名为“云南省生物资源开发创新工程”，这标志着云南省生物资源战略重大调整的开始。

4 月 20 日　省委为认真贯彻江泽民同志关于宣传思想工作和精神文明建设的重要批示，结合云南的实际，制定《中共云南省委关于贯彻〈中共中央关于加强和改进思想政治工作的若干意见〉的实施意见》。

同日　第二届中国昆明国际艺术节在云南艺术剧院开幕。此届艺术节的举办，是为建设民族文化大省而采取的一项重要举措。

同日　中国、老挝、缅甸、泰国四国政府在缅甸边境城市大其力正式签署了《澜沧江-湄公河商船通航协定》。缔约各方同意，协定签署 1 年后，四国之间可实现澜沧江-湄公河商船正式通航，任何一方船舶均可在中国思茅至老挝琅勃拉邦的“黄金航线”上自由通行。

4 月 22 日　云南野生动物摄影师、青年环保志愿者奚志农和云南大学生物系教授周洪，获得中国环保界最高荣誉——地球奖。

4 月 27 日　怒江省级自然保护区被国务院批准升格为国家级自然保护

区，纳入高黎贡山国家级自然保护区管理范围。全省最大的国家级自然保护区在怒江形成。

4月28日　中老江本公路（中国江城—老挝本怒）开通，从云南可经江城到老挝本怒、丰沙里、南塔，进入泰国、马来西亚、新加坡等东南亚国家，比从勐腊进入老挝缩短里程500千米，云南省又多了一条通往东南亚的国际通道。

4月29日　省政府印发《云南省生态环境建设规划》。

5月12日　省委办公厅发出《关于加强三个结合，更加广泛深入地开展解放思想、更新观念大讨论的通知》。

5月19日　省委、省政府出台《中共云南省委　云南省人民政府关于改革村级体制、实行村民自治的意见》，开始将村级行政管理体制改为村民自治体制，村公所（办事处）改革为村民委员会，以合作社或自然村设立村民小组，改革村干部管理和选任体制，村干部退出乡镇干部编制序列，由选聘制改为选举制。

5月22日　全省国有企业改革和发展工作会议在昆明召开。到2000年底，云南省列入国家重点脱困的105户大中型亏损企业已脱困77户，全省国有及国有控股工业实现利润总金额62.4亿元，国有重点脱困企业脱困率达73.3%，高于全国平均水平，基本实现三年脱困目标。

同月　昆明羊甫头墓地的发掘被评为“1999年度全国十大考古新发现”。

6月1~3日　印度总统科切里尔·拉曼·纳拉亚南在云南访问。

6月6日　省委、省政府制定了《中共云南省委　云南省人民政府关于进一步改善投资环境，扩大开放，全面实施西部大开发战略的若干意见》。

6月6~10日　第八届中国昆明出口商品交易会在昆明国际贸易中心举行。本届昆交会各项经贸总成交额达19.81亿美元，共签订招商引资项目70个，总金额8276万美元；国内经济协作继续保持良好势头，共签约209项，投资总金额达84.06亿元。

7月1日　经国务院同意，省政府决定设立姐告边境贸易区。姐告边境贸易区按“境内关外”方式设立，集贸易、加工、仓储、旅游为一体，是云南面向东南亚、南亚开放的示范区和试验区。8 月 27 日，瑞丽市姐告边境贸易区举行成立揭牌仪式。

7 月 2～16 日　首届中国民族服装服饰博览会在昆明举行。这是我国第一次全面、系统地展示 56 个民族服装服饰文化的盛会。本届博览会有 4 个项目分别创下吉尼斯世界纪录。

7 月 18 日　省政府颁布实施《云南省科学技术奖励办法（试行）》，鼓励科技人员攀登科学高峰，加速技术创新。

7 月 25～28 日　在巴黎联合国教科文组织总部国际扫盲奖评审会上，云南省师宗县教育局获“国际扫盲奖”的荣誉提名奖，这是我国获此殊荣的唯一单位。

8 月 4 日　省委作出《中共云南省委关于贯彻落实江泽民同志“三个代表”重要思想的决定》。

8 月 23 日　《云南日报》报道：云南省军区在扶贫工作中实施基础设施扶贫、教育扶贫、科技富民、绿色生态“四大工程”，变“输血式”扶贫为“造血式”扶贫。5 年来，使边疆近百万各族群众摘掉了贫困帽子。

9 月 5 日　国家电力公司、云南电力集团有限公司、云南省开发投资公司与泰国 GMS 公司共同在昆明签署了《中泰合作投资开发云南景洪水电站投资协议书》。各投资方按比例出资设立中泰云南景洪水电站有限责任公司，开发建设和经营景洪水电站。

9 月 5～6 日　西南六省区市七方经济协调会第 16 次会议在重庆举行。会议认真讨论了《西南六省区市七方共同参与西部大开发联合行动纲要》，签订了《六省区市七方旅游合作协议》。

9 月 19～20 日　全省生物资源开发创新会议在昆明举行。会议围绕实施西部大开发战略和把云南建成“绿色经济强省”的目标，指出要提高认识，完善思路，明确任务，制定政策，加快生物资源的开发创新。

9 月 27 日　昆烟企业“云烟”商标被国家工商行政管理局商标局认定为“中国驰名商标”。至此，云南省有两个“中国驰名商标”，即“红塔山”“云烟”。

9 月 28 日至 10 月 3 日　中国昆明国际花卉节在昆明隆重举行。此次国际花卉节由中国花卉协会和云南省人民政府共同主办，主题为“花卉王国——云南”。

9月30日　省政府与国家电力公司在昆明签署《关于进一步加快云南电力发展，实施“西电东送”战略会谈纪要》。

同日　成昆（成都—昆明）电气化铁路（南段）建成通车，正式宣告成昆铁路全线电气化的实现。

10月14~25日　云南省党政代表团赴浙江、上海、江苏三省市进行学习考察。在上海考察期间，洽谈项目达40多项，涉及资金52.3亿元；在江苏举行了滇苏经济合作项目签订仪式，签署13个项目协议，涉及资金16亿元。

10月18日　中越边境云南段第二次扫雷英模表彰大会在昆明举行。

10月22日　云南省杂技团参赛节目《浪桥飞人·摘月亮》荣获第五届全国杂技比赛金奖，这是云南杂技首次荣获全国大赛金奖。

10月27日　云南电力集团有限公司、国家电力公司、云南省开发投资有限公司、云南红塔实业有限责任公司4个投资方共同签署了云南澜沧江水电开发有限公司发起人协议书，并通过公司章程。

10月29日　玉溪到元江的高速公路举行试通车典礼，玉元公路于1997年上半年开工，是云南“九五”第一项开工修建的公路重点工程，公路全长112千米，是全国最长的山区高速公路。

11月5日　宝峰—罗平500千伏输变电工程举行开工仪式，标志着云南实施西部大开发中的“西电东送”战略工程正式启动。工程新建线路约210千米，投资62885万元。

11月13日　《云南日报》报道：农业部确定，在西部地区建设全国七大特色农产品生产基地，其中有三大基地已确定建在云南，这三大基地是：优质糖料基地、优质花卉基地、优质烟叶基地。

11月14~16日　省委全体（扩大）会议在昆明召开。会议审议并通过了《中共云南省委关于制定国民经济和社会发展第十个五年计划的建议》。

11月28日　云南农业大学朱有勇教授主持研究的“水稻品种多样性持续控制稻瘟病”技术通过鉴定，被列入云南省2000年12项重大科技推广项目名单，在全省稻区推广50万亩。该项目对抗病品种选育选用和病害防治具有重大而深远的意义，是走在世界前列的国家“863”重大科技项目之一。

12月1日　省委、省政府在驻北京办事处召开“把云南建成中国连接东南亚、南亚国际大通道”汇报会，中央领导及有关部门领导、新闻单位参加了会议。

12月6~7日　云南省第二次个体私营经济工作会议在昆明举行。会议讨论了《云南省个体私营经济“十五”发展规划纲要》。会议期间，省委、省政府颁布出台了《中共云南省委　云南省人民政府〈关于大力发展个体私营经济的决定〉的补充规定》等政策性文件，决定从财政、税收、融资、户籍等方面对个体私营经济的发展给予进一步政策支持。

12月8~12日　首届中国民营企业交易会在昆明举行，主题是“迈向二十一世纪的民营经济”。本届交易会参展企业2008家，展出产品1万多种，共签订各类合作项目1180项，总成交金额291.936亿元、3.1938亿美元。其中云南省签约项目827项，成交金额190亿元。

12月25日　昭通渔洞水库在昭通市乐居乡举行枢纽工程竣工典礼。渔洞水库是国家大（二）型水利工程，总投资6亿多元。

12月26日　蒙自五里冲水库竣工。它是我国岩溶地区第一座超深无坝水库，修筑过程创造了水利工程史上3个世界第一。

同月　北京名牌资产评估有限公司发布的2000年中国最有价值品牌研究报告显示，“红塔山”品牌香烟已荣获中国最有价值品牌“六连冠”。

2001年

1月2日　省委、省政府公布《云南民族文化大省建设纲要》全文。《纲要》就当前云南民族文化大省建设的重要问题集中进行了深入的阐述。

1月7日　掌鸠河引水供水工程的主体工程、云南目前最大的净水处理厂——昆明市第七自来水厂在昆明北郊举行开工典礼。水厂占地378亩，设计日供水60万立方米。

1月8日　中越两国共同修建的中国河口—越南老街专用公路大桥正式通车。这使云南省建设“中国连接东南亚、南亚国际大通道”的战略目标又向前迈出坚实的一步。

同日　《云南日报》报道：由西双版纳热带植物研究所筹资兴建的花烛花卉基地在西双版纳建成，这是目前我国西部最大的花烛花卉基地。

1月9日　昆明汽车客运北站正式投入营运。昆明汽车客运北站的兴建历时5年，投资1.5亿元，是目前云南省规模最大、现代化程度最高、日吞吐量最多、泊车最多、功能最齐全的新型汽车站。

同日　《云南日报》报道：由省政府批准实施的《关于全面推进云南省城镇医药卫生体制改革意见》出台，标志着全省城镇医药卫生体制改革全面启动。

1月11日　全国优秀旅游城市暨旅游景区（点）授牌仪式在北京举行，云南的昆明世博园、云南民族村、丽江玉龙雪山旅游度假区、石林风景名胜区、中科院西双版纳热带植物园5个旅游景区（点）荣获国家旅游局授予4A级称号。

1月22日　根据国务院批复，省政府发出通知，撤销保山地区，设立地级保山市。2 月 1 日，撤销昭通地区，设立地级昭通市。

2 月 16 日　云南省第九届人民代表大会第四次会议通过《云南省国民经济和社会发展第十个五年计划纲要》。

2 月 19 日　省政府在昆明召开全省交通工作会议，宣布："十五"期间，云南将掀起新一轮公路建设高潮，目标是力争通过 5 年艰苦努力，在全省建成以昆明为中心到达各地州市和南下泰国、北上四川、西出缅甸、东进贵州和广西的高等级"通周达边"快速公路网，使云南真正成为中国连接东南亚、南亚的国际大通道。

2 月 27 日　云南省新闻办公室举行新闻发布会，发布昆明制药股份有限公司开发研制投放市场的世界级新药——蒿甲醚创出两个世界第一：它是当今世界上治疗疟疾最好的首选药物，同时也是防治血吸虫病最好的世界级新药，这是中国医药界对人类健康作出的重大贡献。

3 月 1~2 日　经海关总署等部门组成的验收组检查验收，同意思茅港口岸正式对外开放。思茅港于 1993 年 7 月经国务院批准为国家级一类对外开放口岸。

3 月 10 日　以"千年梦幻"为主题的中国陆良首届国际彩色沙雕节暨沙雕大赛开幕。此次沙雕大赛是世界沙雕协会 2001 年度全球七大赛事之一。

3 月 23 日　《云南日报》报道：省政府召开"中缅合资缅甸新华教育印刷有限公司"项目建设汇报会，云南新华印刷实业总公司与缅甸联邦合资建设的"中缅合资缅甸新华教育印刷有限公司"项目开始进入实质性操作阶段。云南将这一项目列为新闻出版产业"走出去"发展拓宽对外经济合作领域的一个重要项目和"形象工程"。

3 月 25 日　临沧机场正式通航。临沧机场建设是云南"九五"计划的重点项目，是云南建设"通往东南亚、南亚的国际大通道"的有机组成部分，是国家西部大开发计划的机场建设项目之一，也是一项扶贫工程、致富工程。

3 月 26 日　云南水稻专家李铮友教授在柬埔寨王国培育种植优质高产杂交稻获得成功，创下柬埔寨有史以来水稻每亩单产量最高纪录。

3 月 27~29 日　全省农村税费改革试点工作会议在昆明举行。会议就进一步提高对农村税费改革试点工作的具体要求和内容向各级政府、各部门做了传达。

3 月 31 日　省政府下发《云南省人民政府关于“十五”期间加快工业结构调整的若干意见》，就工业结构调整的主要任务、调整的重点、政策措施等提出了具体要求。

4 月 1 日　大湄公河次区域（GMS）旅游工作组第十二次会议暨第六届湄公河旅游论坛在昆明举行。本次论坛对大湄公河次区域的新机遇、旅游目的地促销、生态旅游模式、旅游业可持续发展等专题进行了研讨和磋商。

4 月 7 日　《云南日报》报道：云南天文台研究员冒蔚、王晓彬领导的研究组与上海天文台及南京天文仪器研究中心一起研制出世界上第一台低纬子午环。

4 月 10 日　第二届中国昆明国际旅游节开幕式在昆明世博园举行。旅游节期间，旅游业收入达 24.83 亿元。

4 月 18 日　云南省首次外资工作会议在昆明召开。2001 年全省海关进出口总金额 19.90 亿美元，比上年增长 9.7%。到年底，省政府累计批准外商投资企业 2098 家。

4 月 28 日　省政府第五次人口普查领导小组在昆明举行新闻发布会，公布云南人口普查主要数据，全省普查时点实际登记的总人口数为 4235.9 万人。

5 月 16 日　《云南日报》报道：云南将在“十五”期间实施八大林业生态工程和建设六大商品林基地，力争使全省新增森林面积达到 2340 万亩，森林覆盖率达到 48%左右，林木蓄积量达到 14.6 亿立方米，年生长量达到 300 万立方米以上，以进一步改善城乡生态环境，大力推进绿色通道工程建设和林业生态工程建设。

5 月 18 日　省计委与承担全省 11 个重大建设项目前期工作责任单位负责人在昆明签订了前期工作目标责任书。这批重大骨干建设项目总投资将突破 2000 亿元，是云南经济建设史上按照国家产业政策，结合省情和优势，选项较准，可行性较大，投资较多，牵动整个经济发展大局的项目。

5 月 29 日　新华社报道：云南省普洱县现已发展成为全国最大的咖啡

种植基地。从 1989 年陆续试种开始，经 10 余年发展，到 2000 年底，普洱县已完成咖啡种植 5 万多亩，跃居全国第一。

6 月 1 日　省公安厅举行新闻通报会宣布，中缅两国警方经过通力合作，成功抓捕长期向我境内大规模贩毒的大毒枭谭晓林及其贩毒集团成员 18 名。这是我国公安机关自新中国成立以来破获的最大一个跨国贩毒犯罪集团。

6 月 3 日　中央电视台与国家文物部门合作、云南电视台协拍直播抚仙湖水下考古调查情况，这是我国进行的首次水下古建筑遗迹考古，也是首次水下活动的大型电视直播。

6 月 6～10 日　由重庆、四川、贵州、广西、西藏、成都、云南共同联办的 2001 年中国昆明出口商品交易会在昆明举行。昆交会期间，共签订招商引资项目 65 个，对外经贸总成交 20.21 亿美元，国内经济技术协作共签约 158 个项目，协议引进资金 26.5 亿元。云南经协交易团签订各类合作项目 156 项，项目总投资 53.6 亿元，协议引进资金 25.8 亿元。

6 月 11 日　省委、省政府在昆明举行云南、浙江两省经济社会发展情况交流会，并举行两省经济技术合作项目签约仪式。签署经济技术合作项目共 88 项，其中投资类项目 71 项，总投资为 47.67 亿元；贸易类项目共 17 项，成交金额达 717 亿元。

6 月 26 日　中国、老挝、缅甸、泰国政府联合举办的澜沧江－湄公河商船通航典礼在西双版纳傣族自治州景洪港隆重举行。这条世界瞩目的亚洲大河成功实现四国通航，翻开了造福于东南亚各国人民的历史新篇章。

7 月 11 日　经省政府正式批准，云南外经贸系统最大一次科技兴贸活动即“五大工程”全面启动。它们是高新技术产品出口工程，运用高新技术和先进适用性技术改造提升传统产业工程、国际贸易市场开拓工程、科技兴贸绿色通道工程、科技兴贸人才资源开发工程。

7 月 18 日　成都云内动力有限公司在成都正式成立。该公司由云内动力股份有限公司以 4000 万元购并成都内燃机总厂新组建而成。这是云南国有企业利用上市优势，首次实施的跨地区购并。

7 月 19 日　省委、省政府在昆明召开全省人口与计划生育工作会议，全面贯彻落实中共中央、国务院《关于加强人口与计划生育工作，稳定低生育水平的决定》和云南省委、省政府《关于加强人口与计划生育工作，进一步降低生育水平的决定》精神，集中研究部署云南人口与计划生育工作，进一步完善政策，实现云南人口自然增长率接近或达到全国平均水平的战略目标。

7 月 23 日　云南省政府与广东省政府在昆明签署了关于加强两省经济合作框架协议，并就“云电送粤”以及两省进一步加强经济合作进行了座谈。

8 月 3 日　中央军委主席江泽民、国务院总理朱镕基签署命令，授予云南省公安边防总队德宏傣族景颇族自治州支队木康公安边防检查站“缉毒先锋站”荣誉称号。9 月 18 日，荣誉称号命名大会在北京人民大会堂隆重举行。

8 月 5 日　《云南日报》报道：云南省以市场为导向，在蔗农与糖厂之间广泛推行“糖蔗联动，优蔗优价”的收购定价新方式。本榨季实施此新方式后，全省产销率达 90%以上，吨糖平均销价较上榨季上涨 700 元。仅此一项措施，全省蔗农增收 5 亿元。

8 月 6 日　省政府办公厅转发国务院办公厅关于切实做好当前减轻农民负担工作文件的通知，并结合云南实际，提出实施意见。28 日，省委、省政府召开全省减轻农民负担工作电视电话会，要求各地一定要深入贯彻落实中央和省委关于减轻农民负担的各项政策和规定，切实做好减轻农民负担的各项工作。

8 月 8 日　云南保山交通运输集团公司正式挂牌成立，这是云南第 12 家区域性交通运输集团。至此，全省 75%的地、州、市完成了区域性交通运输集团的组建。

8 月 15 日　新华社报道：自 1998 年起，云南省在 66 个县和 16 个国有重点森工局全面实施天然林保护工程，工程区总面积达 36260 万亩。3 年来，云南天然林保护工程取得了突出成效。

8 月 24~25 日　全省文化事业改革发展工作会议在昆明召开。这是改革开放以来省委、省政府召开的首次全省文化工作会议。会议的主要任务是进一步贯彻落实江泽民同志“三个代表”重要思想，深入研究和探讨云南省文化事业改革发展若干重大问题，积极推进云南民族文化大省建设。

9月2日　由云南铜业（集团）有限公司等共同注资控股的凉山矿业股份有限公司在四川省西昌市成立。

9月11日　省委印发了《〈云南省领导干部廉洁自律若干规定〉的通知》，要求各级、各地、各部门认真组织学习和讨论《规定》，并结合各地、各部门实际，制定具体的实施意见，切实抓好贯彻落实。

9月13日　云南日报报业集团正式成立。报业集团成立后，1950年3月4日创刊的《云南日报》由过去一报四版发展为一报多版；从过去的一张报发展到九报一刊。

9月16日　第十二届全国书市在昆明国贸中心隆重开幕。本届书市创下历届参展规模之最，成交额8.1亿元，销售各类出版物码洋2500多万元。

9月28日至10月7日　在广东举行的第五届中国花卉博览会上，云南有60个项目分别获花博会金、银、铜等奖项，成为获奖项目最多的省份。

10月11~12日　以“联手大开放，开发大西南”为主题的川、滇、贵、桂、渝、藏、蓉六省区市七方第17次经济协调会在成都召开。会议围绕四个主题进行了重点探讨，旨在通过进一步贯彻中央西部大开发战略，推动和实现六省区市七方的大开放、大开发，共商加快大西南区域经济发展大计。

10月15日　宣威发电公司五期工程7号机组成功并网发电。至此，包括两台机组建设的宣电五期扩建工程全部完成。宣电五期扩建工程是国家首批“西电东送”项目中唯一的火电项目。它是云南实施“西电东送”工程建成投产的第一个项目，也是全国首批“西电东送”项目中最先建成投产的电源项目。

10月28日　昆明市城市引水工程——掌鸠河截流暨云龙水库枢纽工程在禄劝彝族自治县云龙乡开工。掌鸠河引水工程被列为国家和省的重点工程，工程完工后，昆明城市日供水能力将翻一番，增加到135万吨以上。

10月31日　由近70人组成的昆明洞经礼乐团作为全国地方民族音乐的唯一代表，参加在北京保利剧院举办的第四届北京国际音乐节演出。演出曲目为《金碧交辉——云南洞经音乐演奏会》。

11月8日　昆明—河内首航开通典礼由越南国家航空公司在昆明饭店举行。航线的开通，将进一步推动中越两国友好往来与合作的加强。

11月9日　2001年中国国际旅游交易会在昆明开幕。来自40多个国家和地区的代表、旅游界代表和旅行商、参展商，国内31个省区市及香港、澳门特别行政区，台湾地区的代表和旅行商、参展商，以及海内外新闻记者共4000多人参加了开幕式。

11月14日　《云南日报》报道：经1000多名科研人员近5年的调查，基本摸清了云南野生动植物的物种种类、数量及分布等资源状况。这是云南历史上第一次进行的大规模、大范围对云南野生动植物物种资源的全面调查，为进一步加强云南野生动植物资源的保护利用提供了科学的第一手资料。

11月26日　曲靖电厂二期工程在曲靖市沾益县白水镇曲靖电厂正式开工，这标志着云南“西电东送”电源项目建设正式进入大规模建设阶段。该工程是云南第一座百万千瓦级的大型火力发电厂，为云南调整水火电比例，为“西电东送”战略的全面推进和顺利实施打下坚实的基础。

12月12~16日　中国共产党云南省第七次代表大会在昆明人民胜利堂举行。大会报告指出：省委和各级党组织在以江泽民同志为核心的党中央的正确领导下，带领全省党员、干部和群众，高举邓小平理论伟大旗帜，深入贯彻党的十五大精神，不断解放思想，深化省情认识，完善发展思路，坚定不移地打基础、兴科教、调结构、建支柱，大力发展特色经济，着力解决体制性、机制性和结构性矛盾，财政总收入先后登上300亿元、400亿元两个新台阶，提前实现了国内生产总值和人均国内生产总值翻两番的第二步战略目标。大会选举出中共云南省第七届委员会委员57名、候补委员10名，中共云南省纪律检查委员会委员35名。

12月17日　国务院批准云南省迪庆藏族自治州中甸县更名为香格里拉县。

12月20日　滇沪对口帮扶协作领导小组第五次联席会议暨《上海—云南对口帮扶与全面合作“十五”计划纲要》签字仪式在上海人民大厦举行。

两省市 13 个对口协作工作小组签署了 14 项“十五”合作协议；200 个温饱试点村及 23 个奔小康试点工程等一批对口捐赠协议同时签订。

12 月 21 日　《云南日报》报道：云南省科学情报所查新中心最新查新报告证实，由德宏傣族景颇族自治州农科所领导的优质“遮放米和香软米”新品种选育及应用示范研究小组，在德宏州进行的选育新品种项目中发现了水稻双层壳颗粒，这在全国尚属首次。

12 月 23 日　为期 6 天的 2001 年瑞丽姐告中缅边境经济贸易交易会闭幕。本次交易会吸引国内外企业 350 家进场交易洽谈，总成交额 8643 万美元。期间，云南省经贸代表团与缅甸经贸代表团就中国入世后的中缅边境经贸合作与发展举行了会谈，同时举行了中缅经贸论坛。

12 月 26 日　云南最大的水电站——大朝山水电站首台机组正式并网发电，由此拉开了我国大型水电站“西电东送”的序幕，为云南培育电力支柱产业，滚动开发澜沧江流域探索了成功的经验。

同日　由国家计委 1999 年批准投资额达 6.6 亿元的盘西线电气化铁路建设项目正式开通运营。盘西线西起贵昆铁路沾益站，东经富源至红果，与南昆线相接，向北沿长江至柏果，与在建的水柏线相连，全长 136 千米，跨越云、贵两省，在云南境内长 70 千米。盘西线电气化开通运营后，通过水柏（水城—柏果）铁路可东连株六（株洲—六盘水）、南接南昆（南宁—昆明）、西至贵昆（贵阳—昆明）、北接内昆（内江—昆明），成为西南铁路网上的又一重要的通道。

12 月 29 日　云南省生物资源开发的重点项目——中国文山三七产业园区破土动工。园区规划建设用地面积 1680 亩，项目预计总投资 3.01 亿元。

2002年

1月14日　中国科学院南京地质古生物研究所澄江古生物研究站展览馆开馆。澄江动物化石再现了距今五亿三千万年前海洋生物世界的真实面貌，为揭示早期生物演化“寒武纪大爆发”的奥秘提供了极其珍贵的证据，在国际上被誉为“20世纪最惊人的科学发现”。

1月16日　省政府召开全省粮食工作会议，讨论云南省进一步深化粮食流通体制改革的方案。确定从4月1日起，取消粮食定购任务，实行放开粮食收购、放开粮食市场和放开价格。

2月27日　全省城镇职工基本医疗保险制度和医药卫生体制改革工作会议在昆明召开。会议总结了云南“三项改革”（城镇职工基本医疗保险制度、医疗卫生体制、药品生产流通体制改革）的工作，对2002年的工作进行了部署。

2月28日　省委、省政府在昆明召开新闻发布会，宣布云南知名品牌“云南白药”被国家工商行政管理总局商标局认定为“中国驰名商标”。“云南白药”已连续3届被评为国家质量金奖，被列为国家中药一级保护品种，是我国受到最高级别保护的两个中药保护品种之一。

同日　国土资源部第二批公布的全国33个国家地质公园的名单中，云南腾冲被批准授予“火山地热国家地质公园”称号。腾冲火山群以类型齐全、分布集中、保存较完整而著称于世，被誉为“天然火山地质博物馆”。

3月7日　《中共云南省委　云南省人民政府关于深化国有企业改革的若干意见》出台，提出：用3年左右时间，以产权制度改革为突破口，以退保进，以放促活，加快云南省国有企业的体制创新、机制转换和结构优化，全面有序地深化国有企业改革，基本解决云南国有企业存在的重点难点问题。

3 月 23 日　由云南与老挝合资建设的水泥厂在老挝万荣县正式建成投产。该厂是迄今为止我国在东南亚投资建设的最大水泥厂，年产水泥 20 万吨。

4 月 10 日　第三届中国昆明国际旅游节在昆明世博园开幕。在为期 30 天的节庆中，全省 16 个地州市都举办了分会场活动。期间，全省共接待中外游客 744.62 万人次，旅游收入 30.94 亿元，均比上届有所增长。

4 月 18 日　昆明市滇池管理局成立，标志着“一龙牵头治水，各部门配合协作”的滇池治理格局已初步形成。

4 月 23 日　《云南日报》报道：经过近半年的努力，云南新世纪的首次乡级人大换届选举已全面完成。在完成的 1541 个乡（镇）换届选举中，全省依法选出乡级人大代表 89871 名；选举产生了乡级国家机关领导人员 7990 人。据统计，全省选民参选率达 92.98%。

4 月 28 日　由中国文联和云南省人民政府联合主办的首届中国舞蹈节在昆明国贸中心隆重开幕。

4 月 28~29 日　省委、省政府在昆明召开全省宗教工作会议。这次会议是云南省历年来规格最高、规模最大的宗教工作会议。

4 月 30 日　中老两国昆明—万象、思茅—万象、景洪—万象三条汽车客货国际运输新线路正式开通。中老两国在勐腊县磨憨口岸举行开通仪式。

5 月 12 日　内昆（内江—昆明）铁路全线开通营运。内昆铁路是沟通云、贵、川、渝 3 省 1 市的又一条铁路干线，其建成通车，对完善西南路网布局，改善沿线交通状况，实施西部大开发战略，加快沿线各族人民脱贫致富，增强民族团结都具有重大意义。

5 月 15 日　云南省与印度尼西亚南苏门答腊省《关于加强中国云南省与印度尼西亚南苏门答腊省友好省际关系意向书》在昆明签署。

5 月 23 日　《云南日报》报道：云南从 1998 年开始全面推进小城镇建设，到目前已初步形成农业特色型、市场型、交通型、旅游观光型、沿边口岸型和城郊型六大类型小城镇，有力推动了当地社会经济的发展。

5月27日　省文化厅、省民委举行云南省民族民间艺人命名大会，授予295位民族民间音乐、舞蹈、美术艺人“云南省民族民间艺人”荣誉称号。

5月28日　云南磷复肥基地国产化示范项目正式开工建设。该项目投资近10亿元，是全国“十五”重点项目，云南省2002年的11个重大项目之一，总规模为年产240万吨磷铵。

5月30日　云南云景林纸股份有限公司纸浆厂建设项目竣工验收。它是全国面积最大的林纸资源基地，也是中国第一家建立林化机制的企业。该企业建设规模为年生产硫酸盐全漂木浆7万吨，配套建设100万亩林基地，总投资18.5亿元。

同日　滇粤两省签署《“十一五”期间增加“云电送粤”规模协议书》，确定在“十一五”期间“云电送粤”规模将从160万千瓦增加到280万千瓦。

6月6日　由中国对外贸易经济合作部和云南省人民政府共同主办的“中国—东盟贸易、投资和发展合作国际研讨会”在昆明开幕。会议以“加强经济合作、促进共同繁荣”为宗旨，围绕相关的五个主题进行了重点深入的研讨。

6月6~10日　2002年中国昆明出口商品交易会在昆明国贸中心举办。在5天的会期中对外经贸总成交19.29亿美元。其中，云南经协交易团签订各类合作项目160项，项目总投资60.1亿元，协议引进资金30.03亿元。

6月7日　大湄公河次区域（GMS）合作高官会在昆明召开。中国、柬埔寨、越南、老挝、泰国和缅甸的高级官员和亚洲开发银行代表出席了会议。

6月18日　年产10万吨硫酸钾项目在安宁开工建设。该项目是国家高新技术产业化示范项目，也是国家实施西部大开发重点项目和云南最大的硫酸钾生产工程。

7月12~17日　云南省政府代表团访问荷兰、肯尼亚与津巴布韦，考察三国花卉、烟草、茶叶产业和生物资源开发创新情况。

7月15~20日　中共中央政治局常委、国家副主席胡锦涛到云南视察工作。胡锦涛同志深入昭通、曲靖、昆明的农村、企业、社区、部队进行视察，与工人和农民亲切交谈，了解情况。

8 月 15 日　《云南日报》报道：1998 年至今，全省实施天保工程共投资 14.4 亿元，涉及 66 个县、16 个国有重点森工局。生态环境建设综合治理工程启动 4 年来，已先后有 41 个县被列为国家生态环境建设重点县，项目总投资为 81525 万元。2000 年，8 个地州市的 9 个县（区）被列入国家退耕还林试点范围，目前，已在 126 个县市（区）全面铺开此项工程建设。

9 月 5~6 日　西南六省区市七方经济协调会第 18 次会议在南宁举行。本次会议的主题是：联合大开放，携手大开发，完善大通道，共谋大发展。

9 月 17 日　省委、省政府决定，以扶贫工程为载体，采取特殊措施，集中一定财力物力，加快独龙族、德昂族、基诺族、怒族、阿昌族、普米族、布朗族 7 个特有民族脱贫步伐。

9 月 19 日　《云南日报》报道：云南畜牧业由单家独户养殖经营推向产销一体化的经营格局，促进了云南畜牧业向商品化、规模化、市场化的转变，使畜牧业成为农村经济的骨干产业和农民增收的重要来源。

9 月 20 日　省委、省政府正式下发《云南省基础教育振兴行动计划》，提出了云南省基础教育发展思路和目标，决定实施五大工程，即“两基”工程，边境、少数民族、贫困地区教育发展工程，中小学危房改造工程，信息技术工程，扩大优质教育资源建设工程。

10 月 15 日　省政府办公厅印发《关于云南参与中国—东盟自由贸易区建设实施意见》。《意见》提出了建设“五大通道”、构筑“五大平台”、推进六大产业合作三方面的内容。

10 月 18 日　为加快西部大开发步伐，支持云南构建国际大通道，交通部在昆明召开全国长江水系航运规划领导小组工作会议，确定将长江水系航运主通道从四川宜宾港向上延伸至云南的水富港。

同日　曲胜（曲靖—胜境关）高速公路正式建成通车。该路段是全国最大的钢纤维水泥高速公路，是云南省第一条双向 6 车道水泥高速路。曲胜高速公路的正式通车，使 320 国道在滇路段全部实现高等级化。

10 月 19 日　500 千伏大昆（云县大朝山—昆明宝峰）输变电工程全面

竣工投产，总投资 15.8 亿元。该工程是云南“西电东送”的龙头工程，也是云南电力实现跨越发展的基础工程之一。

11 月 22 日　省委、省政府根据党中央、国务院关于扶持农业产业化的重大决策，为加快云南农业和农村经济结构战略性调整，提高农业整体素质和效益，加快农业现代化进程，促进农民收入持续稳定增长，下发《关于推进农业产业化经营的意见》。

12 月 20 日　省政府下发《关于促进花卉产业升级的意见》，提出到 2001 年底，全省鲜切花产量达到 16 亿枝，花卉产业总产值达 28 亿元。

12 月 23～24 日　省委全会在昆明召开。全会提出云南要与全国同步实现全面建设小康社会的奋斗目标，并动员全省党员和干部群众，为实现云南全面建设小康社会的目标而奋斗。

2003 年

1 月 6 日　省委、省政府作出《关于加快发展云药产业的决定》，提出：要尽快建设促进云药产业发展的骨干工程以加快云药发展。

1 月 23 日　国务院批准丽江地区撤地设市。

1 月 24 日　国务院批准云南省大山包黑颈鹤自然保护区晋升为国家级自然保护区，保护区总面积 1.92 万公顷。

3 月 17 日　《云南日报》报道：据中国科学院西双版纳热带植物园科研人员与省内专家对云南古茶园、古茶树、野生茶树群落分布情况的长期调查，证明云南是我国乃至世界古茶园保存面积最大、古茶树保存数量最多的地方。

3 月 25 日　《云南日报》报道：云南第一个全省性行业整合总体方案——《云南省化工行业整合总体方案》日前敲定。《方案》就全省化工行业整合的主要目标、具体思路作了具体规定。《方案》于年内实施完成。

3 月 27 日　省政府召开廉政工作电视电话会议。会议宣布了《公务员八条禁令》。

3 月 30 日　昆曼（中国昆明—泰国曼谷）公路重点控制性工程——元江特大桥正式贯通。大桥全长 801 米，水面至桥面高度 163 米，是迄今为止同类型桥梁中的亚洲第一高桥、中国第二大跨径桥。

4 月 3 日　《云南日报》报道：通过加强国际合作，积极开展马铃薯新品种引进、选育和试验示范推广等科研攻关，并投资 4000 多万元建设“云南省马铃薯良种脱毒繁育推广体系”，云南已成为全国马铃薯平均单产提高最大的省份，平均单产达 1029 千克，比全国平均单产高 147 千克。

4月6~8日　云南省加快发展非公有制经济工作会议在昆明召开。会议提出，加快发展非公有制经济，要力求政策上有新突破，扶持上有新举措，使云南非公有制经济发展呈现出一个新局面。

4月11~15日　中共中央政治局常委李长春先后到丽江、德宏、大理、昆明等地考察调研，并就云南当前宣传思想文化工作作出重要指示。

4月19日　经中国、老挝、缅甸、泰国四国政府共同批准，由中方组织施工的上湄公河航道主体改善工程正式完成。

4月22日　省委、省政府召开全省非典型肺炎防治工作电视电话会议，贯彻落实中共中央政治局常务委员会会议和全国非典型肺炎防治工作会议精神，安排部署云南防治非典型肺炎工作。5月21日，省政府发出《关于进一步加强非典型肺炎防治工作的通知》。

4月28日　国务院总理温家宝赴曼谷出席中国—东盟领导人非典特别会议途经昆明，利用间隙前往云南省疾病预防控制中心进行考察和慰问，就云南“非典”预防工作作出重要指示和要求。由于省委、省政府采取了一系列措施开展“非典”防治工作，云南省取得了未发生一例“非典”临床确诊病例和疑似病例的重大胜利。

6月3日　《云南日报》报道：省政府决定在本届政府任期内筹集20亿元资金，基本解决全省40万特困农户住房和基本配套设施建设，确实让贫困群众安居温饱。

6月6日　《云南日报》报道：主要建设在少数民族地区、贫困地区、边境沿线的云南“十五”水利建设标志性工程——“润滇工程”一期项目，已有文山暮底河水库、兰坪丰坪水库、江城营盘山水库等14个中型水库开工建设，余下的丽江团山水库等4个中型水库也将在年内开工建设。

同日　国务院批准云南省红河州的黄连山自然保护区和云南省文山自然保护区均晋升为国家级自然保护区。黄连山自然保护区总面积6.51万公顷，森林覆盖率为75.3%。文山自然保护区总面积2.69万公顷，是倍受国内外关注的木兰科植物分布中心，也是华盖木的分布区。

6月14日　中国华电集团公司、云南省开发投资有限公司、云南电力集团水电建设公司、云南怒江电力集团有限公司在昆明签订协议，共同出资设立云南华电怒江水电开发有限公司，全面启动怒江水电资源开发，并确定于2003年9月正式开工建设六库电站，力争用20年时间完成怒江中下游全部11个梯级电站建设。

6月20日　省委作出《中共云南省委关于在全省兴起学习贯彻“三个代表”重要思想新高潮的意见》，要求各地各部门，要根据中央和省委的部署，结合自身实际提出工作方案，精心安排，着力推动，抓好落实。

6月26日　云南省重点工程云南铜业（集团）有限公司大红山铜矿二期工程竣工投产。大红山铜矿二期工程引进当今世界上最先进的设备，在西南地区首家使用井下无轨采矿技术，从根本上改变了井下矿山的传统采矿工艺。

7月2日　联合国教科文组织第27届世界遗产大会一致决定将中国云南省西北部的“三江并流”自然景观列入《世界遗产名录》。

7月10~11日　省政府在蒙自举行滇南中心城市建设现场办公会，讨论加快“个开蒙（个旧—开远—蒙自）”——滇南中心城市建设问题。会议强调：要积极探索有云南特色的城市化道路，加快建设滇南中心城市，培育新的增长点，推进全省建设小康社会步伐。

7月12~16日　中共中央政治局常委、全国政协主席贾庆林在云南进行调研，就学习贯彻“三个代表”重要思想、统一战线、人民政协工作、民族、宗教等工作提出意见。

7月19日　省委在昆明召开云南省发展文化产业、繁荣民族文化、建设文化大省大会。

7月20日　全省第二次农村税费改革试点工作会议在昆明召开。

8月8日　杨丽萍担任艺术总监、总编导并领衔主演的大型原生态歌舞《云南映象》在昆明会堂进行首场公演，获得极大成功和反响。《云南映象》逐渐成为云南标志性艺术精品，创造了中国舞台阵容大、巡演时间长、所到城市多、演出场次多、上座率高、票房收入好的成绩。2005年，《云南映象》被文化部和财政部联合实施的国家舞台艺术精品工程评为“十大精品剧目”之一。

8月19~20日　东盟—湄公河流域开发合作第五次部长级会议在昆明

举行。会议期间，中国与东盟各国就推动湄公河流域的开发合作等问题进行广泛交流与合作，为共同促进本地区的和平稳定与繁荣发展作出新的努力。会上各国代表听取和讨论了泛亚铁路特别工作组的报告。

8月21日　中共中央政治局委员、国务院副总理曾培炎对位于晋宁县的云南500千伏宝峰变电站进行考察，就电力建设和电力系统运行安全提出指示和要求。

8月24~25日　国务院在昆明召开西南六省（区、市）西部大开发座谈会。中共中央政治局委员、国务院副总理曾培炎出席会上并讲话。

8月26~30日　第十一届中国昆明出口商品交易会在昆明国际贸易中心举行。本届昆交会在各项业务成交上取得了有史以来的最好成绩，实现外经贸业务成交总金额达21.34亿美元，国内经贸协议总金额达200亿元。

8月28日　中国华电集团公司与昭通市签订《关于开发镇雄煤电资源的合作协议》，计划投资96亿元，开发镇雄县的煤电资源，建设4×60千瓦的云南省最大火电厂——镇雄电厂。

8月29日　省九大高原湖泊水污染综合防治领导小组召开第四次会议。会议总结前一阶段九大湖泊水污染综合防治工作，研究部署当前及今后一段时期的工作任务。省政府与昆明、大理、玉溪、丽江、红河5州市分别签订九大高原湖泊水污染综合防治2003~2005年目标责任书。

9月9日　《云南日报》报道：宜良县九乡张口洞古人类遗址抢救性考古告一段落。这次考古为中国4万年至10万年间没有确切年代依据的人类遗物这一时间缺环提供了重要的物证，对亚洲人来自非洲的推论提出了质疑，改写了欧亚大陆在这一时段没有古人类活动的论断，具有重大的考古价值。

9月14日　《云南日报》报道：食用野生菌已成为继烤烟之后，云南又一出口创汇拳头产品。

9月19日　大湄公河次区域（GMS）经济合作第十二届部长会议在大理举行。会议期间，与会各方讨论了去年GMS领导人会议提议的落实情况，审议了各重点领域的进展情况，确定了今后几年合作的规划，并决定于2005年在中国召开GMS第二次领导人会议。

9 月 28~29 日　省政府在大理召开城市建设现场办公会。会议提出：加快把大理建设成为辐射面广、带动力强、吸引力大的滇西中心城市，专题研究加快滇西中心城市建设，促进滇西经济社会快速发展的问题。

10 月 8 日　国务院总理温家宝在印度尼西亚巴厘岛出席第七次“10+1”和“10+3”领导人系列峰会时，代表中国政府宣布，连接中国与东盟的交通大动脉——昆曼（中国昆明—泰国曼谷）公路老挝段中国承建部分于 2004 年初开工建设。

10 月 10 日　内蒙古昆明卷烟有限责任公司在呼和浩特正式成立。

10 月 23~24 日　省政府在曲靖召开现场会议。会议专题研究曲靖打造现代工业强市、建设为辐射面广、带动力强的滇东中心城市问题。提出按一区（麒麟）、二片（沾益、马龙）、三组团（珠街、越州、温泉）的布局来规划城市的发展，把麒麟、沾益、马龙作为一个整体，加快中心城市建设。

10 月 24 日　省委办公厅发出《关于认真学习贯彻党的十六届三中全会精神的通知》。

10 月底　云南农村建成沼气池 21.9 万多户，提前兑现省政府 2003 年兴建 20 万户沼气池的承诺。至此，云南沼气池建设首次突破了 100 万户，居全国第二，云南省也跃居西南乃至全国沼气发展的先进省区。

11 月 3~4 日　云南省加快推进新型工业化会议在昆明召开。会议提出加快发展的措施以推进新型工业化进程，促进云南经济跨越式发展。

11 月 20~23 日　2003 年中国国际旅游交易会在昆明国际贸易中心举行。历经 4 届的连续成功举办，旅交会已成为亚洲规模最大、专业性最强、国际影响力广泛的国际旅游盛会。

11 月 22 日　云南省与印度尼西亚共和国巴厘省在昆明共同签署了《中华人民共和国云南省同印度尼西亚共和国巴厘省建立友好省关系协议书》。

12 月 2~3 日　首届东亚城市市长论坛在昆明开幕。会议期间围绕“东亚城市——合作与发展”这一主题，与会各方进行了深入广泛的探讨与交流。会议发表了促进东亚共同繁荣的《昆明宣言》，一致同意在“10+3”合作框架内，建立城市间深化交流与合作的机制，在十大领域内全面推动各城市间的合作与交流。决定从下年起，每年举办一次东亚城市市长论坛，同时举办“东亚城市商品交易会”。

12 月 5~19 日　云南省政府代表团到泰国和印度尼西亚访问考察。期间，与印尼金光集团签署了林浆纸一体化合作项目的框架合作备忘录，促成印尼 10 大财团之一的三林集团扩大在滇的合作领域与投资。

12 月 20 日　《云南日报》报道：保山市蒲缥镇的塘子沟史前文化遗址有重大发现。此次发掘获得石制品、骨器、鱼、牙及人类化石、动物化石数千件。这批遗物的发现证实塘子沟遗址是云南首次发现的新旧石器过渡时期的遗址。

12 月 28~29 日　省委全会在昆明召开。决定：为深入贯彻党的十六大和十六届三中全会精神，全面落实省第七次党代会关于加强党的建设的重大部署，大力推进基层党组织建设，用 5 年左右时间，在全省基层党组织中全面实施“云岭先锋”工程。31 日，省委印发《关于实施“云岭先锋”工程，大力推进党的基层组织建设的决定》。

2004 年

1 月 2~5 日　中共中央政治局委员、全国人大常委会副委员长、中华全国总工会主席王兆国在云南考察工作，期间对工会工作提出要求。

1 月 12 日　省委、省政府作出《中共云南省委　云南省人民政府关于加快新时期扶贫开发工作的决定》，提出要切实抓好扶贫安居温饱工程建设，基本解决 286 万绝对贫困人口的温饱问题。

1 月 16 日　石屏县彝族民间歌手施成恒、李怀秀的“海菜腔”对唱，获得由中央电视台主办的首届西部民歌电视大赛“原生态民歌对唱”对唱组金奖。

1 月 22 日　新华社报道：近日国务院发布的第五批国家重点风景名胜区名单中，云南的普者黑和阿庐风景名胜区名列其中。

1 月底　昆明市呈贡、石林等 6 县市区先后发生高致病性禽流感。各级党委政府高度重视，迅速对防控工作作出全面部署和安排，其后疫情得到较好控制，未发现由禽向人的传播，疫区封锁陆续解除。3 月 8 日，云南最后一个禽流感疫区——嵩明县白邑乡前所村封锁解除。至此，禽流感防治阻击战取得阶段性胜利。

同月　国土资源部公布的第三批国家地质公园名单中，云南禄丰恐龙、丽江玉龙黎明老君山两处名列其中。

2 月 6 日　中共中央政治局常委、国务院总理温家宝对滇池治理作出重要批示：“滇池污染严重，治理难度很大，需要一个科学的切实可行的综合治理方案，统筹规划，认真落实。”

2 月 20 日　云南大学侯先光教授的“澄江动物群与寒武纪大爆发”研

究项目成果获得国家自然科学一等奖。

2月27~28日　全省人才工作会议在昆明召开。会议认真贯彻落实《中共中央　国务院关于进一步加强人才工作的决定》和全国人才工作会议精神，全面部署当前和今后一个时期的人才工作。会议还讨论了《中共云南省委　云南省人民政府关于贯彻〈中共中央国务院关于进一步加强人才工作的决定〉的实施意见》。

2月29日　《云南日报》报道：1998年以来云南为推进生态建设，实施林业六大工程（天然林保护工程、退耕还林工程、防护林建设工程、商品林基地建设工程、野生动植物保护和自然保护区建设工程、农村能源建设工程），均取得可喜进展。

2月底　省妇联自1996年起实施的“大地之爱·母亲水窖”项目，已建成“母亲水窖”18200个、供水池54个，帮助25000个家庭、129680人口解决了饮水困难，新增灌溉面积2.5万亩。

3月2日　《云南日报》全文刊登《中共云南省委关于繁荣和发展哲学社会科学的意见》。

3月8日　在上海举行的第四届中国舞蹈“荷花奖”（舞剧、舞蹈诗）决赛颁奖典礼上，云南省的参赛节目《云南映象》和《母亲河》，获得7项大奖。

3月24~28日　老挝人民民主共和国总理本扬·沃拉吉在云南访问。本扬总理先后参观了昆明的高新技术开发区、滇虹制药、山灞图像传输有限公司，以及玉溪的红塔集团玉溪卷烟厂、大营街农村社区和抚仙湖风景区。

3月26~29日　由农业部和云南省人民政府共同主办的中国第五届世界马铃薯大会在昆明隆重举行。本届大会的主题是“马铃薯在亚洲——重要的食品，巨大的市场”。大会签订协议合同58项，金额约6900万美元。会议期间，云南、四川、重庆、贵州、广西、西藏六省市区成立了“西南地区马铃薯产业协作委员会”。

4月11日　省委、省政府在北京人民大会堂召开云南省繁荣民族文化、发展文化产业、建设文化大省座谈会。会议充分总结了云南在将繁荣民族文化、发展文化产业与整个经济社会发展紧密结合方面取得的成就和经验。

同日　西盟野生茶树群落考察组公布：西盟佤族自治县发现现存我国罕见的大面积野生茶树群落。这一发现填补了我国野生茶资源的一项空白，对研究世界茶树的起源和野生茶树的进化过程具有重要意义。

4 月 13~16 日　省政府在昆明召开东川再就业特区建设工作会议。会议就东川建设再就业特区的有关改革问题进行专题研究。

4 月 14~17 日　第六届中国国际花卉园艺展览会在昆明举行。云南展团共接待专业客商 6000 多名，成交金额达 2.1 亿元，签订了 3.1 亿亩鲜切花供应合同及意向协议。

5 月 11 日　省委、省政府作出《中共云南省委　云南省人民政府关于贯彻〈中共中央国务院关于促进农民增加收入若干政策的意见〉的实施意见》。

5 月 25 日　省委、省政府发布《中共云南省委　云南省人民政府关于深化文化体制改革、加快文化产业发展的若干意见》。

同日　省政府下发《云南省人民政府关于印发〈云南省“两基”攻坚计划〉的通知》。2010 年 12 月，云南教育“两基”工作通过国家验收。

6 月 1~5 日　云南省文化产业高级研修班在大理举办。这次研修班的举办，是一次加快云南省文化产业发展的动员会和实施会，在云南民族文化大省建设进程中具有里程碑意义。

6 月 6~10 日　西南六省区市七方联合主办的中国昆明进出口商品交易会开幕。为适应经济全球化和区域经济合作不断加强的趋势，自本年起交易会名称更名为“中国昆明进出口商品交易会”。本届昆交会共实现外经贸业务成交总金额 20.66 亿美元；签署国内经济技术合作项目 180 个，累计总投资额 300.7 亿元，在参展规模、参展人数、参展质量方面均达到历届最好水平。

6 月 17 日　省委、省政府召开教育改革与发展综合试点情况汇报会。会议提出：以提高教育质量为检验标准，全面推进教育改革与发展。年底，全省“普九”县总数达到 105 个；扫除青壮年文盲的县达 121 个。

6 月 22 日　省委、省政府作出《关于加快县域经济发展的决定》。

6 月 29 日至 7 月 1 日　省政府在玉溪召开全省第一次花卉工作会议。

全省州市、花卉主产县（区）、花卉企业的负责人参加了会议。

6月30日至7月5日　中共中央政治局常委、全国人大常委会委员长吴邦国在云南考察工作，就云南旅游业、特色农业等特色新型产业的发展以及人大工作和禁毒工作作了重要指示。

7月5日　石林世界地质公园揭牌仪式在石林景区举行，联合国教科文组织官员为石林颁发了世界地质公园证书。

同日　德宏傣族景颇族自治州盈江、陇川两县普降大到暴雨，造成特大洪涝泥石流灾害。20日，德宏州盈江县因连降暴雨，再次发生特大洪涝和滑坡泥石流灾害。灾情发生后，中共中央政治局常委、国家副主席曾庆红，中共中央政治局委员、国务院副总理回良玉专程深入德宏州盈江县重灾区考察、慰问。省委、省政府组织人员到灾区察看灾情，积极组织、指挥抗洪救灾工作。

7月8~9日　中国与东盟成员国总检察长会议在昆明举行。会议就“打击恐怖主义等跨国犯罪的合作机制”“中国与东盟部分国家边境地区检察院直接合作”“执法和司法改革的信息交流”等问题进行了讨论。中国与东盟各国总检察长共同签署了《中国与东盟成员国总检察长会议联合声明》。

同期　西南六省区市七方经济协调会第19次会议在拉萨举行。本次会议的主题是“联合开放、科学发展、协调推进”。会议通过了关于给党中央、国务院的《六省区市七方第十九次会议情况的报告》《关于充分利用中国—东盟自由贸易区的机遇，联合加强与东盟经贸合作的意见》等9个请示报告及决议。

7月8~12日　中共中央政治局常委、中央政法委书记罗干考察云南基层政法工作和经济社会发展情况。他充分肯定云南近年来经济社会发展和维护稳定工作取得的成绩，提出要按科学发展观的要求，创造和谐稳定的社会环境。

7月14日　国家一类口岸澜沧江景洪港近期规划建设项目全部竣工，初步建成了集航运、贸易、旅游和休闲娱乐为一体的多功能花园式现代港口，并由交通部、省发展和改革委员会、省交通厅和航务局等部门组成的验收委员会检查验收。

7 月 24 日　省委、省政府为贯彻落实《中共中央　国务院关于进一步加强和改进未成年人思想道德建设的若干意见》精神，制定并出台《中共云南省委、云南省人民政府关于加强和改进未成年人思想道德建设的实施意见》。

7 月 28 日　省委、省政府制定《关于进一步加快旅游产业发展的若干意见》，从 2004 年 8 月 1 日起实行。

8 月 5 日　云南电力投资有限公司成立。云南电力投资有限公司由云南省开发投资公司、国家电力公司昆明勘测设计研究院、云南红塔集团有限公司、云天化集团有限公司和云南滇能（集团）控股公司按一定的股比组建而成，注册资本金为 10.08 亿元。

8 月 10 日　昭通市鲁甸县桃源乡及昭阳区布嘎乡一带发生 5.6 级地震。地震发生后，党中央、国务院对灾情十分关心，中共中央总书记、国家主席胡锦涛，中共中央政治局委员、国务院副总理回良玉对救灾作出指示。省委、省政府对抗震救灾高度重视，积极组织各级各部门投入抗震救灾工作。

8 月 19 日　在二十八届奥运会男子 69 公斤级举重项目比赛中，代表中国参赛的云南红河举重队选手张国政以 347.5 公斤的总成绩夺得冠军。

9 月 2~7 日　云南省代表团出席在河内举行的中国云南与越南河内、老街、海防、广宁五省市经济合作协商会，商讨建设昆明—老街—河内—海防—广宁经济走廊事宜。

9 月 8~11 日　2004 年中国昆明国际花卉展在昆明开展。云南部分企业推出的经研究驯化的野生花卉新品种成为此次花卉展的亮点。

9 月 16 日　由中国企业联合会、中国企业家协会按照国际通行方式，以 2003 年企业营业收入为入围标准排出的中国 500 强企业中，云南上榜 7 家企业。

9 月 18~25 日　雅典残奥运动会上，代表中国队参赛的云南射击选手李剑飞于 18 日在射击 P1-10 米气手枪 SH1 决赛中，为中国队夺得第一块金牌；云南选手王晓福于 19 日、23 日分别夺得 S8 级 100 米蝶泳冠军和男子 SM8 级 200 米个人混合泳冠军，并打破世界纪录；云南无臂小将李鹏勇夺得男子 4×50 米自由泳接力赛和 S6 级 50 米蝶泳冠军。

9月29日 《云南日报》报道：云南全省农村税费改革试点工作自2003年6月全面开展以来，经过各项政策不折不扣的落实，第一步改革试点工作现已全面完成，并取得了“减轻、规范、稳定”的显著成效。

同月 由省委领导、省政府主持编纂的社会主义时代新纂省级地方志《云南省志》的最后一卷《卷末》正式出版发行。至此，全志82卷的《云南省志》已由云南人民出版社全部出齐。这是新中国建立55年以来云南省完成的最为宏大的文化工程，也是有史以来云南历代地方志书规模最为巨大的文化出版工程。

10月5~6日 中共中央政治局常委、国务院总理温家宝先后到昭通、昆明，深入灾区、企业、市场进行考察工作，对灾区救灾工作和云南下一步工作作了重要指示和要求。

10月12日 四川省人民政府、云南省人民政府、西藏自治区人民政府在成都联合发表《旅游合作宣言》，共同打造“中国香格里拉生态旅游区”世界旅游精品。

10月16日 省委、省政府联合发出通知，决定在全省开展创建“平安县（市、区）”活动，用3~5年的时间使90%以上的县（市、区）达到平安县（市、区）的目标，把云南建成社会更加稳定、民族更加和睦、边防更加巩固、治安更加良好、群众更加安康的全国社会治安先进省份。

10月20日 云南党政代表团赴上海市和浙江省进行为期一周的学习考察。滇沪两地共签署19个合作项目，合作金额23.1亿元。滇浙两地共同签署合作项目27项，协议总投资56.8亿元，协议引进浙江资金52亿元。

11月8日 新华社报道：我国西南地区最近的出海通道——“两江一河”的南盘江、北盘江和红水河航道整治工程通过竣工验收，正式通航。至此，贯穿云南、贵州、广西的出海航运全线连通，形成了直达广东、再抵港澳的水运大通道。

同日 世界最大的少数民族基因库在云南建成。从云南当地25个世居少数民族中采集的1250名男性的DNA基因样本全部存入云南大学基因库。

11月14日 《云南日报》报道：由于云南蔬菜种植区域广、面积大、产量高、种类多，以及拥有气候优势和多形式的产业化经营，云南蔬菜种植已成为云南促农增收的大产业。

11 月 18 日　云南石油化工集团有限公司、中化化肥公司和云南三环化工有限公司在昆明举行组建“云南三环中化化肥有限公司”的签字仪式。该项目总投资 20 多亿元，建设 120 万吨磷酸二铵，项目规模为全国最大。同时它也是云南磷复肥工业史上投资规模最大、产品规模最大的合资项目。

12 月 14 日　省委全会通过《中共云南省委贯彻〈中共中央关于加强党的执政能力建设的决定〉的实施意见》。

12 月 21~22 日　孟中印缅地区经济合作论坛第五次会议在昆明举行。会议正式签署了《昆明合作声明》。

12 月 30 日　沈阳机床（集团）有限责任公司战略重组云南 CY 集团有限公司。沈阳机床（集团）昆明有限公司签字仪式在昆明举行。

同月　云南省的交通大通道格局已基本形成，全省公路总里程达 167050 千米，总里程位居全国第一。

2005 年

1 月 1 日　省政府决定从即日起，全省 88 个国家级、省级扶贫开发重点县和边境县（市）全面实行免征农业税，其他 41 个县（市）则实行进一步降低农业税税率。

1 月 5 日　在中共中央召开的保持共产党员先进性教育活动电视电话会议的云南分会场上，省委要求全省各级党组织和全体党员积极开展先进性教育活动，把开展先进性教育活动与实施“云岭先锋”工程结合起来，既丰富先进性教育活动的内容和形式，又促进“云岭先锋”工程更加扎实深入的实施。

1 月 5~10 日　中共中央政治局委员、国务院副总理回良玉在云南考察救灾、扶贫和农村经济发展情况。

1 月 7 日　《云南日报》报道：2004 年云南全省总人口为 4415.2 万人，出生人口 68.6 万人，自然增长人数由 2003 年的 42.5 万人减少到 2004 年的 39.6 万人，42 年来首次低于 40 万人。全省 29 个县全面推行“奖优免补”政策，初步建立起以国家农村部分计划生育家庭“奖励互助制度”为龙头，以“少生快富”扶贫工程为支撑，以“奖优免补”为内容的人口和计划生育利益导向机制和政策体系。

1 月 23 日　省委下发了《中共云南省委关于开展以实践“三个代表”重要思想为主要内容的保持共产党员先进性教育活动的实施意见》。

1 月 25 日　云南省文化产业又一大型骨干龙头企业——云南出版集团公司正式挂牌。

2 月 5 日　《云南日报》报道：红河卷烟厂“红河”品牌卷烟的产销

量达到 110 万大箱，成为中国数百个卷烟品牌中产销量突破百万大箱的 3 个品牌之一，品牌销售收入 105 亿元。

2 月 10 日　《云南日报》报道：春节前，全省有 10 万特困群众搬入新瓦房度过新春佳节。2003~2004 年，全省投入资金 7.2 亿元，共解决了 20 万特困农户的安居温饱。到目前为止，全省扶贫安居工程已使 3 个州市 62 个县（市）716 个乡 4327 个村委会彻底告别特困农户住茅草房、杈杈房、木楞房的历史。但尚有 40 万特困农户仍住在茅草房、杈杈房、木楞房里。省委、省政府决定再投资 12.8 亿元，最终解决 40 万特困农户的安居问题。

2 月 17~18 日　省委在腾冲县召开实施“兴边富民”工程工作会议，全面启动“兴边富民”工程工作。会议提出：要通过 3 年左右的时间，大力实施“兴边富民”工程，加快边境地区经济社会发展。

3 月 7 日　新华社报道：云南希望工程从 1990 年实施以来，累计筹资 1.8 亿元，援建希望小学 798 所，援建希望工程“一村一校”527 所，配套“希望书库”1097 个，资助贫困生 8.1 万余名。其中，2004 年全年希望工程筹资 1100 万元，新建希望小学 36 所，资助贫困学生 5656 名。云南已在全省 118 个县（市）设立了希望工程救助网点。

同日　《云南日报》报道：据昆明海关最新统计，云南烤烟出口已占全国半壁江山。2004 年，云南烤烟出口 8.15 万吨，出口金额达 1.17 亿美元，出口金额首次突破 1 亿美元大关，占全国烤烟出口金额的 52.9%。

3 月 25 日　邦朗电站建成投产进入商业营运。该项目是云南援建缅甸最大水电项目，也是目前中国在东南亚地区所承建的最大电站。

3 月 31 日　中国石化集团滇黔桂石油勘探局与泰国国家石油公司（Petroleum Authority of Thailand）在昆明就石油液化气贸易合作正式签署协议。

4 月 9 日　中国昆明国际文化旅游节在昆明国际会展中心开幕。昆明国际文化旅游节是向世界展示云南、宣传中国的一个重要窗口，对加强中国旅游业国际合作、繁荣全球旅游市场，将产生积极的影响和作用。

4 月 22 日　《云南日报》报道：省文物考古研究所的专家调查队在沧源农克老硝洞发现了一批属旧石器时代早期的石器标本。这是云南首次在洞内发现旧石器时代早期遗址文化遗物。

5月11日　《云南日报》报道：云南省的自然保护区已达181个，居全国首位。保护区面积由200多万公顷扩大到326万公顷。

5月13日　国家发改委组织审查通过《国家大型煤矿基地云贵基地规划》，云南省的老厂、小龙潭、昭通、镇雄、思茅五大矿区被列为国家大型煤矿基地。

5月25日　《云南日报》报道：全省围绕各民族“共同团结奋斗、共同繁荣发展”的主题，努力探索新形势下增进民族团结、促进各民族共同繁荣发展的新思路、新机制、新途径，并在抓落实上下功夫，使全省民族工作进入了民族团结进步、事业发展的最好时期之一。其中，“兴边富民行动”是贯彻中央民族工作会议精神的重大举措。省委、省政府决定从2005年到2007年实施“兴边富民三年行动计划”，由政府筹资50亿元，吸收社会资金150亿元，办好30件惠民实事，推进边疆扶贫温饱工程、边境免费教育工程、边境科技推广工程、边境文化扶贫工程，最终实现“富民、兴边、强国、睦邻”的目的。

5月27日　省人大常委会会议通过《云南省三江并流世界自然遗产地保护条例》，定于2005年7月1日起施行。

6月6~10日　第十三届中国昆明进出口商品交易会在昆明国际会展中心举行。本届昆交会各项成交金额累计分别为15.97亿美元和303亿元。其中，进出口9.32亿美元，协议利用外资项目47项，协议利用外资金额6.65亿美元；国内经济技术合作签约项目250余项。

6月12日　《云南日报》报道：省委、省政府正式印发《中共云南省委　云南省人民政府关于进一步深化国有企业改革的意见》，标志着云南省新一轮国有企业改革工作正式启动。

6月16日　云南省推进林业生态建设、发展林纸循环经济现场办公会在澜沧县召开。会议强调：要全面落实科学发展观，坚定不移地推进林业生态建设，发展林纸循环经济，加快山区群众脱贫致富步伐，促进全省经济社会可持续协调发展。

6月28日　中国文山与越南河江110千伏联网工程投产。这是中国南方电网公司作为大湄公河次区域（GMS）合作中方执行单位，通过子公司

——云南电网公司大力实施与大湄公河次区域的国际合作战略，开辟的第二条对越送电大通道。

7 月 1 日　《中共云南省委保持共产党员先进性教育活动领导小组关于第二批先进性教育活动的实施意见》以及 6 项针对不同行业制定的分类指导意见开始实施。

7 月 5 日　大湄公河次区域（GMS）第二次领导人会议在昆明召开。本次会议主题为“加强伙伴关系，实现共同繁荣”。温家宝总理主持会议并作讲话。会议通过了《昆明宣言》。会后，与会领导人共同出席了《大湄公河次区域便利客货跨境运输协定》有关附件和议定书等合作文件的签字仪式。

7 月 7 日　全国首个由民间投资并收藏的抗战博物馆——腾冲滇缅抗战博物馆开馆。馆址设在至今仍保存完好的当年中国远征军 20 集团军司令部旧址。展品除 3000 多件文物外，还有 1000 多幅老照片。博物馆还首次展出了毛泽东为戴安澜将军撰写的五言挽诗。

7 月 8 日　云南省暨昆明市纪念郑和下西洋 600 周年大会在昆明体育馆举行。省委、省人大、省政府、省政协主要领导人，泰国、老挝、缅甸、马来西亚、越南等国驻昆总领事以及云南各族各界人士和海内外嘉宾 3000 多人参加了大会纪念活动。

同日　由中国东方航空公司云南公司经营的昆明—香格里拉—拉萨航线正式开通。

7 月 11 日　《云南日报》报道：近 10 年来，云南以码头、港口建设和航道整治为重点，大力改善全省的航运基础设施，加快水运大通道建设步伐，水、陆、空并举的立体交通网正逐步形成。

7 月 15 日　为进一步深化国有企业改革，实施大企业大集团战略，积极应对我国入世过渡期后日益加剧的国际竞争，省政府决定将国资委监管的云天化集团、云南石化集团、东源煤业集团、云南锡业集团、昆明贵金属研究所、中轻依兰集团、云南磷肥工业公司 7 户企业整合重组为新的云天化集团、云南煤化工集团和新的云锡集团三大集团。

8 月 9 日　在云南已建成曲靖翠屏山、大理天龙八部和丽江束河等 6 个初具规模的影视拍摄基地的情况下，国家广电总局批准建立中国云南影视产业实验区，这是在云南建立的第一个影视产业实验区。

8 月 13 日　文山壮族苗族自治州文山县马塘镇发生 5.3 级地震，中共中央政治局委员、国务院副总理回良玉对云南抗震救灾作了批示，省委、省政府积极组织有关部门协助当地开展抗灾工作。

8 月 14~15 日　西南六省区市经济协调会第 20 次会议在贵阳举行。会议通过了推进大西南生态环境建设和环境保护等 4 个专题文件，并达成 4 项共识。

8 月 18 日　昆明市与孟加拉国吉大港市签订友好城市协议，国务院总理温家宝与孟加拉国总理卡莉达 · 齐亚出席了签订仪式。这是中孟两国缔结的第一对国际友好城市，也是云南省在南亚各国中建立的第一对国际友好城市。仪式上中国与孟加拉国还签订了开通云南至孟加拉国的陆路通道及旅游、燃气输送等 6 个协议。

8 月 20~22 日　云南省民族工作会议暨第五次民族团结进步表彰大会在昆明国际会展中心举行。9 月 13 日，省委、省政府发出《关于进一步加强民族工作加快少数民族和民族地区经济社会发展的决定》。

8 月 24 日　第五次国家地质公园领导小组会议在北京召开，正式审定拟建的大理苍山地质公园为国家地质公园。

8 月 25 日　国务院授予临沧市禁毒支队“模范禁毒支队”荣誉称号。

9 月 1 日　铁道部和云南省人民政府在玉溪市召开云南国际铁路通道玉溪至蒙自铁路建设开工动员大会，宣告玉蒙铁路建设正式开工。玉蒙铁路全长 141.063 千米，电力牵引。玉蒙铁路由铁道部和云南省人民政府共同组建滇南铁路有限责任公司负责建设运营管理。

9 月 2 日　首届云南省哲学社会科学优秀成果展暨第八次云南省哲学社会科学优秀成果颁奖大会在云南省图书馆举行，101 项成果获奖。

9 月 8~11 日　“2005 年昆明国际花卉展”在昆明国际会展中心举行。此次花卉展共接待中外参展商 1000 多人次，共签订货值总计 3.43 亿元的合作协议，创下昆明国际花卉展的最高纪录。

9 月 9~13 日　2005 年首届昆明农业博览会在昆明国际会展中心举行。展位达 1000 多个，签约项目突破 100 项，签约金额 36.5 亿元。

9 月 19 日　云南名牌暨中国名牌产品授牌表彰大会在昆明举行。云南省的“红塔山”“玉溪”“红梅”“云烟”“红河”牌卷烟，“云锡”牌锡锭，“滇云”牌葡萄酒 7 个产品获“中国名牌”产品称号；29 家企业的 32 个产品获“云南名牌”产品称号。

10 月 8 日　由中国电影家协会、中共云南省委宣传部、红河州委州政府共同主办的“纪念中国电影百年·红河电影周”，在红河哈尼族彝族自治州首府蒙自开幕。开幕式上，中国电影家协会负责人向云南省电影家协会授牌；中国云南影视产业实验区管委会向“红河影视创作基地”授牌。

10 月 19～27 日　云南省代表团在日本开展云南旅游促销暨招商引资系列活动，取得了丰硕成果。

10 月 20 日　九石阿（九乡—石林—阿庐古洞）公路控制性工程——南盘江大桥成功合龙。大桥全长 636 米，为云南第二座大跨径连续钢结构桥。

10 月 21 日　个屯（个旧—大屯）公路明珠隧道正式贯通。该隧道是连接个旧到蒙自的重要通道，双向全长 6900 米，是迄今云南最长的一条公路隧道。

10 月 30 日　腾冲县和顺乡在中央电视台“中国魅力名镇”评选活动中，以最高票数位居“中国十大魅力名镇”之首，荣获“中国魅力名镇展示 2005 年度大奖”。

11 月 8 日　由昆明、曲靖两大烟厂改制组建的红云烟草（集团）有限责任公司在昆明举行授牌仪式。这是烟草行业第一家由工厂制转为公司制的母子公司试点单位。

11 月 21 日　《云南日报》报道：云锡集团正大步迈向世界第一。云锡已经建成了中国最大的锡化工产品生产和出口基地，拥有全世界最先进的锡冶炼系统，生产工艺世界一流，实现了从无机锡到有机锡的突破，形成了无机锡和有机锡两大系列 16 种产品，年生产能力已达 1.5 万吨，产品大量出口国外和替代进口。

11 月 24～28 日　2005 中国国际旅游交易会在昆明国际会展中心举行。20 多个国家和地区的政府官员及五大洲 81 个国家和地区的旅游界人士参加了此次盛会。中央有关部门和 20 多个省市自治区的领导和云南党政领导一同出席开幕式。在5天会期中，共接待来访者7万人次。其中专业访客4万人次，公众访客3万人次。

11月26日　云南电视台云南卫视节目正式进入越南有线电视网。

12月8~11日　首届西部文化产业博览会在昆明举行。该届文博会以融合文化资源、汇聚文化产品、搭建文化平台为宗旨，由中华人民共和国文化部、国家广电总局、国家新闻出版总署、云南省人民政府共同主办，四川、重庆、贵州、西藏、内蒙古、广西、陕西、甘肃、青海、宁夏、新疆11个省区市政府协办。

12月16日　云南金沙江中游水电开发有限公司成立挂牌大会在昆明召开，标志着金沙江中游水电开发工作步入实质性阶段。

12月26日　溪洛渡水电站开工仪式在云南省昭通市永善县举行。溪洛渡水电站是世界第三大水电站，也是中国仅次于三峡电站的第二大水电站。

12月29日　十届全国人大常委会第十九次会议经过表决决定，1958年6月3日第一届全国人大常委会第九十六次会议通过的农业税条例自2006年1月1日起废止。这意味着包括云南在内的9亿中国农民从2006年1月1日开始，将依法告别延续了2600年的“皇粮国税”——农业税。

2006年

1月9日　省委农村工作领导小组召开会议，传达学习中央农村工作会议精神，研究讨论省委、省政府关于贯彻落实《中共中央　国务院关于推进社会主义新农村建设的若干意见》的实施意见。3月23日省委、省政府下发《关于贯彻〈中共中央国务院关于推进社会主义新农村建设的若干意见〉的实施意见》。

2月4日　《云南日报》报道："十五"期间，云南冶金集团整体实力位居全国有色金属行业和云南省工业企业前列。其中电解铝生产规模和冶炼规模分别居国内同行业第一位和第三位。

2月8日　省文化体制改革和文化产业发展领导小组会议在昆明召开。会议提出：从当年起，要加强全省公益性文化事业建设，以建成文化产业发展、民族文艺繁荣、文化事业强大的云南民族文化大省。

2月10日　《云南日报》报道：2005年，省委、省政府把解决"三农"问题作为全省工作的重中之重；着力落实和加大各项扶农、强农、惠农政策措施的实施，促进农业和农村发展实现了"四突破""一减少"，即农业总产值、粮食生产、农民人均纯收入、畜牧业总产值四个方面的突破和贫困人口的减少。

2月15日　蒙自县被列为全国爱国卫生运动委员会命名的42个"国家卫生县城"之一，成为云南省首个"国家卫生县城"。

2月23~27日　中共中央政治局委员、中央组织部部长贺国强到云南调研。他强调，各级地方党委要毫不松懈地抓好农村先进性教育活动的后期工作，为社会主义新农村建设打下坚实的思想基础，提供坚强的组织保证。

2月24日　省政府在丽江召开滇西北旅游现场办公会，安排部署滇西北大理白族自治州、丽江市、迪庆藏族自治州、怒江傈僳族自治州的旅游开发建设工作。

3月1日　云南全省全部免除农村义务教育阶段中小学生的学杂费。在2006年国务院安排实施的全国农村义务教育经费保障机制改革中，云南省被列为首批实行免除学杂费的15个省区之一。省政府常务会决定地方配套由省财政承担，并纳入预算。

3月28日　省政府发布《关于印发〈云南省国民经济和社会发展第十一个五年规划纲要〉的通知》。

4月3~6日　中共中央政治局委员、书记处书记、中宣部部长刘云山在云南考察。他强调，要把践行社会主义荣辱观与日常工作生活结合起来，使“八荣八耻”的基本要求成为广大干部群众的行为标准和自觉行动，使“八荣八耻”的基本要求渗透到市民公约、乡规民约、职业规范、学生守则等具体行为准则和各项行业管理制度中，形成践行社会主义荣辱观的长效机制。

4月6日　思小（思茅—小勐养）高速公路正式通车。思小公路是昆曼国际大通道的重要路段，也是我国首条穿越热带雨林的高速公路。

4月18日　云南省文艺界规模最大的表彰会在云南电视台演播厅举行。300余位文艺界人士被授予“云南文学艺术卓越贡献奖”“云南文学艺术成就奖”“云南文学艺术贡献奖”“云南文学艺术新人奖”和“繁荣云南文学艺术特别贡献奖”荣誉称号。

4月26日　全省旅游产业发展大会在昆明召开。会议提出要全面推进云南旅游“二次创业”，进一步显现旅游支柱产业在全省经济社会发展中的重要地位和作用，将云南初步建成旅游经济强省。

5月1~7日　中国昆明国际文化旅游节在昆明东风广场开幕。全国人大常委会副委员长李铁映出席了开幕式并宣布文化旅游节昆明节庆活动开幕。

5月11~15日　中共中央总书记、国家主席、中央军委主席胡锦涛到西双版纳、思茅市、昆明市进行考察。他强调，必须全面落实科学发展观，把经济社会发展切实转入以人为本、全面协调可持续发展的轨道，高度重视解决好人民群众最关心、最直接、最现实的利益问题，促进社会和谐，促进各民族共同团结奋斗、共同繁荣发展。他希望云南坚持以科学发展观统领经济社会发展全局，进一步解放思想，开拓进取，进一步鼓舞斗志，凝聚力量，进一步挖掘潜能，发挥优势，进一步艰苦创业，团结奋斗，把云南的改革开放和社会主义现代化建设不断推向前进。

5 月 13 日　《云南日报》报道：据国家统计局和有色金属行业权威机构的统计数据，2005 年云南铜业（集团）有限公司白银产量跃居全国第一位，黄金产量跃升至第九位，跻身全国十强。云南铜业集团此前已有主产品高纯阴极铜产量列全国第三、全球二十强。

5 月 19 日　中国民航总局、云南省人民政府关于加快云南民航发展会谈纪要签字仪式在昆明举行。双方就“十一五”期间加快昆明新机场和云南支线机场建设、资金和政策支持等问题达成一致意见。

5 月 20 日　《云南日报》报道：昆明制药集团股份有限公司通过技术创新及国际化战略，使蒿甲醚系列产品在国际市场独占鳌头，产品位居我国单一制剂出口创汇首位。该企业成为云南率先实现天然药物资源加工贸易转型升级示范企业。

5 月 21 日　《云南日报》报道：经过各级党委、政府以及卫生部门的努力，目前，云南省县、乡、村从医疗到预防、保健等卫生服务体系已基本建立，群众看病就医条件明显改善。

5 月 22 日　在深圳举行的滇粤劳务合作协议签约仪式上，云南省迄今为止最大一笔劳务输出“订单”正式签署。根据协议，近 4 万名云南农村富余劳动力将赴粤务工，省内各主要劳动力输出地将与广东用工企业建立更为紧密的劳务合作关系。

5 月 23~26 日　建设部和国家旅游局在大理、丽江召开全国旅游小城镇发展工作会议，贯彻落实中央关于建设社会主义新农村的战略部署。

6 月 4 日　滇港两地物流及旅游合作谅解备忘录签署仪式在昆明举行。

6 月 5~6 日　第三届泛珠三角区域合作与发展论坛在曲靖举行。会议通过了综合交通运输、能源等专项合作规划，通过了《泛珠三角区域旅游合作指导性意见》。泛珠三角区域“9+2”的行政首长与来自东盟国家的商务官员展开了“面对面”的对话，共商共同发挥区域优势，全面促进区域内的经济快速发展，实现互利共赢的发展大计。

6月6~10日　第三届泛珠三角区域经贸合作洽谈会、2006年中国昆明进出口商品交易会在昆明国际会展中心举行。由于两个盛会同时在一地举行，相互借台，资源共享，优势互补，互相促进，会展规模之大，参展、洽谈、参观人数之多，合作交易成果之丰硕，创云南历次会展之最。

6月10日　《云南日报》报道：“十五”期间，云南省大力实施整村推进扶贫工程，省财政5年投入资金18.5亿元，实施了1274个以村委会为单位和5110个以自然村为单元的整村推进工作，全省77个县的30多万特困农户已告别了住茅草房的历史，过上安居乐业的新生活。这一民心工程，得到了国务院领导的充分肯定。

同日　中央国家机关企事业单位定点扶贫云南暨上海对口帮扶工作座谈会在昆明召开。

6月14~15日　中国云南与越南河内、老街、海防、广宁经济协商会第二次会议在蒙自举行。会议提出：全面深化互利双赢合作，共同建设昆河（昆明—河内）经济走廊。

6月16日　中越红河公路大桥施工进场仪式分别在中国河口、越南老街举行。该项目估算投资6190万元，建设工期预计18个月。大桥桥梁总长295米，其中中方境内桥长147.5米，宽21.5米。该桥将与中越铁路大桥、南溪河公路大桥共同构成连接中越两国的重要通道。

7月2日　省委举行庆祝中国共产党成立85周年暨总结保持共产党员先进性教育活动大会。会议指出：省委按照中央的统一部署，分三批开展的保持共产党员先进性教育活动，顺利完成了各项任务，达到了预期的目的。

7月4日　省委、省政府在昆明召开第一届“兴滇人才奖”表彰大会。

7月10日　《云南日报》报道：云南基本实现了远程可视医疗县县通，各级医疗资源整合共享，进一步解决了各族群众看病难的问题。国家发改委计划以云南为样板，在西部各级医院中普遍推广这一工程。

7月11日　《云南日报》报道：在中越两国高层领导的共同关心与指

导下，“两廊一圈”合作项目已成为中国与越南开展全方位经贸合作的重点，昆明—河内—海防经济走廊建设已被列为“两廊一圈”中重中之重的启动建设区域。

7 月 15 日　《云南日报》报道：以“山有其主、主有其权、权有其责、责有其利”为目标，解放林业生产力的集体林权制度改革，正从景谷、永平、南涧等县，向全省林业重点县区推进。

7 月 22 日　昭通市盐津县境内发生 5.1 级地震。中共中央政治局委员、国务院副总理回良玉就抗震救灾工作作出重要指示，省、州、县迅速组织力量，全力以赴投入抗震救灾工作。

7 月 27 日　在中央电视台第十二届全国青年歌手电视大奖赛原生态唱法个人单项决赛中，云南选手李怀秀、李怀福姐弟获得金奖。

8 月 21 日　《云南日报》报道：云南省立足气候优势，打“季节牌”、唱“特色戏”，已将蔬菜种植培育成一项大产业，成为仅次于粮食的最大种植作物。

8 月 27 日　《云南日报》报道：云南省已在云岭山坝不同资源气候带培育起烤烟、蔗糖、茶叶、橡胶、花卉、蔬菜、马铃薯、咖啡、经济林果、畜牧等一批特色优势产业群或产业带，多数产业的规模在全国名列前茅，并以产业集群扩大、加工产业链延长、品牌化进程加快的强劲势头走向海内外市场。

8 月 28 日　《云南日报》报道：西双版纳州勐海县水电农村电气化建设通过专家验收，至此，投资 70 亿元、以少数民族地区和边远贫困山区为主的云南省“十五”水电农村电气化县建设全面完成，28 万户 112 万无电人口都得以通电。

8 月 29 日　文山普者黑机场正式通航。普者黑机场飞行区按 4C 级标准建设，航站区按满足年旅客吞吐量 15 万人次设计，开通了南宁—文山—昆明往返航线。

9 月 1 日　《云南日报》报道：“大理风景名胜区——苍山自然与南诏文化遗存”被列入建设部发布的首批中国自然与文化双遗产预备名录，云南省仅此一处。

9月2日　《云南日报》报道：以在长江上游构筑生态屏障为目标的天然林保护工程已实施8年。保护天然林3.6亿亩，营造生态公益林2454万亩。工程区森林资源消耗量年均减少688万立方米，森林覆盖率年均增加1.04个百分点。在云南大地筑起了一道道天然绿色屏障。

同日　西双版纳金孔雀集团下属的天达航运公司开通了云南景洪港至泰国清盛港定期对开客运航班。至此，大批国内外游客一日游四国的愿望成为现实。

9月6日　第八次全省环境保护大会在昆明召开。会议就环境保护与促进全省经济社会和环境的协调和可持续发展的工作进行了具体部署。

9月7~10日　2006中国昆明国际花卉展在昆明开幕。本次花展共接待来自12个国家和地区以及国内12个省份的中外专业参展商1200多人次。

9月21日　全省进一步深化国企改革第二次工作会议在大理召开。会议提出新一轮国企改革必须要实现“六个突破”“五大转变”。

9月22~26日　首届中国云南普洱茶国际博览交易会在昆明举办，共有69个国内外企业和单位签订了35个项目合同。

9月23日　在南京举行的第四届中国曲艺“牡丹奖”（中国曲艺界最高奖）颁奖晚会上，云南曲艺家协会报送的傣族花腰傣铓鼓说唱《花腰女》荣获“牡丹奖·节目奖”。

9月25日　腾冲驼峰机场建设动员大会在腾冲县清水驼峰村召开。机场建设周期为27个月，预计2008年实现通航。

9月26日　中国目前最大的跨国电力联网工程——中越220千伏联网工程在云南正式投产。

9月27日　《云南日报》全文发表省委、省政府《中共云南省委　云南省人民政府关于加快“十一五”时期农村扶贫开发进程的决定》。

10月3日　《云南日报》报道：云南省县域经济实力逐步增强，2005年全省财政收入亿元县已达43个，47个试点县共增加地方财政收入12.9亿元，占全省县级财政增收额的62.8%；试点县成为全省财政县级收入增长的主导力量。

10月26~27日　全省天然林保护工程现场会在丘北县召开。会议总结了自2000年起启动实施的天然林保护工程取得的成绩，并就下一步天保工作进行了部署。

10月28日　《云南日报》报道：腾冲县荣获“中国优秀旅游名县”荣誉称号，为历史文化名城又添一项桂冠。

11月2日　老挝人民民主共和国总理波松·布帕万出席中国—东盟建立对话关系15周年纪念峰会后顺访云南。

11月2~5日　云南浙江加强劳动密集型产业合作项目推介活动在杭州举行。期间，云南省代表团与浙江省200余家工商企业就加强劳动密集型产业合作开展了积极的交流和项目推介，掀起了滇浙两省携手谋发展的新高潮。

11月3日　联合国教科文组织在法国巴黎举行国际扫盲奖颁奖仪式，云南省扫除文盲协调办公室荣获联合国教科文组织设立的“国际阅读协会扫盲荣誉奖”。至2005年，云南省累计扫除青壮年文盲484万人，其中扫除妇女文盲330万人。在全省129个县（区、市）中，已有127个县（区、市）实现了扫盲验收，青壮年文盲率由1990年的23.9%下降到5%，妇女青壮年文盲率下降到8%左右。

同日　东盟—湄公河流域开发合作第八次泛亚铁路特别工作组会议在昆明召开。来自马来西亚、柬埔寨、老挝、缅甸、新加坡、泰国、越南等东盟国家铁路主管部门、东盟秘书处和我国有关单位的50多名代表齐聚春城，共商泛亚铁路发展大计。

同日　中铁集装箱昆明物流中心开通运营暨班列首发仪式在呈贡举行。该物流中心将成为全国正在加紧建设的泛亚铁路集装箱运输网络的重要运输枢纽和东南亚地区的物流中心。

11月9日　《云南日报》报道：云南铜业（集团）有限公司外贸进出口总金额已超过12亿美元，占全省同期对外贸易总金额的20%以上，进出口总量连续6年保持全省第一。

同日　依托云南大学成立的云南省民族研究院在该校正式揭牌。

11月12~16日　中国共产党云南省第八次代表大会在昆明国际会展中心举行。这次代表大会的主要任务是：高举邓小平理论和“三个代表”重要思想伟大旗帜，全面贯彻落实科学发展观，深入贯彻党的十六大及十六届三中、四中、五中、六中全会精神，认真落实胡锦涛总书记视察云南的重要讲话精神，总结省第七次党代会以来的工作，确定今后 5 年乃至更长一段时期的奋斗目标和主要任务。大会选举出中共云南省第八届委员会委员 75 名、候补委员 14 名，中共云南省纪律检查委员会委员 41 名。

11 月 14~15 日　西南六省区市七方经济协调会第 21 次会议在重庆举行。云南、四川、广西、西藏、贵州、重庆六省区市政府领导在《关于共同构建统一开放市场的协议》上签字。

11 月 24 日　《云南日报》报道：宣威电厂七期扩建工程 12 号机组圆满完成 168 小时满负荷试运行，提前 15 天完成机组投产发电目标任务，标志着云南首座 180 万千瓦火力发电厂诞生。宣威电厂七期扩建工程 12 号机组采用等离子点火技术，在全国 30 万千瓦燃煤机组中率先实现无油点火，为云南电力工业走出了一条节能、节资的新路子。

11 月 26 日　我国第三大水电站——向家坝水电站举行开工典礼。中共中央政治局委员、国务院副总理曾培炎宣布水电站建设开工，并为开工纪念石揭幕。该电站整体规模仅次于三峡电站和溪洛渡电站，名列世界第四、中国第三。

11 月 28 日　昆明国家高新区现代新昆明新城高新技术产业基地建设启动仪式在呈贡举行，标志着昆明国家高新技术产业开发区“二次创业”拉开序幕。

同日　德宏州境内工程建设迄今规模最大的项目——龙江水电站枢纽工程开工建设。该工程装机容量 24 万千瓦，年发电量 10. 25 亿度，工程概算总投资为 22. 7 亿元。

11 月 30 日　《云南日报》报道：经过国家专家组考核验收，锡都个旧被全国爱卫会命名为“国家卫生城市”，成为云南省首个国家卫生城市。

12 月 15 日　《云南日报》报道：省科技厅在全省 16 个州市全面启动了农业科技入户工程示范活动。

同日　国家文物局公布了最新确定的《中国世界文化遗产预备名单》，云南元阳哈尼梯田等 35 项文化遗产榜上有名。

12月16日　中缅两国边民联欢大会50周年纪念活动在德宏傣族景颇族自治州芒市广场举行。

同日　云南新希望邓川蝶泉乳业有限公司的“蝶泉”商标被认定为中国驰名商标。

12月17日　《云南日报》报道：被誉为中国面向东南亚、南亚全面开放的“龙头口岸”——德宏州姐告边境贸易区，现已建设成为中缅两国陆路通道中最大的经贸物流中心，成为中国面向“两洋”，实施“走出去”战略的重要门户。

12月18日　云南省首个与泰国投资商携手合作建设的工业园——景洪工业园区，在景洪市西郊嘎栋举行奠基仪式。

12月19日　云南至广东±800千伏特高压直流输电工程（云广直流工程）开工仪式在禄丰县举行。

12月20～21日　省委全体（扩大）会议在昆明召开。会议审议通过了《中共云南省委关于贯彻落实〈中共中央关于构建社会主义和谐社会若干重大问题的决定〉的实施意见》。

12月30日　我国首个对外投资水电BOT项目——缅甸瑞丽江一级水电站开发运营合资协议在缅甸内比都正式签署。

12月31日　《云南日报》全文刊登省委、省政府《关于加强环境保护的决定》。《决定》就环境保护形势与任务，促进经济社会与环境保护协调发展，切实解决突出的环境问题，建立和完善环境保护机制，切实加强对环境保护工作的领导五方面进行了阐述。

2007年

1月1日　昆明市政府发布通告：从2007年1月1日零时起，禁止营运性燃油机动船舶在滇池水域内航行和作业。

1月8日　全国首个社会主义新农村文学创作基地——“云南省峨山彝族自治县社会主义新农村文学创作基地”启动仪式在玉溪市举行。

1月10日　省政府召开全省工业经济工作暨大型工业企业提前完成“倍增行动”目标表彰会。云南铜业（集团）有限公司等10户大型企业（集团）受到表彰。

1月11日　第五届“中国工艺美术大师”评审工作总结表彰大会在昆明召开，云南省段国梁、赖庆国两人被评为“中国工艺美术大师”。

1月11~14日　中共中央政治局委员、国务院副总理回良玉率中央有关部门负责人到西双版纳傣族自治州和思茅市考察云南民族地区经济社会发展和贯彻落实中央一号文件精神、推进新农村建设情况，并参加1月15日、16日在昆明召开的全国宗教工作会议。会上，他要求切实加强新形势下的宗教工作，努力提高依法管理宗教事务的能力。

1月14日　由国家人口和计划生育委员会主办的新农村新家庭——大香格里拉地区人口健康促进项目在迪庆藏族自治州正式启动。

1月18日　省政府向云南冶金集团授予“云南省省属企业销售收入超百亿工业企业”奖牌。云南冶金集团2006年实现销售收入139亿元，成为全省第4家销售收入超百亿元的大型工业企业。

同日　世界500强企业之一的美国卡特比勒集团在昆明呈贡投入一期建设资金2000万美元，建设一个面向东南亚、南亚的培育展示中心，这是云南省首次引进的世界著名机械装备制造企业。

1 月 22 日　省委、省政府与中国南方电网公司在昆明举行工作会谈，就加快云南电网建设，打造云南电力支柱产业等有关事宜交换意见。

1 月 30 日　由省纪委、省委组织部、省监察厅、省国资委联合制定的《云南省国有企业重大事项决策失误造成国有资产重大损失责任追究暂行办法》正式执行。这是全国首个在国有企业负责人决策失误造成国有资产重大损失追究责任方面出台的处罚办法。

2 月 1 日　"七彩云南保护行动"启动仪式在昆明世博园举行。

2 月 2 日　中国科学院云南天文台与泰国科技部国家天文台研究所全方位天文科技合作协议在昆明签订，标志着中国—东盟科研合作大通道行动计划全面启动。

2 月 3 日　云南—上海对口帮扶协作领导小组第九次联席会议在昆明举行，会议总结对口帮扶合作成功经验和做法，签署 2007~2008 年对口合作工作备忘录，上海市向云南省捐赠 2007 年度帮扶资金 1.2 亿元。

2 月 7 日　云南省邮政公司成立，并与先期成立的省邮政管理局共同举行挂牌仪式。云南邮政政企分开基本完成。

2 月 11 日　昆明新机场奠基仪式暨建设动员大会在昆明市官渡区大板桥镇新机场场址举行。

2 月 12 日　砚山县平远街至弥勒县锁龙寺高速公路建成通车。公路全长 61.3 千米、历时 3 年建设完成。

2 月 13 日　楚雄青山嘴大（二）型水库开工建设，该工程是 2006 年国家确定的西部大开发 12 个重点工程项目和"润滇工程"项目之一。设计总库容 1.08 亿立方米，预算投资 7.26 亿元，总工期 36 个月。

同日　云南省人民政府与微软（中国）有限公司签署《合作备忘录》，云南微软技术中心正式宣告成立。

2 月 14 日　云南机场集团有限责任公司揭牌仪式在昆明举行。公司由云南省国资委、昆明市政府、省开发投资有限公司共同组建，作为昆明新机场建设项目业主并负责安全运营管理。

2 月 27 日　云南 4 项优秀科技成果——"线粒体基因组多样与东亚人

群历史的研究”“富氧顶吹铜熔池熔炼技术”“铁路线路大型养路机械成套装备技术与应用”“中国橡胶树主栽区割胶技术体系改进及应用”分别获得国家自然科学奖二等奖和国家科技进步奖二等奖。

3月1日　云南铜业A股非公开定向增发4.58亿股，募集资金43.5亿元，成为云南省定向增发且一次融资额度最大的上市公司。

3月1~2日　省委农村工作会议在昆明召开。会议提出，要坚持把解决好“三农”问题作为全省工作的重中之重，积极发展云南特色现代农业，扎实推进社会主义新农村建设。

3月9日　云南省与老挝重大合作项目——万象年产5万吨氯化钾生产线试产成功。

3月15日　省委、省政府召开全省下派社会主义新农村建设工作队电视电话动员大会。会议决定：自2007年起，连续5年向全省下派社会主义新农村建设工作队和每个建制村派驻1名农村工作指导员。首批共有1312支工作队、13500名工作指导员分赴13442个建制村。

3月17日　云南医疗卫生信息技术普及工程启动。该工程以山灞公司研发的“全省远程可视医疗县县通”工程为平台，面向基层、服务农村。

3月18日　云南省水利水电投资有限公司成立。公司注册资金10亿元，由省政府出资控股、省水利厅行使国有资产出资人职能，主要从事全省重点水利工程的投资开发、建设管理等。

3月20日　铁道部与云南省政府在保山市举行大理至瑞丽铁路建设动员大会。大瑞铁路全长350千米，项目投资估算总金额147亿元，按国铁Ⅰ级单线、电气化铁路标准建设。

同日　昆明钢铁集团公司大红山铁矿年产400万吨采、选、管道工程竣工投产。

3月24日　云南省京剧院入选国家重点京剧院团。

3月25日　国内最大的城市引水供水工程——昆明掌鸠河引水供水工程建成通水。

3月26日　云南省代表团赴大湄公河次区域缅甸、泰国、老挝、越南、柬埔寨5个国家访问。

3 月 27 日　第二届中国少数民族戏剧学会“金孔雀”综合大奖在昆明举行颁奖仪式，云南京剧《凤氏彝兰》、花灯剧《石月亮》、傣剧《南西拉》、白剧《白洁圣妃》荣获“金孔雀”综合大奖。

3 月 29 日至 4 月 6 日　中国（云南）与缅甸、老挝、越南、柬埔寨贸易投资洽谈会分别在仰光、万象、河内、金边举行，云南省代表团就滇缅、滇老、滇越、滇柬合作提出加强通道建设、资源开发、提升投资贸易规模和质量、拓展社会事业合作等建议。

4 月 2~4 日　全国扶持人口较少民族发展工作现场经验交流会在德宏州召开。国家民委、国务院有关部门及全国 11 个省市区近 200 名代表在会上作经验交流。

4 月 8 日　国务院侨办主办、云南省侨办承办的“2007 年缅甸华裔青少年汉语和中华夏令营”在昆明开营，来自缅甸仰光、曼德勒、腊戌、东枝、南坎等 11 所学校的 150 名华裔青少年学生在夏令营学习汉语、民族舞蹈、绘画、书法及中国武术等。

4 月 9 日　云南—暹粒友好农业科技示范园建设项目在柬埔寨暹粒省正式启动。

4 月 9~10 日　省委、省政府在昆明召开动员会，全面启动“云南边疆解‘五难’惠民工程”。省委、省政府决定，从 2007 年起，率先在 25 个边境县、3 个藏区县，用 3~5 年时间，逐步解决各民族群众“读书难”“看病难”“看电视听广播难”“看戏难”和“学科学难”等突出问题。

4 月 16 日　云南省首条技术标准最高的双线电气化铁路——沪昆（上海—昆明）铁路沾益至昆明增建二线全线开通。

4 月 20 日　《云南日报》报道：云南东爪哇中医学院在印度尼西亚东爪哇省谏义里市成立。这是云南省首次在东南亚国家开办非汉语教育的专业学历教育。

4 月 25 日　“云南五一劳动奖状暨云岭优秀职工表彰大会”在昆明举行。云南国资水泥昆明有限公司等 25 个企事业单位和昆明钢棒林厂第一作业区甲班等 15 个班组被授予云南省“五一劳动奖状”荣誉称号，马东平等 121 人被授予云南省“云岭优秀职工”荣誉称号，并荣获云南省五一劳动奖章。

4 月 26 日　2007 中国昆明旅游商品交易会在昆明国际会展中心开幕。

同日　腾冲—密支那二级公路建成通车。腾密公路境外段起点为中缅南四号界桩，止点为缅甸瓦晓。

4 月 29 日　中国西南野生生物种质资源库在中科院昆明植物研究所建成。

同日　滇池北岸水环境综合治理工程开工。该工程总投资 38.7 亿元，计划 2012 年完工。

同月　省委决定在 29 个县市开展“边疆党建长廊”建设，从“强组织、建辉煌、聚人心、固边疆”为切入点开展工作，全面加强边境地区党的基层组织建设。

5 月 7 日　在 2007 巴黎世界发明博览会上，云南大学许继宏教授的“膏桐脱毒种苗生产和矮化丰产栽培技术”荣获金奖。

5 月 12~15 日　中共中央政治局委员、国务院副总理回良玉到昆明市、保山市考察残疾人法律援助工作，了解中央各项支农惠农政策落实情况，就集体林权制度改革进行深入调研。

5 月 12~20 日　中国第七届残疾人运动会在昆明举行。中共中央政治局委员、国务院副总理、国务院残疾人工作委员会主任回良玉宣布开幕。云南代表团名列团体总分和奖牌榜第一名。

5 月 13 日　我国乃至东南亚最大的 2m 级天文光学望远镜项目在丽江高美古天文观测站落成并正式运行。

5 月 15 日　由省委依法治省领导小组办公室、省司法厅联合创办的公益性法治宣传教育网站——“云南普法网”正式在昆明开通。

5 月 16 日　中国（云南）—越南企业论坛在昆明举行，双方在“两廊一圈”建设框架下，就滇越双方的基础设施、交通运输、能源、农业以及教育、科技、卫生等方面进一步合作展开磋商。越南国家主席阮明哲出席论坛并致辞。

5 月 18 日　红河烟草（集团）有限责任公司在弥勒举行挂牌成立仪式。

5 月 20 日　云南省残疾人康复中心落成典礼在昆明举行。

5 月 22 日　云南省首届社会科学学术年会启动会在省社科联举行。

5 月 24 日　云南省公开选拔 17 名副厅级妇女、党外领导干部，7 名省属国企经营管理人员。这是云南省首次专门面向妇女、党外人士公开选拔领导干部。

5 月 27 日　丽江玉龙雪山冰川与环境观测站落成并举行揭牌仪式，这是我国首个研究现代海洋性冰川的冰川观测站。

5 月 29 日　泰王国总理素拉育·朱拉暖在昆明就进一步扩大滇泰经贸合作领域与云南省进行友好磋商。

6 月 3 日　普洱市宁洱哈尼族自治县发生 6.4 级强烈地震。党中央、国务院高度关注，胡锦涛、温家宝和回良玉等中央领导作出重要指示，派出工作组抵达灾区开展救灾工作；省政府指挥灾区抗震救灾。5 日，国务院总理温家宝到普洱地震灾区检查抗震救灾工作，对抗震救灾工作提出要求。

6 月 4 日　以喀麦隆大使埃莱·埃利·埃蒂安为团长的非洲驻华使节团到访昆明。双方就矿产、烟草、医疗、卫生等领域的合作展开进一步磋商。

6 月 5 日　第五届东盟华商投资西南项目推介会暨亚太华商论坛在昆明开幕。菲律宾等 16 个国家和中国香港、台湾等地区的 270 名华商，重庆、四川、广西、贵州、成都五省区市代表和云南有关方面负责人及 100 余家企业代表出席会议。

同日　滇缅经贸合作论坛第一次会议在昆明召开，云南省工商业联合会和缅甸联邦商业和工业联合会共同签署了《滇缅经贸合作论坛宣言》。

6 月 6~10 日　第十五届中国昆明进出口商品交易会在昆明举行。外经贸业务成交总金额 20.74 亿美元；利用外资签约 7.52 亿美元；签订对外经济技术合作合同项目 14 个，1.54 亿美元。

6 月 9 日　云南省非物质文化遗产传承人命名仪式在省博物馆举行，207 人被命名为云南省非物质文化遗产（民族民间传统文化）传承人，涉及代表人物、资料保存者、音乐、舞蹈、戏剧曲艺和工艺美术六大民间文化类别。

6 月 12 日　省委召开常委会，传达学习中纪委贯彻实施《中共中央纪律检查委员会关于严格禁止利用职务上的便利谋取不正当利益的若干规定》

会议精神。会议强调：广泛宣传，深入学习贯彻，加大惩治腐败力度，深入推进反腐倡廉工作。

同日　云南省边疆解“五难”惠民工程在德宏州潞西市风平镇芒赛村拉院村民小组正式启动。

同日　第四届泛珠三角区域合作与发展论坛暨经贸洽谈会圆满落幕。云南共签约85个项目，协议投资总金额达347亿元。

同日　中国地区开发促进会在昆明举行授牌仪式，授予云南众森林业“中国西南商品林种植基地”称号，这是中国地区开发促进会对西部9省区授予的首个商品林基地牌。

6月19日　控股昆明圣火药业集团有限公司94.5%股份的中国圣火药业集团公司股票在美国全美证券交易所主板正式挂牌交易。这是云南企业首次进入美国主板证券市场。

6月21日　省政府办公厅下发关于实施“数字乡村”工程建设的意见，要求把全省所有自然村的状况以文字、图片、数据、视频图像等形式上网发布，为各级党委、政府了解农村基层现状和新农村建设情况，提供科学决策依据，同时为农民提供及时的信息服务平台。

6月22日　中国大陆第一个国家公园——香格里拉普达措国家公园举行揭牌仪式。公园总面积1993平方千米，总规划面积767.4平方千米。

6月23日　庆祝香港回归十周年暨滇港合作十周年系列活动之一的“滇港合作高级论坛”在昆明举行。

6月27日　第31届世界遗产大会表决通过由云南石林、贵州荔波、重庆武隆联合申报的“中国南方喀斯特”项目正式列入世界自然遗产名录。

7月5日　云南省民族中等专业学校举行全国民族地区职业教育示范基地挂牌仪式。这是全国仅有的两个全国民族地区职业教育示范基地之一。

7月10~12日　全省农村党建工作会议在楚雄州召开。会议以农村党的建设“三级联创”活动、“云岭先锋”工程为载体，按照“五好五带头”的要求，不断强化农村基层党组织的领导核心地位。

7月13日　昆明市与亚洲开发银行签署《昆明清水海供水和水源环境管理项目贷款备忘录》，亚行向“引清济昆”工程提供8000万美元的工程贷款。

7 月 24 日　全省第一次污染源普查工作会议在昆明召开。会议决定从即日至 2009 年底，按照国家污染源普查方案的要求，全面掌握全省工业污染源、农业污染源、生活污染源和集中式污染处理设施的数量、行业和地区分布等情况，建立各种重点污染源档案和各级污染源信息数据库。

同日　《云南日报》报道："昭通天麻"地理标志产品专用标志通过国家质检总局的严格审查并予以注册登记。

7 月 27 日　省委、省政府在昆明召开 2006 年度云南省科学技术奖励大会，全省 230 个项目分别被授予自然科学类、技术发明类和科技进步奖一、二、三等奖，一批工作在科研、生产一线的科技人员获得总金额 900 万元的奖金。中科院院士、昆明植物研究所科学家周俊获得 300 万元的突出贡献奖。

7 月 28 日　上海援建云南"万村书库工程"10 万册图书捐赠暨马拉松电气爱心图书室开启仪式在红河州河口瑶族自治县举行，价值 150 万元的图书被分配到全县 27 个乡村图书室。

8 月 1 日　武汉钢铁（集团）公司与昆明钢铁集团责任有限公司战略合作签字仪式在昆明举行。武钢集团重组昆明钢铁集团有限公司，以现金入股成为昆钢股份的第一大股东，昆钢集团为第二大股东。

8 月 7 日　云南省第四轮全球基金艾滋病项目（二期）暨中英艾滋病项目在昆明启动。项目覆盖全省 13 个州市的 29 个县市区，预计投入的赠款达 1611 万美元。

8 月 8 日　云南省地方志编纂委员会第一次全体会议在昆明举行。会议要求全面贯彻落实《地方志工作条例》，切实保障云南省第二轮修志工作的顺利进行。

8 月 10～11 日　国际奥委会主席雅克·罗格在滇考察访问。

8 月 11～13 日　国务委员陈至立在云南迪庆藏族自治州考察义务教育经费保障机制改革情况。

8 月 13 日　省政府与中国南方电网公司节能减排合作备忘录签字仪式在昆明举行，标志着双方在云南开展的节能减排"绿色行动"拉开序幕。

8 月 17 日　在北京召开的全国 5A 级旅游景区大会上，石林、玉龙雪山景区荣获“5A”标牌，这是全国 31 个省市区 66 家 5A 级旅游景区中，云南仅有的 2 家 5A 级旅游景区。

8 月 18 日　2007 年“中国优秀民营科技企业、企业家”表彰大会在北京人民大会堂举行。云南省高原葡萄酒有限公司等 17 家企业和武克钢等 20 名企业家获奖。

8 月 22 日　全国首个国家环境保护工业资源循环利用工程技术中心在昆明高新区奠基。

8 月 26 日　云南省城镇居民基本医疗保险试点工作会议在昆明召开。会议确定的目标是：2007 年在昆明、红河、楚雄 3 个州市启动试点；2008 年试点州市覆盖到 50%；2009 年覆盖到 80%；到 2010 年在全省全面推广，使 420 万城镇非从业居民受益。

8 月 27 日　老挝人民民主共和国总理波松 · 布帕万抵达昆明，出席昆钢老挝万荣铁矿勘探合同签字仪式。

8 月 28 日　云南第一长隧道——大丽（大理—丽江）铁路北衙隧道顺利贯通，隧道全长 8435 米。

同日　滇池北岸水环境综合治理工程的重要项目——昆明市第七污水处理厂新建项目开工。

8 月 30 日至 9 月 4 日　中共中央政治局常委、全国政协主席贾庆林在云南省迪庆、楚雄、昆明、玉溪等地调研。

8 月 31 日　云南师范大学知识产权研究中心成立，这是全省首家高校知识产权研究中心。

同日　国家“122”第四次工作会在昆明召开。会议总结近年来境外罂粟替代种植工作进展情况，研究部署下一步的工作。

9 月 6~9 日　2007 年中国昆明国际花卉展在昆明举行，共有来自国内外的 120 家企业和组织参加，国内外参展商共签下了货值总金额近 4.2 亿元的经贸合同及合作协议。

9 月 12 日　省政府在昆明举行“全民节能 · 云南在行动”活动仪式，号召全省各族人民、各方力量积极行动起来，全力以赴实现今年和“十一五”节能减排目标。全省 16 个州市政府分别在各分会场举行了“全民节能·云南在行动”活动仪式。

9 月 12~16 日　第三届昆明国际农业博览会在昆明举行。参加展会的有来自新西兰、马来西亚、新加坡、越南、泰国、缅甸、柬埔寨 7 个国家和中国香港、台湾地区以及天津、四川、贵州、河南等 10 个省（市），参展企业达到 700 余家。

9 月 13 日　第 20 次大湄公河次区域（GMS）旅游工作组会议在丽江举行。柬埔寨、老挝、缅甸、泰国、越南、中国的国家旅游机构以及云南省、广西壮族自治区旅游局的代表，联合国亚太经社会、教科文组织，亚洲开发银行代表、湄公河旅游协调办公室有关人员及荷兰开发组织的代表参加了会议。

9 月 15 日　应国务院侨办邀请，昆明市民族歌舞剧院歌舞团赴日本、菲律宾、印尼进行慰侨演出。

9 月 16 日　《云南日报》报道：“西电东送”重点工程——500 千伏云南罗平至广西百色第二回交流输变电工程日前投入运营，“云电送粤”能力提高了 70 万千瓦以上。

9 月 17 日　云南山灞图像传输科技有限公司与印度 SRIT 公司在昆明正式成立合资企业，迈出了滇印在电子信息产业内互利共赢的第一步。

9 月 18 日　第四届“云南文化精品工程”表彰会在昆明举行。电影《花腰新娘》、歌曲《一窝雀》、话剧《打工棚》等 6 个门类共 43 件作品分别获得特等作品奖和入选作品奖。

9 月 23 日　昭待（昭通—待补）高速公路牛栏江江底大桥顺利合龙。大桥全长 600 米，桥面距水面 165 米，其中 5 号主桥墩高达 126.06 米，成为云南公路桥梁桥墩第一高墩。

9 月 25 日　参加 2007 俄罗斯“中国年”的云南文化代表团在俄罗斯俄新社中国年新闻中心举行新闻发布会，向俄罗斯社会各界人士、媒体记者全面推介云南。

9 月 26 日　滇沪特色产业投资合作项目推介会在上海举行，双方企业共签署合作项目 17 项，协议资金总额 61.1 亿元，协议引进上海方资金 59.9 亿元。

10月1日　《云南省建设工程抗震设防管理条例》开始实施。该条例于2007年5月23日由云南省十届人大常委会第二十九次会议通过，共九章57条，是我国第一部有关抗震设防的地方性法规。

10月6日　《云南日报》报道：中国民用航空西南地区空中交通管理局云南分局在昆明巫家坝国际机场正式挂牌。

10月10日　中国—东盟人力资源高层研讨会在昆明举行。东盟10国劳动部、人力资源部官员，中国劳动和社会保障部官员及东盟秘书处代表出席会议。

10月11日　“中荷合作云南森林保护与社区发展项目”总结表彰会在昆明举行。项目在全国率先编制了省级生物多样性保护工程规划及湿地保护工程规划，制定了“生物多样性影响评价技术标准”等5项规程标准，并由国家林业局批准，转发全国其他省区市参照执行。

10月12日　昆明斗南花卉有限公司“斗南DOUNAN及图”注册商标被国家工商行政管理总局商标局认定为“中国驰名商标”，这是云南继“红塔山”“云烟”“云南白药”“红河”“康王”和“蝴蝶泉”之后的第7个“中国驰名商标”。

10月16~20日　首届澜沧江-湄公河次区域农产品暨第十届西双版纳边境贸易旅游交易会在景洪市举行。此次边交会共完成期货、现货交易额8500万元，签订经贸合作项目15项，涉及金额24.99亿元。

10月17日　玉溪市抚仙湖—星云湖出流改道工程全线贯通。工程全长25.8千米，总投资4.5亿元，是国家实施西部大开发的一项重点水利工程，是云南治理保护九大高原湖泊的重大工程。

同日　《云南日报》报道：全省首个农村垃圾卫生填埋场在洱源县建成。填埋场投资420万元，库容设计12万立方米，可日处理垃圾25吨。

同日　《云南日报》报道：中国北海海事法院景洪法庭在澜沧江景洪港挂牌成立。这标志着云南省澜沧江-湄公河等可航水域的海事海商案件有了第一个专门的涉外司法审判机构。

10月24日　罗富（罗村口—富宁县城）高速公路建成通车。罗富高速公路是云南与广西相连接的第一条高速公路，全长79.37千米。

10 月 27 日　《云南日报》报道：云南三环车桥有限公司成立暨一期生产线在大理市建成投产。云南三环车桥有限公司由云南力帆骏马车辆有限公司与湖北三环车桥有限公司共同出资组建，公司一期生产线为年产 3 万台车桥总成生产线。

10 月 28 日　保山至腾冲高速公路建设动员会在腾冲举行。保腾高速公路属于 GZ65 上海至瑞丽公路向西连接腾冲的联络段，线路起点为保龙高速公路小田坝立交，止于腾冲县中和乡，全长 63.9 千米，概算投资 46.07 亿元，计划工期 4 年。

10 月 29 日　全国最大的磷矿采选工程——云天化集团所属的云南磷化集团有限公司晋宁 450 万吨/年磷矿采选工程在晋宁县开工建设。

同日　东方航空公司开通的昆明—加尔各答国际航线首航成功。

10 月 30 日　省政府与中国铝业公司在昆明签署战略合作协议。根据协议，云铜集团以增资扩股的方式引进中铝公司，中铝公司注资近 100 亿元、斥资 20 亿元在云南发展铜深加工项目。

11 月 1 日　曲靖至嵩明（小铺）段高速公路正式通车。该路东连曲胜（曲靖—胜境关）高速公路，西接昆嵩（昆明—嵩明）与嵩待（嵩明—待补）高速公路，主线全长 76.574 千米。

11 月 1~4 日　2007 中国国际旅游交易会在昆明国际会展中心举行。旅交会期间云南共设展位 240 个，签订合同 1569 份，签订组团人数 57 万多人次，合同金额超过 3 亿元。

11 月 8 日　云南省首次县、乡人大代表同步换届选举在丽江市玉龙纳西族自治县举行。

11 月 15 日　云南省铁路总公司以增资扩股方式整体并入西南交通建设集团有限公司。西交集团是 1998 年从军队移交地方的公路施工企业。

11 月 19~22 日　首届“中国·福保乡村文化艺术节”在昆明市官渡区六甲乡福保村举行。“福保乡村文化艺术节”开创了中国 63 万个行政村、亿万农民自办文化艺术节的先河。

11 月 19~23 日　云南省代表团赴越南海防出席中越五省市经济合作协商会并共同签署了《海防纪要》。

11月21日　大理苍山国家地质公园在大理市揭碑开园。公园主要地质遗迹是第四纪冰川遗迹、高山陡峻构建侵蚀地貌和峡谷地貌景观等。

11月23日　“中国—东盟商贸港”开工建设。该项目位于昆明呈贡新区洛羊国际物流中心片区，占地2000亩，规划总建筑面积约343万平方米，计划总投资86.8亿元。

11月25日　“中国果品之乡”授牌暨全国果品产业经验交流宣传推介表彰会在北京召开，安宁市被授予“中国红梨之乡”荣誉称号。

同日　兰坪丰坪水库竣工蓄水。丰坪水库地处兰坪县沘江河上游，是云南省“润滇工程”“十五”重点工程之一，是怒江州最大的水利工程。工程总投资1.2亿元，水库总库容3230万立方米。

11月26日　云南冶金集团与楚雄彝族自治州合作开发的钛产业基地在禄丰县奠基。钛产业基地主要由年产6万吨钛白粉和1万吨海绵钛两个项目组成，项目预计总投资34亿元。

11月30日　大理市农村合作经济组织联合会成立。这是云南省首家成立的农村合作经济联合会。

12月1日　云南省艾滋病关爱中心、云南省传染病专科医院正式竣工开业。“关爱中心”和医院是全国首家省级艾滋病防治专业机构。

12月5~7日　首届磨憨口岸边民集市交易活动在勐腊县磨憨口岸举行。边民集市搭设展位200个，现货交易和经济技术合作成交额达8000万元。

12月6日　由云南省公安边防总队为主组建的中国第六支赴海地维和的87名队员从昆明誓师出征，前往海地首都太子港执行8个月的联合国维和任务。

12月11日　云南省著名商标授牌大会在昆明举行，“普洱茶”等135件新申请商标、“春城晚报”等81件到期商标被认定为云南省著名商标。至此，全省拥有云南省著名商标535件，著名商标有效期3年。

12月13日　《云南日报》报道：在湖北省举行的第八届中国艺术节上，经文化部组织评审，云南选送的大型彝族风情歌舞《太阳女》荣获文华剧目奖。

12 月 14～16 日　由省政府主办的“2007 云南优质生态农产品推介展”在上海展览中心举行，实现签约成交金额 25.8 亿元。

12 月 18 日　昭通至会泽待补高速公路通车典礼在会泽县举行。昭通市至昆明公路全线实现高等级化。

同日　中国中化集团公司与晋宁县磷都矿业开发建设有限责任公司在昆明签约，共同组建云南中晋精细磷化工有限责任公司，确定中国中化集团投资 21 亿元建设精细磷化工项目正式落户晋宁县。

12 月 19 日　省政府在昆明举行云南煤化工集团、云南锡业集团、云南建工集团销售收入（产值）首次超百亿元庆祝大会。2007 年，继昆钢集团、云铜集团、云天化集团、云南冶金集团之后，云南煤化工集团、云南锡业集团、云南建工集团销售收入（产值）相继突破百亿元，省属企业销售收入（产值）超过百亿元的企业数量增至 7 户。

同日　云南白药集团整体搬迁项目在昆明市呈贡新城雨花片区举行。云南白药集团整体搬迁项目是省政府大力支持的全省 20 个重点建设项目之一，建设投资 10.8 亿元。

同日　《云南日报》报道：云南煤化工集团有限公司、中科院山西煤炭化学研究所和化学工业第二设计院共同宣布，国内已投运的规模最大的煤变油中试装置——3500 吨/年合成汽油工业示范装置在云南煤化集团解化公司一次投料开车成功，并生产出合格的 93 号汽油。

12 月 19～27 日　“携手-2007”中印陆军联合反恐训练在中国昆明举行，这是中印两军之间首次进行的反恐共同训练。

12 月 21 日　云南绿大地生物科技股份有限公司在深圳证券交易所挂牌上市，成为云南首家境内上市的民营企业。

12 月 27 日　昆明钢铁集团公司第三烧结厂 5 兆瓦低温余热电站建成并正式投产，这是我国第一个全部采用国产设备并拥有独立自主知识产权的余热发电工程。

12 月 30 日　昆明市商业银行重组，更名为“富滇银行”。

2008 年

1 月 1 日　经劳动和社会保障部、财政部批准，云南省从 2008 年 1 月起，为 2007 年 12 月 31 日前已按规定办理退休手续的 86 万名企业退休人员提高基本养老金，月人均增幅 100 元。此次调整是云南省连续第 4 年调高基本养老金。

1 月 4 日　全国双拥模范城（县）命名暨双拥模范单位和个人表彰大会在北京召开，昆明市、建水县、开远市、大理市、楚雄市、蒙自县、玉溪市、曲靖市、临沧市被授予“全国双拥模范城（县）”荣誉称号，麻栗坡县、省民政厅、省公安厅交警总队、思茅区、香格里拉县委宣传部、昆明中铁大型养路机械集团有限公司被授予“爱国拥军模范单位”称号，驻滇 77283 部队被授予“拥政爱民模范单位”称号，潞西市个体工商户赵淑芬（女）等 3 人被授予“全国爱国拥军模范”荣誉称号。

同日　老挝琅勃拉邦—中国昆明首航成功，中老两大旅游城市成功对接。

1 月 8 日　国家科技奖励大会在北京召开，中科院院士、中科院昆明植物研究所名誉所长吴征镒荣膺 2007 年度国家最高科学技术奖。同时，云南省 6 项成果获得 2007 年度国家科技进步奖二等奖。

1 月 13 日　全国青联主办、云南省青联承办的大湄公河次区域（GMS）中国青年协商会议在昆明召开。

1 月 14 日　亚行——外国驻越南使节代表团到云南访问。代表团对河口通关便利设施、货运物流、红河公路大桥建设工地、河口开发区建设以及中国铁通物流中心货场建设及物流情况进行了实地考察。代表团还参观了

“中国云南参与 GMS 经济合作成果展览”、中国南方电网云南电网公司，并听取了云南省参与 GMS 电力贸易合作及向越南送电合作项目的情况介绍。

1 月 22 日　省委常委会召开专题会议，会议强调：加强以完善惩治和预防腐败体系为重点的反腐倡廉建设，为建设富裕民主文明开放和谐云南提供坚强政治保障。

1 月 30 日　云岭雄关——云南省公安边防总队三年禁毒人民战争纪实汇报会在昆明举行。2005 年以来，云南省公安边防总队共查获毒品案件 110827 起，抓获犯罪嫌疑人 111950 名，缴获各类毒品 9.63 吨，收戒吸毒人员 6123 名，使 986 名吸毒人员实现完全戒吸。

2 月 4 日　云南省工业投资控股集团有限责任公司在昆明成立。公司经省政府批准，以云南省国有资产经营公司为基础，由省国资委联合云天化集团、昆钢集团、云铜集团、云南冶金集团、云锡集团等企业共同发起组建。

2 月 8 日　《云南日报》报道：实现全省乡镇基础信息上网发布的“数字乡村”工程建设目标变成现实，共采集数据报表 14 万余份、网页总量 140 余万个、拍摄图片 1430 多万张、视频 6000 多个、信息 160 万条，涵盖全省 1355 个乡镇、1.34 万个行政村、12 万个自然村的基础信息。

2 月 15 日　《云南日报》报道：建设部近日命名 2007 年国家园林县城和国家园林城镇，云南省玉溪市红塔区大营街镇被命名为“国家园林城镇”。

2 月 19 日　省政府在昆明召开莽人和克木人帮扶工作情况汇报会，向国务院联合调研组汇报云南省贯彻落实胡锦涛总书记、温家宝总理重要批示精神，帮助解决莽人、克木人生产生活困难和发展问题等相关情况。

2 月 20~21 日　省政府在丽江召开滇西北生物多样性保护工作会议，通过《滇西北生物多样性保护丽江宣言》。

2 月 23 日　省委、省政府在昆明举行“兴边富民工程”汇报会。

2 月 26 日　云南省首段连接东盟国家高速公路——新街至河口高速公路建成通车。新河高速公路全长 56.3 千米，起于河口县新街，连接蒙新（蒙自—新街）高速公路，止于河口县城槟榔寨。

2 月 28 日　昆明出口加工区通过由海关总署、国家发改委、财政部等 9 部委组成的国务院联合验收组的验收，正式封关运行。

2月29日　祥云至临沧公路二期工程——国道214线祥云至澜沧江段建成，昆明至临沧公路实现高等级化。

3月1日　云南省正式实行行政问责办法，推行服务承诺制、首问责任制、限时办结制，以上四项制度配套实施。其中，问责办法规范了问责主体、问责方式、问责程序等内容，是以省政府名义制订的第一个行政问责办法，弥补了现有法律监督和纪委监督的不足，补充了行政监督手段，使未触犯法律、违反纪律的不作为、乱作为有了追究责任的依据。

3月7日　景洪市至缅甸南板县国际班车正式开通，这条国际班车线自景洪至大勐龙，从中缅240界碑出境至缅甸东部第四特区南板县城，单程95千米。

3月17日　国家大型煤炭基地建设项目——小龙潭矿务局第五期扩建工程正式开工。

3月19日　经省委、省政府批准，云南省法律援助工作管理局在昆明正式成立，成为全国省级司法行政系统首家成立的法律援助工作管理局。

3月21日　昆明至曼谷国际大通道中国路段全线贯通仪式在昆明举行。

3月25日　省政府召开第一次廉政工作电视电话会议。

3月26~27日　2008中国（昆明）民族文化产业发展国际高峰论坛在昆明举行。

3月29日至4月4日　国务院扶贫办、农业部、交通部、国家广电总局、上海市政府合作交流办等部门组成的联合调研组，先后到红河哈尼族彝族自治州、西双版纳傣族自治州、普洱市，对莽人、克木人及基诺族、苦聪人的生产生活情况进行专题调研。

3月31日至4月1日　中共中央政治局常委、国务院总理温家宝到德宏傣族景颇族自治州考察。温家宝总理指示说，惠农政策不会变，还要越来越好；强调民生有4句话，即教育是民生之基、健康是民生之本、分配是民生之源、保障是民生之安。

4月27日　富宁—广南—砚山高速公路建成通车，富砚高速公路是国家“五纵七横”国道主干线衡阳—昆明公路在云南省境内的重要路段，全长约124千米，是云南省首条采用引资合作方式建设的高速公路。

4 月 28 日　云南昆明 12355 青少年服务平台正式开通，这是全省首个为青少年提供维权、心理、信息咨询等服务的青少年服务平台。

5 月 1 日　2008 中国昆明国际文化旅游节开幕式在昆明举行。

5 月 4 日　省政府召开专题协调会，重点研究解决煤电油运、“米袋子”和“菜篮子”行政首长问责制、物价监管及资金调拨等问题，着力加强经济运行调节，努力保持全省经济社会又好又快发展势头。

5 月 12 日　四川省汶川县发生 7.8 级地震。省委、省政府及时向四川灾区捐款 500 万元，组织地震灾害紧急救援队等多支队伍，加上奉调赴川的驻滇解放军，共有 15000 余人分别赶赴四川灾区帮助抗震救灾，并迅速动员社会各界捐款捐物。

5 月 27~28 日　省委、省政府召开云南新 3 年“兴边富民”工程动员大会。会议明确提出实施新 3 年“兴边富民”工程的目标和任务，决定再用 3 年时间，通过推进 6 大工程，再办 30 件惠民实事，重点解决边境地区发展和各民族群众生产生活面临的特殊困难和问题。

6 月 3 日　《云南日报》报道：经过 12 年努力，以省农科院粮食作物研究所番兴明研究员为首的“热带高油玉米‘云瑞 21’的选育”课题组，成功选育出国内外首个热带白粒高油玉米品种“云瑞 21”。

6 月 5 日　第六届东盟华商投资西南项目推介会暨亚太华商论坛在昆明开幕。

6 月 6 日　省国资委与海南航空集团战略合作协议签字仪式在昆明举行，双方共同筹建云南航空股份有限公司。

6 月 6~10 日　第十六届昆明进出口商品交易会在昆明举行。本届昆交会国内外企业展位 2292 个，参加企业 1580 多家，到会客商超过 10000 人。各项外经贸成交总金额累计达到 23.56 亿元，比上届增长 13.6%。

6 月 20 日　《云南日报》报道：国务院近日公布第二批国家级非物质文化遗产名录和第一批国家级非物质文化遗产扩展项目名录，云南省的《梅葛》“姚安坝子腔”“彝族酒歌”等 37 项珍贵的非物质文化遗产进入这两个名录。

7 月 1 日　昭通市首条高速公路水富至麻柳湾高速公路正式建成通车。

水麻高速公路全长 135.16 千米，为山区 4 车道高速公路，北接四川宜宾高速公路，南接昭麻、昭待高速公路，是云南省规划的“三纵三横九大通道”公路网的重要组成部分。昆明到水富公路全部高等级化，昆明到成都实现朝发夕至。

7 月 9 日　省委、省政府在昆明召开 2007 年科学技术颁奖大会，表彰奖励为云南省科技事业进步、经济社会发展做出贡献的科技工作者。中科院院士、中科院云南天文台研究员黄润乾获突出贡献奖，227 个项目分别被授予自然科学类、技术发明类和科学进步奖一、二、三等奖，一批在科研、生产一线的科技人员获奖。

7 月 19 日　《云南日报》报道：在北京举办的中国荷兰 MPS 花卉认证合作项目颁证仪式上，云南省丽都花卉产业发展有限公司、昆明杨月季园艺有限公司、玉溪明珠花卉有限公司、昆明虹之华园艺有限公司、元江臧健花卉科技开发有限公司等 13 家花卉企业获得 MPS 认证证书，成为我国首批 MPS 证书的拥有者。

9 月 1 日　全省实现义务教育全部免除学杂费，这是云南教育发展史上的重要里程碑。

9 月 4 日　省委召开常委会议，讨论研究《中共云南省委　云南省人民政府关于进一步扩大开放的若干意见（送审稿）》。《意见（送审稿）》明确了“打造一个通道、建设两个基地、连通三大市场、形成四条走廊”的全方位、多层次、宽领域的对外开放新格局。

9 月 12 日　《云南日报》报道：云南省地图院和云南省测绘局信息中心共同完成的云南省基本省情电子地图查询系统通过有关专家验收。系统分为全省概况、资源经济、全省详图、城市地图、交流旅游 5 个二维子系统和 1 个三维浏览子系统。

9 月 20 日　铁道部和云南省政府在北京签署《关于加快云南铁路建设有关问题会议纪要》。

9 月 25 日　省委常委会决定，云南省深入学习实践科学发展观活动暨第一批学习实践活动于 9 月 27 日正式启动。会议讨论通过了《中共云南省委关于开展深入学习实践科学发展观活动的实施意见》等文件。

10 月 8 日　中共中央、国务院、中央军委在北京人民大会堂隆重举行全国抗震救灾总结表彰大会。昭通市民政局、省民政厅救灾物资储备中心、省第三人民医院医疗队、省公安边防总队抢险队、成都军区昆明总医院抗震救灾医院被授予“全国抗震救灾英雄集体”荣誉称号，昭通市水富县杨德辉（女）等人被授予“全国抗震救灾模范”荣誉称号。

10 月 22 日　《云南日报》报道：自党中央、国务院颁布《关于实行党风廉政建设责任制的规定》以来，省委、省政府高度重视，省委每年召开常委会，专题研究党风廉政建设和反腐败工作。自 2007 年以来在责任制考核中，省委、省政府先后召开考核工作会议 724 次，组织 12000 余名干部群众参加民主测评，走访基层单位 147 个，较为全面地了解被考核地方和单位的实际情况。

10 月 30 日　《云南日报》报道：全国第九届少数民族文学创作“骏马奖”评选揭晓，云南省景颇族女作家玛波的长篇小说《罗孔札定》、佤族女作家袁智中的报告文学集《远古部落的访问》、彝族女评论家黄玲的文学评论集《高原女性的精神咏叹》、回族评论家马绍玺的文学评论集《在他者的视域中》、德昂族女诗人艾傈木诺的诗集《以我命名》、阿昌族作家孙宝廷的散文集《月亮刀魂》荣获“骏马奖”。

11 月 1 日　《云南日报》报道：经过 4 年多的建设及试运行，由中科院和云南省共同投资建设的国家重大工程项目中国西南野生生物种质资源库近日开库，正式进入运行阶段。

11 月 8 日　云南卷烟工业重组整合大会在昆明举行，红云集团与红河集团联合重组成立红云红河烟草（集团）有限责任公司，红塔集团与红河集团昭通卷烟厂联合重组。

11 月 9 日　云南省首届黄炎培职业教育奖在昆明颁奖。20 所学校获“黄炎培优秀学校奖”，15 位校长获“黄炎培杰出校长奖”，30 位教师获“黄炎培杰出教师奖”，2 个职教机构、企业的负责人获“黄炎培特殊贡献奖”。

11 月 17~20 日　中共中央政治局常委、中央书记处书记、国家副主席习近平来滇调研。习近平对云南近年来取得的成就给予了高度评价，并提出了六点要求：一是要切实抓好深入学习实践科学发展观活动，务求取得实实在在的效果；二是深入贯彻党的十七届三中全会精神，推动云南社会主义新农村建设迈上新台阶；三是紧紧抓住国家宏观调控政策重大调整和西部大开发的历史机遇，推动云南经济又好又快发展；四是切实加强生态文明建设，努力使“七彩云南”发射出更加耀眼的光芒；五是切实加强社会建设和社会管理，推动和谐云南建设；六是以改革创新精神，全面推进党的建设，为云南经济社会发展提供坚强保证，努力谱写云南改革发展的新篇章。

12月6日　全省首个风力发电项目大理风电场正式投产。大理风电场位于大理市南面的者摩山上，总长度18千米。总装机容量78.75兆瓦，设计总投资9.3亿元，共安装105台风机，年发电1.44亿千瓦时，每年可节约标准煤4.6万吨。

12月10日　省政府与农业部在北京签署《共建特色现代农业示范区合作备忘录》。

同日　省政府在昭通市召开金沙江下游水电移民工作会，研究在新的形势下如何做好向家坝、溪洛渡等金沙江下游地区水电建设所涉及的移民安置工作。

12月12日　西双版纳口岸机场第三次改扩建工程开工建设。

12月25日　“2008年中国最具幸福感城市”颁奖典礼在昆明举行。杭州、长沙、无锡、绍兴、佛山、长春、唐山、天津、宁波、昆明10座城市获此殊荣。

12月26日　国家高原湿地研究中心在西南林学院正式挂牌。该研究中心主要在高原湿地环境科学技术、生物多样性保育、高原湿地监测与信息化、高原湿地动物与疫病等领域开展研究。

12月27日　昆明—台北首航成功。

12月28日　省政府在昆明召开表彰大会，10位优秀农民工被授予“云南省杰出农民工”称号，另外90名优秀农民工和100个农民工工作先进集体受到表彰。这是改革开放以来云南省首次表彰农民工和农民工工作先进集体。

2009年

1月1日　《云南省人民政府关于鼓励创业促进就业的若干意见》公布。省政府出台20项措施鼓励创业、促进就业，从放宽市场准入限制、财政扶持、税收优惠、金融支持、培训和创业补贴、社会保障优惠6个方面加大政策扶持力度，促进全省创业就业工作。

1月6日　云南煤化工集团解化公司年产15万吨二甲醚项目在红河工业园竣工投产。这是全球第一套以低热值褐煤采用碎煤溶渣加压气化技术制气生产清洁能源的现代化工业项目，总投资12亿元。

1月8日　《中共云南省委贯彻〈中共中央关于推进农村改革发展若干重大问题的决定〉的实施意见》出台。《意见》提出全省加强农村制度建设的重大任务、发展现代农业的重大举措、发展农村公共事业的重大安排，对推进全省农村改革发展作出全面部署。

1月9日　全省和谐社区创建暨示范社区命名表彰会议在昆明召开。昆明市五华区大观街道三合营社区等全省首批50个示范社区受到表彰。

同日　云南省老龄工作会议在昆明召开。省政府出台3项政策：从2009年起，对80岁以上的长寿老人发放生活补贴；进一步提高企业退休人员养老金发放标准；将“五保”供养对象的年补助金由720元提高到960元。

1月14~17日　中共中央政治局委员、国务院副总理回良玉到云南地震灾区和贫困地区考察灾后恢复重建、扶贫和农村工作，看望慰问受灾群众、贫困农户、残疾人和优抚对象。他对云南大力推进农村民居地震安全工程建设工作予以高度评价。

1月20日　省委、省政府在昆明召开烟草工作座谈会，祝贺云南“两烟”2008年实现税利突破700亿元，共商进一步发挥烟草产业支柱作用，巩固云南烟草在全国的领先地位，为全省经济社会发展作出更大贡献。

2月3日　云南文化艺术职业教育集团成立。该集团由省文化厅牵头，是云南省现有的9个职业教育集团中唯一由政府职能部门牵头组建的职业教育集团。

2月4日　经省卫生厅研究确定，云南省第一人民医院等14家医院为云南省第一批新农合省级定点医疗机构。全省各县（市、区）参合农民转诊在省级定点医疗机构住院治疗，医疗费用纳入新农合报销补偿范围，可以按规定得到补偿报销。

同日　云南省有关部门按照新的《高新技术企业认定管理办法》，认定云南铝业股份有限公司等76家企业为高新技术企业，这些企业将在税收减免、科技计划、金融保险、出口信贷等方面获得一系列鼓励和支持。

2月16日　腾冲机场正式通航。腾冲机场是云南省境内的第12个民用机场。工程于2007年2月动工，2008年12月竣工，总投资4.7亿元。

2月17日　昆明市公安局五华分局出入境网正式开通。这是云南省首个正式运行的出入境网。通过该系统，昆明市所有的常住人员可以随时随地完成出入境证件申请表的填写与预审，不受时空和地域的限制申请出国（境）证件。

3月2日　省委、省政府在北京召开座谈会，邀请国务院扶贫办等27家中央国家机关企事业单位交流座谈，共谋云南扶贫开发大计。

3月16日　云南师范大学云南华文学院在昆明成立。该学院是云南师范大学、省侨办面向海外和港澳台地区开展华文教育和对外汉语教学的专门学院，是培养周边国家华文学校师资队伍的一个重要基地和工作平台。

3月20~21日　省委、省政府在红河哈尼族彝族自治州召开全省扶贫开发现场会暨社会扶贫表彰会。会议强调：要准确把握形势，突出工作重点，加大扶贫力度，提高开发水平，加快贫困地区群众脱贫致富步伐。

3月24日　中央文明办、住房和城乡建设部、国家旅游局表彰第二批“全国文明风景旅游区”和“全国创建文明风景旅游区工作先进单位”，云南省的石林风景名胜区获得“全国文明风景旅游区”称号，丽江玉龙雪山风景名胜区、大理风景名胜区崇圣寺三塔景区被评为“全国创建文明风景旅游区工作先进单位”。

4 月 1~4 日　中共中央政治局委员、中央书记处书记、中宣部部长刘云山先后在昆明市，西双版纳傣族自治州景洪市、勐腊县，保山市腾冲县调研考察，了解当地群众的生产生活情况和对精神文化生活的要求、愿望，了解云南宣传思想工作、文化体制改革和文化产业发展情况。

4 月 14 日　全部由我国自主研发、具有国际先进水平的汉麻纤维生产线，全球规模最大、工艺最先进的汉麻厂——汉麻韧皮纤维项目一期工程在勐海县建成投产。

4 月 28 日　昆明新机场外围 15 个基础设施建设项目开工。此次开工的 15 个项目，包括机场大道建设，公路新建和改扩建，供水、供电设施建设与改造等，投资总金额达 106.5 亿元。

5 月 8 日　云南腾俊东盟多式联运仓储物流园区在晋宁青山工业片区开工建设。园区总投资 12.34 亿元，是目前云南省最大的物流园区、货运站场和仓储市场，也是全国 179 个重点货运集团之一。

5 月 14~16 日　中共中央政治局委员、国务院副总理张德江先后考察了昆明、玉溪等地的化工、钢铁、电力、有色、烟草、医药、机械加工等行业。

5 月 27 日　1 万吨速溶咖啡生产线在德宏州潞西市工业园区破土兴建，项目投资 4.63 亿元，是全国规模最大的速溶咖啡生产线。

6 月 6~10 日　第十七届中国昆明进出口商品交易会、第二届南亚国家商品展在昆明举行。本届昆交会各项外经贸累计成交金额为 20.71 亿美元。

6 月 7 日　云南（曲靖）国际农业食品科技园开工仪式在曲靖举行。科技园由曲靖市政府与加拿大天辰国际集团共同规划建设，面积 5.3 平方千米，投资 25 亿元，计划 2011 年建成开园。

6 月 10 日　丽江至香格里拉铁路建设动员大会在香格里拉县召开。丽香铁路是我国中长期铁路网规划中“西部铁路网”及滇藏铁路的重要组成部分。

6月16日　省委、省政府在昆明召开2008年度云南省科学技术奖颁奖大会，表彰奖励为云南省科技、经济和社会发展作出突出贡献的科技人员。212个项目分获自然科学类、技术发明类和科技进步类一、二、三等奖，一批工作在科研、生产一线的科技人员获得总额894万元的奖金。中科院院士、中科院昆明植物研究所孙汉董获得突出贡献奖和奖金300万元。

6月22日　中国援建老挝纳堆至巴蒙公路北段修复项目启动仪式在景洪举行。老挝纳堆至巴蒙公路属老挝13号公路最北一段，是老挝北部乌多姆赛、南塔、丰沙里、博胶省通往老挝首都万象的唯一陆路通道，同时也是向北可通往中国云南的国际通道。

6月24日　世行贷款云南城市环境建设项目启动仪式在昆明举行。该项目涉及昆明、文山、丽江3个州市的10个县区，包括城市供水、污水处理及排水管网、城市生活垃圾处理、河道及城市环境综合整治、环境监测与管理能力建设及技术援助等18个子项目。

6月27日　中国城乡信息一体化云南省领导办公室、国家基础商务网络化工程云南省管理中心在昆明挂牌，同时中国城乡信息一体化云南商务网络开通。

7月4日　老挝驻昆总领事馆与云南省政府外事办公室在昆明外国领馆区举行老挝驻昆明总领事馆馆舍交接仪式。这是昆明外国领馆区首个建成并投入使用的外国总领馆馆舍。

7月8日　昆明中油昆仑燃气有限公司在昆明正式挂牌成立。公司由中石油昆仑燃气有限公司、云南省投资控股集团有限公司、昆明煤气（集团）控股有限公司、云南长安投资有限公司组成，是云南省最大的燃气专业公司。

7月25～28日　中共中央总书记胡锦涛在云南考察工作。在滇期间，胡锦涛总书记到昆明市和楚雄州就经济社会发展、民族工作、党的建设进行调研，并前往姚安地震灾区看望慰问受灾群众和救灾部队官兵。他对云南近年来取得的成就给予充分肯定，希望云南紧紧围绕保持经济平稳较快发展的首要任务，认真贯彻落实中央确定的应对国际金融危机冲击的一揽子计划和措施，统一意志，凝聚力量，开拓进取，扎实奋斗，进一步做好保增长、保民生、保稳定各项工作，不断开创新局面，以优异的成绩迎接新中国成立 60 周年。

7 月 27~31 日　国际人类学与民族学联合会第十六届大会在云南大学召开。国务院副总理回良玉出席开幕式并致辞。本届大会主题为“人类、发展与文化多样性”，来自近 100 个国家和地区的 4000 多名专家学者参会，收到 5000 多篇学术论文。

8 月 6 日　蒙自至新街高速公路试通车，昆明至河口连接东盟国际大通道实现全程高等级化。

8 月 6~7 日　省政府在六库召开加快怒江发展专题工作会议。

8 月 10 日　云南省职工才艺博览会在云南省科学技术馆开幕。本次博览会是为庆祝新中国成立 60 周年而举办的一项重大庆典活动，也是云南省工会展览史上规格最高、规模最大、门类最全、范围最广的一次展览活动。

8 月 12~15 日　第十八届全国发明展览会在昆明国际会展中心开幕。展览会以“创新发展、提升能力、加强合作、服务经济”为主题，来自全国各地的发明者、科技工作者和广大科技爱好者共 2000 多人入馆进行各项交流活动。

9 月 8 日　西南成品油管道二期工程、云南输油管线重点骨干项目——昆明至大理成品油管道建成并投产。管道全长 323 千米，设计年输油量 290 万吨。

9 月 11 日　省委、省政府在昆明召开云南省民族工作会议暨第六次民族团结进步表彰大会，表彰 113 个“全省民族团结进步模范集体”、87 位“全省民族团结进步模范个人”。出席会议的全体代表向全省各族同胞发出倡议：坚持走中国特色社会主义道路，团结互助亲如一家，携手建设美好家园。

9 月 17 日　中缅边境银行在瑞丽市姐告经济开发区举行开立人民币结算账户签约仪式。根据协议，缅甸经济银行在德宏州农业银行瑞丽市支行、建行瑞丽市支行开立人民币结算账户。

9 月 19 日　2009 中国昆明国际花卉展暨第五届昆明国际农业博览会在昆明开幕。来自 14 个国家和地区、国内 22 个省（市）和中国香港、台湾地区的1400余家企业参展。签订国内外农业合作项目69项，签约总金额71.76亿元。

9月21日　由云南建工集团承建的2009年第25届东南亚运动会场馆——老挝国家体育场的竣工交接仪式在老挝首都万象举行。老挝政府常务副总理宋沙瓦·凌沙瓦向云南建工集团等主要参与项目的中方单位颁发老挝劳动勋章。

9月28日　大丽铁路开通运营暨列车首发仪式在新建的大理至丽江铁路东站举行。大丽铁路是国家中长期铁路网规划中滇藏铁路的重要组成部分和建设西南进出境国际通道的重要路段，也是铁道部和云南省合资共建的单线电气化铁路。

10月5日　全国规模最大的玉石毛料公盘市场——瑞丽冠华国际珠宝公盘市场在瑞丽市开业。

同日　《云南日报》报道：云南省启动建设水稻、玉米、马铃薯、生猪、奶牛、甘蔗、油菜、蚕桑8个省级现代农业产业技术体系。

10月10日　《云南日报》报道：宾川县拉乌乡有机烟叶试验示范研究基地获得国内首张有机烟叶身份证。

10月16日　中国石油在云南省投资建设的第一座大型油库——云南销售公司昆明油库开工奠基典礼在昆明市官渡区大板桥启动。昆明油库是国家能源战略重点工程——中缅油气管道、昆明千万吨炼油厂的配套项目。

10月20日　"罗平小黄姜"地理标志证明商标正式启用。罗平红盈科技食品公司、罗平板桥黄姜开发公司、罗平华跃食品公司、罗平阳阳食品有限公司4家企业率先获得"罗平小黄姜"的商标使用权。

10月20~21日　省委全会在昆明举行。会议强调：要深入学习贯彻党的十七届四中全会和胡锦涛总书记考察云南时的重要讲话精神，进一步加强和改进新形势下云南省党的建设，动员全省广大党员干部和各族群众，更加自觉地深入贯彻落实科学发展观，以更加扎实的工作全力推动经济社会又好又快发展。

10月28日　招商银行昆明分行成功签发一张金额为100万元的电子商业汇票，云南省第一张电子商业汇票正式诞生。

11 月 2 日　中国第一家傣文网站——西双版纳傣文新闻网站正式开通。

11 月 3 日　《云南日报》报道：云南省面积最大的地方自然保护区——西双版纳傣族自治州布龙自然保护区近日正式挂牌建立。布龙自然保护区是珍贵的生物多样性富集区，具有较高的保护和科研价值。

11 月 7~9 日　中组部“边境地区党的基层组织和政权建设问题研究”课题研讨会在德宏自治州召开。来自云南、新疆、内蒙古、西藏、黑龙江、广西、辽宁 7 个边境省区及新疆生产建设兵团组织系统和有关部门的近 50 位代表参加研讨会。

11 月 11 日　云南省图书馆举行建馆 100 周年庆典典礼。

11 月 24 日　云南省新型农村合作医疗大病补充保险试点在楚雄州启动。

12 月 2 日　第九届中缅边境经济贸易交易会在德宏傣族景颇族自治州瑞丽市开幕。

12 月 12~16 日　中共中央政治局常委、全国政协主席贾庆林在云南调研考察。他深入西双版纳、保山、曲靖 3 州市，就学习贯彻中央经济工作会议精神、促进经济社会又好又快发展进行调研，并于 16 日听取省委、省政府的汇报。

12 月 16 日　中国·昆明螺蛳湾国际商贸城正式开业。项目总投资 58 亿元，占地 860.1 亩，总建筑面积 120 万平方米。

同日　云南烟叶复烤有限责任公司在昆明成立。公司由原来的 8 个打叶复烤企业整合而成，总资产 20.8 亿元，有 10 条打叶复烤生产线，年复烤量达 800 万担，成为中国烟草行业规模最大、技术水平最高、加工能力最强的烟叶复烤加工企业。

12 月 18 日　国家重点建设项目、国道主干线昆明绕城高速公路西北段正式开工建设。昆明绕城高速公路西北段主线起于安宁桃花村，止于嵩明桃园村，串联安宁、富民和嵩明等县、市，全长 59.237 千米，工程估算总投资 55.6 亿元。

12 月 22 日　大理至丽江高速公路开工建设。这是国家高速公路网和云南省“9210”骨架公路网的重要组成部分。项目起于大理市凤仪镇接楚大高速公路，经洱源、剑川，止于丽江黄山垭口西，公路全长 259. 18 千米。

12 月 25 日　继西部、西北部、北部、南部汽车客运站正式搬迁运营之后，昆明主城区最后一个搬迁的汽车客运站——昆明市东部汽车客运站首班车发班启动。

12 月 26 日　云南省第一人民医院建院 70 周年庆祝大会在昆明举行。医院的前身是云南省立昆华医院，是云南省最早的一所公立医院，6 次易名，1996 年定名为云南省第一人民医院，同时设昆华医院为第二名称。

12 月 27 日　云桂铁路云南段建设动员大会在呈贡新区昆明新南站举行。云桂铁路是云南建设的第一条高标准快速铁路。

同日　云南广电网络集团有限公司挂牌成立。云南广电网络集团有限公司由云南广播电视信息传输网络股份有限公司、昆明广播电视网络有限责任公司、云南电视台 3 家具备独立法人资格的实体共同发起，并先期共同以现金出资注册成立。

12 月 28 日　世界上首个±800 千伏特高压直流输电工程——云南至广东特高压直流输电工程成功实现单极投产。

12 月 29 日　云南省首家非银行金融机构——云南冶金集团财务公司在昆明成立。

12 月 30 日　云南文化产业投资集团有限责任公司正式挂牌成立。云南文投集团是由省政府出资设立的省属大型国有独资文化企业集团。

2010 年

1 月 6 日　省委宣传部在北京举行云南文化顾问座谈会，并聘任了云南省首批 9 名文化顾问。

1 月 11 日　在国家科技奖励大会上，云南省共有 7 个项目获奖，囊括三大主要奖项。

1 月 14 日　《党的生活》杂志发刊座谈会在昆明举行。经省委同意、报国家新闻出版总署批准，省委机关刊《云南支部生活》从本月起更名为《党的生活》。

1 月 14～15 日　中国（云南）—印度合作论坛国际学术会议在昆明举行，就中印经贸合作的影响和意义、金融危机和后危机时代中印合作的对策和途径、中国（云南）与南亚之间地区经济合作的机遇与挑战等进行探讨。

1 月 18 日　庆祝中越建交 60 周年座谈会在昆明举行。会议回顾了中越关系发展历程，并就进一步加强云南与越南的合作进行深入探讨。

1 月 19 日　省委、省政府在昆明召开独龙江乡整乡推进独龙族整族帮扶专题会议。会议提出：通过 3～5 年的努力，推动实现独龙江乡跨越式发展、独龙族整体脱贫的目标。

1 月 26 日　2010·中国大理首届珠宝博览会在大理开幕，共有来自广东、昆明、保山、瑞丽等地及缅甸的百余家客商到会参展。

1 月 28 日　外交部在北京举行 2010 年定点帮扶云南省金平县、麻栗坡县扶贫工作答谢会。1992～2010 年外交部共向两县投入帮扶资金 2.1 亿元。

1 月 29 日　云南省医疗扶贫基金会在昆明揭牌成立。基金会旨在为全省因病贫困的人群提供力所能及的医疗保健专项扶持和费用减免。

2月4日　“2009年云南十大科技进展”正式揭晓，抗灰斑病优质蛋白玉米“云瑞1号”选育成功并大面积推广等10项重大科技成就入选。

2月4~5日　全国旅游市场工作会议在昆明举行，云南省发挥优势开拓东盟和南亚市场的做法受到广泛关注。

2月9日　云南首家边检自助查验通道在河口口岸启用，口岸建成的4条自助通道开始全面投入使用。

2月11日　中共中央政治局委员、中组部部长李源潮到香格里拉县建塘镇尼史村看望慰问藏族同胞。

2月22日　昆明至迪拜国际航线首航。昆明成为继北京、上海、广州之后，第4个开通迪拜国际航线的内地城市。

同日　昆明市、玉溪市、景洪市荣获“国家园林城市”称号，石林县、弥勒县获“国家园林县城”称号，安宁市青龙镇获“国家园林城镇”称号。

2月24~26日　中共中央政治局委员、国务院副总理回良玉在深入旱情最重的文山、曲靖陆良、昆明石林等地视察灾情。25日，国家减灾委、民政部决定，鉴于云南省的特大旱情，国家三级救灾应急响应提升至二级。省防汛抗旱指挥部将全省抗旱应急响应级别由重大级（Ⅱ级）提升为特别重大级（Ⅰ级）。3月19~21日，中共中央政治局常委、国务院总理温家宝到云南省曲靖市，深入旱灾最严重的地区，看望慰问受灾群众，指导抗旱救灾工作。

3月2日　云南民族电影制片厂顺利完成转企改制工作并在昆明挂牌成立。

3月4日　小湾电站大坝全线浇筑封顶。大坝最大坝高294.5米，是世界在建的最高拱坝，其基岩峰值水平加速度、坝顶弧长、总水推力等关键指标，在世界拱坝建设中均居第一。

3月10日　全国藏区首个实现城市集中供热的香格里拉城市集中供热项目一期工程正式点火运行并投入使用。

3月12日　省政府与中国石油天然气集团公司在北京签署《煤层气开发利用战略合作框架协议》。

3月16日　省政府与中国科学院在北京签署云南省矿产资源勘查专项

合作协议。

3 月 26 日　沪昆铁路客运专线长沙至昆明段建设动员大会在贵阳北站举行，中共中央政治局委员、国务院副总理张德江出席动员大会宣布工程开工并为工程奠基。

4 月 1 日　昆明机场海关首次使用“空运国际直单转关”模式，标志着杭州—昆明—迪拜、石家庄—昆明—达卡两条新增空运转关航线正式启动。

4 月 14 日　《云南大百科全书》编纂工作会议在昆明召开，标志着云南省一项重要文化工程正式全面启动。

4 月 15 日　省农科院粮作所承担的优质专用多抗麦类新品种示范推广项目获国家引智示范基地授牌，成为云南省 3 个国家级农业引智示范基地之一。

4 月 17 日　云南师范大学“西部高原太阳能有效利用及持续发展研究创新团队”揭牌仪式在该校举行，实现了云南省高校教育部创新团队的零突破。

4 月 25 日　全国劳动模范和先进工作者表彰大会在北京举行，云南省 69 人获得“全国劳动模范和先进工作者”称号。

4 月 28 日　云南省绿春县与越南莱州省勐谍县边境公路在中越 29 号界碑附近正式实现对接，标志着中越之间又新增 1 条边境贸易通道。

5 月 1 日　2010 中国昆明国际文化旅游节在昆明举行启动仪式。

5 月 4 日　云南—芬兰环保合作项目展示会在昆明举行，展示内容涉及滇池污水、污泥处理，抚仙湖流域农村生活污水处理，生活垃圾处理等项目。

5 月 11 日　民政部中央救灾物资昆明储备库暨云南省救灾物资储备中心在昆明揭牌。

5 月 12 日　国家发改委、财政部、国家粮食局、农发行总行决定向云南市场定向加工销售中央储备粳米，第一批 1.2 万吨粳米投放云南省市场。

5 月 12～30 日　2010 中法文化之春——昆明中法文化周暨滇越铁路百年纪念摄影展《交叉的目光》在省博物馆举行。

5月15日　省委党的建设工作领导小组和创先争优活动领导小组第一次会议在昆明召开。

5月18日　西南林学院更名为西南林业大学的庆典大会在昆明举行。

5月25日　云南省选送的花灯剧《梭椤寨》获得第十三届文华优秀剧目奖。

5月26日　云南省生物多样性保护基金会成立仪式在腾冲举行，16家企业现场向基金会捐赠3800万元。

5月27日　中国（昆明）国际翡翠玉石珠宝文化博览交易会在昆明开幕。

5月31日至6月2日　中共中央政治局常委、国务院副总理李克强深入红河、昆明两地，考察云南省西部大开发战略实施情况和边疆民族地区经济社会发展情况。

6月5~7日　中共中央政治局委员、国务院副总理王岐山在云南考察昆交会和瑞丽、畹町口岸。

6月6~10日　第18届中国昆明进出口商品交易会暨第3届南亚国家商品展在昆明举行。

6月8日　大湄公河次区域（GMS）商务理事会成立会议和理事会第一次会议在昆明召开。

6月9日　西双版纳—泰国清莱—清迈国际航线开通。

6月21日　全省保障性住房工作会议在临沧市召开。会议确定：全年全省保障性住房建设目标是50万户（套），其中城镇保障性住房15万套，农村保障性安居工程35万套。

6月25日　昆明国家自动化物流系统产业化基地、昆明国家金融电子产品产业化基地通过科技部认定。

同日　云南省最大港口水富港扩建工程竣工开港。水富港成为云南省第一个集装箱港口，千吨级船舶可从水富港直航太平洋。

7月8日　省政府批准，自2011年7月1日起调整全省最低工资标准。全省一、二、三类区的月最低工资标准依次调整为830元、740元、630元；对应的小时最低工资标准依次调为8元、7元、6元。

7 月 13 日　云南省向桥头堡建设国家部委联合调研组情况汇报会在昆明举行。

7 月 23 日　商务部与云南省在北京举行首次部省合作会议，共商提升云南沿边开放水平，积极推进面向西南开放桥头堡建设的各项工作。此后，云南省政府与多家国家部委、中央企业签署了《支持云南省加快建设面向西南开放桥头堡战略合作协议》。

7 月 27 日　云南省跨境贸易人民币结算试点启动与昆明区域性跨境人民币金融服务中心揭牌仪式暨滇池跨境财金货币合作大通道建设高峰会议在昆明举行。

7 月 28 日　省政府与中国东方航空集团公司在昆明举行东方航空云南有限公司揭牌仪式，正式宣布东方航空云南有限公司进入实质性筹建阶段。

7 月 29 日　云南东源镇雄煤业有限公司长岭煤矿综采综掘试运行，标志着云南省本土大中型煤炭企业的综采综掘实现零的突破。

7 月 31 日　省政府下发《关于进一步加强外来投资促进工作的若干意见》，明确云南省外来投资促进工作的重点目标和领域，提出省政府主要领导直接领导招商工作，并在财政扶持、税收优惠、土地利用、社会保险等多方面给予优惠。

8 月 4 日　中央军委主席胡锦涛签署命令，追授云南省迪庆军分区原副司令员龚曲此里“促进民族团结进步的优秀干部”称号。

8 月 18 日　云南省有色地质局向社会公布：在滇中地区发现一个远景资源储量超过 5000 吨、潜在经济价值达数百亿元的大型独立钪矿床。

9 月 2 日　《云南日报》报道：中国科学院昆明植物研究所完成普通野生稻全基因组从头测序的框架图，是世界上第一个完成的高杂合度野生稻全基因组框架图谱。

9 月 4 日　丽江机场改扩建工程全面竣工。丽江机场年吞吐旅客量将由 200 万人次增加到 450 万人次。

9 月 10 日　中缅油气管道工程中国境内段正式动工，两条管道均起于缅甸皎漂市，从云南瑞丽进入中国。云南 1000 万吨/年炼油项目同时在昆明奠基。

9 月 15 日　在上海世博会上，云南花卉企业生产的“梦之草”保鲜花运用多项生态技术，填补国内空白，取得 3 项国家专利，并实现对俄罗斯、日本等国家的批量出口。

9 月 20 日　昆明海关出口分类通关系统在瑞丽、河口和机场口岸业务现场上线运行。

10 月 11 日　云南建工集团有限公司、云南省海外投资有限公司与老挝公共建设与交通部在昆明正式签署《老挝北部 13 号公路万象至巴孟段改扩建项目合作备忘录》。

同日　云南首个民族文化产业示范基地——中国丽江民族文化产业示范项目在丽江开建。该项目总建筑面积约 100 万平方米、总投资概算为 50 亿元。

10 月 30 日　省委作出决定，在全省广泛开展向杨善洲同志学习活动。

11 月 1 日　省政府在昆明举行云南省综合应急救援总队成立仪式。

11 月 8 日　云南演艺集团有限公司、云南文化艺术中心挂牌仪式在昆明举行，标志着云南省首批省级国有文艺院团转企改制试点工作完成。

11 月 11~15 日　中共中央政治局常委李长春在云南调研。他强调，党的十七届五中全会对文化的重要地位和作用作出了深刻阐述，对加强文化建设，提高文化软实力作出新的部署，为“十二五”时期文化改革发展指明了方向。

11 月 12 日　云南沃森生物技术股份有限公司在深圳证券交易所正式登陆 A 股市场，成为云南省首家在创业板挂牌上市的企业。

11 月 14 日　在第 16 届亚运会男子 50 米蛙泳决赛中，来自红云红河队的谢智、云南省交流到广州军区的李夏延分别获得金牌和铜牌。

11 月 16 日　全国碳汇造林试点启动会暨国家林业局西南林业碳汇计量监测中心揭牌仪式在昆明举行。

11 月 20~21 日　全国兴边富民行动工作会议在云南召开。中共中央政治局委员、国务院副总理回良玉出席并讲话。他强调，牢牢把握边境地区发展的重要战略。机遇切实增强加快边境地区发展的责任感和使命感，认真做好兴边富民行动“十二五”规划的编制工作，进一步推动边境地区又好又快发展。

11 月 25 日　2010 年中越（河口）边境经济贸易交易会开幕式在河口县举行。

11 月 30 日　省委召开常委会，审议并原则通过《中共云南省委　云南省人民政府关于推进农业产业化发展扶持农业龙头企业的意见》，明确把培育壮大农业龙头企业作为推进农业产业化的关键举措，加快云南省传统农业向现代农业转变。

12 月 2 日　长昆（长沙—昆明）客运专线云南段壁板坡隧道正式破土动工。

12 月 10 日　中国烟草云南祥云大型水源工程开工建设仪式在祥云县沙龙镇白石崖村的青海湖中段举行。该工程是国家烟草专卖局全额援建的全国首个烟区大型水源项目，也是云南省开展烟田基础设施建设以来最大的单项工程。

12 月 12 日　滇池泛亚合作暨第三届中国绿色发展高层论坛在昆明举行。

12 月 13~15 日　中共中央政治局委员、中央书记处书记、中宣部部长刘云山在云南省调研。他强调，切实加快边疆民族地区文化发展步伐，让各族人民群众共享文化改革发展成果。

12 月 16 日　省委召开常委会，传达中央经济工作会议精神，讨论《中共云南省委关于制定国民经济和社会发展第十二个五年规划的建议（讨论稿）》，审议云南省贯彻落实《中共中央　国务院关于实行党风廉政建设责任制的规定》的实施办法。

12 月 18 日　全省技师学院授牌仪式在曲靖举行，标志着云南省技工院校发展迈上了新台阶，技师学院建设实现零的突破。

2011年

1月11日　昆楚（昆明—楚雄）城际列车正式通车。楚雄市成为云南省继曲靖市后，第二个开行城际列车的城市。

1月14日　在2010年度国家科学技术奖励大会上，云南省共有12个项目获奖，其中国家技术发明奖2项、国家科技进步奖10项。

同日　国务院正式确定“澄江化石地”为中国政府2011年申报世界自然遗产项目，这是中国第一个化石类申遗项目。

1月18日　云南省“兴地睦边”农田整治重大工程项目在耿马傣族佤族自治县启动。该工程含420个项目区，惠及8个州市的25个边境县（市）。

1月25日　中国—东盟外长会在昆明举行，中国外交部部长杨洁篪出席会议并讲话。

2月25日　杨善洲先进事迹报告会在北京人民大会堂举行。中共中央政治局常委、中央书记处书记、国家副主席习近平会见报告团全体成员并讲话。

2月25日至3月1日　中共中央政治局常委、中央纪委书记贺国强先后到西双版纳、保山、昆明等地考察，就贯彻落实胡锦涛同志在十七届中央纪委第六次全会上的讲话精神，把以人为本、执政为民贯彻落实到党和国家全部工作特别是党风廉政建设和反腐败工作之中的问题进行调研。

2月27日　由中宣部、中组部、中央创先争优领导小组和云南省委联合举办的杨善洲先进事迹巡回报告会在上海展览中心友谊会堂举行。

3月10日　中共中央政治局常委、国家副主席、中央军委副主席习近平与出席十一届全国人大四次会议的云南代表座谈，共同审议全国人大常委会工作报告。他指出，中国“十二五”规划纲要草案关于深入实施西部大开发战略和把云南建成向西南开放的重要桥头堡的部署和要求，为云南加快发展增添了强劲动力和广阔空间。希望云南抓住机遇，以更大的力度推进开放发展、协调发展和可持续发展，使发展的基础更牢、后劲更足。

3月18~19日　中共中央政治局常委、国务院总理温家宝，中共中央政治局委员、国务院副总理回良玉到盈江实地查看灾情，慰问受灾群众和抢险救灾的军地人员，指导抗震救灾和恢复重建工作。4月1日，省政府召开盈江“3·10”地震恢复重建工作会议，全面启动盈江地震恢复重建工作。

3月20日　中共中央组织部作出决定，追授杨善洲“全国优秀共产党员”称号，同时号召全国党员向杨善洲学习。

3月28日　云南省第一架警用直升机“警航一号”在昆明市首飞成功，正式列入昆明公安警用装备序列。

4月8日　昆明市官渡区官渡古镇被国家旅游局批准为国家4A级旅游景区，同时被国家旅游局、住建部正式批准为全国特色旅游景观示范名镇。

4月11日　中国芒市—缅甸曼德勒航线包机试飞首航成功。

同日　中国—老挝边界第一次联合检查界碑揭幕仪式在云南磨憨—老挝磨丁口岸举行。

4月14日　庆祝中国与老挝建交50周年青年友好交流活动在景洪市西双版纳泼水广场正式启动。

4月25日　省政府外事办公室与老挝驻昆明总领事馆在昆明共同举行招待会，庆祝中华人民共和国与老挝人民民主共和国建交50周年。

同日　磨思（磨黑—思茅）高速公路正式通车。

4月28日　省委、省政府印发《云南省中长期教育改革和发展规划纲要（2010~2020年）》。该《教育规划纲要》是新世纪云南省第一个中长期教育改革和发展的宏伟蓝图，是今后一个时期指导全省教育改革和发展的纲领性文件。

5月6日　国务院印发《关于支持云南省加快建设面向西南开放重要桥头堡的意见》。

5 月 26 日　云南省杨善洲绿化基金会成立大会在昆明隆重举行。

5 月 30 日　瑞丽国家重点开发开放试验区建设正式拉开序幕，桥头堡建设 2 项重点工程——大理至瑞丽铁路保瑞段和龙陵至瑞丽高速公路建设同日奠基。

6 月 5 日　第十九届中国昆明进出口商品交易会暨第四届南亚国家商品展在云南海埂会堂开幕。

同日　第六届中国—南亚商务论坛在昆明举行。论坛主题是：中国与南亚国家间的贸易与投资。

6 月 6~10 日　第十九届中国昆明进出口商品交易会暨第四届南亚国家商品展在昆明国际会展中心举行。会展各项外经贸成交额累计达 69.6 亿美元。

同期　第九届东盟华商投资西南项目推介会暨亚太华商论坛项目签约仪式在昆明国际会展中心举行。

6 月 7 日　大湄公河次区域（GMS）商务理事会第二次会议在昆明举行。

6 月 28 日　全国二级公路首座螺旋隧道在水富至绥江二级公路新安段正式贯通。

6 月 30 日　电影《杨善洲》全国首映式在北京人民大会堂举行。中共中央政治局委员、中央书记处书记、中组部部长李源潮在首映式前会见杨善洲亲属和影片主创人员。

7 月 2 日　被誉为“西南边陲处突维稳尖兵”的武警云南总队第三支队支队长王建国当选为第十四届“中国武警十大忠诚卫士”。

7 月 4 日　省委、省政府在昆明召开 2010 年度云南省科学技术奖励大会，表彰奖励为全省科技事业和现代化建设发展作出突出贡献的科技人员和单位。其中：36 项成果获自然科学奖，9 项成果获技术发明奖，133 项成果获科技进步奖，2 名外籍科学家获云南省科学技术合作奖。

7 月 10 日　中国党建网云南频道正式开通上线。

7 月 20 日　国家重点工程沪昆铁路六沾（六盘水—沾益）二线昆明铁路局管区内最长隧道——歌乐隧道顺利实现贯通。

7 月 23 日　国家发改委正式批复关于云南省牛栏江—滇池补水工程可行性研究报告，中央从预算内投资中定额安排 33 亿元支持建设，工程建成后每年向滇池补水 6 亿立方米。

7 月 27 日　世界文化遗产丽江古城举行国家 5A 级旅游景区揭牌仪式。

7 月 28 日　省政府常务会议通过《云南省城镇居民社会养老保险试点实施方案》，决定从 7 月 1 日起在全省 97 个试点县（市、区）启动城镇居民社会养老试点工作。

8 月 2 日　省政府为木康公安检查站记集体一等功授牌仪式在芒市会堂举行。国务院、中央军委授予木康公安检查站“缉毒先锋站”荣誉称号十周年纪念大会同时召开。

9 月 20 日　第三届全国道德模范评选表彰活动在北京举行。云南优秀共产党员杨善洲、乡村医生邓前堆获得第三届“全国敬业奉献道德模范”称号，代普芝等 7 名候选人获第三届“全国道德模范提名奖”。

10 月 2 日　中国·瑞丽第十一届中缅胞波狂欢节暨第四届国际珠宝文化节在瑞丽开幕。

10 月 18 日　永仁至武定高速公路正式投入使用。

10 月 20~23 日　中央组织部和中央维稳办在云南普洱召开做好新形势下群众工作经验交流会。中共中央政治局委员、中央书记处书记、中央组织部部长李源潮出席会议并讲话。

10 月 27~30 日　2011 中国国际旅游交易会在昆明国际会展中心举行。云南展团签订组团人数 26 万人次，签订合同 430 份。意向组团人数 71 万人次，达成意向性协议 1173 份，总金额 4. 1 亿元。

10 月 28 日　云南省第二大火车客运站——丽江火车站正式投入运营。

11 月 9 日　云南省“十二五”期间投产的第一座大型水电站——华能功果桥水电站首台机组投产发电。

11 月 25~29 日　中国共产党云南省第九次代表大会在海埂会堂召开。大会的主题是：高举中国特色社会主义伟大旗帜，以邓小平理论和“三个代表”重要思想为指导，深入贯彻落实科学发展观，在新的起点上推动科学发展、和谐发展、跨越发展，为加快建设我国面向西南开放重要桥头堡而奋斗。大会选举出中共云南省第九届委员会委员 75 名、候补委员 14 名，中共云南省纪律检查委员会委员 41 名。

12 月 2 日　云南省电子政务外网建设工程圆满完成省、16 个州市、129 个县市区的建设及迁移任务，实现与国家政务外网全面贯通。

同日　昆明市、安宁市、玉溪市和芒市被评为国家卫生城市。

12 月 7 日　云南省开展群众观点群众路线群众利益群众工作教育、实行干部直接联系群众制度动员大会在昆明召开。

12 月 8 日　第十一届中缅边境经济贸易交易会在德宏傣族景颇族自治州瑞丽市开幕。

同日　云南农业大学朱有勇教授当选中国工程院院士。

12 月 9 日　中国老挝缅甸泰国湄公河联合巡逻执法联合指挥部在西双版纳傣族自治州景洪港关累码头举行揭牌仪式，中老缅泰 4 国执法警务合作的新平台正式建立。

12 月 19 日　首届中华艺文奖颁奖典礼在国家博物馆礼堂举行，云南省著名舞蹈艺术家杨丽萍获“艺文奖”。

12 月 26~27 日　省委全会在昆明举行。会议审议通过《中共云南省委关于贯彻落实党的十七届六中全会精神加快建设民族文化强省的意见》。

2012 年

1 月 8 日　省政府在昆明召开全省发展改革暨投资物价工作会议，要求全省各级各部门要为实现云南省生产总值突破万亿大关提供有力支撑。

2 月 23 日　国务院扶贫开发领导小组在昭通市召开会议，正式启动乌蒙山片区区域发展与扶贫攻坚，力争云南乌蒙山片区的 470 多万贫困人口到 2020 年与全国基本同步迈进全面小康。

3 月 7 日　中共中央总书记、国家主席、中央军委主席胡锦涛与出席十一届全国人大五次会议的云南代表团代表一起审议政府工作报告，审查计划报告和预算报告。他强调，云南要牢牢抓住国家加大实施西部大开发战略力度和支持云南省加快建设面向西南开放重要桥头堡的宝贵机遇，进一步凝聚力量、扎实奋斗，不断开创改革开放和社会主义现代化建设新局面。

3 月 8 日　丽江航空口岸对外开放通过国家验收，丽江机场是云南省第三个正式投入运营的口岸机场。

3 月 12 日　由楚雄彝族自治州农业科学研究推广所育成的“楚粳 28 号”水稻新品种被农业部评审确认为超级稻品种。

3 月 13 日　云南美瑾奇奥传媒有限公司、云南稻田影视有限公司、云南缘成影视有限公司成为云南省首批通过国家动漫认证的动漫企业。

3 月 19 日　云南电网 500 千伏草铺变电站改扩建工程正式投入运行。该工程项目总投资 4.7947 亿元，是目前云南电网最大的改扩建工程。

3 月 25 日至 4 月 6 日　云南省代表团对缅甸、泰国、老挝、越南、柬埔寨进行访问。

3 月 26 日　亚洲开发银行主办的亚太区域合作会议在昆明举行，30 余国代表在昆共商区域合作。此次会议是首次尝试把亚行发展中成员国代表召集一堂，共享区域合作经验，并讨论在区域合作方面如何克服障碍、共同应对挑战。

3 月 28 日　目前国内最大的胶磷矿浮选装置——年产 450 万吨的云南磷化集团有限公司浮选装置在晋宁县工业园区二街基地正式投产。

3 月 29 日　中石油西南油气田公司与云南中石油昆仑燃气有限公司在昆明签署《中缅管道天然气购销协议》。协议签署后，双方将依据云南省"十二五"天然气管网建设规划，加强与云南省天然气利用项目合作，加快云南省境内天然气支线管网项目建设，促进云南省天然气综合利用业务发展。

3 月 31 日　省民政厅、省财政厅联合下发通知，决定提高全省城乡低保对象补助标准和农村五保供养省级补助标准。城市低保对象月人均提高 27 元，农村低保对象月人均提高 12 元，"五保"供养对象月人均增加 24 元。

4 月 1 日　抚仙湖治理保护列入国家环保规划。国务院下发的《国务院关于印发国家环境保护"十二五"规划的通知》中，抚仙湖与洞庭湖、鄱阳湖等成为"国家保障和提升水生态安全的重点地区"，并将采取相应的治理保护措施。这表明抚仙湖的治理保护已正式上升至国家层面。

4 月 5 日　云南省与柬埔寨班迭棉吉省签署合作协议，共建农业科技友谊示范园，旨在加强双方农业科技交流与合作，推动双方农业科技进步、促进双方农业共同发展。农业科技友谊示范园将在 10 公顷的面积内开展粮食与园艺作物新品种试验示范及新技术展示，通过新品种与新技术推广和农业技术培训等提高当地粮食单产，带动周边农业增效、农民增收、农村发展。

4 月 9~10 日　全国发展和改革系统资源节约和环境保护工作会议在昆明召开。

4 月 18 日　古共中央书记处书记维克托 · 高特率领的古巴共产党代表团到云南访问。

同日　泰中民营企业合作谅解备忘录签字仪式在北京举行，9 家中国企业与 9 家泰国企业签署了合作框架协议，其中有 2 家云南企业。云南捷丰投资有限公司与泰国曼谷 LINK 集团陆海空物流总公司就共同推进泰北国际物流中心建设签署了框架协议。捷丰（泰国）国际物流中心是目前云南省在泰北投资打造的最大项目。

5 月 1 日　省人力资源和社会保障厅发出关于调整最低工资标准的通知，一、二、三类地区的月最低工资标准依次调整为 1265 元、1130 元、955 元，小时最低工资标准依次调整为 11 元、10 元、9 元。

5 月 6~8 日　第八届中国国际物流节暨第十一届中国国际运输与物流博览会在昆明国际会展中心开幕。展会面积达 3 万多平方米，为历届之最，全面展示国际国内物流行业知名品牌、领先产品、技术和服务，覆盖了运输与物流的产业链。

5 月 11 日　中国工商银行云南省分行“工银金行家”五星级贵金属旗舰店及贵金属投资者俱乐部在昆明南屏支行开业，这是云南省首家可办理实物黄金制品回购业务的银行网点。

5 月 16~17 日　中共中央政治局委员、中央政法委副书记、中央综治委副主任王乐泉在云南考察，对云南在经济发展、社会和谐、民族团结、综治维稳等多方面工作进行调研。

5 月 17 日　昆明石林国家农业科技园区被科技部批准为第四批国家农业科技园区，成为自 2002 年云南红河国家农业科技园区被批准以来的云南省第二个国家级农业科技园区，也是云南省唯一的台湾农民创业园。

5 月 17~22 日　中共中央政治局常委、全国政协主席贾庆林先后深入红河州和丽江市调研。他强调，坚持稳中求进推动科学发展，加强民族团结促进社会和谐。

5 月 18 日　国家发展和改革委员会正式印发《国家发展改革委关于金沙江观音岩水电站项目核准的批复》，同意该项目开工建设。观音岩水电站项目是大唐云南分公司成立以来获得的首个核准的大型水电开发项目。

5 月 24 日　云南云维集团有限公司年产 5 万吨双氧水装置投产。双氧水广泛运用于纺织、造纸、化工、电子、环境保护等，市场前景广阔，该项目填补了云南省无生产双氧水企业的空白。

同日　云南省第一家电子招标采购运营——云南云投电子商务有限公司在昆明高新区挂牌成立。公司对招标业务进行重新梳理，优化重组工作流程，帮助采购人选择供应商，为招标代理机构提供电子开标评标。

5月27日　由《人民日报》（海外版）与云南省人民政府新闻办公室主办的《人民日报》（海外版）、《中国—东盟南亚特刊》首发式在昆明举行。

5月31日　丽江机场航空口岸正式对外开放，丽江机场首条国际航线丽江—香港直飞航线同时开通。

6月3日　中国云南省与越南北部边境4省河江、老街、莱州、奠边省联合工作组第四次会议在昆明举行。5省代表团团长共同签署了《中国云南省与越南河江、老街、莱州、奠边省联合工作组第四次会议纪要》，5省公安部门共同签署了《中国云南省与越南老街、河江、莱州、奠边省警务联络机制备忘录》。

6月5日　第10届东盟华商西南项目推介会暨亚太华商论坛在昆明开幕。东盟华商会是主要面向东盟等国家举办的经贸交流活动，是西部地区重要的国际性涉侨招商引资品牌活动。

6月6日　云南省“十二五”期间开工的第一项大型水利工程——迪庆藏族自治州小中甸水利枢纽工程正式开工建设。小中甸水利枢纽工程是香格里拉县境内硕多岗河流域综合开发的龙头水库，属大（二）型水利基础设施工程，工程建设以发电、生态环境保护为主，结合防洪、灌溉和城乡供水等综合利用。

6月6~10日　第20届中国昆明进出口商品交易会暨第5届南亚国家商品展在昆明国际会展中心举行。本届展会各项经贸成交累计达80.68亿美元。

6月10~12日　中共中央政治局常委、中央纪委书记贺国强访问老挝，云南省工作组随同访问。

6月12日　建设面向西南开放重要桥头堡部际联席会议第一次会议在北京举行。会议听取了有关方面关于桥头堡建设进展情况的汇报，研究协调推进桥头堡建设的有关重大事项。会议的召开标志着桥头堡建设部际联席会议制度正式启动。

6月14日　云南省与微软（中国）有限公司在昆明签署合作备忘录。

双方同意在小语种软件研发及产业化、微软 IT 学院建设、建立云端技术实验室和开设软件评测中心等多领域展开深入合作。

6 月 26 日　世界银行首次支持西部地区发展职业教育贷款项目在昆明启动，这也是云南省首次单独申报成功的世行贷款项目。

7 月 1 日　中国“澄江化石地”经第 36 届世界遗产委员会投票表决，正式列入世界自然遗产名录，“澄江化石地”成为中国唯一的化石类世界自然遗产。

7 月 10 日　为期 8 天的中国泛亚石博览会在昆明国际会展中心开幕。博览会共吸引来自中国、斯里兰卡、缅甸、越南、阿富汗等国家和地区的客商参展，展销产品包括珠宝、观赏石等。

7 月 10~12 日　云南与香港、澳门投资合作推介会分别在香港、澳门举行。滇港签约项目 101 个，总金额 2661 亿港元。滇澳签署 1 份发展备忘录及 3 份合作项目协议，投资金额达 2.05 亿澳门元。

7 月 29 日　省人大常委会颁布《云南省民办教育条例》，标志着全省民办教育工作步入规范化、法治化轨道。

9 月 1 日　中国企业联合会、中国企业家协会发布 2012 年中国企业 500 强，云南省有红塔烟草（集团）有限责任公司、红云红河烟草（集团）有限责任公司、云天化集团有限责任公司等 8 家企业上榜。

同日　大姚国家核桃生物产业基地通过评审。国家林业生物产业基地目前仅有 5 个，大姚县申报国家核桃生物产业基地是全国核桃产业中唯一的一个。

9 月 4 日　最高人民检察院追授红河州检察院检察员杨进昌“全国模范检察官”荣誉称号。

9 月 6 日　华能糯扎渡水电站首台机组正式投产发电。30 日，第 2 台机组投产发电。糯扎渡电站位于澜沧江下游普洱市思茅区和澜沧县交界处，是澜沧江下游水电核心工程，也是实施云电外送的主要电源点。

9 月 11 日　云南—东盟民航区域航空合作座谈会在昆明举行。云南将在新开国际航线等方面采取更加有力的扶持政策措施，着力打造以东盟为重点的面向西南开放的空中经济走廊。

9 月 12 日　由中央企业东风汽车公司与民营企业湖北明想集团有限公司合资重组的东风云南汽车有限公司在昆明揭牌。

9 月 13 日　乌蒙山片区区域发展与扶贫攻坚部际联席会议在北京召开。会议主要任务是：深入贯彻落实中央扶贫开发工作会议精神和《中国农村扶贫开发纲要（2011~2020 年）》有关要求，启动乌蒙山片区部际联席会议制度，加强各成员单位之间的沟通协调，密切协作配合，形成工作合力，全面推进《乌蒙山片区区域发展与扶贫攻坚规划（2011~2020 年）》组织实施，促进乌蒙山片区经济社会又好又快发展。

9 月 16 日　2012 首届滇台经贸文化交流合作研讨会在昆明举行。

同日　云南无线数字电视文化传媒有限公司与柬埔寨国家电视台在昆明签署《关于采用中国 DTMB 标准建设柬埔寨地面数字电视项目合作协议》。项目建成后，柬埔寨观众将能够方便快捷地收看到包括中国中央电视台和云南卫视在内的多套清晰流畅的地面数字电视节目。

9 月 19 日　以“发展高原特色农业，促进现代农业发展”为主题的第十五届中国昆明国际花卉展暨第八届昆明泛亚国际农业博览会在昆明开幕。

9 月 24 日　2012 年省九大高原湖泊水污染综合防治领导小组会议及洱海保护工作会议在大理召开。会议的主要任务是学习借鉴洱海水污染防治经验，总结“十二五”以来九湖保护治理工作，研究部署今后几年的工作和任务，扎实推进九大高原湖泊保护治理向更高层次发展。

9 月 27~28 日　科技部和云南省联合举办首届中国 · 云南桥头堡建设科技入滇对接会。会议提出：科技入滇是进一步扩大科技开放合作、推动科技与经济紧密结合的创新举措，支持国内外科技要素入滇，实现科研平台、科技型企业、科技成果和先进适用技术、创新创业人才和团队的“四个落地”。

9 月 28 日　石林至锁龙寺高速公路主线贯通。石锁高速公路是国家“五纵七横”公路交通网络中的一段，是昆明到河口高速公路中的重要路段，是云南通往越南、东南亚最为便捷的国际大通道。

10 月 15 日　滇中城市经济圈建设规划汇报会在昆明召开会议，强调高起点规划、高水平推进、全力打造滇中城市经济圈，形成云南新的重要发展极。

10 月 18 日　省政府与中国机械工业集团有限公司在北京签署战略合作框架协议，共同推动滇中产业新区现代装备制造业发展。

10 月 29 日　中国绿色碳汇基金会碳汇经济促进中心在普洱成立。普洱市将依托此平台，大力发展碳汇林业项目，开展碳汇造林和可持续的森林经营等工作，促进培育以碳汇交易为主的生态服务市场，进一步引导社会参与积累碳汇、减少碳排放为主的植树造林和其他公益活动，推进民间增汇减排实践。

同日　第八届中国文联文艺评论奖颁奖典礼暨第六届当代文艺论坛在昆明举行。云南省吴卫民获文章类一等奖，宋家宏、葛树荣分获著作类和文章类二等奖，省文联获组织工作奖。

11 月 11 日　首届亚太地区合作社领导人经贸圆桌会议在昆明举行。来自 13 个国家及国际组织的 33 位合作社领导人与高级官员出席会议，会议以探讨共同发展循环经济、加强农产品进出口贸易为重点，探索建立贸易信息共享机制和可持续合作机制，进一步推动亚太地区各国合作社间的务实经贸合作。

11 月 19 日　省委在昆明召开领导干部大会，传达学习党的十八大精神，传达学习胡锦涛同志在中国共产党第十八次全国代表大会上所作的报告，传达学习习近平总书记在十八届一中全会上的重要讲话。

11 月 20 日　中国云南省与印度西孟加拉邦经济合作论坛（K2K 合作论坛）第八次会议在昆明召开，签署了《2012 昆明声明》。K2K 合作论坛是目前中国与印度之间建立的唯一一个省邦合作机制及合作平台，在推动中印关系发展方面发挥着积极作用。

11 月 22 日　云南泸沽湖民用机场在宁蒗彝族自治县红桥乡石佛山正式开工建设。泸沽湖民用机场是省委、省政府确定今年开工建设的 20 个重大基础设施项目之一，也是云南省“十二五”期间首个开工建设的机场项目。

11 月 24 日　世界拳击理事会（WBC）迷你轻量级世界拳王金腰带争霸赛在昆明市体育馆举行，文山籍运动员熊朝忠成为中国第一位世界职业拳王。

11月25日　云南师范大学国家汉语国际推广基地在呈贡校区正式揭牌，该基地是全国第20个、西南地区第1个国家汉语国际推广基地。

12月3日　国务院扶贫开发领导小组在普洱市召开滇西边境片区区域发展与扶贫攻坚启动会，国务院副总理回良玉强调要奋力开创区域发展和扶贫攻坚新局面。

同日　东亚银行中国有限公司在云南省的首家分行——东亚银行昆明分行开业，这是继泰京银行、汇丰银行和恒生银行后，在昆明开业的第4家外资银行。

12月4~6日　国务院副总理回良玉在云南考察工作，他强调要深入学习贯彻党的十八大精神，从战略和全局高度切实重视民族工作，促进各民族共同团结奋斗，共同繁荣发展，云南要以民族团结进步边疆繁荣稳定示范区建设为抓手，在破除发展瓶颈上下功夫，大力保障和改善民生，进一步促进民族团结，将中央的政策转化为强大的动力。

12月5日　中央宣讲团党的十八大精神报告会在昆明举行。

同日　商务部在昆明召开全国边境经济合作区工作会议，会议发布了《关于规范和促进边境经济合作区发展的意见》，提出了10项鼓励政策和支持措施。

12月8日　中缅天然气管道云南支线及城市燃气项目在昆明安宁平地哨村正式开工建设。中缅天然气管道工程作为四大能源战略通道之一，是我国“十一五”期间规划建设的重大天然气管道项目，是具有重大政治、经济、社会和环保意义的国家重点工程。

12月9~11日　第十二届中缅边境经济贸易交易会在缅甸木姐市举行。这是《瑞丽重点开发开放试验区建设实施方案》获国务院正式批准后，中缅双方举行的首次边交会。

12月16日　昆明市固定电话号码正式由7位升至8位。是继1992年后，昆明市固定电话号码的再次升级，标志着昆明经济社会和信息化发展取得了重要成果。

12月17日　第十四届残奥会云南省总结表彰大会在昆明举行，本届残奥会云南金牌和奖牌总数名列西部省份第一。

12月21日　阿海水电站1号机组顺利发电，该电站是金沙江中游河段“一库八级”规划的第四个梯级电站，总装机容量为2000兆瓦。

12月28日　云南开放大学成立大会在该校呈贡校区举行，经教育部批准，云南广播电视大学更名为云南开放大学。云南开放大学是国务院批准的全国六所试点建设的开放大学之一，是中西部省份唯一的开放大学。

2013年

1月1日　云南西双版纳州与老挝丰沙里省签署的中老联合保护区域协议正式实施，西双版纳与老挝北部南塔五祖姆噻和丰沙里的三片保护区域连成一片，形成总面积19.37万公顷的中老跨边境联合保护区域。

1月7日　云南省首家电子招标平台——彩云电子招标平台在昆明高新区正式投入运营。

1月8日　省政府和南方电网公司在永胜县松坪乡阿拉山自然村举行“云南省全面解决无线电区无电人口通电仪式”，全面解决无电地区无电人口通电问题。

1月9日　云内动力股份有限公司举行新区投产暨D19发动机5500台出口英国批量下线仪式，中国乘用车柴油发动机正式进入欧盟市场。

1月13日　省内最大的土特产网上商城——土大姐特产网上商城营运。

1月18日　云南10个科研项目在2012年度国家科学技术奖励大会上获奖，其中两个项目获国家科技进步一等奖，创国家科技奖励制度改革13年来新纪录。

1月28日　国家发展和改革委员会正式公布《云南省加快建设面向西南开放重要桥头堡总体规划》，明确云南的战略定位、发展目标、区域布局、重点任务。

2月7日　云南广播电视台与泰国中央中文电视台在曼谷举办《合家欢中泰情》首届中泰两国大型春节联欢晚会。这是云南省积极推进桥头堡建设，加强与东南亚、南亚各国交流合作的一项重要举措。

2月22日　省委常委会会议审议通过《中共云南省委　云南省人民政

府关于建设滇中产业聚集区新区的决定》。

2 月 23 日　玉溪至蒙自铁路开通运营，全长 141 千米，为一级电气化铁路。玉蒙铁路是桥头堡建设的重要项目之一，是泛亚铁路东线的重要组成部分，是云南“八出滇、四出境”国际铁路通道中建成的第一条铁路。

2 月 25 日　省政府与中国医学科学院阜外心血管病医院签署协议，决定在 2~3 年内共建“阜外云南心血管病医院”。

3 月 9 日　首届中国·盈江珠宝玉石原料国际博览会在盈江县举行。参展的商家主要是国内及泰国、缅甸、马来西亚等东南亚、南亚的珠宝玉石原料供应商、知名珠宝玉石品牌商等。

3 月 13 日　云南省“16118 移民补偿安置方式”获 2012 年度联合国“全球促进社会发展最佳实践奖”。这也是目前全国水电工程建设移民安置工作获得的最高成就奖。

3 月 26 日　省政府印发《加快推进瑞丽重点开发开放试验区建设若干政策》。《政策》分为六大类 28 项，全面推进瑞丽重点开发开放试验区建设。

同日　云南省首个地震模拟振动试验台在昆明理工大学落成启用，标志着我省工程抗震技术研究在产学研上的优势互补得到进一步增强，硬件装备条件跻身国内一流水平。

3 月 27 日　云南山灞图像传输科技有限公司投资建设的高科技远程医疗网在南非建成并投入使用，这是目前为止中国企业在非洲大陆上建成的最大的一个高科技远程医疗网。

3 月 28~30 日　中共中央政治局委员、国务院副总理刘延东在文山、昆明等地，对边疆民族地区教育医疗卫生等情况进行调研。她强调，要加大支持农村义务教育的力度，缩小城乡差距，使农村孩子接受公平而有质量的义务教育。

3 月 29 日　昆明新知书城马来西亚（吉隆坡）华文书局开业。这是新知集团继在柬埔寨金边、老挝万象之后在海外开设的第三个华文书局。

3 月 30 日至 4 月 1 日　中共中央书记处书记、全国政协副主席杜青林在迪庆州调研。他指出，要深入贯彻党的十八大精神，把群众工作作为谋长久之策、行固本之举的总抓手，转变作风、凝心聚力、强基固本，努力把工作提高到一个新水平。

4月1日　中国（云南）—印度尼西亚经济合作暨中国—南亚博览会推介会在雅加达举办，签订合作项目12个，总金额21.7亿美元。

4月4日　中国（云南）—新加坡经济合作暨中国—南亚博览会推介会在新加坡举办，签订合作项目14个，总金额27.29亿美元。

4月9日　全省冬马铃薯推广现场会在石屏县召开，会议提出要把云南省打造成全国最大的冬马铃薯（反季）生产供应基地。

4月12~13日　中共中央政治局委员、国务院副总理汪洋在昆明、大理、楚雄等地考察指导抗旱救灾工作，调研农业农村发展，看望当地群众。

4月15日　东亚峰会新能源论坛在昆明举行。本次论坛旨在贯彻2011年东亚峰会论坛的精神和共识，促进第二届东亚峰会讨论的能源问题和《东亚能源安全宿务宣言》的落实，加强东亚峰会各国在新能源领域的合作，推进东亚峰会各国新能源技术和产品的应用，促进区域应对气候变化和可持续发展。

4月19日　云南省应对人感染H7N9禽流感联防联控机制第1次联席会议在昆明举行，禽流感联防联控机制正式启动。

同日　中老缅泰"平安航道"联合扫毒行动指挥部在云南西双版纳揭牌，标志着为期2个月的4国联合扫毒行动正式开始。

4月28日　省委常委会议审议通过《中共云南省委　云南省人民政府关于加快实施创新驱动发展战略的意见》《中共云南省委　云南省人民政府关于加强法治建设创建平安云南的意见》。

同日　云南省第一家本土个人本外币兑换机构——云南亚盟货币兑换有限责任公司在昆明开业，填补了银行无法全部满足个人本外币兑换需求的空白。

同日　云南省农业科学院申报的"国家观赏园艺工程技术研究中心"获科技部认定，成为云南省首个农业领域的国家工程研究中心。

5月2日　省委藏区（藏传佛教）工作领导小组在迪庆藏族自治州召开全省藏传佛教寺庙管理长效机制建设和谐寺庙创建活动表彰大会。会议提出：要把以依法管理、民主管理、社会管理为核心的藏传佛教寺庙管理长效机制建设提高到一个新水平，为把云南藏区建设成为全国藏区跨越式发展和长治久安示范区做出新贡献。

5 月 8 日　省政府出台《云南省“十二五”控制温室气体排放工作实施方案》，制定系列控制温室气体排放约束指标和具体措施，着力发展低碳经济。

5 月 18 日　国务院批复同意会泽县成为“国家历史文化名城”，会泽县成为我国第 121 座国家历史文化名城。

5 月 20 日　昆明地铁 1 号线首期工程南段（官渡区晓东村站—呈贡区大学城南站）试运营。

5 月 25 日　2013 国际茶业大会暨第八届中国云南普洱茶国际博览交易会在普洱市思茅区开幕。本次“两会一节”以“交流合作、文化传承、茶源寻根、共享普洱”为主题，将举办“茶马史诗”歌舞晚会、祭茶祖仪式、国际茶业大会论坛、世界茶人联谊晚会、世界茶源寻根之旅等活动。

6 月 3 日　第二届云台会在昆明举行。本届云台会以“台企入滇、西进东盟、开拓南亚”和“优势互补、资源共享、产业对接”为主题。会上，海峡两岸各界人士就推进云台两地在特色农业、生物科技产业方面的优势互补进行了深入交流，并举行了产业对接活动。

6 月 6 日　由中国侨联、云南省人民政府主办，中国侨商联合会、省侨联承办的首届中国侨商投资贸易促进会在昆明举行。中共中央政治局委员、国务院副总理马凯出席开幕式并致辞。

6 月 6~7 日　首届中国—南亚智库论坛在昆明举行。论坛由中国社会科学院和云南省人民政府主办，云南省社会科学院等承办。本次论坛以“促进地区经贸合作、区域互联互通和国际人文交流”为主题，旨在发挥智库作用，推动中国与南亚国家友好关系。

6 月 6~10 日　首届中国—南亚博览会暨第二十一届中国昆明进出口商品交易会在昆明国际会展中心举行。本届展会突出了面向南亚、东南亚的市场定位。

6 月 10 日　云南省农业科学院自主选育的月季新品种“BABY HEART”（赤子之心）通过欧盟月季新品种测试并获欧盟授权。

6 月 15 日　云南省中小企业融资圆梦计划在昆明启动。5 年内，富滇银行、华夏银行昆明分行将向云南省中小企业协会会员企业提供 100 亿元意向性融资。

6 月 20 日　第七届中国生物产业大会在昆明国际会展中心开幕。大会将首次权威发布中国生物产业发展年度报告，揭示中国生物产业各行业投资指数，为战略性新兴产业投资者提供参考。

6 月 22 日　在第三十七届世界遗产委员会会议上，红河哈尼梯田被正式列入世界文化景观遗产名录，成为云南继澄江帽天山之后又一个世界遗产，使云南的世界遗产达到 5 个，云南也由此成为中国的世界遗产大省。

6 月 26 日　省委常委会议审议通过《中共云南省委　云南省人民政府关于争当全国生态文明建设排头兵的决定》。

6 月 28 日　在国务院批准公布的第七批全国重点文物保护单位中，云南省新增 56 处全国重点文物保护单位。至此，全省共有 132 处全国重点文物保护单位。

7 月 3 日　全省党的群众路线教育实践活动动员大会在昆明召开会议。会议强调：坚决把思想和行动统一到中央的部署上来，以高度的政治责任感、良好的精神状态、扎实的工作作风，组织开展好群众路线教育实践活动，以实际行动取信于民。

7 月 8 日　上海—云南对口帮扶合作第十四次联席会议在上海市召开。会议强调：滇沪双方要进一步完善机制、丰富内涵、拓展领域、提质增效，推动滇沪对口帮扶合作开创新局面。

7 月 24 日　省人大会议审议通过《云南省少数民族教育促进条例》，在云南少数民族教育发展史上具有里程碑意义，标志着云南少数民族教育工作正式进入法制化的轨道。

8 月 5 日　省政府印发《支持西双版纳州磨憨跨境经济合作区建设若干政策》。从财税、投融资、产业、土地、公共服务、行政管理和人才、机制建设七个大方面给予了 22 条优惠政策。

8 月 15 日　滇西抗战纪念馆开馆仪式在腾冲举行。滇西抗战纪念馆是云南省“十二五”期间重点标志性文化建设项目之一。纪念馆建设项目从立项到建成，得到了中央领导的高度重视，中共中央宣传部、国家发展和改革委员会、财政部、文化部、国家文物局给予了大力支持。

8 月 16 日　第九届海峡两岸书画名家作品展开幕式在昆明举行。这是历届两岸书画名家作品展中展出作品最多的一次，是海峡两岸不同地区、各种流派、多种画风、各个年龄段艺术家及其作品的一次大交流。

8 月 17~18 日　2013 年度全国良好湖泊生态环境保护基线调查和工作进展推进会在大理市召开。会上，来自云南省及青海、四川、重庆、贵州、西藏、河北、浙江、辽宁、黑龙江等20多个省区市涉及湖泊生态环境保护工作的负责人和专家，分别就抚仙湖、泸沽湖、千岛湖、镜泊湖、洪湖、查干湖、兴凯湖、白洋淀等29个湖泊的生态环境保护作情况汇报和经验交流。

8 月 19 日　首届中国云南—缅甸合作论坛在昆明举行。论坛交流探讨了滇缅在各领域合作取得的成绩及存在的问题和困难，并就积极推动边境经济合作区建设、进一步加强农业合作、推进边境口岸人员出入境通关便利化、开展旅游交流合作、深化滇缅合作论坛机制等诸多事宜达成了共识。

8 月 23 日　云南省文物考古研究所与澳大利亚新南威尔士大学合作的“中国西南晚更新世-全新世过渡时期古老型人类的发现”入选“世界重大考古研究成果”。

8 月 26 日　建设面向西南开放重要桥头堡部际联席会议第二次会议在北京举行。会议听取了有关方面关于桥头堡建设进展情况的汇报，研究协调推进桥头堡建设的相关重大事项。

9 月 2 日　2013 云南（首届）互联网大会在昆明开幕，首次对外公布《云南省互联网发展报告》。

9 月 4 日　云南省首座大中型秸秆沼气集中供气工程——保山市隆阳区2010 年秸秆沼气集中供气工程项目通过省级验收。

9 月 11 日　抚仙湖北岸生态湿地项目建设启动。项目建成后，将彻底截留北岸流域内的污水，实现中水回用，削减北岸区域内 10.2 万人产生的生活污染物、农业面源污染和畜禽养殖污染，抚仙湖入湖污染将减少 70%。

9 月 17 日　省委、省政府成立云南省民族团结进步边疆繁荣稳定示范区建设领导小组。

9月21日　2013年国际和平日纪念活动暨中国南亚和平发展论坛在昆明开幕，中共中央政治局委员、国家副主席李源潮出席开幕式并发表讲话。

9月25日　中共中央政治局原常委，第八届、第九届全国政协主席李瑞环到昆明牛栏江滇池补水工程防洪公园实地考察通水情况。该工程是云南省目前投资最大、中央补助最多、工程建设最快的单项水利工程，树立起了云南省水利建设史上的新丰碑。

9月28日　国务院办公厅同意在云南省临沧市设立国家级边境经济合作区，定名为临沧边境经济合作区，实行现行边境经济合作区的政策。

9月29日　老挝人民革命党中央委员会总书记、国家主席朱马利·赛雅颂到云南访问。

9月30日　省委、省政府出台《中共云南省委　云南省人民政府关于建设旅游强省的意见》，明确了把旅游产业建设成为全省国民经济的战略性支柱产业和人民群众更加满意的现代服务业，把云南建设成为国内一流、国际著名的旅游目的地和中国面向西南开放的区域性国际旅游集散地。

同日　中缅油气管道云南禄丰—广西贵港段主干线完工，中缅天然气管道干线全部建成，每年可输送天然气120亿立方米。中缅天然气管道主干线的贯通，标志着我国四大油气进口通道框架基本形成。

10月9日　锁龙寺至蒙自段高速公路通车。至此，中越公路国际大通道云南段实现全程高速化。

10月10~14日　第九届昆明泛亚国际农业博览会在昆明举行。博览会围绕促进高原特色农业的发展，突出产业化、专业化、标准化的特色等开展。

10月13~15日　国务院总理李克强访问越南期间，中国商务部与越南工贸部签署《关于建设中越跨境经济合作区的谅解备忘录》，这是中越跨合区建设至2009年正式启动以来，第一次在国家层面签署合作协议，标志着中国河口越南老街跨合区的建设进入实质性推进阶段。

10月15日　省政府印发《支持红河州河口跨境经济合作区建设若干政策》，制定了八个方面的22项具体支持政策，在财税政策、投融资政策、产业政策、土地政策、通关便利化政策、公共服务政策，以及行政管理和人才政策等各方面给予了跨合区大力的支持。

10月16~17日　中国云南—老挝北部合作特别会议暨工作组第六次会议在普洱市举行，双方签署了《加快中国磨憨—老挝磨丁经济合作区建设合作备忘录》。

10月27日　云南省话剧《搬家》在第十届中国艺术节上获文华剧目奖，女主角张登霞的饰演者马娟获中国艺术节表演奖。舞蹈家杨丽萍获“2013中国文化艺术政府奖——文华表演奖”。

10月29~30日　国家民委、云南省人民政府在大理召开云南省民族团结进步边疆繁荣稳定示范区建设现场推进会和专家座谈会，会上，国家民委授予云南省国家民委民族理论政策研究基地牌匾。

11月8日　“龙腾奖——2013第八届中国创意产业年度大奖”评选在京揭晓，云南演艺集团有限公司、云南广电传媒集团有限公司、杨丽萍等获得6个奖项。

11月10日　农业部和省政府在昆明签署《中华人民共和国农业部　云南省人民政府共同支持国家级斗南花卉市场建设合作备忘录》，并启动国家级斗南花卉市场建设项目，斗南花卉市场成为中国首个国家级花卉市场。

11月11日　云南省首届高校东南亚南亚文化节在云南民族大学开幕。缅甸、泰国、越南、老挝、柬埔寨、马来西亚等国驻昆总领事馆领事等出席开幕式。

11月17日　2013云南高原特色农业推介会在迪拜举行。推介会向来自迪拜华人商会、迪拜贸易企业等的70多家客商介绍云南省建设中国和世界重要菜园、花园、果园、保健园的成果，及打造放心云南、品质云南、健康云南等高原特色农业发展理念的情况，以及云南最具代表性的茶叶、蔬菜、花卉等几百个高原特色农产品和生物制品。

11月18~22日　第十三届亚洲艺术节在昆明举行。本届艺术节以“魅力亚洲、文化中国、七彩云南、美丽春城”为主题，旨在促进亚洲艺术发展繁荣，推动中国与亚洲各国的文化合作与交流。

11月20日　昆明铁路局昆明工务机械段黄龙山焊轨基地与昆明阳骁工贸有限公司合作研发的自动钢轨端面打磨机研制成功，成为国内首台自动钢轨端面打磨机。

11月21日　高德荣同志先进事迹报告会在云南海埂会堂举行。高德荣同志为怒江州人大常委会干部、第十届全国人大代表，被誉为“人民的好县长”。

11月22~25日　中共中央政治局常委、全国人大常委会委员长张德江在云南就县级人大工作进行调研。他强调，要全面贯彻落实党的十八大、十八届三中全会精神和习近平总书记系列重要讲话精神，从完善和发展中国特色社会主义制度、推进国家治理体系和治理能力现代化的高度，按照“总结、继承、完善、提高”的总原则，着力加强县级人大工作和人大自身建设，扎实推进县级人大工作完善发展。

11月25日　云南省建设沿边金融综合改革试验区工作座谈会在昆明召开。经国务院同意，中国人民银行、国家发改委、财政部等部委印发《云南省广西壮族自治区建设沿边金融综合改革试验区总体方案》。

11月27日　公安部、国家旅游局等17部委联合下发的《关于加强边境旅游异地办证管理的意见》，正式批准云南省文山、红河、西双版纳、德宏、保山五州市开展边境旅游异地办证。

12月3日　云南省首家区域智能化配肥中心在楚雄建成投产。该中心由云南威鑫农业科技股份有限公司投资2.8亿元建成，占地79.5亩。

12月6日　第六届10+3媒体合作研讨会在昆明举行。云南日报报业集团与柬埔寨《柬埔寨之光》、缅甸亚誉媒体集团、孟加拉国独立报出版公司、尼泊尔廓尔喀新闻集团、尼泊尔《镜报周刊》5家东南亚南亚媒体签署《合作谅解备忘录》。

12月15~18日　国际著名佛学大师、佛光山开山宗长、国际佛光会世界总会会长星云大师率团造访云南，开展宗教文化交流活动。

12月16日　暂停多年的云南省边境旅游异地办证工作正式启动，户籍所在地已经实行按需申领护照的国内居民，在云南西双版纳州、红河州、德宏州等边境地区，可以通过有资质经营边境旅游的组团社，以团队组织的形式，申办《中华人民共和国出入境通行证》，然后参加边境旅游。

12月18~19日　孟中印缅经济走廊四方联合工作组第一次会议在昆明

召开，正式建立了四国政府推进孟中印缅合作的官方机制。

12 月 19 日　经国家环保部、省环保厅专家组评审，石林彝族自治县被评为云南省首个省级生态文明县。

12 月 22 日　国家低碳省区和低碳城市试点工作现场交流会在昆明召开，云南作为首批试点省就相关工作进行了交流，国家发改委对云南省相关工作给予了肯定。

12 月 26~27 日　省委全体（扩大）会议在昆明召开，审议通过《中共云南省委关于贯彻落实中共中央关于全面深化改革若干重大问题的决定的意见》。

12 月 28 日　中华人民共和国勐康口岸—老挝人民民主共和国兰堆国际口岸举行开放仪式。该口岸成为继云南省勐腊县的磨憨口岸后第二个连接老挝的国家级陆地口岸。

12 月 30 日　大理—丽江高速公路全线建成通车。大丽高速公路起于大理白族自治州凤仪镇，止于丽江市拉市镇，是国家高速公路网规划的杭州至瑞丽公路的联络线。

2014年

1月9日　昆明市第九污水处理厂正式通水运行，环滇池城市污水处理能力增加到191万立方米/天。这是昆明市投入运行的第二座地下式污水处理厂。

1月9~11日　由红河学院与越南河内社会科学与人文大学共同发起，主题为“合作与展望”的中越首届红河流域大学校长论坛在蒙自市红河学院举行，共有中越两国的12所高校应邀参加。

1月14日　云南省与越南老街省签署《关于落实〈中华人民共和国商务部与越南社会主义共和国工贸部关于建设跨境经济合作区谅解备忘录〉的合作备忘录》。

同日　云南省小微企业融资便利化专题工作会议提出，云南省从2014年起在3年内试点小额贷款保证保险，省级财政每年安排3000万元的风险补偿资金、1000万元的小微企业贷款增量风险补偿奖励资金，确保“十二五”期间3000户“专、精、特、新”优质小微企业获得信用贷款。

1月22日　富滇银行与老挝外贸大众银行共同发起设立的合资银行——老中银行在老挝万象正式开业。老中银行是我国第一家在境外设立、由中国城市商业银行控股的中外合资银行。

1月29日　云南广播电视台国际频道在老挝正式开播，成为老挝境内第一个使用老挝语播出的外国频道。

同月　贡山县干部群众向习近平总书记写信报告高黎贡山独龙江公路隧道即将贯通的消息。总书记回信说：“新中国成立后，独龙族告别了刀耕火种的原始生活。进入新时代，独龙族摆脱了长期存在的贫困状况。这生动说明，有党的坚强领导，有广大人民群众的团结奋斗，人民追求幸福生活的梦想一定能够实现。”

2 月 1 日　香港恒生银行通过“恒生云南沼气能源计划”，2014 年在云南农村增建沼气设施 800 个。至此，该计划在云南省资助兴建的沼气设施达到 3800 个，惠及 1.5 万农民。

2 月 8 日　省委全面深化改革领导小组第一次会议召开。会议认真学习习近平总书记在中央全面深化改革领导小组第一次会议上的重要讲话精神，审议《中共云南省委全面深化改革领导小组工作规则（草案）》等有关文件，研究部署领导小组工作。

2 月 10 日　国家发展和改革委员会作出批复，同意蒙自至文山至砚山高速公路项目建设。蒙自至文山至砚山高速公路是连接昆河经济走廊和昆珠经济走廊的重要联络线。

同日　云南省建设沿边金融综合改革试验区领导小组第一次会议暨工作推进会在瑞丽召开。会议提出：今年是云南沿边金融综合改革试验区建设实现破冰开局的一年。全省各部门要深化改革，做好金融工作，推进各项试点政策先行先试，实现重点突破。

2 月 18 日　全省 16 个州市及所属 129 个县（市、区）的第二批教育实践活动全面启动。

2 月 20 日　财政部、科技部、工信部、发改委 4 部委批复全国第二批新能源汽车推广应用城市名单，昆明市、丽江市、玉溪市、大理市入选。

2 月 21 日　云南省工商行政管理工作会议确定，从 3 月 1 日起，省内公司注册登记由注册资本实缴登记制改为认缴登记制，并启用新版营业执照和相关登记表格，放宽注册资本登记条件，降低门槛服务市场经济发展。

2 月 22 日　国家自然科学基金委员会及云南省人民政府资助的联合基金重点项目“长雄野生稻地下茎发生的遗传与分子机制”在昆明启动。

2 月 27 日　大理经济开发区升级为国家级经济技术开发区，定名为大理经济技术开发区，实行现行国家级经济技术开发区的政策。这是云南省继昆明、曲靖、蒙自、杨林之后的第 5 个国家级经济技术开发区。

3 月 14 日　新华社与云南省在北京签署《新华社云南省战略合作协

议》，开展金融信息服务全面战略合作，提升云南在东盟、南亚地区的金融影响力。

3 月 15 日　云南省首个手机投诉软件“随身 315”正式在西山区上线运行，消费者可以使用手机通过该软件直接进行消费投诉和商户查询，减少维权成本。

3 月 21 日　“昆明—南京—昆明”全货机邮政航线正式开通，云南寄往北京、天津、上海、南京、杭州等全国 56 个主要城市的 EMS 标准快递邮件可实现次日投递到户。

3 月 23~25 日　中共中央政治局常委、全国政协主席俞正声就深入开展第二批党的群众路线教育实践活动在武定县调研。在滇期间，俞正声还围绕政协工作和民族宗教工作进行深入调研。

3 月 24 日　尼泊尔总理苏希尔 · 柯伊拉腊在首都加德满都会见云南省代表团。

3 月 25 日　国家公务员局在施甸善洲林场为公务员特色实践教育（保山）基地授牌，该基地成为“十二五”期间国家公务员局在全国范围内确定的 10 个特色实践教育基地之一。

3 月 28 日　省人大常委会会议表决通过《云南省人民代表大会常务委员会关于调整完善生育政策的决议》，明确指出在本省行政区域内一方是独生子女的夫妇可以生育两个孩子，云南省“单独两孩”政策正式落地。

3 月 30 日　孟加拉国总理谢赫 · 哈西娜在首都达卡会见云南省代表团。

4 月 1 日　牛栏江正式向昆明城市供水。作为昆明市的重要后备补给水源，每天有 11 万立方米牛栏江水通过全密闭管道输水线路，经昆明市第五自来水厂处理后输送到昆明西片区和西南片区。

4 月 3 日　首部中缅合拍的 42 集大型电视连续剧《舞乐传奇》首映式在缅甸仰光举行。

同日　《吉祥》杂志仰光分社在缅甸仰光举行揭牌仪式。创办于 1992 年的《吉祥》杂志是我国唯一一本以缅文出版并在中缅两国发行的综合性月刊。

4 月 10 日　独龙江公路重点控制性工程——独龙江公路高黎贡山隧道全线贯通，这标志着怒江州贡山县独龙江乡彻底告别长达半年大雪封山不通公路的历史。

4 月 12 日　国家民族文字出版专项资金资助项目——《云南民族传唱艺术》荣获中国第三届出版政府奖。中国出版政府奖是我国出版行业的最高奖，这是云南出版物首次获得该奖。

4 月 16 日　云南日报报业集团与印度尼西亚国际日报报业集团在雅加达签署战略合作协议，印尼国际日报报业集团旗下的英文报纸 *The Indonenesia News*（《印尼新闻报》）和印尼文报纸 *International Media*（《印尼国际报》）将刊发英文、印尼文版《美丽云南》新闻专刊。

4 月 19 日　红河综合保税区项目建设在蒙自经济技术开发区正式启动。红河综合保税区获得国务院的批准，成为云南省第一家综合保税区。

同日　云南河口跨境经济合作区基础设施建设项目启动仪式在河口县举行。跨境经济合作区沿中越界河（红河）布局，总面积 21 平方千米。其中，中方区域为 11 平方千米，越方区域为 10 平方千米，实行围网封闭管理。

4 月 29 日　北京—昆明—内比都航线开通。这是我国首条与缅甸新首都——内比都的定期直达航线。

4 月 30 日　昆明地铁 1、2 号线首期工程全线贯通试运营，标志着昆明市主城全面进入地铁时代和主城公共交通体系迎来新的纪元。

5 月 1 日　以“狂欢昆明 · 再聚世博”为主题的首届昆明文化旅游博览会在昆明世博园启动。

5 月 2 日　云南路桥股份有限公司与南方电网国际公司正式签订老挝南塔河 1 号水电站对外交通公路工程施工设计总承包合同。老挝南塔河 1 号水电站进场道路起点与老挝 3 号公路相连接，终点为南塔河 1 号水电站坝址。

5 月 9 日　尼泊尔共产党（联合马列）主席贾拉 · 纳特 · 卡纳尔率领的尼共（联合马列）干部考察团到云南访问。

同日　省政府主办的第九届中国云南普洱茶国际博览交易会在昆明国际会展中心开幕。云南省举办的“茶博会”已经成为我国西部最大的茶业专业展会，成为云茶展洽、交易和合作的有效平台。

5 月 11 日　国家发改委对《德厚水库工程项目建议书》批复，文山州首个大型水库——文山市德厚水库项目正式通过国家立项。

5月17日　云南白药集团股份有限公司在京荣获第三届中国工业大奖，填补了西南地区中国工业大奖空白。

5月18日　云南省高原特色农业发展促进会在昆明挂牌成立。促进会由云南省60多家科研单位、高等院校、省级龙头企业等组成。

5月23日　中共中央政治局委员、中央党的群众路线教育实践活动领导小组副组长赵乐际在玉溪市调研教育实践活动开展情况。他强调，要深入学习贯彻习近平总书记在指导兰考县委常委班子专题民主生活会时的重要讲话精神，落实“三严三实”要求，严肃认真开展批评和自我批评，切实解决“四风”突出问题，确保教育实践活动取得人民群众满意的成效。

5月24日　第十六届中国科学技术学会年会在昆明隆重开幕。中共中央政治局委员、中央书记处书记、中组部部长赵乐际出席开幕式并讲话。

5月26日　滇池4大生态建设项目启动，4个项目分别是：昆明官渡王官湿地、呈贡斗南湿地、晋宁水上森林湿地、滇池边一条长11千米的亲水大道。

6月2日　云南省农业科学院粮食作物研究所选育的粳稻香软米新品种“云粳29号”在第十三届全国粳稻米大会、第二届全国优质食味米峰会上被评为“优质食味粳米”，成为高原粳稻中获得“优质食味粳米”称号的首个优质米品种。

6月4~5日　中共中央政治局委员、国务院副总理汪洋在云南考察水利和农业工作。他强调，水利是农业的命脉，要在加大水利投入的同时，积极探索创新水利建设和运行管护机制，加快完善水利设施体系，以节约用水支撑农业可持续发展。

6月6日　中共中央政治局委员、国务院副总理汪洋在昆明分别会见了来华出席第二届中国—南亚博览会开幕式的孟加拉国等国贵宾。

同日　首次中国—南亚国家科技部部长会在昆明举行。会上，各方就推动中国—南亚科技合作向宽领域、深层次、全方位发展发表见解，并就合作内容、合作形式等进行深入讨论，达成诸多共识；同时，还举行了中国—南亚技术转移中心揭牌仪式。

6月6~10日　第二届中国—南亚博览会暨第二十二届中国昆明进出口

商品交易会在昆明国际会展中心举行。

6 月 8 日　第二届中国—南亚智库论坛在昆明开幕。本次论坛以“互联互通—构建新丝绸之路”为主题。

同日　国家发展和改革委员会、工业和信息化部、国土资源部、住房和城乡建设部、商务部 5 部委批复同意《云南桥头堡滇中产业聚集区发展规划（2014~2020 年）》。滇中产业聚集区位于昆明市东西两侧，是滇中城市经济圈重要的产业承载区域，是云南省加快建设我国面向西南开放重要桥头堡的核心区域。

6 月 9 日　第三届云台会开幕式在昆明举行。本届云台会的主题是“台企入滇，西进东盟，开拓南亚，优势互补，资源共享，产业对接”。

6 月 11~13 日　中共中央书记处书记、全国政协副主席杜青林在昆明调研民族工作。他指出，云南作为多民族省份，近年来在党委、政府的重视和支持下，民族工作富有特色、卓有成效，并走在全国前列，特别是民族团结进步、边疆繁荣稳定示范区建设成效显著，经济社会快速发展，城乡面貌焕然一新，生活水平持续改善。

6 月 26 日　全国第四大水电站——华能糯扎渡水电站最后一台机组正式投产发电，糯扎渡水电站全面建成投产。

6 月 30 日　世界第三大、中国第二大水电站——溪洛渡水电站全部投产。

7 月 1 日　从昆明火车站始发的首趟直通旅客列车抵达乌鲁木齐火车站，结束了云南到新疆没有直通旅客列车的历史。

7 月 7 日　“中印友好交流年”系列活动之一——第二届中印瑜伽峰会在大理学院开幕。

7 月 10 日　中国第三大水电站向家坝电站机组全部投产发电。向家坝电站拥有目前世界上单机容量最大的水轮发电机组。

7 月 22 日　丽江至香格里拉铁路开工仪式在丽江市举行。丽江至香格里拉铁路是国家中长期铁路网规划中“西部铁路网”及滇藏铁路的重要组成部分。

7 月 26~27 日　2014 中国云南昭通大山包首届全国户外邀请赛在黑颈

鹤国家级自然保护区——黑颈鹤之乡的昭阳区大山包镇举行。

7月30日 “2014云南省非公企业100强”发布会在昆明举行。云南惠嘉进出口有限公司、云南力帆骏马车辆有限公司等入选“100强”。

8月3日 昭通市鲁甸县境内发生6.5级地震。4日，中共中央政治局常委、国务院总理李克强到鲁甸重灾区龙头山镇察看灾情，慰问受灾群众。20日，中共中央政治局常务委员会会议听取国务院抗震救灾指挥部关于云南鲁甸6.5级地震抗震救灾情况汇报，研究部署抗震救灾及灾后恢复重建工作。中共中央总书记习近平主持会议并发表重要讲话。

同日 云南省进一步提高城镇基本医疗保险报销水平，除了将医保乙类用药个人先自付比例由10%~15%统一下调为3%以外，还采取扩大医保基金支付范围等多项措施，将住院费起付线普遍进行下调，并把肺癌、食道癌等20种疾病政策范围内住院医疗费用报销比例提高到90%。

8月30日 昆明南连接线高速公路正式向社会车辆开放通行，昆明进入“四环时代”。

9月2日 省委、省政府出台《云南全面深化农村改革总体方案》，提出到2020年基本建立城乡统筹联动，城乡要素平等交换和公共资源均衡配置的体制机制，形成城乡经济社会发展一体化新格局。

9月4~5日 全省兴边富民工程工作会议在文山州召开。会议强调进一步提升开发开放水平，促进云南省沿边地区经济社会持续健康发展和长治久安。

9月5日 普洱出入境检验检疫局申报筹建的国家咖啡检测重点实验室（普洱）通过国家质检总局考核验收组的现场考核验收，全国唯一的国家级咖啡产品专业实验室在云南省诞生。

9月6日 大理州宾川县获得全国第六届新农村电视艺术节“魅力新农村”金牛奖。

9月12日 全省集中连片特殊困难地区区域发展与扶贫攻坚工作现场推进会议在红河州举行。会议指出：“十二五”（2011~2015年）以来，云南省坚持区域开发与精准扶贫并重，以滇西边境片区、乌蒙山片区、迪庆藏区、石漠化片区4个集中连片特困地区为主战场，不断创新扶贫开发方式，走出了一条具有云南特点的扶贫开发路子。

9 月 15 日　党的群众路线教育实践活动理论研讨会在北京召开。云南省委作了《打通联系服务群众“最后一公里”》的报告，交流了我省在开展教育实践活动中的一些认识、做法和成效。

9 月 16 日　泛亚铁路东线国内段最后一段在建铁路——蒙河（蒙自—河口）铁路全线铺通。蒙河铁路开通后，中越边境口岸河口将接入全国准轨铁路网，云南将形成第一条联通东南亚的铁路国际大通道。

9 月 19 日　姚安农哈哈食用菌开发有限公司在上海股权交易托管中心挂牌，这是云南省首家在上海股权交易托管中心挂牌的农业企业。

9 月 23 日　云南省民族团结进步边疆繁荣稳定示范区建设理论研讨会在北京召开。会议强调：要深入学习贯彻习近平总书记系列重要讲话精神，认真研讨云南民族团结进步边疆繁荣稳定示范区建设的做法经验和形成的理论成果，深入推进示范区建设，聚集共同团结奋斗正能量，谱写共同繁荣发展新篇章。

同日　第六届联合国教科文组织世界地质公园大会上，大理苍山被列为世界地质公园，这是云南省第二个被认定的世界地质公园。

10 月 1 日　昆明长水国际机场口岸 72 小时过境免签政策正式实施。全球共 51 个国家的人员可以申请 72 小时过境免签入境昆明。

10 月 13 日　在第十届泛珠三角区域合作与发展论坛暨经贸洽谈会上，滇粤两省政府进行会谈，并签署合作协议。云南出入境检验检疫局分别与广东、珠海、深圳三地出入境检验检疫局签署合作备忘录。昆明海关与广州海关签署备忘录。

10 月 18 日　《国宝滇金丝猴云南保护行动计划（2015~2020 年）》在昆明通过评审。通过保护行动的实施，到 2020 年，滇金丝猴种群数量有望从现在的 3000 只上升到 5000 只。

10 月 19 日　贯彻中央民族工作会议精神推进云南民族团结进步边疆繁荣稳定创建工作省部联席会议在北京召开。会议提出：云南要深入贯彻落实中央民族工作会议精神，加快推进民族地区全面建成小康社会步伐，在六个方面走在全国前列，积极探索具有中国特色、云南特点的民族工作路子，奋力谱写好中国梦云南篇章。

10月21日　云南省东南亚南亚电子商务产业园示范基地在昆明市呈贡新区启动。这标志着为打造一个专业化、规模化、现代化、集成化的电子商务生态圈，实现真正的“一带一路”“产城一体”的创新型新昆明、新呈贡迈出了坚实的一步。

10月22日　第九届海峡两岸暨香港、澳门警学研讨会开幕式在昆明举行，探讨新形势下如何携手打击“跨境毒品犯罪治理与警务合作”，重点分析了跨境毒品犯罪的现状、基本趋势、治理难点以及加强打击防范的对策。

10月22日至11月1日　第七届“汉语桥”世界中学生中文比赛在昆明举行。这是“汉语桥”比赛连续三届在云南举办。

10月24日　加快建设我国面向西南开放重要桥头堡部际联席会议第三次会议在北京召开。会议围绕互联互通大通道建设、对内对外开放合作平台建设、与周边国家的交流合作、水利保障工程以及政策支持等五个方面的15个重大事项进行了研究协调，提出了解决问题的意见和建议。

10月26日　云南省阜外心血管病医院和云南泛亚国际心血管病医院破土动工。该项目是省委、省政府确定的民生工程，是云南省迄今投资规模最大的医院建设项目。

10月30日　在云南禄丰早侏罗世地层中发现的小型食肉类恐龙化石被确定为腔骨龙类恐龙新属种，这是腔骨龙类化石在亚洲的首次发现。

11月3日　云南省临沧市公安局禁毒支队支队长高明当选第五届“我最喜爱的人民警察”，鲁甸地震抗震救灾公安英雄集体获特别奖。

11月4日　中国云南—老挝北部合作工作组成立10周年座谈会在昆明举行。中国云南—老挝北部合作工作组正式成立，为滇老合作搭建了稳定的沟通交流平台。合作机制创立10年来，云南与老挝积极推进交通、通信等互联互通基础设施建设，双边合作从最初的边贸逐步拓展到金融、农林、科技、旅游、文化、边境管理和警务等领域。

11月6~7日　第二届亚洲微电影艺术节在临沧举行。云南省选送的《金色玉米穗》《临沧，梦未眠》《冰岛之恋》等23部微电影作品入围参评。

11月13日　2014（全国）汉传佛教讲经交流会开幕式在昆明六甲宝

华寺举行。国家宗教事务局、云南省委统战部、中国佛教协会相关领导等5000余人参加了开幕式。

11 月 15~19 日　2014 第十届中国昆明泛亚国际农业博览会在昆明国际会展中心举行。这次展会全方位展示了云南省高原特色农业，以及国外、省外农业新技术、新产品、新成果。

11 月 18 日　首批“云岭首席技师”授牌仪式在昆明举行，来自烟草、能源、有色金属等支柱产业的45名高技能人才被授予“云岭首席技师”称号。

11 月 22 日　云南省昆明空港经济区正式挂牌，标志着滇中产业新区构建新型管理体制取得新的突破，更标志着全省临空产业和临空经济发展即将开启新的纪元。

11 月 25 日　第二届中国·云南桥头堡建设科技入滇对接会在昆明召开，参会领导向33个云南省院士专家工作站授牌，35个重大科技入滇项目成功签约。

11 月 25~26 日　中国云南省与印度西孟加拉邦合作论坛第十次会议在昆明举行，双方签署《2014 昆明声明》。《声明》中提出，论坛高度重视孟中印缅经济走廊建设，将积极鼓励双方企业、社会各界，包括商贸、旅游等领域，积极促进昆明和加尔各答之间陆路交通的建设。

11 月 28 日　澜沧民用机场建设开工。澜沧民用机场项目是《中国民用航空发展第十二个五年规划》建设项目，也是云南省重点工程建设项目。

12 月 1 日　蒙河（蒙自—河口）铁路正式开通货物运营，中越边境河口口岸首次接入全国准轨铁路网，这是云南省第一条连接东南亚的国际铁路大通道。

12 月 2 日　云南省与捷克共和国奥洛莫茨州缔结友好省州关系意向书签字仪式在昆明举行。

12 月 7 日　云南日报报业集团和孟加拉国《独立报》共同主办的英文版《美丽云南》新闻专刊在孟加拉国首都达卡首发，专刊首期4个版全面展示云南经济、社会发展等。

12 月 15 日　渣打银行（中国）有限公司昆明分行正式开业。至此，在云南开业的外资银行增至6家。

12 月 17 日　东方航空公司昆明直飞巴黎航线正式开通，这是云南省首条洲际远程航线。

12 月 18 日　以“睦邻友好，共创繁荣”为主题的 2014 澜沧江 · 湄公河流域国家文化艺术节开幕式在西双版纳景洪市举行。

12 月 20 日　国务院总理李克强出席在曼谷举行的大湄公河次区域（GMS）经济合作第五次领导人会议，云南省代表团随同出席。

12 月 27 日　昆明—北部湾港铁海联运班列首发，昆明—北部湾港快速直达货运班列正式开行。

12 月 28 日　云南省留学人员创新创业园首届年会暨省党外知识分子联谊会留学人员联谊会在昆明召开。会上，“云南省党外知识分子、留学人员众创空间”和“云南省党外知识分子、留学人员创新创业加速器”挂牌成立。“高效节能无梁式液压抽油机”等 6 项“优秀创新成果”、昆明理工大学国家国际技术转移中心等 6 项“优秀创业项目”获表彰。

12 月 29 日　楚雄至广通高速公路正式建成通车。楚广高速公路是云南省第一条省地联建的地方高速公路，也是全省第一批获得“以奖代补”政策支持的地方高速公路建设项目。

12 月 30 日　全省九大高原湖泊水污染综合防治工作会议在昆明举行。会议强调：要牢固树立绿色发展理念，增强责任感、使命感，以铁的手腕、硬的措施，开拓进取，攻坚克难，全面完成九湖水污染综合防治“十二五”规划目标任务，科学谋划好“十三五”规划，为助推云南省“争当全国生态文明建设排头兵”再立新功。

同日　由云南省委宣传部和新华社合作建设的移动终端门户——“云南通”正式上线启动运行。这标志着云南省传统媒体与新兴媒体融合发展迈出了新的步伐。

2015年

1月5日　云南省深入开展“三严三实”和“忠诚干净担当”专题教育动员大会在昆明召开，会议作了专题教育活动动员部署。

1月6日　省委作出《关于深入开展向高德荣同志学习的决定》，授予高德荣“优秀共产党员”称号和“云岭先锋奖章”，并在全省组织深入开展向高德荣学习活动。

1月13日　云南、广东两省出入境检验检疫局在昆签署《关于促进昆明出口烟草国检监管区出口烟草通关便利化合作协议》，促进云南大宗产品烟草出口。

1月19~21日　中共中央总书记、国家主席、中央军委主席习近平到昭通、大理、昆明等地，看望鲁甸地震灾区干部群众，深入企业、工地、乡村考察，就灾后恢复重建和经济社会发展情况进行调研。考察期间，习近平听取了云南省委、省政府的工作汇报，对云南经济社会发展取得的成绩和各项工作给予肯定。习近平强调，要全面贯彻党的十八大和十八届三中、四中全会精神，用全面建成小康社会、全面深化改革、全面依法治国、全面从严治党引领各项工作，加快贫困地区、民族地区经济社会发展，为到2020年如期实现全面建成小康社会奋斗目标加紧奋斗。希望云南主动服务和融入国家发展战略，闯出一条跨越式发展的路子来，努力成为我国民族团结进步示范区、生态文明建设排头兵、面向南亚东南亚辐射中心，谱写好中国梦的云南篇章。

1月20日　中共中央总书记、国家主席、中央军委主席习近平在昆明亲切会见怒江州贡山独龙族怒族自治县干部群众代表。他指出，独龙族和其他一些少数民族的沧桑巨变，证明了中国特色社会主义制度的优越性。要继续发挥我国制度的优越性，继续把工作做好、事情办好。全面实现小康，一个民族都不能少。

1月22日　高德荣同志先进事迹报告会在人民大会堂举行。报告会前，中共中央政治局常委、中央书记处书记刘云山看望报告团成员，向高德荣表示亲切慰问，对学习宣传高德荣先进事迹和崇高精神提出要求。中共中央政治局委员、中宣部部长刘奇葆，中共中央政治局委员、中组部部长赵乐际参加看望活动。2月2日，中共中央组织部印发《中共中央组织部关于授予高德荣同志“全国优秀共产党员”称号的决定》。

2月5日　建设银行云南省分行与缅甸合作社银行签署跨境人民币结算合作协议。这是该行在继缅甸经济银行之后拓展的第二家对缅合作银行。至此，该行跨境人民币清算网络覆盖越南、缅甸、泰国、马来西亚4国12家银行，成为云南省内同业中与周边国家建立人民币合作关系最多的商业银行，跨境人民币清算渠道得到进一步完善。

2月26日　省委常委会（扩大）会议传达省部级主要领导干部学习贯彻十八届四中全会精神全面推进依法治国专题研讨班精神，学习习近平总书记重要讲话，部署安排云南省贯彻落实工作。

3月1日　《云南省机关事务管理办法》施行。这是云南第一部规范机关事务管理工作的省政府规章，标志着云南省机关事务工作纳入法制轨道。

3月2日　随着昆明国际快件监管中心启用，云南省国际快件进出境业务正式开通。昆明国际快件监管中心启用后，云南省国际快件不必在北京、上海、成都、重庆等异地口岸通关，极大地提高了快件物流、通关的速度。

3月4日　英国剑桥公爵威廉王子到西双版纳傣族自治州访问，出席“边境地区生物多样性保护：评估中国南部跨边境保护区的作用及未来”研讨会并致辞。

3月10日　云南杂技“蹬鼓平衡造型——傣鼓情”获第四届西班牙菲格雷斯国际马戏节银奖，并获最佳表演奖和最具特色奖两个评委特别单项奖。

3月11日　省政府与中国工商银行在北京签署《“一带一路”金融服务战略合作协议》，共同构建长期稳定的战略合作关系，共同把云南建设成为“一带一路”连接交汇战略支点。

同日　公安部追授昆明市公安局禁毒支队缉毒民警刘军“全国公安系统二级英雄模范”荣誉称号，省政府追授其“春城缉毒卫士”荣誉称号。

3月12日　中共中央政治局常委、国务院副总理张高丽参加十二届全国人大三次会议云南代表团审议《关于修改立法法的决定（草案）》和最高人民法院工作报告、最高人民检察院工作报告，听取云南代表意见建议。他要求，推进云南跨越式发展，谱写好中国梦云南新篇章。

3月16日　省委理论学习中心组举行集中学习，深入学习贯彻习近平总书记关于外交外事工作的重要讲话精神，强调要主动服务和融入国家发展战略，为我国推进“一带一路”“长江经济带”建设，构建具有中国特色、中国风格、中国气派的对外工作格局作出新的贡献。外交部部长王毅就外交外事工作作专题报告。

3月20日　由昆明红火科技有限公司自主研发的《微生物催化油脂制备生物燃油》项目在北京通过专家评价，该项目填补了中国应用微生物催化法制备生物环保燃油的空白。

3月30日　云南省首届宗教界人士学历教育班毕业典礼在云南大学举行，来自佛教、道教、伊斯兰教、天主教、基督教的58位宗教界学员被授予毕业证书。

3月31日　省委会议通过《中共云南省委关于深入贯彻落实习近平总书记考察云南重要讲话精神闯出跨越式发展路子的决定》。

同日　瑞丽中缅货币兑换中心在瑞丽市姐告边境贸易区揭牌。瑞丽市成为国内首个挂牌交易缅币的城市和云南省内首个成立外币兑换中心的县级市。

4月2日　中国外交部部长王毅同来访的缅甸总统特使、外交部部长吴温纳貌伦举行会谈。缅甸总统特使就军机炸弹致中国边民伤亡正式道歉。双方同意密切配合，落实好会晤达成的共识，维护好边境地区稳定，发展好中缅全面战略合作伙伴关系。

4月7日　昆明长水国际机场东西两条跑道实现同一机型飞机同时降落双跑道独立模式试运行，标志着昆明长水国际机场成为西南地区首家同一机型飞机能够同时起飞和降落的机场。

4月8~10日　云南首批出口至香港的99吨烟叶实现从昆明至广东黄埔口岸通报通检通放“一站式”检验检疫直通放行。至此，云南烟草出口实现跨区域直通放行。

4月9~10日　越共中央总书记阮富仲在云南访问，积极推动滇越交流合作。

4月13日　云南省政府代表团访问马尔代夫，分别拜会了马尔代夫总统阿卜杜拉·亚明以及外交部、经济发展部、旅游部等部长，就深化相关领域合作交换意见。

4月14日　滇越铁路集装箱国际联运专列正式开通，这是云南省利用国际铁路大通道积极融入“一带一路”建设的重要举措。

4月18日　云南省经贸代表团在印度加尔各答举行中国云南—印度经贸推介会。

4月24日　省委常委会会议传达学习中央“三严三实”专题教育座谈会精神，研究云南省贯彻意见，对组织实施好我省“三严三实”和“忠诚干净担当”专题教育进行安排部署。

4月27日　第14集团军某工兵团地震救援队首批55名官兵从昆明飞赴尼泊尔首都加德满都，执行抗震救灾任务。29日，由云南省卫生计生委组建的“中国政府医疗防疫队”前往尼泊尔地震灾区开展灾后医疗防疫救援。这是中国向尼泊尔派出的第二支医疗队。

4月30日　香格里拉县举行撤县设市授牌授印仪式，正式撤县设市。

5月2日　中国首个中国民族团结进步协同创新中心在云南民族大学揭牌。

同日　宾川干海子光伏电站投产发电，云南省首个“风光互补”电源项目建成投产。

5月6~11日　云南省政府代表团赴缅甸、老挝、越南，分别拜会了缅甸总统吴登盛，老挝人民革命党中央总书记、国家主席朱马利·赛雅颂，越南政府总理阮晋勇。

5 月 8 日　红河综合保税区在蒙自市正式运行，标志着云南省第一个综合保税区正式封关运行。

5 月 13 日　省委印发《中共云南省委　云南省人民政府关于加强法治建设创新平安云南的意见》。

5 月 15 日　云南党政新闻“第一端”——“云报”移动客户端正式上线启动。标志着由云南日报、云南网和云报新闻客户端构成的云报集团“一报一网一端”主流舆论阵地新格局已经形成。

5 月 16 日　小勐养至磨憨公路改扩建工程在西双版纳傣族自治州景洪市勐养镇开工建设，项目建成通车后将实现昆明至磨憨全程高速化，形成连接中国西南和省内主要城市、通往周边国家的快捷国际大通道，对助推面向南亚东南亚辐射中心建设具有重要意义。

5 月 17~21 日　云南省代表团赴香港、澳门、深圳开展“合力打造面向南亚东南亚辐射中心暨深化滇港（澳、粤）产业合作”交流活动。

5 月 20 日　云南省首张“三证合一”营业执照正式颁发，云南滇中彩云股份投资基金管理有限公司法人代表袁乐燕获颁首张“三证合一”营业执照。

5 月 22 日　第 67 届国际轨道交通世界语大会暨第 11 届全国世界语大会在昆明闭幕。

5 月 23 日　上海市慈善基金会、云南省慈善总会、昭通市政府在昆明举行“鲁甸地震灾后重建捐赠慈善培训‘千人计划’签约”仪式。

5 月 24 日　中电大理（宾川）西村光伏电站一期竣工。该项目是云南省最大的山地光伏发电项目以及首个外资光伏项目。

5 月 26 日至 6 月 1 日　中国佛教协会副会长班禅额尔德尼·确吉杰布在云南省参观学习并举行佛事活动。

6 月 5~6 日　首届边疆民族地区军民融合深度发展论坛暨云南省军民融合深度发展任务部署会在香格里拉市召开，积极探索军民融合发展“云南路径”。

6 月 8 日　新华泛亚金融信息中心揭牌。新华泛亚金融信息中心是云南省和新华通讯社开展金融信息服务全面战略合作的重点项目，是加快云南辐射中心和昆明区域性国际金融中心建设、服务沿边金融综合改革试验区、推进云南融入“一带一路”倡议实施的重要平台。

6月10~11日　第七届大湄公河次区域（GMS）经济走廊活动周暨GMS经济走廊省长论坛在昆明开幕，来自GMS国家的20余位省市长及亚洲开发银行代表和东盟秘书处高官汇聚一堂，围绕“建立更加紧密和积极的长期伙伴关系”主题展开对话和深入研讨。

6月11日　第七届大湄公河次区域（GMS）会议开幕。本次会议将推进大湄公河次区域经济走廊建设成为推动“一带一路”倡议在中国西南邻国取得合作进展的重要抓手，有利于促进中国与其他次区域国家的经济融合，打造利益共同体、命运共同体和责任共同体。

6月12日　以“亲诚惠容、合作共赢”为主题的第三届中国—南亚博览会暨第二十三届中国昆明进出口商品交易会隆重开幕。国家副主席李源潮出席开幕式并致辞。

同日　第三届中国—南亚智库论坛在昆明开幕。本次论坛以“构建利益共同体——携手共建‘一带一路’”为主题，强化在“一带一路”建设新形势下中国与南亚国家的智库机构间的合作与交流。

6月13日　由主席昂山素季率领的缅甸全国民主联盟代表团到云南访问。

6月26日　昆明—上海浦东—温哥华航线实现首航，该航线是云南开通的第二条洲际航线。

6月26~27日　云南省代表团前往捷克共和国奥洛莫茨州考察访问，与奥洛莫茨州正式缔结友好省州关系。

6月30日　以色列总统鲁文·瑞夫林在耶路撒冷会见了云南省代表团。

7月1日　云南省在陆良县建成首个智能水利灌溉系统，农户刷卡浇地、计量收费，解决了农田水利“最后一公里”难题。

7月20~21日　省委、省政府与国家铁路局在北京举行工作座谈，双方就共同构筑面向南亚东南亚铁路运输大通道，更好地服务国家发展战略等工作进行了磋商。

7 月 25 日　滇沪商务合作项目签约仪式在昆明举行，云南农垦集团与上海光明集团等 20 个合作项目在仪式上签约。

7 月 30 日　全省农村危房改造和抗震安居工程启动大会在普洱市西盟县召开。会议动员全省上下，统一思想、明确目标，齐心协力抓好农村危房改造和抗震安居工程，让农村困难群众住上“保命房”“安居房”，过上好日子，为云南省与全国同步全面建成小康社会奠定坚实的基础。

7 月 31 日　全省深入实施兴边富民工程改善沿边群众生产生活条件三年行动计划启动工作视频会议召开。会议强调：要深入贯彻落实习近平总书记在云南考察时的重要讲话精神，采取更加有力的措施，启动实施“三年行动计划”，建设“新房新村、生态文明、宜居宜业”幸福家园，切实增强沿边地区人民群众对国家的自豪感和守土固边的责任感，全面提升沿边各族群众的生产生活水平，改善沿边地区形象和面貌，使沿边群众率先实现小康。

8 月 4 日　省政府与上海浦东发展银行在昆明举行战略合作框架协议签字暨浦发银行昆明离岸业务创新中心揭牌仪式。

8 月 21 日　滇黔桂三省区政协主席联席会议在昆明召开。会议围绕“服务国家‘一带一路’战略，加快推进孟中印缅经济走廊建设，提升滇黔桂民族地区交通基础设施建设水平”主题进行讨论。

8 月 22 日　水利部、国家林业局组织有关部委及云南、广西、贵州三省区，在文山州召开滇桂黔石漠化片区区域发展与扶贫攻坚推进会。

8 月 22~23 日　省委全会审议通过了《中共云南省委关于落实全面从严治党要求建设忠诚干净担当高素质干部队伍的决定》。

8 月 24 日　省委、省政府决定在全省开展“领导挂点、部门包村、干部帮户”和“转作风、走基层、遍访贫困村贫困户”工作。

8 月 31 日　全省五大基础设施网络建设 5 年大会战暨滇中城市经济圈高速公路网建设动员大会召开。会议指出：加大五大基础设施网络和滇中高速公路网建设，是云南省促进区域协调发展、与全国同步全面建成小康社会的重大举措，是云南省主动服务和融入国家发展战略、建设面向南亚东南亚辐射中心的基础支撑，是加快滇中城市经济圈一体化发展的重要突破口，是云南省优化发展环境、实现跨越发展的现实需要。

9月4日　老挝人民革命党中央总书记、国家主席朱马利·赛雅颂在云南访问，缅甸总统吴登盛同时在昆明访问。

9月14日　国务院印发《关于同意设立云南滇中新区的批复》，同意设立云南滇中新区。设立并建设好云南滇中新区，对于推进实施“一带一路”、长江经济带等国家重大战略和区域发展总体战略，为西部地区新型城镇化建设提供试验示范，培育壮大区域经济增长极具有重要意义。

9月15日　芒市高达化工CNG加气母站通气投产，成为云南省第一座通气投产的压缩天然气加气母站。

9月17日　全省推进旅游厕所革命暨乡村旅游与旅游扶贫推进工作会在石林召开。会议提出：全省旅游厕所全部免费开放，用3年时间新建、改建2045座旅游厕所。

9月19日　云南省少数民族古歌古乐《哈尼古歌》亮相2015年意大利米兰世博会，成为中国馆唯一的驻场节目。

9月20~21日　中共中央政治局委员、中央书记处书记、中宣部部长刘奇葆在云南调研。他强调，媒体是深化同周边国家互利合作和互联互通的重要纽带，要加强合作传播能力建设，采取多种方式与周边国家媒体开展交流合作，更好地讲好中国故事、传播好中国声音，营造于我有利的周边舆论环境。

9月21日　第四次中老两党理论研讨会在昆明举行。中共中央政治局委员、中央书记处书记、中宣部部长刘奇葆和老挝人民革命中央政治局委员、政府副总理宋沙瓦出席开幕式。本次研讨会的主题是“社会发展和治理创新”。会议指出：中国共党高度重视社会建设，社会建设取得新的重大进展和成效。

9月28日　第三届中国云南—缅甸合作论坛在昆明举行。双方代表就经贸、农业、交通、旅游、教育、卫生、文化、边境管理及社会公共事业等领域中共同关心的问题进行了坦诚深入的交流，并达成广泛共识。

同日　中国（昆明）南亚东南亚研究院在昆明揭牌成立，此举是云南省主动服务和融入国家“一带一路”发展战略、贯彻落实中央关于加强中国特色新型智库建设的一项重大举措。

9 月 29 日　云南省举行“三证合一、一照一码”登记模式全面启动，“一窗受理、一站式审批、一条龙服务”办理营业执照在全省全面实行。

10 月 9 日　省委常委会会议研究云南省贯彻实施《中国共产党巡视工作条例》相关工作。

同日　中华全国供销合作总社、国际合作社联盟联合主办的 2015“一带一路”沿线国家合作社峰会暨电子商务培训在昆明开幕。

10 月 12 日　省委常委会会议传达学习习近平总书记等中央领导同志在中央办公厅报送的《云南实现跨越式发展亟须超常施策——习近平总书记云南考察回访调研报告》上的重要批示精神，研究云南省贯彻落实《回访调研报告》的具体措施和任务分工方案。

同日　云南海拔最高的机场——宁蒗泸沽湖机场正式通航。至此，云南机场集团所辖运营机场已增加至 13 个。

10 月 16 日　云南 4 家企业获得中国质量认证中心颁发的低碳产品认证证书，成为云南省首批通过低碳产品认证的企业。

10 月 22 日　在“中国银行跨境人民币指数发布暨人民币国际化业务推介会”上，中国银行总行发布 2015 年 8 月跨境人民币指数（CRI），这是该指数首次在云南发布。

10 月 28 日　昆明跨境电子商务产业园在昆明出口加工区内开工。该项目将成为云南省大力发展“互联网+”的重要载体，也将有力助推新兴产业在昆明经开区的聚集。

10 月 30 日　省委常委会（扩大）会议传达学习党的十八届五中全会精神；省委常委会会议专题学习《中国共产党廉洁自律准则》《中国共产党纪律处分条例》。

11 月 1 日　云南省 2015 年全国 1%人口抽样调查入户登记正式启动。2015 年全国 1%人口抽样调查，目的是查清 2010 年以来，我国人口在数量、素质、结构、分布以及居住等方面的变化情况，为制定国民经济和社会发展规划提供科学准确的统计信息支持。

11 月 2 日　全省最大规模的规范化、标准化废旧物资回收处理中心——三瓦村再生资源回收利用基地建成并投入使用。

11 月 3 日　中越边境云南段扫雷誓师大会在文山州马关县举行，中越边境云南段第三次大面积排雷行动正式开始。

11 月 4~7 日　中共中央总书记、国家主席习近平访问越南，云南省代表团随同访问。

11 月 11 日　济南（青岛）—昆明—新德里国际定期客运航线正式开通，云南始发至印度的国际航线增至两条。

11 月 12 日　澜沧江-湄公河合作首次外长会在景洪市举行。中国、泰国、柬埔寨、老挝、缅甸、越南 6 国外长一致同意正式启动澜湄合作进程，宣布澜湄合作机制正式建立。

11 月 13~15 日　2015 中国国际旅游交易会在昆明举行。本届旅交会更加注重发挥综合性功能，增强活动的专业性、互动性，首次在旅交会期间召开“云南旅游与航空专业推介会”和“中国旅游投资洽谈会”并在昆明主会场外设立分会场。

11 月 16 日　首届中国云南—以色列创新合作论坛开幕，签署了滇以合作有关教育、农业等 4 个领域文件，同时“中国云南—以色列创新中心”揭牌。

11 月 30 日　云南首趟返程中欧班列抵达昆明王家营铁路集装箱中心站，中欧班列（昆明—成都—罗兹）正式实现双向对开。

12 月 1 日　泛亚铁路西线大瑞铁路保山至瑞丽段全面开工建设。大瑞铁路是我国《中长期铁路网规划》中的重点项目。

12 月 4 日　云南电子口岸大通关服务平台上线运行启动仪式在昆明举行。该平台上线运行将进一步提升全省口岸通关便利化能力，营造良好的监管服务环境。

12 月 12 日　第九届中国产学研合作创新大会在昆明举行。云南省 23 家单位及个人、7 个项目获奖，并有 3 个联盟被吸收为产业技术创新联盟团体会员。

12 月 15 日　九大高原湖泊水污染综合防治领导小组暨滇池保护治理工作会在昆明召开。会议认真总结了“十二五”期间九湖保护治理取得的经验，深刻分析工作中存在的问题，安排部署了“十三五”时期以九湖保护治理为重点的水环境防治工作和任务，推动各项工作更上一个新台阶。

同日　省政府与浪潮集团有限公司在昆明签署发展云计算大数据产业战略合作框架协议。双方将在云计算、大数据领域深入开展合作，加快推动“云上云”行动计划实施。

12 月 17 日　加快建设面向西南开放重要桥头堡（辐射中心）部际联席会议第四次会议在北京举行。会议强调：进一步发挥部际联席会议机制作用，加大对云南建设面向南亚东南亚辐射中心支持力度，助推云南跨越式发展。

12 月 22 日　第七次中国云南与越南河内、海防、广宁、老街 5 省市经济走廊合作会议在昆明举行。

同日　昆明经开区跨境贸易 O2O 平台正式启动。该平台采用“线下展示体验交易中心+线上购买平台”的 O2O 运营模式，计划入驻生产企业可达 1000 家、贸易商家 2000 家。

12 月 24 日　省政府和中国进出口银行签署《服务“一带一路”倡议建设面向南亚东南亚辐射中心战略合作协议》。

同日　乌东德水电站全面开工建设。乌东德水电站是金沙江下游水电开发的又一重大里程碑，是我国在全面建成小康社会决胜阶段开工建设的首座世界级水电工程。

12 月 26 日　由缅甸国际航空公司承运的仰光—曼德勒—昆明航线正式开通。

2016年

1月1日　云南省贯彻落实全国人大常委会决定，从2016年1月1日起执行国家“全面两孩”政策。

1月2~4日　中共中央政治局委员、国务院副总理汪洋在云南专题调研“直过民族”扶贫工作。他强调，“直过民族”贫困程度深，脱贫难度大，要认真贯彻落实党中央、国务院脱贫攻坚战略部署，从“直过民族”实际出发，坚持精准扶贫、精准脱贫，采取超常规举措，不断加大支持力度，激发贫困群众脱贫内生动力，坚决打赢“直过民族”脱贫攻坚战。

1月3日　云南省共有502个村落入选中国传统村落名录，占全国国家级传统村落总数的20%，高居全国榜首。

1月4日　科技部与云南省人民政府联合发文，批准依托云南大学与云南农业大学，省部共建云南生物资源保护与利用国家重点实验室。

1月4~5日　全国农田水利改革现场会在云南省曲靖市召开。中共中央政治局委员、国务院副总理汪洋出席会议并讲话。他强调，要认真贯彻落实党的十八届五中全会、中央经济工作会议、中央农村工作会议精神，按照创新、协调、绿色、开放、共享的发展新理念，加快理顺体制、健全机制，推动农田水利建设进入科学发展、良性运行的轨道，为推进农业现代化提供强有力的支撑。

1月5日　云南省10家森林食品企业的12个产品通过中国森林食品认证。云南省成为全国获得该认证企业和产品最多的省份。

1月7日　云南省“云上云”行动计划首批重点项目在呈贡信息产业园开工，项目共9个，总投资约153亿元。

1 月 8 日　在国家科学技术奖励大会上，云南省有 6 个项目获奖，其中技术发明二等奖 2 项、科技进步二等奖 4 项。

1 月 12 日　省政府常务会议决定实施怒江傈僳族自治州脱贫攻坚全面小康行动计划。

1 月 16 日　由云南省沪滇合作促进会搭建成立的云南高原特色农产品孵化中心在昆明开业。该中心将助力云南高原特色农副产品走出云南、走进上海。

同日　滇中城市经济圈高速公路网曲靖至陆良（召夸）高速公路改扩建工程启动。曲靖至陆良高速公路是国家高速公路网 G56 与 G78 的重要连接线和云南省高速公路网滇中环线的重要组成部分。

1 月 18 日　国家质检总局发布《关于公布全国进境粮食指定口岸及查验点名单的公告》，云南省瑞丽、畹町、天保、磨憨、孟定、河口、猴桥 7 个口岸成为国家进境粮食指定口岸。

1 月 20 日　2016 年云南省第一轮巡视工作动员部署会在昆明召开。会议强调：要把严的纪律、严的要求、严的措施体现在巡视工作全方位、全过程、全覆盖上，扎实做好今年第一轮巡视工作，为圆满完成全年巡视任务、实现巡视全覆盖奠定坚实基础。

同日　国务院扶贫开发领导小组宣讲调研慰问组听取云南省扶贫开发工作情况汇报，并宣讲中央脱贫攻坚决策部署。

1 月 22 日　云南省首条高空玻璃栈道在大理州漾濞县建成并于月底向游客开放试运营，栈道距离地面最高垂直高度为 170 米。

1 月 24 日　中缅国际铁路大理至瑞丽段的控制性工程——怒江特大桥全面开工，是世界上跨度最大的钢桁梁铁路拱桥。

1 月 29 日　全国“两权”抵押贷款试点工作正式启动，开远市、砚山县、剑川县、鲁甸县、景谷县、富民县和大理市、丘北县、武定县分别进入两项试点范围。

1 月 31 日　云南白药集团股份有限公司荣获由中国中药协会组织评选的“2015 中国中药企业科技创新产出 TOP10”，位列中药企业科技创新产出前 10 强。

2月2日　呈贡至澄江高速公路通车仪式在澄江县举行，昆明至澄江实现全程高速。

2月3日　滇西北送电广东±800千伏特高压直流工程举行开工仪式。滇西北直流工程是落实国务院大气污染防治行动计划的12条重点输电通道之一，也是国务院确定“稳增长”重点工程。

2月4日　我国首个“林业大数据中心和林权交易（收储）中心”在昆明正式挂牌，该项目采用PPP模式完成投融资和建设运营。

2月5日　省政府向社会公开发布云南省第一批清理规范省政府部门行政审批中介服务事项目录。

2月9日　省政府出台《关于推行环境污染第三方治理的实施意见》，要求推动建立第三方治理的治污新机制，不断提升全省污染治理水平。

2月10日　云南省“重点用能单位能源计量数据采集”首期工程建成并通过专家验收组验收，正式接入“云南省能源计量数据公共服务平台”。

2月12日　云南省首个1000万元财政兜底保障资金在安宁市设立，资金将用于低保政策兜底、住房帮扶保障、医疗救助和教育脱贫。

2月15日　曲靖市、大理市获评“国家园林城市”称号，腾冲市获评“国家园林县城”称号。

2月22日　昆明市政府出台《关于进一步加强廉租住房与公共租赁住房并轨分配及运营管理有关问题的通知》，完善和细化了昆明市公共租赁住房和廉租住房并轨分配及运行制度。今后廉租房和公租房将统称为公共租赁住房，公租房将实行统一建设、统一申请、统一管理，并设分档租金补贴。

2月23日　云南省昆明市五华区、曲靖市麒麟区等15个县（市、区）上榜中国科协首批“2016~2020年度全国科普示范县（市、区）”。

2月24日　云南省“五网”建设暨滇中城市经济圈一体化发展推进会在曲靖市召开。怒江机场进场路等11个“五网”建设暨滇中城市经济圈一体化发展重点项目开工建设。

2月26日　国务院批复同意昆明出口加工区整合优化为昆明综合保税区，这是继红河综合保税区于2014年1月获国务院批复后，云南省第二个综合保税区。

3 月 1 日　云南省食品流通和餐饮服务的许可整合为食品经营许可，实现“两证合一”。

3 月 4 日　首届孟中印缅现代畜牧科技合作论坛暨畜牧养殖管理与疾病防控技术研讨班在德宏傣族景颇族自治州芒市举行。此次论坛的成功举办和达成的五个方面的共识，对进一步加强亚洲及孟中印缅地区现代畜牧产业发展，构建跨国动物疫病防控合作及生态文明建设体系，落实“一带一路”倡议和孟中印缅经济走廊建设都起到了积极作用。

3 月 9 日　云南能源投资集团所属全资子公司云南能投对外能源开发有限公司与缅甸电力部签署协议，开发建设诺昌卡河水电项目中的古浪、同心桥 2 个项目，总投资超过 7 亿美元。这是云南省属企业“走出去”最大的境外能源投资项目，该工程已经被中缅两国政府筛选为中缅电力合作首期开工的“示范项目”。

3 月 10 日　云南省首批聘任制公务员签约仪式在红河哈尼族彝族自治州城乡规划局举行。

3 月 11 日　中共中央政治局常委、全国政协主席俞正声参加十二届全国人大四次会议云南代表团审议，听取云南代表意见建议。他希望云南认真贯彻落实中央要求和习近平总书记系列重要讲话精神，坚持以新发展理念引领发展，如期实现全面建成小康社会奋斗目标。

3 月 18 日　中国医学科学院医学生物学研究所自主研发的全球首个肠道病毒 71 型（EV71）灭活疫苗上市活动在昆明举行。

3 月 21 日　全省基层党建工作会议在昆明召开，对实施“基层党建推进年”进行动员部署。

同日　云南省首个 3D 打印集成项目在滇中新区开工。

3 月 24 日　云南省首例生物工程角膜移植手术在昆明市第一人民医院甘美国际医院顺利完成。手术所使用的“艾欣瞳”生物工程角膜是世界上首个也是唯一完成临床试验并上市的生物工程角膜。

3 月 28 日　德宏出入境检验检疫局对一批砷超标煤炭出具检验检疫处理通知书，并将该批煤炭移交章凤海关退运出境。这是自 2015 年 1 月 1 日《商品煤质量管理暂行办法》实施以来，云南省首次退运环保项目超标的进口煤炭。

3月29日　西双版纳机场正式开通西双版纳—安顺—杭州往返航线。

4月1日　中共中央政治局常委、中央书记处书记刘云山在昭通、临沧就党建工作和组织工作服务脱贫攻坚进行调研。他强调，要深入贯彻习近平总书记关于扶贫开发的重要指示精神和党中央决策部署，切实加强党建工作和组织工作，发挥党的政治优势和组织优势，为打赢脱贫攻坚战提供有力保证。

同日　境外旅客离境退税政策正式在云南昆明长水、丽江三义两个航空口岸实施。该政策的实施将直接提升昆明长水、丽江三义机场的国际化服务水平。

4月2~6日　首届热带雨林国际摩托车赛在磨憨口岸举行。这是国内首个在边境口岸举行的摩托车越野赛事，亦是国内首次在原始热带雨林里举行的摩托车越野赛事，国内首个面向东南亚国家开放并在东南亚国家传播的赛事。

4月6日　滇中新区2016年首批30个重点项目开工，昆明综合保税区项目同时启动。项目涉及航空、装备制造、物流、地产、园区开发、水利、民生、综合交通等领域，总投资225亿元，今年计划投资74亿元。

同日　2016年发展中国家跨境经济合作研修班及发展中国家经济走廊建设与互联互通合作研修班在昆明开班，共有来自11个国家的39名官员参加培训。

4月7日　云南省首例脊髓电刺激镇痛手术在昆医附二院获得成功，云南省疼痛治疗临床医学迈上新台阶。

4月7~11日　中共中央政治局委员、中央政法委书记孟建柱在云南调研。他强调，依靠各族群众统筹各方资源创新社会治理，努力为民族团结进步、边疆发展稳定作出新贡献。

4月12日　海峡两岸少数民族发展交流座谈会在德宏傣族景颇族自治州举行，来自海峡两岸的百余名少数民族代表齐聚一堂，就本民族发展做交流探讨，共叙交流合作发展前景。

4月13日　中国铜业有限公司总部正式落户昆明并举行揭牌仪式，是首家总部落户云南的“中字头”央企。

4 月 18 日　“泰国 KING POWER 商品入驻云南移动‘彩云优品’电商平台”新闻发布会在昆明举行，标志着国内首个最大的泰国商品实体店及首个最大的泰国商品电商平台诞生。

4 月 20 日　云南首座特大跨径钢箱梁悬索桥，也是亚洲山区最大跨径的钢箱梁悬索桥——龙江特大桥建成通车。

4 月 21 日　第三届中国云南—老挝政府旅游官员及旅游企业高管交流培训活动在昆明启动，活动围绕边境旅游合作的主题，通过交流讲座和现场教学等多种方式，提供丰富的学习内容，使学员深入了解云南的旅游资源和旅游发展经验。

4 月 22 日　省政府发布《关于印发〈云南省国民经济和社会发展第十三个五年规划纲要〉的通知》。

同日　玉溪市在 2016 年国家海绵城市试点竞争性评审中获第 4 名，成为全国 14 家海绵城市试点之一。

同日　首届 SoLoMo（所罗门）产业互联网滇池峰会在昆明举行。

4 月 25 日　海峡两岸电影展映周——少数民族电影展研讨活动启动仪式在昆明举行。

4 月 26~27 日　澜沧江-湄公河航道二期整治工程前期工作联合工作组第二次会议暨前期工作启动会在景洪召开。

4 月 28 日　沪昆高铁云南段全线铺通，云南正式迈入高铁时代。

同日　澜沧江-湄公河创新智库成立大会暨第一次理事会在昆明举行。

5 月 1 日　云南省营业税改征增值税试点在全省推行。

5 月 5 日　老挝人民革命党中央总书记、国家主席本扬·沃拉吉率领的老挝代表团到云南访问。

5 月 11 日　省政府与国家开发银行在昆明签署《开发性金融支持云南省脱贫攻坚合作备忘录》。未来 5 年，国开行将切实加大对云南贫困地区和扶贫攻坚领域的融资规模倾斜，为重大基础设施建设、易地扶贫搬迁、整村整乡推进等方面，提供全面融资、融智支持。

5 月 12 日　由省中医医院携手招商银行昆明分行、金蝶医疗共同打造的云南首家省级移动互联网中医院正式上线。

5月13日　首届云南省上市企业投融资交流会在昆明举行，探讨解决滇企融资瓶颈。

5月14日　2016年昆明国际民族民间工艺博览会开幕。

同日　《怒江州脱贫攻坚旅游建设发展规划（2016~2025年）》启动实施会议召开。会议强调：深入贯彻落实新发展理念，全面加强旅游供给侧结构性改革，坚持走生态优先、绿色发展道路，以旅游文化产业为主导，努力把怒江打造成为世界级旅游目的地，全面推进怒江脱贫攻坚。

5月15日　2016全国“最美家庭”揭晓暨全国“五好文明家庭”表彰大会在人民大会堂举行。云南省25户家庭被表彰为全国“五好文明家庭”，2户家庭被表彰为全国“五好文明家庭”标兵，25户家庭荣登2016全国“最美家庭”光荣榜。

5月18日　第一届（2016）云南橡胶产业发展论坛在昆明举行，讨论了构筑产业共建、产业共护、产业共享的理性经营格局。

5月19日　云南省财政厅公布香丽（香格里拉—丽江）高速等4条国高网高速公路、保山地下综合管廊工程、大理市洱海环湖截污二期等42个项目作为第一批省级政府和社会资本合作（PPP）示范项目。

5月21日　云南省经济社会大数据研究院在云南财经大学挂牌成立。该研究院是云南省首家经济与社会大数据专业研究机构。

5月22日　省环保厅和中科院昆明分院联合发布《云南省生物物种名录（2016版）》，这是迄今云南省最具权威、最准确的生物物种名录。

5月25日　省委、省政府与苏宁控股集团在昆明签署战略合作框架协议。苏宁控股集团将加大在云南的投资力度，推动农村电子商务发展和互联网电子商务平台建设，支持“互联网+扶贫”和“互联网+金融”，促进跨境电子商务发展，共同培育电商人才，助力云南精准扶贫工作。

5月27日　交通运输部、国家发改委、国家质检总局、海关总署等多个部委和中国铁路总公司在大连联合召开“铁水联运暨多式联运现场推进会”。云南省腾俊国际陆港公铁联运中心入选全国多式联运首批示范工程，成为全国范围内入选的16个项目之一。

5 月 31 日　勐腊（磨憨）重点开发开放试验区正式挂牌成立。勐腊（磨憨）重点开发开放试验区是国务院于 2015 年 7 月批复同意设立的云南省第二个重点开发开放试验区。

6 月 3 日　云南省与中国华能集团公司举行《帮扶云南省拉祜族、佤族脱贫攻坚合作协议》签字仪式。

同日　云南省首届“互联网+”高原特色产品大学生创新创业实战大赛在云南农业大学启动。

同日　“双语科普人才培训基地”授牌仪式暨首期双语科普人才培训班在云南民族大学举行。

6 月 5 日　悦城国际跨境商品直购体验中心在昆明新亚洲体育城开业。这是全国面积最大的跨境商品直购体验中心。

6 月 11 日　以“携手‘一带一路’，共享发展机遇”为主题的第十四届东盟华商会开幕。

6 月 12 日　第四届中国—南亚智库论坛在昆明举行。本次论坛以“经济走廊建设与国际产能合作”为主题。会议决定，自 2017 年起“中国—南亚智库论坛”更名为“中国—南亚东南亚智库论坛”。

同日　云南首份英文报纸 *Yunnan Tourism & Culture Times*（《云南旅游文化时报》）在昆明滇池国际会展中心首发。该报的正式创刊，填补了云南本土英语类报刊的空白，将成为云南省对外交流的又一张文化名片。

6 月 13 日　中共中央政治局委员、国务院副总理、国务院扶贫开发领导小组组长汪洋在怒江州调研人口较少民族脱贫攻坚工作。他强调人口较少民族是中华民族大家庭重要组成部分，全面建成小康社会决不让一个民族掉队。要把人口较少民族脱贫摆在更加突出的位置，采取更加特殊的帮扶举措，坚决打赢人口较少民族脱贫攻坚战。

6 月 13~17 日　第四届中国—南亚博览会暨第二十四届中国昆明进出口商品交易会在昆明滇池国际会展中心举行。

6 月 14 日　孟中印缅经济走廊商会合作联盟第一次会议在昆明召开。孟加拉国、中国、印度和缅甸四国的商会代表共同探讨“密切商会合作·促进走廊建设”，共同搭建孟中印缅经济走廊商会合作联盟平台。

6月16日　中国（云南）—老挝橡胶科技合作中心在云南省热带作物研究所挂牌成立，正式开启两国橡胶等热带经济作物科技的实质性交流合作。

6月18日　云南省作家张庆国的作品《在通州与云南不期而遇》和张丽萍的《一棵青菜在长大》同获第七届冰心散文奖单篇作品奖。

6月19日　云南省首家文创产品书店“弘文·新华文汇馆”开业，该项目是云南出版集团与深圳出版发行集团开展跨省合作的第一个成果。

6月21日　“中国建设银行跨境联动业务推进会暨中国建设银行泛亚跨境金融中心”揭牌仪式在昆明举行。建设银行此次在昆明设立泛亚跨境金融中心，将着力把云南省分行打造成面向周边国家的小币种货币兑换中心，并逐步发展成为中国建设银行面向南亚和东南亚的全方位辐射中心、清算中心、融资中心和人才储备中心，发挥区域性辐射作用，更好地支持服务周边国家及“走出去”企业。

6月22日　云南水利水电职业学院成立，首批计划招生600名，共5个专业。

6月27日　云南德动汽车制造有限公司年产20万辆新能源电动汽车项目在楚雄经济开发区桃园工业片区破土动工。该项目的落地，对推进全省工业园区转型升级具有重大意义。

6月28日　省政府与上海黄金交易所在昆明签署战略合作备忘录，并授予昆明银行电子结算中心“金融类”会员资格。

6月30日　昆明轨道交通1号线呈贡支线顺利完成通车调试节点工期目标，以21个月的建造工期创造了地铁建设的“中国速度”。

7月2日　省政府与国家中医药管理局在昆明签署共建云南中医学院协议。

7月3日　云南省电力设计院有限公司设计的国内首条省内±500千伏直流输电工程（永仁至富宁直流输电工程）正式建成。全线可同时满足云南境内送电、广西境外送电和云南广西同时送电的需求。

7月10~12日　我国首批“公平贸易咖啡”从普洱出口欧洲。这批货物重19.2吨，货值6.77万美元。

7 月 13 日　云南省公共资源交易电子化平台建设工作部署会议在昆明召开，全省公共资源交易电子化平台建设正式启动。

7 月 17~20 日　国家工业和信息化部公布 2016 年中国智能制造试点示范项目名单。德宏后谷咖啡有限公司成为云南唯一一家上榜企业，也是中国咖啡工业企业唯一一家入选企业。

8 月 8~9 日　2016 年度全国创新创业典型经验高校 50 强名单出炉，云南农业大学成为云南省唯一上榜高校。

8 月 12 日　云南省医疗领域首个外籍专家工作站落户省第一人民医院。

8 月 16 日　教育部首期中小学名校长领航班云南省名校长工作室启动仪式在昆明举行。该项目是教育部实施的“校长国培计划”卓越校长领航工程中的高端培训项目，云南选中 16 人。

8 月 21 日　缅甸联邦共和国国务资政昂山素季到云南访问。

8 月 25 日　中国医学科学院医学生物学研究所 Sabin 株脊髓灰质炎灭活疫苗二期项目在昆明呈贡区马金铺疫苗产业基地开工建设。这是中国最大脊髓灰质炎灭活疫苗生产项目，年产达 6000 万剂，可满足我国新生儿全程接种需求。

8 月 27~30 日　中国企业联合会、中国企业家协会发布“中国企业 500 强”榜单，红塔集团、红云红河集团、云天化集团、云南建工集团、云南能投集团、云南锡业集团、昆钢控股集团 7 家滇企名列其中。

9 月 6 日　云南高原特色优质农产品融入“互联网+”的首个云南专业合作社农特产品直供旗舰商城，在昆明正式运营。

同日　《普洱市白及生产综合技术规范》在全国团体标准信息平台成功注册，这是云南省第一个在全国团体标准信息平台上成功注册的团体标准。

9 月 9 日　省政府与中国大唐集团公司在昆明签署《帮扶云南省傈僳族聚居区精准脱贫攻坚合作协议》。大唐集团将积极参与能源资源开发、重大基础设施建设等，切实做好产业扶贫、精准扶贫等相关工作，认真细化帮扶工作，为实现傈僳族聚居区建档立卡贫困人口如期脱贫、与全国同步建成小康，履行好央企的政治责任、经济责任和社会责任。

同日　云南省农民专业合作社联合会在昆明成立。联合会将整合各类农民合作社在人才、技术、营销、培训等方面的优势力量，为合作社广泛提供产品联销、农资联购、资金互助、科技培训等服务。

9月13日　云南省“五证合一、一照一码”改革在曲靖市正式实施。

9月14日　中国共产党云南省民政厅社会组织第一次代表大会在昆明召开。会议选举产生了中共云南省民政厅社会组织第一届委员会委员和纪律检查委员会委员。省民政厅业务主管的24家社会组织中，有18家建立了党组织；无业务主管单位的93家省级社会组织已有5家建立党组织。

同日　红河州个旧市大屯镇新瓦房村民小组的百亩连片杂交水稻示范项目平均亩产达到1088千克，再次刷新亩产世界纪录。

9月18日　云南首条石墨烯生产线在曲靖市经济技术开发区科创孵化园区内建成投产。该生产线年产700千克超高纯石墨烯粉末和1000余片纳米级单层石墨烯片，填补云南省石墨烯生产的空白。

9月20日　中老缅泰4国执法部门在云南西双版纳关累港启动第50次湄公河联合巡逻执法行动。

9月21日　国务院发布《关于昆明市城市总体规划的批复》，原则同意《昆明市城市总体规划（2011~2020年）》。

9月23日　首届阿里巴巴乡村文化节暨县域文化博览会在昆明滇池国际会展中心开幕。

9月28日　鲁甸6.5级地震灾后重建水电铝加工一体化项目开工仪式在昭通市昭阳区举行。该项目是国务院为支持鲁甸地震灾区恢复重建而特批的清洁载能项目。

同日　我国第一座大型电子束冷床熔炼炉（EB炉）研制项目在云钛实业有限公司投产。该项目成功突破国外技术封锁和技术垄断，具有自主知识产权。

9月29日　由东方航空云南有限公司执飞的昆明—青岛—旧金山航线正式开通。至此，云南始发至北美洲的国际航线增至2条，云南始发的洲际航线增至3条。

10月4日　云南省森林防火物资储备库通过系列质量验收投入使用，

这是云南省首个国家一类森林防火物资储备库。

10 月 10 日　2016 年中国云南西双版纳亚洲象保护项目启动仪式在西双版纳国家级自然保护区管护局举行。中国云南西双版纳亚洲象保护项目属国家重点保护工程，建设期为 2016~2017 年，项目总投资 1150 万元，由中央财政国家级自然保护区补贴资金资助。

10 月 13 日　全省“水网”建设现场推进会在昆明市柴石滩大型灌区主会场举行，集中开工 36 件“水网”建设项目。

10 月 17 日　云南省启动以民企对口帮扶贫困村共建为主要形式的“万企帮万村”精准扶贫行动计划。2018 年 3 月 26 日，《云南日报》报道：截至 2018 年 1 月，全省共有 2016 家企业参与“万企帮万村”精准扶贫行动，实施了 4005 个项目，投入资金 23.5286 亿元，受帮扶村 2466 个，受帮扶贫困人口 649949 人。

10 月 18~19 日　主题为“澜湄合作新机遇与中国—东盟关系新篇章”的第七届西南论坛暨澜湄智库论坛在普洱市举行。

10 月 19 日　中国长江三峡集团公司正式向云南省捐赠 20 亿元资金，用于帮扶怒族、普米族、景颇族脱贫攻坚。

10 月 20 日　在中国大坝工程学会 2016 学术年会暨国际水库大坝研讨会上，小湾拱坝工程获第二届碾压混凝土坝“国际里程碑工程奖”，这是云南水电工程首次获得此荣誉。

10 月 28 日　省委组织部召开全省农村电子商务进平台抓党建促脱贫攻坚工作推进视频会议。会议决定将利用全省已经建成的综合服务平台站点，全面铺开电子商务进综合服务平台促脱贫攻坚工作。

10 月 30 日　铂骏产业 · 云南时骏机械装备制造有限公司新能源汽车制造基地下线仪式在洱源县举行。

11 月 2 日　中国—东盟反腐败研讨班在云南开幕。研讨班是“10+1”框架下，中国和东盟在反腐败领域的首个合作项目。

同日　云南省第一条双向 8 车道高速公路——小龙（嵩明小铺—昆明乌龙）高速公路全线贯通。小龙高速仅用短短一年半的时间就完成了项目的建设任务，创造了云南高速公路建设史上的奇迹。

11 月 5 日　中国—中东欧国家农业部长会议暨国际农业经贸合作论坛在昆明举行。“16+1”农业部长（代表）们发表《中国—中东欧国家农业部长会议昆明共同宣言》。

11 月 5~8 日　第十四届中国国际农产品交易会暨第十二届昆明国际农业博览会在昆明国际会展中心举行。

11 月 7~9 日　中共中央政治局常委、国务院副总理张高丽在云南调研。他强调，深入学习贯彻党的十八届六中全会精神，奋发有为推动经济社会持续健康发展。

11 月 12~16 日　以“互融互通 · 合作共赢”为主题的第十六届中越（河口）边境经济贸易交易会在河口县举行。

11 月 13 日　第二十六届世界咖啡科学大会在昆明举行。会议以“分享咖啡科技进步”为主题，围绕咖啡化学、咖啡农业和生物技术、咖啡的农业生态和育种、咖啡消费和人类生理学、咖啡的烘烤及其工艺流程等议题展开，先后举行 14 场专题学术报告。

11 月 20 日　省委全会审议通过《中共云南省委关于贯彻落实〈中共中央关于全面推进依法治国若干重大问题的决定〉的意见》。

11 月 24 日　昆明—悉尼航线正式开通。该航线是云南始发至澳洲的首条航线，也是云南始发的第 4 条洲际航线。

11 月 25 日　第二届云港澳台青年圆桌会议在昆明举行。此次会议是落实今年 6 月共同签署的合作备忘录，建立云港澳台青年交流长效机制的具体举措，也是“云港澳台青年双创云南活动周”分会场活动之一。

同日　国内首个工业大麻生物萃取分离基地——云南汉素 · 工业大麻生物萃取分离基地落成庆典仪式在昆明举行。

11 月 29 日　深圳文化产权交易所“文化四板”云南运营中心正式运营。

11 月 30 日　全国首家以防治艾滋病为主题的宣传教育基地——云南省防艾宣传教育基地在云南省传染病专科医院（省艾滋病关爱中心/心理卫生中心）揭牌。

同日　云南首趟中亚铁海联运国际货运班列发车。铁海联运国际货运班列的开行，可帮助云南省内企业更好地走出去，让更多的云南造、云南产走向世界，走向全球。

12 月 6 日　云南能投集团在国际资本市场成功发行第二期美元债券——超过 4 亿美元的高级无抵押债券，这是云南省首家在海外成功发行“3 年+5 年”中长期债券的企业。

12 月 8 日　沧源佤山机场正式通航。沧源机场达成了三个目前全国同类机场第一的纪录，分别是：最高助航灯塔（125.5 米）、第一边坡区土石方填筑垂直高度（193.8 米）、最高道槽区最大填筑垂直高度（98.3 米）。

12 月 9 日　农业部长江流域渔政监督管理办公室组织云南省农业厅、西双版纳傣族自治州政府和老挝南塔省资源环保厅在景洪港共同开展中国·老挝渔政联合执法行动，并同步开展中国渔政 060 船首航执法和水生生物增殖放流活动。

12 月 10 日　2016 云南首届国际教育暨出国金融服务展在昆明举行。这标志着西南地区首次“金融·教育”的跨界创新之举大获成功。

同日　国家汉办在昆明举行汉语国际推广中医药文化基地、“一带一路”南亚东南亚国家汉语推广基地揭牌仪式。

12 月 10~11 日　第十一届全球孔子学院大会在昆明举行，国务院副总理、孔子学院总部理事会主席刘延东出席并致辞，为全球孔子学院先进个人和先进单位颁奖。

12 月 11 日　省政府与亚洲财富论坛在昆明签署战略合作协议，亚洲财富论坛永久性会址落户云南。

12 月 12 日　省政府与腾讯公司在昆明签署战略合作框架协议，共同推动云南“云上云”行动计划。

同日　澜沧江-湄公河旅游城市合作联盟工作推进会在昆明举行。这是落实澜湄合作首次领导人会议重要成果和《三亚宣言》关于“增进旅游交流与合作，改善旅游环境，提升区域旅游便利化水平，建立澜湄旅游城市合作联盟”倡议的重要举措。

12 月 12~13 日　首届南方丝绸之路发展论坛在昆明举行。

12 月 15 日　中越中老国际铁路昆明至玉溪段开通，昆明至河口全线实现电气化。

12 月 16 日　省政府与国家民委在北京续签《建设民族团结进步示范区合作协议》。按照协议，双方将加强合作，通过着力补齐少数民族和民族地区全面建成小康社会的短板，增强其跨越式发展动力和沿边开放活力，促进民族团结、宗教领域和谐稳定，到 2020 年实现全面小康同步、公共服务同质、法治保障同权、精神家园同建、社会和谐同创目标。

同日　省政府主办的“云南特色 · 冬农魅力”2016 云南高原特色现代农业（北京）展示推介活动在全国农业展览馆开幕。

12 月 19~23 日　中国共产党云南省第十次代表大会在昆明举行。大会的主题是：高举中国特色社会主义伟大旗帜，以邓小平理论、“三个代表”重要思想、科学发展观为指导，深入学习贯彻习近平总书记系列重要讲话精神，动员全省广大党员、干部和各族人民，紧密团结在以习近平同志为核心的党中央周围，解放思想、改革开放，勇于担当、奋发有为，主动服务和融入国家发展战略，闯出一条跨越式发展路子来，推进民族团结进步示范区、生态文明建设排头兵、面向南亚东南亚辐射中心建设，为云南全面建成小康社会而努力奋斗！大会选举出中共云南省第十届委员会委员 83 名、候补委员 16 名，中共云南省纪律检查委员会委员 43 名。

12 月 26 日　云南省与越南河江、老街、莱州、奠边省联合工作组第六次会议在昆明举行。

12 月 27 日　上海、广东、广西、贵州、云南五省区市在昆明签署合作框架协议，共同建设沪黔滇、粤桂滇高铁经济带。

同日　滇中新区汽车产业园暨昆明新能源汽车工程中心项目奠基仪式，在滇中新区嵩明杨林经济技术开发区举行。

12 月 28 日　沪昆客专昆明南至贵阳北段、云桂铁路昆明南至百色段正式通车。沪昆客专、云桂铁路通车运营标志着云南高铁从无到有，连入全国高铁大通道、大网络。

12 月 29 日　首届中国—东盟企业家论坛在景洪市开幕。会议围绕“‘一带一路’亚洲机遇：探寻中国—东盟财富之源”主题，共商加强互利合作和推动区域发展的新机遇新路径。

同日　北盘江第一桥正式竣工运营。该桥北起贵州都格镇，上跨尼珠河大峡谷，南至云南腊龙村，全长1341.4米，桥面至江面距离565.4米。它是杭瑞高速公路的组成部分，因其相对高度超过四渡河特大桥而成为世界第一高桥。

2017 年

1 月 5 日　中国共产党云南省第十届委员会第二次全体会议在昆明举行。会议审议通过《中共云南省委关于认真贯彻落实党的十八届六中全会精神深入推进全面从严治党的决定》。

1 月 9 日　中共中央、国务院在北京举行国家科学技术奖励大会，云南 4 项成果获奖。

1 月 16 日　昆明南至广州南 D3840 次弥勒号高铁文化旅游列车从昆明始发，实现弥勒与广西、广东等重点旅游地区千里一日游。

同日　《中医药—三七种子种苗》获国际标准化组织 ISO 正式出版并颁布实施。此举有力推动中药国际化进程，对打造云南生物医药大健康产业，推动云南高原特色产品进入国际市场具有重要意义。

同月　位于东川区拖布卡镇的金东大桥合龙。大桥是国内首座在亚热带季风区和高烈度地震带建设的大跨度桥梁。

1 月 21 日　昆明地铁 3 号线铺轨工程大树营至金马镇区间最后 200 米整体道床浇筑完毕，标志着昆明地铁 3 号线全线实现贯通。

1 月 23~25 日　中共中央政治局常委、国务院总理李克强在昭通、昆明考察。他充分肯定云南经济社会发展取得的成绩，希望在以习近平同志为核心的党中央坚强领导下，抓好发展这个第一要务，以供给侧结构性改革为主线，适度扩大总需求，依靠改革开放和推进新型工业化、城镇化，加快新旧动能转换，加强民族团结，继续保持好的发展势头。

2 月 3 日　省委常委会会议提出落实全面从严治党要求，把 2017 年作为“基层党建提升年”，持续推进全省各领域党的基层组织建设，为决战脱贫攻坚、决胜全面小康、实现跨越发展提供坚强的组织保证。

2 月 20 日　“开放的中国：魅力云南世界共享”外交部云南推介活动在北京举行。

2 月 23 日　省委、省政府再次以集中开工的方式推动“五网”建设提速，昆明长水国家门户枢纽机场航站区改扩建工程等 15 个项目开工。

同月　由昆明医科大学申报的高原区域性高发肿瘤国际合作联合实验室获教育部立项建设，这也是云南省第一个国际合作联合实验室。

3 月 9 日　中共中央政治局常委、中央纪委书记王岐山参加十二届全国人大五次会议云南代表团审议。他指出，得民心者得天下，立党为公、执政为民是执政党对人民的承诺。

3 月 20 日　全省环境保护工作会议及九大高原湖泊水污染综合防治领导小组会议在昆明召开。

3 月 21 日　云南省皮肤病医院在昆明医科大学第一附属医院挂牌，标志着云南省皮肤病研究和临床诊疗达到一个新的水平。

3 月 24 日　省委常委会会议研究旅游市场秩序整治，部署全面深化改革重点工作。

3 月 25 日　坐落于安宁市太平新城的省第一人民医院——新昆华医院正式开业，该院定位于立足云南面向西南、辐射南亚东南亚的三级综合医院和在国内外具有广泛影响力和知名度的现代医疗服务机构。

3 月 28 日　位于香格里拉市境内的普朗铜矿一期采选工程投料试车成功，项目建成后将成为国内采矿工艺最先进、装备水平最高的特大型铜矿山。

同月　云南小草坝天麻国际交易中心在彝良县小草坝镇金竹村开建，该交易中心是全国首家天麻国际交易中心。

同月　澜沧江 224 界碑至临沧港 4 级航道建设开工仪式在景洪举行，是全省综合交通建设 5 年大会战优先实施的水运项目。项目建成后，澜沧江对外开放的辐射面将延伸至临沧。

4 月 1 日　昆明航空执飞的 KY8361 航班从昆明长水国际机场起飞，标志着国内首条直飞泰国合艾的航线开通。

4月13日　首台高原型风电叶片下线仪式在华宁工业园区新庄片区举行。截至目前，风电风力发电机组中塔筒、风机、叶片三大件已全部在华宁建成投产，华宁县成为全国最大、配套最全的风电设备制造产业基地。

4月15日　经国务院批准，滇中引水工程可行性研究报告获国家发展改革委正式批复，标志着工程全面进入开工阶段。

4月24日　昆明市外国专家局发出云南省首张《中华人民共和国外国人工作许可证》，云南祥鹏航空有限责任公司的俄罗斯籍飞行员 Turenov llyas 领取了此证，成为我国外国人来华工作许可制度实施以来在云南领证的第一人。

4月26日　云南省“两学一做”学习教育常态化制度化工作座谈会在昆明召开。

4月27日　中共中央对外联络部“中国共产党的故事——精准扶贫专题宣介会”在北京举行。云南省委作为宣介会的首家地方党委，以“云南省委的实践：不让一个民族掉队”为主题，向外国政党代表和驻华使节等宣介习近平总书记治国理政新理念新思想新战略在云南的贯彻落实，阐释党中央扶贫开发战略思想，决战脱贫攻坚战略部署在云南的实践成效。云南成为世界了解中国精准扶贫、精准脱贫的窗口，同时表明了中国共产党带领全国人民打赢脱贫攻坚战，全面建成小康社会的坚定决心。

同日　《云南省全面推行河长制的实施意见》出台，标志着河长制在云南全面推开。

同月　住房和城乡建设部下发《关于将北京等20个城市列为第一批城市设计试点城市的通知》，玉溪与北京、哈尔滨等20个城市，被列为第一批城市设计试点城市。玉溪是云南省唯一一个全国首批城市设计试点城市。

5月10日　以“民心相通—中缅合作”为主题的首届中缅智库高端论坛在德宏傣族景颇族自治州芒市举行。

同日　洱源县茈碧湖取水试行。大理州三库连通洱海应急补水工程，是大理州治理洱海、抢救洱海的重点项目，茈碧湖取水工程是云南迄今为止最长的湖下取水管道工程。

5月11日　云南省首张全程电子化登记企业营业执照在昆明市盘龙区

政务服务中心出炉，标志着企业登记全程电子化改革试点正式启动。

5 月 12 日　由海关总署牵头，国家发展和改革委、财政部等十部委组成联合验收组，对昆明综合保税区（一期）进行了实地验收评审，同意通过验收并颁发了验收合格证书。

5 月 16 日　老挝人民革命党中央总书记、国家主席本扬·沃拉吉到云南访问。

5 月 17 日　缅甸国务资政昂山素季到云南访问，并出席由省农科院花卉研究所选育的玫瑰新品种命名“昂山素季玫瑰”仪式。

5 月 18 日　大理白族自治州《乡村清洁条例》公布施行大会在大理市召开，这是大理州依据新修订的《中华人民共和国立法法》制定的第一部地方性法规，也是云南省第一部乡村清洁条例。

5 月 20 日　云南国融智创人工智能产业园正式开园，这是云南省首个人工智能产业园。

5 月 22 日　省环保厅联合中科院昆明植物研究所和昆明动物研究所共同发布《云南省生物物种红色名录（2017 版）》，这是我国发布的首个省级生物物种红色名录。

5 月 24 日　云南省主动服务和融入“一带一路”建设座谈会在昆明召开。会议强调：要深入学习贯彻习近平总书记在“一带一路”国际合作高峰论坛上的重要讲话精神和关于“一带一路”建设重大战略思想，把握战略机遇，加快推进面向南亚东南亚辐射中心建设。

5 月 26 日　澜沧景迈机场正式通航，至此云南省投入运营的机场增至 15 个，普洱市成为继丽江、保山、临沧之后第四个“一市两场”的地级市。

同日　云南省首个物流大数据中心——天地汇云南物流大数据中心在昆明经开区落成。

5 月 27 日　首届全国创新争先奖颁奖大会召开，云南省科技工作者彭金辉、朱兆云、刘春月、张克勤等获全国创新争先先进个人奖。

5 月 31 日　沪昆、南昆、成昆 3 个方向 6 条铁路正式接入昆明东站“三级六场”，标志着云南省最大铁路枢纽正式投入使用，昆明东站将建设成为云南省最大旱码头。

6 月 1 日　云南省首套海关旅检现场入境电子卡口监管系统在昆明长水机场成功应用。

6 月 10 日　2017 年大湄公河次区域（GMS）经济走廊活动周暨 GMS 经济走廊省长论坛在昆明召开。

同日　第十五届东盟华商会在昆明开幕。

6 月 12 日　2017 年南亚东南亚国家商品展暨投资贸易洽谈会在昆明开幕。

同日　第五届中国—南亚东南亚智库论坛在昆明开幕。来自 14 个国家及国际机构的 300 多名专家学者以"新机遇、新思路、新举措——'一带一路'背景下深化中国与南亚东南亚国家务实合作"为主题展开研讨。

同日　由昆明开往越南海防的货运班列从昆明王家营西集装箱中心出发，标志着中国—越南国际货运班列（昆明—老街—河内—海防）正式开通。

同日　祥鹏航空执飞的昆明至莫斯科航线顺利首航，该航线是云南省首条直飞东欧的定期直达客运航线，是继昆明至巴黎、温哥华、旧金山、悉尼后开通的第五条洲际定期航线。

6 月 13 日　老挝人民革命党中央政治局委员、中央书记处常务书记、国家副主席潘坎·维帕万在云南访问。

6 月 21 日　国务院办公厅发布《关于建设第二批大众创业万众创新示范基地的实施意见》，决定在部分地区、高校和科研院所、企业建设第二批双创示范基地共 92 个，其中昆明经济技术开发区入围，成为云南省目前唯一的国家双创示范基地。

6 月 22 日　云南省首家党建专业书店——云岭先锋党建书苑旗舰店在昆明正式开业。

6 月 27 日　《云南日报》报道：考古人员在晋宁上西河遗址发掘出多眼汉代水井及古滇国时期村落遗址，这一发现填补了古滇国文化研究领域的又一空白。

6 月 28 日　云南国际茶叶交易中心在昆明正式上线，标志着省内唯一一家茶叶批发和大宗现货的专业化电子交易平台投入运营。

6 月 30 日　云南省农村信用社在华宁县举行“金碧惠农贷记卡”发行仪式，该卡是云南省首款为农民量身定制的“信用消费”产品，填补了全省农民贷记卡的金融服务空白。

同月　在巴西举行的第四届堆石坝国际研讨会上，糯扎渡心墙堆石坝工程获堆石坝国际里程碑工程奖。

同月　云南大丽（大理—丽江）高速建设项目被国家水利部评为国家水土保持生态文明工程，这是云南省第一个获此荣誉称号的高速公路工程。

7 月 13 日　工业和信息化部公布对全国近 3000 个县市进行综合评估出炉的中国县域经济百强县（2017 年）榜单中，安宁市再次入选全国县域经济百强县 100 强县市，成为云南省连续两年唯一一个入选全国县域经济百强县的县级市。

7 月 19 日　中国—东盟青年企业家“一带一路”（云南）经贸交流活动开幕。

7 月 20 日　中共中央宣传部、民政部在中国文明网发布 10 名“最美拥军人物”，云南省张斌、王启发、许绍坤入选。

同月　宾川县荣获第二批全国高效节水灌溉示范县，成为云南省首个获此荣誉的县。

同月　腾冲市、弥勒市、晋宁区二街镇和六街镇、沾益城区、马龙县城、石屏县城、元阳县城、大姚县城 9 个城（镇）被命名为国家卫生城镇。截至目前云南省共拥有国家卫生城市 12 个，国家卫生县城（乡、镇）29 个。

同月　第八届“一带一路”生态农业与食品安全论坛上，国家质检总局为云南省盐业有限公司颁发了生态原产地产品保护 PEOP 证书，云南白象牌高原深井盐系列产品、大理高原深井盐系列产品、普洱高原深井盐系列产品成为全国盐行业第一个获得 PEOP 证书的产品。

8 月 3 日　装机规模全球第二大、在建规模全球第一大、投资超过 1700 亿元的巨型水电站——金沙江白鹤滩水电站全面开建。

8 月 4 日　国务院确定的 172 项节水供水重大水利工程的标志性工程——滇中引水工程正式开工建设。滇中引水工程也是我国西南地区迄今为止规模最大、投资最多的水资源配置工程。

8月14日　云南省与越南老街省缔结友好省关系。

8月19日　第七届大理国际影会在大理古城开幕。本届影会以“生活在别处——守望·家园”为主题，共有516个展览，展出作品达2万幅。

8月21日　中国城市小康经济指数报告2016出炉，安宁市以105.34的小康经济指数位列第82位，成为云南唯一小康经济指数超100分的县级市。

8月28日　第一届云南省少数民族戏剧会演开幕。省内5家单位带来的傣族、白族、苗族、彝族等7个少数民族剧种参演。

同日　云南文投曲靖文旅开发投资有限公司获颁全省首张“多证合一、一照一码”营业执照。

同月　国家体育总局公布第一批运动休闲特色小镇试点项目名单，云南省香格里拉市建塘体育休闲小镇、弥勒市可邑运动休闲特色小镇、马龙县旧县高原运动休闲特色小镇、安宁市温泉国际网球小镇入选。

同月　住建部公布第二批全国特色小镇名单，云南省姚安县光禄镇、剑川县沙溪镇、新平县嘎洒镇、勐腊县勐仑镇、隆阳区潞江镇、双江县勐库镇、彝良县小草坝镇、腾冲市和顺镇、嵩明县杨林镇、孟连县勐马镇10个小镇进入名单。

9月4日　昆明站至昆明南站、玉溪站首次开行动车，标志着历经5年建设的昆明站至昆明南站联络线开通运营，并与中越中老国际通道昆玉铁路在昆明南站连接，接入全国高铁网。

9月6日　《人民日报》以8个整版的规模推出“迎接党的十九大特别报道云南专刊”，梳理和呈现了党的十八大以来的这5年云南发展改革成就。

9月12日　文化部公布第一批国家级文化产业示范园区创建资格名单，建水紫陶文化产业园区成为首批获得资格的10家园区之一。

9月12~15日　亚洲锡业周首次在云南昆明举行。本届亚洲锡业周分为主题峰会和系列分论坛，会议重点探讨中国及全球锡市场的前景展望、锡交易与定价、锡工业的可持续发展、价格趋势等议题，会议吸引了来自全球及中国的矿山、冶炼厂、贸易商、证券、基金公司等在内的近300人参加。

9 月 13 日　国务院扶贫开发领导小组第二十次全体会议审定 40 名全国脱贫攻坚奖获奖者名单，云南省瑞丽市户瓦土鸡养殖专业合作社理事长段必清获奋进奖。

9 月 16 日　昆明至河内全货机航线正式开通，这是昆明机场继达卡、德里、孟买、马德拉斯后开通的第 5 条国际货运航线。

9 月 19 日　在全国社会治安综合治理表彰大会上，玉溪市荣获“2013 ~2016 年度全国社会治安综合治理优秀市”荣誉称号，首次获颁全国社会治安综合治理最高奖项“长安杯”。

9 月 21 日　云南大学入选教育部、财政部和国家发展改革委联合发布的世界一流大学和一流学科（简称“双一流”）建设高校及建设学科名单，是云南省唯一进入全国 42 所世界一流大学建设高校名单的高校。

同日　环境保护部在浙江省安吉县召开全国生态文明建设现场推进会，再度推介“绿变金”先进地区的绿色发展模式，并命名授牌第一批国家生态文明建设示范市县，云南省西双版纳傣族自治州和石林彝族自治县入选。

9 月 27 ~ 28 日　中国云南—老挝北部合作工作组第八次会议在西双版纳州景洪市举行。

9 月 28 日　连接我国中部、西部及通向南亚东南亚各国的重要公路通道——小磨（小勐养—磨憨）高速公路开通试运行。

同日　云南省举行“多证合一”改革全面实施启动仪式，向企业颁发首张“多证合一”营业执照。

9 月 28 ~ 29 日　澜湄合作第六次外交工作组会议在大理白族自治州举行召开。

9 月 29 日　乌蒙山片区区域发展与脱贫攻坚部际联席会议在楚雄彝族自治州召开。

同日　全省“一部手机游云南”工作会议在昆明召开。

同月　双柏县查姆湖和丘北县纳龙湖两家水利风景区入选第十七批 54 家国家水利风景区名单。

同月　中国建筑业协会 2016 年度中国建筑业双 200 强企业——竞争力 200 强和成长性 200 强评价结果发布。在中国建筑业竞争力 200 强企业排名中，云南省建设投资控股集团有限公司位列第6名，在200强的省属企业中位列第2名。

同月　云南省首届藏传佛教“智然巴”“禅然巴”学衔授予仪式在迪庆藏族自治州举行，标志着藏传佛教教学衔教育体系建设的不断加强和完善。

10月10日　加快建设我国面向西南开放重要桥头堡部际联席会议第五次会议在北京举行。

10月17日　出席党的十九大的云南省代表团举行全体会议，讨论习近平同志代表第十八届中央委员会向大会作的报告。18日，刘云山同志作为云南省代表团代表参加讨论并作发言。他强调，深刻把握新时代、新使命、新征程、新理论，自觉用党的十九大精神统一思想和行动。

10月27日　省委常委会（扩大）会议传达学习党的十九大精神和十九届一中全会精神。

同月　云南铝业股份有限公司、昆明云内动力股份有限公司、云南锡业锡材有限公司、云南中环三化化肥有限公司4家企业和昆明经济技术开发区被正式列入2017年全国第一批绿色制造示范名单。

同月　云天化农业科技股份有限公司、昆明船舶设备集团有限公司、云南省机械研究设计院3家企业入选我国首批服务型制造示范企业（项目、平台）名单。

同月　国土资源部、科技部联合发文命名了全国32家“国家国土资源科普基地”，云南石林世界地质公园成为首批国家国土资源科普基地之一。

同月　呈贡宝珠梨、撒坝火腿、寻甸牛干巴、富民杨梅、东川面条5个产品被国家质检总局批准为国家地理标志保护产品；白象牌高原盐、青美源牌蔬菜、国辉神农牌普洱茶、云盐牌高原盐被认定为国家生态原产地保护产品。

11月2日　妥安隧道胜利贯通，标志着新建连接云南昆明与四川成都的成昆铁路建设取得重要进展。

11月8日　云南首个采用PPP模式高速公路——晋红（晋宁—红塔区）高速公路全线通车。

11月10日　根据中央统一部署，中央宣讲团党的十九大精神宣讲报告会在昆明举行。

11 月 14 日　目前世界双线铁路特大桥“第一高墩”——中老国际通道玉磨（玉溪—磨憨）铁路元江特大桥最高桥墩进入基础施工。

11 月 15 日　蒙自—文山—砚山高速公路建成通车，成为这些地区往东通向广东、广西等沿海地区的重要运输通道。

11 月 22 日　昆明中昆投资与北京城建集团在昆明签署协议，协议投资 185 亿元，共同开发建设云南省最大的花卉产业园——云华科技泸西现代花卉产业园和西南地区最大的农产品交易中心——嵩明国际农产品贸易城项目。

11 月 27 日　中国工程院正式公布 2017 年院士增选结果，昆明理工大学彭金辉教授当选院士。

11 月 28 日　中国科学院正式公布 2017 年院士增选结果，昆明理工大学季维智教授当选为中科院生命科学和医学学部院士，中科院云南天文台韩占文研究员当选数学物理学部院士。

同月　国家食品药品监督管理总局批准了“断金戒毒胶囊”的药物临床实验。该药获得新药临床批件，填补了云南省近 4 年内未获批中药临床实验批件的空白，在全国乃至全球戒毒研究方面开辟了一个新领域。

12 月 31 日　迪庆藏族自治州监察委员会挂牌成立，这是云南成立的首家监察委员会，标志着云南监察体制改革迈出坚实步伐。

2018 年

1 月 3~8 日　全国人大常委会副委员长张宝文率全国人大常委会调研组，就云南省农村金融立法和农业供给侧结构性改革情况开展调研。

1 月 4 日　中国共产党云南省第十届委员会第四次全体会议通过《中共云南省委关于深入学习贯彻党的十九大精神促进云南跨越式发展的决定》。

同日　国家质量监督检验检疫总局命名保山市为“全国质量强市示范城市”，成为云南省首个“全国质量强市示范城市”。

1 月 8 日　2017 年度国家科学技术奖在北京揭晓，云南省共有 6 个项目获国家科学技术进步奖二等奖，其中第一完成单位 1 项、参与完成 5 项。

同日　河口县监察委员会正式挂牌成立。这是云南省首家挂牌成立的县（市、区）级监察委，标志着云南省深化国家监察体制改革试点工作进入实质性进展阶段。

1 月 9 日　2017~2018 年度全国残疾人高山滑雪和单板滑雪锦标赛在河北省张家口市开赛。开赛首日，云南省选手斩获 1 金 2 银，开启了云南残疾人冰雪运动项目的新篇章。

1 月 10 日　云南“党建云”正式开通运行，标志着云南省“互联网+党建”工作迈入“云时代”。

1 月 12 日　滇中新区骨架路网重点工程——空港大道（中段）、嵩昆大道（一期）两条高标准市政主干道正式通车。空港大道（中段）和嵩昆大道（一期）位于滇中新区东片区腹地，是连接空港、嵩明之间南北向发展轴带各组团的两条平行的城市快速道路。

同日　云南沃森生物技术股份有限公司发布其自主研发的具有自主知

识产权的 13 价肺炎球菌多糖结合疫苗获得 III 期临床试验统计分析报告，标志着中国的细菌多糖结合疫苗研发与产业化能力已跻身世界先进行列。

1 月 15 日　滇柬旅游合作双边会谈在昆明举行并签署旅游人才培养合作备忘录。

同日　云南省首届传统戏剧曲艺会演在昆明滇剧院拉开帷幕。此次会演是云南省首次专门为传统戏剧曲艺搭建的一个交流展示的平台，旨在传承弘扬优秀传统文化，培养壮大传统戏剧曲艺人才队伍。

1 月 18 日　云南省公共文化服务云平台“文化云南云”项目战略合作协议签约暨上海创图网络科技股份有限公司云南分公司揭牌仪式在昆明举行，开启了云南省文化大数据平台建设的序幕。

同日　祥鹏航空从昆明至腾冲的航班试行开放机上手机等电子设备使用，标志着西南地区首个空中试行开放手机等电子设备的航班完成飞行。

1 月 19 日　全国工业节能与综合利用工作座谈会在昆明召开，全省工业实现提质增效转型发展，万元工业增加值能耗同比下降 4.34%；创建国家级绿色工厂 4 家、绿色园区 1 个。

同日　大理经济技术开发区全国特大型生物天然气工程国家试点项目开始进行单机调试，预计将于 3 月正式投入生产。

1 月 23 日　云南省首届电子商务年货节开幕式暨京东 2018 云南战略发布仪式在昆明举行。

同日　中国科学院云南天文台宣布，成功实现月球激光测距，填补了我国在月球激光测距领域的空白。

1 月 25 日　省政府工作报告提出：打造世界一流的绿色能源、绿色食品、健康生活目的地“三张牌”。

同日　昆明至重庆、成都方向开行动车，云贵川渝四省市首次实现动车直达。至此，昆明南站开行的动车可直达全国 17 个省区市主要城市。渝贵铁路开通运营后，沪昆高铁、西成高铁、贵广铁路、云桂铁路等快速铁路将首次实现成网运行。

1 月 25~29 日　中共中央政治局常委、国务院扶贫开发领导小组组长汪洋在怒江傈僳族自治州调研脱贫攻坚工作。他强调，要深入开展扶贫调研，以政策精准促工作精准。

1 月 26 日　全省扫黑除恶专项斗争视频会议在昆明召开，学习贯彻全国扫黑除恶专项斗争电视电话会议精神，对云南省扫黑除恶专项斗争进行动员安排部署。

1 月 31 日　国际学术期刊《自然 · 通讯》在线发表了云南农业大学杨生超教授团队实现灯盏乙素首次全合成的最新研究成果。这是云南省在合成生物学研究领域获得的一项重大突破，将为工业化生产灯盏花素提供新途径。

2 月 3 日　云南省监察委员会挂牌成立。

同日　云南高等教育展暨推介会在斯里兰卡首都科伦坡举行，活动旨在推动云南与斯里兰卡的高等教育交流与合作。

2 月 6 日　全省“基层党建巩固年”工作部署视频会议召开，云南省正式启动实施“基层党建巩固年”工作。

同日　经过中铁十七局集团 5 年多的艰苦努力，全长 10.22 千米、有着“不良地质博物馆”之称的中缅国际通道广大（广通—大理）铁路祥和隧道顺利贯通，为昆明至大理间开行动车奠定了基础。

2 月 9 日　云南省主要领导干部学习贯彻习近平新时代中国特色社会主义思想和党的十九大精神研讨班在省委党校开班。开班式强调，全省各级领导干部要深入学习贯彻习近平新时代中国特色社会主义思想和党的十九大精神，增强“四个意识”、坚定“四个自信”，在深学笃信真用上带好头、作表率，满怀激情干事创业，众志成城跨越发展，坚定不移推进新时代中国特色社会主义的云南新实践。

2 月 11 日　省委、省政府发布《中共云南省委　云南省人民政府关于加强和完善城乡社区治理的实施意见》的通知。

2 月 11~13 日　外交部部长王毅在金平苗族瑶族傣族自治县、麻栗坡县调研脱贫攻坚并慰问一线扶贫干部、基层外事工作人员。他强调，要坚决打赢脱贫攻坚战，在稳边固边基础上，建设和平、友好、合作的边界。

2 月 13 日　永仁县监察委员会组建挂牌。至此，云南省监察委员会和全省 16 个州（市）、129 个县（市、区）监察委员会全部挂牌成立，实现对行使公权力的公职人员监察全覆盖。

2 月 23 日　中国工程院澜沧扶贫示范项目冬季马铃薯首次推广种植喜获丰收，首车 32 吨优质生态冬季马铃薯从澜沧拉祜族自治县运往北京市场，顺利打通了边疆优质绿色食品与北京等大市场对接的通道。

同日　云南省推动长江经济带发展工作会议暨领导小组会议在昆举行。会议总结了近年来云南省推动长江经济带发展工作，审议有关文件，安排部署下一步重点工作。

2 月 25 日　玉溪“云岭先锋·党建书苑”揭牌仪式在玉溪市委党校揭牌。这是云南省州市级建成的首家“云岭先锋·党建书苑”。

2 月 28 日　国务院批复同意楚雄高新技术产业开发区升级为国家高新技术产业开发区，实行现行的国家高新技术产业开展区的政策。

3 月 1 日　云南省外国专家局签发了首张《外国高端人才确认函》，领取者是云南省草地动物科学研究院聘请的 2017 年度“云岭英才计划”的泰国籍专家梅塔·瓦那帕，他获得了 10 年、多次入境的人才签证。

同日　“一部手机游云南”平台上线试运行。次日，上线试运行产品推介会在北京举行，云南省政府和腾讯公司向全球推介说明“一部手机游云南”。它是发挥腾讯公司在互联网、大数据、云计算、人工智能等方面的技术优势所打造的旅游平台，是推动实现云南旅游数字化、智慧化和体制机制创新，让云南旅游走向世界的重要平台。

3 月 2 日　国家新闻出版广电总局在其官方网站正式发布了《关于公布第三届全国“百强报刊”推荐结果的通知》，《云南师范大学学报》（哲学社会科学版）进入“2017 年百强社科期刊名单”，成为云南省唯一进入该名单的社科期刊。

3 月 6 日　南方航空云南分公司在昆明挂牌成立，成为南航旗下第 23 家航空运输分子公司。

同日　云南云景林纸股份有限公司 6 万吨生活用纸项目开工建设，该项目是云南省“四个一百”重点项目之一，云南企业生产的生活用纸即将大规模向市场供应。

3 月 8 日　省委办公厅、省政府办公厅印发关于《云南省“千人计划”

实施办法（试行）》《云南省“万人计划”实施办法（试行）》的通知。

3月15日　由中华全国青年联合会和泰国社会发展与人类安全部合作举办的第13届澜沧江-湄公河青年友好交流活动在昆明启动。

同日　由云南省农业科学院经济作物研究所和德宏傣族景颇族自治州农业科学研究所联合选育的“云薯304”通过专家组综合鉴评，成为我国第一个富锌薯片加工型马铃薯新品种。

3月19日　2018年全省水网建设集中开工动员会在陇川举行，陇川麻栗坝灌区工程开工。

3月20日　云南中茶茶业有限公司勐海工厂正式投产。当天首批产品现场订单成交金额达3.52亿元，将融入云南省打造世界一流“绿色食品牌”，助力“千亿云茶”产业提速。

3月21~25日　2018澜湄合作活动周·昆明站在昆明国际会展中心举行。21~22日，活动之一的澜沧江-湄公河水环境治理圆桌对话暨澜沧江-湄公河环境合作云南中心启动活动在昆明举行。

3月22日　云南省稀贵金属材料基因工程重大科技项目在昆明正式启动。该项目融合了云南省贵金属新材料控股集团、昆明理工大学、云南大学、云南锡业集团等10余家高校、科研院所、企业，实现了“政产学研用”协同创新的组织模式。

3月23日　《云南省新材料产业施工图》在昆明正式发布。预计到2025年云南省新材料产业产值将超过1400亿元，成为推动云南省新旧动能转换的重要战略性新兴支柱产业。

同日　云投集团注资10亿元打造的云南省体育产业投资有限公司挂牌运营，这是云南省首家也是目前唯一一家省属体育产业公司。

3月24日　全国生态建设委员会健康安全战略委员会志愿者联盟云南服务中心在昆明成立。

3月25~27日　中共中央政治局常委、中央纪委书记赵乐际到云南省调研。他强调，要忠实履行党章和宪法、监察法赋予的职责，扎实推进对所有行使公权力的公职人员监察全覆盖。

3月25日　云南省新开通大理—普洱、昭通—西双版纳、大理—西安

3 条国内航线以及昆明—诺罗敦·西哈努克港国际航线。

3 月 26 日　中国都龙·越南箐门口岸开放仪式在马关县都龙口岸举行，标志着都龙口岸正式对外开放，成为文山壮族苗族自治州继天保口岸之后的第二个国际性常年开放公路客运货运口岸。

同日　云南电网公司与中国铁塔云南分公司在昆明签署共享铁塔合作协议，双方将在云南电网的电力输电塔杆上加装通信基站，标志着云南在全国率先推广“共享铁塔”。

同日　瑞丽边民互市点成功接入中国（云南）国际贸易“单一窗口”边民互市系统，并顺利完成首单边民互市业务申报操作，标志着中国（云南）国际贸易“单一窗口”边民互市系统正式上线运行。

3 月 28 日　《云南日报》报道：云南省五级河湖库渠名录体系已全面建立。全省已明确 67928 名河（湖）长，7127 条河流、41 个湖泊、7103 座水库、7992 座塘坝、4549 条渠道被纳入河长制保护治理范围。

同日　老挝磨丁装卸与集散为一体的一站式查验货场正式投入使用。中老两国企业今后在中老磨憨—磨丁经济合作区中的运货、泊货、通关等外贸物流活动将更加方便，特别是中国企业因此可节约至少 24 小时的运输时间。

3 月 29 日　抚仙湖综合保护治理 3 年行动计划启动，将把抚仙湖保护治理不断推向深入，坚决遏制湖泊水质下降趋势，筑牢流域生态功能保障基线、水环境质量安全底线、自然资源利用上线“三大红线”。

同日　云南首个进口肉类指定口岸在关累正式启动营运。该项目对泰国冷冻禽肉及副产品通过澜沧江-湄公河水路运输抵达关累港口岸，具备运距短、动植物疫情风险小的优势。启动营运后将充分释放澜沧江-湄公河一江连六国“黄金水道”和关累港口的区位优势，有效满足中、缅、老、泰的经贸往来需求，同时进一步规范进口泰国冷冻禽肉及副产品合法有序进入中国市场，满足云南及周边省份市场需求。

3 月 31 日　省人大常委会会议通过《云南省禁毒条例》。

4 月 2 日　中缅国际通道广大（广通—大理）铁路全线铺架完成，为昆明至大理按计划开行动车奠定了坚实基础。

同日　作为我国环境保护税首个征期的第一个工作日，截至当日16时40分，云南省共有609户环保税纳税人申报税款1487万元，其中减免税款468万元，标志着云南省环境保护税征收顺利落地，开启环境保护“税”时代。

同日　广西百色—云南昆明成品油管道玉溪段完成改线工作，成为央企和地方政府紧密合作推进“一带一路”标志性工程建设的又一范例。

4月3日　第五届中国云南—缅甸合作论坛在昆明举行。针对卫生领域，双方同意在人才培养、公共卫生、应急处置等方面继续深化合作，开展好云南赴缅甸“光明行”白内障患者复明手术和义诊活动。双方签署了《第五届滇缅合作论坛纪要》。

4月4日　由老挝政府和云南建投集团合资成立的老中联合高速公路开发有限公司，与老挝计划投资部在老挝首都万象签署了万象至万荣高速公路特许经营权协议。

4月8日　语言文字扶贫APP上线，助力云南省“直过民族”脱贫攻坚。

5月4日　打造世界一流“绿色食品牌”工作领导小组会议召开。

5月6日　由云南省和北京航空航天大学共同举办的北航云南创新研究院正式落户昆明，并举行揭牌仪式。

5月7日　南部战区陆军云南扫雷大队四队在麻栗坡县天保口岸4号洞雷场举行雷场验收交接仪式，将6万余平方米安全土地移交当地政府。

同日　中越国际铁路首开冷链运输列车，是云南省铁路首次开行的连接东南亚与国内冷链的运输列车。

5月8日　省委常委会（扩大）会议传达学习习近平总书记在纪念马克思200周年诞辰大会和在中央政治局第5次集体学习时的重要讲话精神。强调坚定不移高扬马克思主义伟大旗帜，谱写云南高质量跨越式发展新篇章。

5月9日　第二届中缅智库高端论坛在芒市举办。中缅智库高端论坛是中国与缅甸智库机构间开展双边对话与交流的第一个智库合作平台。本届论坛主题为“中缅经济走廊建设”，旨在遵循“共商共建共享”原则，与缅方智库深入交流研讨，以将概念变为行动，将愿景变为现实，务实推进经济走廊建设。

同日　昆医附二院怒江州第一医院挂牌成立。

5 月 10 日　中国—东盟教育培训中心、澜沧江-湄公河职业教育基地（腾冲基地）、云南民族大学国际职业教育腾冲培训基地揭牌及签约仪式在腾冲市举行。

5 月上旬　昆明市延安医院 12 天内成功完成两例原位心脏移植手术，这是该院独立实施 OPO 方式下的原位心脏移植手术，在云南尚属首次。

5 月 11 日　省环保厅在大理古生村建成云南省首条生态环境文化长廊。文化长廊建设旨在深入宣传习近平总书记新时代生态文明新思想、新理论，弘扬环境文化，传播生态文明。

同日　云南文化周暨柏林中国文化中心成立 10 周年庆典活动在柏林举行。

5 月 12 日　首届“云茶”国际茶商论坛在昆明举行。本次论坛立足云南、放眼全世界，以云南茶业“首席服务员”为主体，全面提升云南茶业品牌影响力。

5 月 14～20 日　全国人大常委会副委员长、农工党中央主席陈竺，全国政协副主席、农工党中央常务副主席何维率农工党中央调研组就“深入开展精准健康脱贫，助力实施乡村振兴战略”来滇调研。

5 月 15 日　芒市机场改扩建后成功试飞。此次试飞是波音 737-800 机型首次在芒市机场运行，也是瑞丽航空首次承担机场试飞工作。

5 月 15～16 日　2018 年第八届机场建设与发展国际峰会在上海举行，昆明长水国际机场荣获峰会组委会颁发的“年度最佳航线拓展奖”。

5 月 16 日　文化和旅游部公布了第五批国家级非物质文化遗产项目代表性传承人名单共 1082 人，云南 56 人入选晋升为国家级代表性传承人。

5 月 17 日　昆明医科大学第一附属医院正式启用首台移动 CT 卒中救护车，西南首台移动 CT 卒中救护车落户云南。

同日　云深人工智能与 5G 高峰论坛在昆明举行。本次论坛共同研讨人工智能和 5G 带来的新机遇，助力云南经济转型发展。

5月18日　云南至新加坡铁海联运班列——“中新南向通道班列”正式首发。“中新南向通道班列（昆明—钦州港）”由铁路集装箱和海运集装箱组成，采取集装箱原箱下海出境的方式，改变了以往云南出口物资在港口拆箱换装或散货直接装船的模式，实现一站式直达和货物全程零损耗。

同日　滇西北特高压直流工程全面投产，云电外送能力新增500万千瓦。滇西北直流工程是南方电网公司建设运营的第三个特高压直流工程，也是西电东送首条落点深圳的特高压直流工程。

同日　“文化云南云”平台正式上线。“文化云南云”是全国第三家省市上线平台，内容包括图书馆、美术馆、博物馆、文艺院团、非物质文化遗产、艺术展演视频、文化电子地图等数字文化信息。

5月19日　中国旅游日云南省分会场活动启动，云南省腾冲市、宜良县、大姚县、嵩明县及浙江省桐庐县等全国5个县市被认证为第四批徐霞客游线标志地。

5月21日　省委常委会召开（扩大）会议，强调深入学习贯彻习近平生态文明思想，坚决打好打胜云南污染防治攻坚战。

5月22日　省委全面深化改革领导小组第十二次会议召开。会议学习贯彻习近平总书记关于深化党和国家机构改革重要思想，研究云南省深化改革工作。

5月23日　云南省首个跨境电子商务直购监管中心运行。

5月23~25日　中共中央政治局委员、全国人大常委会副委员长王晨率全国人大常委会传染病防治法执法检查组在云南开展执法检查，强调加强传染病防治工作，保障人民群众身体健康。

5月24日　云南石斛入选国家航天级食品。

5月25日　国家心血管病中心高血压专病医联体云南省中心在云南省阜外心血管病医院成立。

5月27日　滇桂黔石漠化片区区域发展与扶贫攻坚现场推进会召开。云南省与水利部、国家林业和草原局、国务院扶贫办就进一步支持云南水利建设、退耕还林还草，助推云南生态文明建设和打赢精准脱贫攻坚战等工作进行了交流。

5月29日　省委、省政府印发《中共云南省委　云南省人民政府关于贯彻乡村振兴战略的实施意见》。

5月31日　“游云南”APP正式上线试运行。该应用程序是省政府与腾讯公司联合打造的国内首个省级全域旅游智慧化平台“一部手机游云南”第一阶段成果，标志着“带手机游云南——说走就走，全程无忧”已基本实现。

同月　云南省备案保健品品种实现零的突破。昆明朗盛生物科技有限公司的产品云咖牌硒维生素C片获得省食品药品监管局颁发的云南省首张国产保健食品备案凭证。

6月1日　昆明海关全面取消《入/出境货物通关单》。这是新海关深化“放管服”改革，加快推进关检业务深度融合的一项重要举措，将进一步减少企业通关环节，为企业提供更加便利的营商环境。

6月3日　老挝人民革命党中央总书记、国家主席本扬·沃拉吉到云南访问。

6月10日　中缅国际通道大瑞（大理—瑞丽）铁路建设取得新突破，极具施工难度的江顶寺隧道顺利贯通。

6月11~13日　第三届云南国际人才交流会·南亚东南亚人才合作论坛在昆明举办。此次论坛首次设立面向南亚东南亚的专题人才合作论坛，旨在促进云南与南亚东南亚国家人才合作。

6月11~14日　中共中央书记处书记、中央统战部部长尤权在云南省调研。他强调，要深入学习贯彻习近平新时代中国特色社会主义思想和党的十九大精神，认真落实党中央关于民族宗教工作方针政策和各项部署，促进民族团结、宗教和顺，改善各族群众生产生活。

6月12日　以“全面推进以项目合作为主导的长期伙伴关系”为主题的2018大湄公河次区域（GMS）经济走廊省长论坛在昆明开幕。

同日　首届澜沧江-湄公河国家新闻官员及媒体记者培训在昆明开班。本次培训是首次面向澜湄各国同时开展的媒体从业人员的培训活动，旨在通过培训加强各国媒体在新闻共享、信息整合、业务交流方面的互动，促进云南与湄公河流域国家媒体间的相互往来、交流，增进了解，推动双方形成更大共识。

同日　大理市政府发布《洱海生态环境保护“三线”管理规定（试行）》，旨在规范洱海生态环境保护“三线”管理工作，改善洱海生态环境，促进经济社会可持续发展。

6 月 13 日　“2018 中国·南亚东南亚艺术周暨澜湄艺术节”、云南—南亚东南亚教育合作论坛、孟中印缅商务论坛、南亚东南亚商事法律合作研讨会在昆明开幕。云南省与印度西孟加拉邦（K2K）合作论坛第十二次会议举行，第八届“南亚东南亚国家主流媒体云南行”活动启动。

6 月 14 日　第六届中国—南亚东南亚智库论坛在昆明开幕。本届论坛以“携手共建人类命运共同体——深化新时代中国与南亚东南亚国家务实合作”为主题。

6 月 14~15 日　中共中央政治局委员、国务院扶贫开发领导小组组长胡春华在云南调研脱贫攻坚工作。他强调，要深入学习贯彻习近平总书记关于脱贫攻坚的重要指示精神，认真落实党中央、国务院关于打赢脱贫攻坚战三年行动的决策部署，聚焦深度贫困地区和特殊贫困群体，坚持目标标准，贯彻精准方略，扎实有力推进脱贫攻坚各项政策举措，确保不漏一村不落一人，坚决打赢深度贫困地区脱贫攻坚战。

同期　越南副总理武德担、老挝副总理宋赛·西潘敦、阿富汗伊斯兰共和国第二副首席执行官穆罕默德·穆哈齐克、缅甸商务部部长丹敏出席第五届南博会暨第二十五届昆交会。

6 月 14~20 日　第五届南博会暨第二十五届昆交会在昆明滇池国际会展中心举办。中共中央政治局委员、国务院副总理胡春华出席开幕式并致辞。本届南博会同期举办首届中国—南亚合作论坛、2018 大湄公河次区域（GMS）经济走廊省长论坛暨第十届经济走廊活动周等一系列活动。本届南博会是党的十九大之后，我国改革开放 40 周年之际，在云南举办的规模最大的一次国际性展会。

6 月 21 日　来自澳大利亚、韩国等国和我国的 90 多名代表聚集昆明，开展禁毒国际学术研讨会，旨在为各国禁毒部门打击新型毒品犯罪提供智力支持。

6月22日　中央环境保护督察“回头看”云南省边督边改工作推进会在昆明召开。会议强调：要把生态环境保护作为全省工作的重中之重，要把配合好“回头看”作为当前生态环境保护工作的重中之重，要把边督边改、责任追究作为配合好“回头看”工作的重中之重。

同日　云南省驻澳大利亚（悉尼）商务代表处授牌仪式在澳大利亚新南威尔士州议会厅举行。

6月28日　全省深化“放管服”改革转变政府职能电视电话会议召开。

同日　云南首位中国戏剧艺术梅花奖得主、著名滇剧艺术家王玉珍从艺60周年演出晚会在云南省滇剧院举行。

6月29日　《云南省生态保护红线》正式发布，明确云南省生态保护红线面积11.84万平方千米，占全省区域面积的30.90%。

7月1日　昆楚大（昆明—楚雄—大理）铁路动车正式开通运营，昆明至大理间实现动车直达，以大理为中心的滇西地区正式接入全国高铁网。

7月3日　昆明医科大学第一附属医院实施全国首例3D打印锁骨植入手术。

7月5日　华能黄登水电站首台1号机组通过72小时试运行，正式投入商业运行。黄登水电站首台机组投产发电，标志着国家西南水电能源基地再添新动能，对促进国家节能减排和“西电东送”具有重要意义，对云南省打造“绿色能源牌”和促进地方经济社会发展、全面建成小康社会具有重要推动作用。

7月6日　省政府印发《云南省“厕所革命”三年行动计划（2018~2020年）》。

7月10日　中老铁路跨澗公河特大桥主桥基础施工全面完成。中老铁路北起中老边境，南抵老挝首都万象，是第一个以中方为主投资建设、共同运营并与中国铁路网直接连通的境外铁路项目。

7月13~15日　第九届中国民族植物学大会暨第八届亚太民族植物学论坛在中国昆明召开。大会发布了《一带一路生物多样性与传统知识保护昆明宣言》。

7 月 16~17 日　全国政协副主席、国家民委主任巴特尔在大理白族自治州调研民族团结进步创建工作，强调全面深入持久开展民族团结进步创建。

7 月 20 日　全球首条液态金属打印机生产线在宣威市正式投产运行。

7 月 21 日　《中共云南省委　云南省人民政府关于全面加强生态环境保护坚决打好污染防治攻坚战的实施意见》印发。

7 月 23 日　全省生态环境保护大会召开。会议强调深入学习贯彻习近平生态文明思想和全国生态环境保护大会精神，切实扛起“把云南建设成为中国最美丽省份”的时代使命担当，全面提升生态文明建设水平，筑牢国家西南生态安全屏障，为建设美丽中国作出新的更大贡献。

8 月 2 日　全省推进旅游革命动员大会召开。会议强调以旅游革命推进云南旅游业全面转型升级。

8 月 6 日　2018 年尼泊尔法官研修班开班仪式在云南省高级人民法院举行。

8 月 13~15 日　全国政协民族和宗教委员会在滇就“藏传佛教人才培养”开展专题调研，强调加强藏传佛教人才培养，维护寺庙藏区和谐稳定。

8 月 15 日　玉溪至杭州首开高铁。

8 月 16~17 日　全省特色小镇创建工作现场推进会召开。会议强调发挥特色小镇建设在助推实施乡村振兴战略、打赢脱贫攻坚战、打造健康生活目的地中的重要作用。

8 月 23 日　省委办公厅印发《关于进一步激励广大干部新时代新担当新作为的实施意见》。

8 月 25 日　省委、省政府印发《中共云南省委　云南省人民政府关于打赢精准脱贫攻坚战三年行动的实施意见》。

8 月 28 日　中石油云南石化有限公司运行一周年。投产一年来，有力保障了云南省乃至西南地区油品供应。

8 月 29 日　东亚峰会新能源论坛、中国—东盟新能源论坛在昆明举行。

8 月 30 日　省委常委会（扩大）会议传达学习推进“一带一路”建设工作 5 周年座谈会精神，强调主动服务和融入“一带一路”建设，以扩大开放推动改革深化赢得发展先机。

8 月 31 日　云南省打造世界一流“绿色食品牌”工作领导小组第 6 次会议召开。会议强调要充分发挥昆明斗南花卉市场的龙头作用，加强全产业链创新，打造千亿级花卉产业。

同日　省委、省政府印发《中共云南省委　云南省人民政府关于创新体制机制推进农业绿色发展的实施意见》。

9 月 2 日　中国企业联合会、中国企业家协会发布“中国企业 500 强”榜单，云南省建设投资控股集团有限公司、云南省投资控股集团有限公司、云南省能源投资集团有限公司、云天化集团有限责任公司、昆明钢铁控股有限公司、云南锡业集团（控股）有限公司、云南冶金集团股份有限公司 7 家企业入围。

同日　2018 雅加达亚运会闭幕，云南籍运动员获得 3 金 2 银 4 铜。其中，山俊获得男子 60 公斤级拳击项目铜牌，这是云南拳击在亚运会历史上取得的第一枚奖牌。

9 月 5 日　贝宁共和国总统帕特里斯·塔隆在云南访问。

9 月 7 日　《云南日报》报道：云南省殡葬改革取得阶段性成果。全省平均火化率达 44.7%，比“十二五”初提高 16.22%，平均每年递增 2.7%。

同日　《云南日报》报道：省交通运输厅、省公路局通过利用现有公路设施在全省范围规划 7 条美丽公路旅游线，途经 67 个县（市、区），涉及 50 个特色小镇、97 个 3A 级以上景点和 21 个二类以上口岸。至 2030 年将建成 9000 多千米的七彩云南旅游环线。

同日　英国《科学报告》刊发相关论文报道：“禄丰恐龙”又一新属种被认定为基干蜥脚型类，命名为“孙氏彝州龙”。这是禄丰县境内恐龙化石研究的又一重要发现。

9 月 8 日　第二十届中国国际投资贸易洽谈会在厦门开幕。云南省作为主宾省，签约金额逾 500 亿元。

同日　首届“一带一路”生态文明科技创新论坛在昆明举行。

9 月 12 日　由中国工程院院士马丁教授领衔的专家工作站落户云南省

第一人民医院。该工作站的成立，将推动云南省女性生殖系统三大恶性肿瘤微创诊疗技术和科研水平的全面发展。

9 月 19 日　中国昆明至越南海防国际道路客运试运行。

9 月 20 日　中国林业大数据中心、中国林权交易（收储）中心正式落户云南。

9 月 21 日　省人大常委会会议通过《云南省生物多样性保护条例》，将于 2019 年 1 月 1 日起施行，标志着云南省在全国率先出台了生物多样性保护地方性法规。

9 月 23 日　昆明与香港直通高铁列车首发。

9 月 26 日　云南省传染病专科医院段月勋荣获第十九届贝利 · 马丁奖，成为今年中国唯一的获奖者。

9 月 27 日　云南省乌蒙山片区国土整治重大工程获自然资源部批复。工程预算投入资金 9.09 亿元，计划实施规模达 46.4 万亩，实施后将惠及 876.9 万人。

9 月 29 日　滇中新区智能装备产业园投用，来自香港、深圳等地的 5 家智能终端企业率先入驻。

同日　省政府正式印发《云南省人民政府关于批复寻甸县等 15 个县退出贫困县的通知》，经县级申请、州市初审、省级核查、公示公告、国家专项评估检查等程序，云南省寻甸县、罗平县、牟定县、姚安县、石屏县、宁洱县、勐海县、祥云县、宾川县、巍山县、洱源县、鹤庆县、芒市、玉龙县、云县 15 个县（市）退出贫困县。

同日　云南农业大学申报的国家辣木加工技术研发专业中心获得农业农村部批准，成为云南农业大学首次获批的国家农产品加工技术研发中心。

10 月 1 日　“游云南” APP 正式上线运行。

10 月 9 日　由文化与旅游部、教育部、人力资源和社会保障部牵头实施的《中国非物质文化遗产传承人群研修研习培训计划》——2018 年云南技师学院第一期民族刺绣培训班在屏边苗族自治县开班。

10 月 10～13 日　“中国体育彩票杯” 2018 年全国柔道冠军赛在西安召开，在男子 100 公斤级比赛中，云南选手斯日吉嘎瓦和白音孟克包揽冠亚军。

10 月 11 日　第十四届中国昆明国际农业博览会在昆明召开。

同日　南亚东南亚热带蔬菜资源利用与栽培技术国际培训班暨 2018 援缅现代农业技术培训班在昆明开班。

10 月 13~14 日　中国共产党云南省第十届委员会第五次全体会议在昆明召开。会议审议通过了《中共云南省委贯彻〈中共中央关于深化党和国家机构改革的决定〉的实施意见》，对全省机构改革作动员部署。

10 月 15 日　云南省农业科学院甘蔗研究所国家产业技术体系甘蔗抗逆栽培科学家团队与临沧南华糖业有限公司联合研发的“一种糖料甘蔗绿色可持续高产种植方法”近日在澳大利亚获得授权，这是我国首个通过国际 PCT（PCT 即《专利合作条约》）途径获得授权的国际甘蔗农业专利。

同日　第三届中国学位与研究生教育学会研究生教育成果奖公布。昆明理工大学《以核心课程为引领的研究生课程改革与实践》成果荣获二等奖，成为西南地区唯一获奖单位，也是该奖项设立以来云南省首家获奖单位。

10 月 16 日　云南省滇剧院名剧《送京妹》《鼓滚刘封》亮相 2018 年全国梆子声腔优秀剧目展演。

10 月 17 日　云南民进会员李孝轩荣获 2018 全国脱贫攻坚奉献奖，成为云南省唯一获奖的民主党派人士。

10 月 22 日　丽江市创造了百亩连片、千亩连片和最高单产 3 项世界最高海拔水稻高产新纪录。

10 月 23 日　首次中越边界（云南段）联合巡查在金平启动。

同日　云南省驻法国（巴黎）商务代表处揭牌仪式在巴黎举行。

10 月 24 日　云南省民营企业家杨宗祥入选改革开放 40 年全国百名杰出民营企业家名单。

10 月 30 日　云南高速公路“ETC+无感支付”上线运行。

10 月 30 日至 11 月 8 日　“一江情·一家亲”第二届澜沧江-湄公河新闻官员及媒体记者培训活动在昆明举行。

10 月 31 日　省政府外事办公室与老挝南塔省、乌多姆塞省、丰沙里省外事厅首次联合巡查边界启动仪式在磨憨口岸举行。

同日　省政府发布实施云南省深入实施兴边富民工程改善沿边群众生产生活条件三年行动计划第一轮（2015~2017年）和第二轮（2018~2020年）的实施背景、工作规划、成效经验和保障措施。

11月1日　首届澜湄水资源合作论坛在昆明开幕。

同日　云南（普洱）咖啡价格指数在北京正式发布。价格指数旨在提升云南省咖啡品牌影响力和国际知名度，为政府监测、科学种植、贸易决策提供风向标、晴雨表和避雷针。

11月16日　云南省扫黑除恶专项斗争督导工作全面展开。

同日　中越边境云南段扫雷任务全部完成。

同日　昆明理工大学环境科学与工程学院教授宁平荣获2018年度何梁何利基金奖科学与技术区域创新奖。

同日　云南新型智库联盟在昆明成立。

11月23日　2018澜湄合作博览会暨澜湄合作滇池论坛在昆明开幕。

11月27日　曲靖师范学院教师代冬琴入选2018年度“高被引科学家”名单，成为云南省唯一入选的科学家。

11月29日　省人大常委会会议审议通过《云南省大气污染防治条例》《云南省杞麓湖保护条例》。

12月4日　省委办公厅印发《关于建设忠诚干净担当高素质干部队伍的意见》。

同日　首届中国—中南半岛经济走廊论坛（物流）在昆明举行。

12月5日　云南省首张电子社保卡成功签发。

12月6日　云南大学入选第一批全国中华优秀传统文化传承基地。

12月8日　中国野生动物保护协会在昆明成立我国首个国家公园及自然保护地委员会。

12月12日　砚山维摩国家石漠公园通过国家评审。

12月13~14日　云南自然保护区成立60周年经验交流暨保护管理培训班在昆明举办。截至2017年底，云南省已建立各种类型、不同级别的保护区161处，总面积286.41万公顷，占全省区域面积的7.3%，全省90%的典型生态系统和85%的重要物种得到有效保护，初步建成布局合理、类型齐全的自然保护区网络体系。

12 月 15 日　生态环境部授予云南省保山市、华宁县“国家生态文明建设示范市县”称号，腾冲市、元阳哈尼族梯田遗产区被命名为“绿水青山就是金山银山”实践创新基地。

12 月 17 日　云南国际股份有限公司在香港揭牌，这是云南能投集团首个登陆港交所的上市公司。

12 月 18 日　党中央、国务院授予原云南省保山地委书记杨善洲同志改革先锋称号，颁授改革先锋奖章。

12 月 20 日　云南省全面实施个体工商户全程电子化登记。

12 月 27 日　云南石化当年累计加工原油突破 1000 万吨，成为中石油集团第 2 家加工原油突破千万吨的炼化企业。

12 月 29 日　普洱市被国家民委命名为全国民族团结进步创建示范市。这是云南省继大理白族自治州、西双版纳傣族自治州和楚雄彝族自治州之后，第 4 个获此殊荣的州市。

同日　中老国际通道玉磨（玉溪—磨憨）铁路首个车站——研和站开通使用，顺利接入全国铁路网。

同日　芒市孔雀谷景区获“世界最大的孔雀养殖基地”“世界最大的鲜花孔雀造型”两项世界纪录。

同月　由云南文投集团运用中国创意、柬埔寨元素打造的大型舞蹈史诗剧目《吴哥的微笑》自 2010 年 11 月 28 日在柬埔寨正式公演以来，总共演出 3900 余场，观众人数达到 180 万人，创造了中国国有文艺院团在国外驻场演出时间最长、演出场次最多、观众人数最多的典型案例。

2019年

1月1日　洱海全湖实行全年封湖禁渔，旨在有效保护和恢复洱海生态环境，优化洱海生态结构。

同日　《中国少数民族大辞典·拉祜族卷》首发式在昆明举行。该书是《中国少数民族大辞典》系列分卷之一，是拉祜族历史上第一部全面系统反映拉祜族社会生活的百科全书。

同日　华能澜沧江公司大华桥、黄登、乌弄龙、里底4座水电站机组顺利投产。同日投产4台机组，刷新世界水电建设记录。

同日　云南世博园艺有限公司在成都安仁打造的花城堡、魔豆塔创造“世界上最大的花卉建筑结构”及“世界上最高的植物造型观景塔”两项新的世界纪录，并获吉尼斯世界纪录证书。

1月2日　昆明市盘龙区与玉溪市红塔区顺利通过国家慢性病防控示范区复审，重新确认为国家级慢性病综合防控区，成为国家第二批、云南省首批通过国家复审评估的慢性病综合防控区。

1月3日　连接昭通的六威（六盘水—威宁）高速公路建成通车，云南又增一条出省大通道。

1月6日　国内第一个生物质炭气多联产一体化烟叶烘烤设备在农业农村部云南烟草生物学与加工科学观测实验站（昆明禄劝）稳定运行，在烟叶的绿色烘烤中发挥了重要作用。

1月7日　云南省旅游规划研究院国内旅游市场研究基地授牌仪式在同程旅游总部江苏省苏州市举行，该基地是云南省构建的第13个旅游智库联合体，也是云南省文化和旅游厅、云南省旅游规划研究院首次在云南省范围以外设立的研究机构。

1 月 8 日　云南省“水力式升船机关键技术及应用”“菊花优异种质创制与新品种培育”2 个项目和“月季等主要切花高质高效栽培与运销保鲜关键技术及应用”等 5 个项目分获 2018 年度国家技术发明奖二等奖、国家科学技术进步奖二等奖。此外，长期与昆明理工大学等单位合作的外籍专家简·迪安·米勒获中华人民共和国国际科学技术合作奖。

1 月 10 日　云南“一部手机办事通”APP 将上线试运行。这是省委、省政府贯彻党中央和国务院“放管服”改革精神，落实“互联网+政务服务”相关要求，改善营商环境，由省政府与中国建设银行合作开发的一个移动端政务服务平台。用户可以通过该 APP 办理户籍、查询职工养老保险、预约办税等多项政务服务。

同日　云南省招商引资大数据中心正式上线运行。该中心成为全国第一家应用于政府招商引资的大数据平台，标志着云南省招商引资进入大数据时代。

1 月 14 日　云南省“优薯计划”项目取得重大理论突破，国际顶级学术期刊《自然·遗传学》杂志在线发表了云南师范大学马铃薯科学研究院与中国农业科学院农业基因组研究所共同完成的马铃薯自交衰退遗传机制解析成果。

1 月 14~18 日　由人民日报、新华社、光明日报、云南日报等 10 家媒体记者组成的采访团，分赴昆明、红河、文山、大理、丽江等云南省旅游重点州（市），对云南省旅游转型升级的举措和取得的成效进行深入采访报道。

1 月 16 日　云南省异地就医直接结算实现人群和制度全覆盖，结算范围逐步扩大、结算服务效率提升。

同日　全国首个芒果全产业链单品种大数据成果——中国芒乡·丽江华坪芒果大数据平台建成。

1 月 17 日　云南棋手柯洁获第四届“百灵杯”世界围棋锦标赛冠军，夺得个人第 7 个世界冠军。

1 月 18 日　全国首批“青少年 12355”区域中心之一——云南昆明 12355 青少年服务平台正式启动。云南昆明 12355 青少年服务平台，是由共青团云南省委和共青团昆明市委共同孵化管理的非营利性社会服务组织。

1 月 19 日　云南中医学院更名为云南中医药大学。

1 月 23 日　云南省召开“基层党建创新提质年”工作视频部署会，正式启动实施 2019“基层党建创新提质年”各项工作。

1 月 24 日　“丽江号”沪昆文化旅游列车正式开行。“丽江号”高铁冠名列车的运行线路，是中国东西向线路里程最长、经过省份最多的高铁线路。

1 月 27 日　全国首家也是目前唯一一家淘宝官方直播原石基地在云南省瑞丽市样样好翡翠文化产业园投入运营。

1 月 29 日　据《2018 年中国数字经济发展报告》，2018 年云南省数字经济销售总金额增速居全国第二位，同比增长 49.6%。

1 月 31 日　省人大会议表决通过《云南省民族团结进步示范区建设条例》，自 2019 年 5 月 1 日起施行。

同日　德宏芒市机场开通芒市—曼德勒—芒市航线。这是德宏芒市国际机场开通的首条国际航线，也是瑞丽航空开通的首条对缅航线。

2 月 1 日　云南省出台《云南省乡村振兴战略规划（2018 ~ 2022 年）》，部署若干重大工程、重大计划、重大行动，统筹推进农村经济、政治、文化、社会、生态文明建设和党的建设。

2 月 3 日　昆明市第一人民医院举行“施予受”志愿者登记平台启动仪式，成为西南地区首家开通“施予受”志愿者登记网络窗口的医院。

2 月 13 日　《云南日报》报道：云南中药资源普查工作取得阶段性成效。通过普查，云南本地药物资源达 7000 余种，资源调查种类居全国第一。

2 月 16 日　省政府决定成立建设“数字云南”领导小组。18 日，云南省数字经济局、云南省“云上云”中心挂牌成立。

2 月 16~18 日　国务委员、外交部部长王毅在云南中缅边境调研。他强调，要深入贯彻落实习近平总书记重要指示精神，推进中缅友好，维护中缅边界稳定，促进边境地区繁荣发展。

2 月 17 日　教育部“云南重大生物演化事件及古环境”国际合作联合实验室成立仪式暨国际学术研讨会在云南大学举行。该实验室是云南省唯一立项建设的国际合作联合实验室。

2 月 18 日 “排雷英雄”杜富国入选“感动中国”2018 年度人物。

2 月 20~22 日 第二届中缅经济走廊论坛在昆明举行。论坛为推动两国在发展规划、产能与投资、交通、农业、金融、旅游、生态环境等领域的对接合作提供平台载体。中缅相关政府部门、企业、金融机构、行业协会等方面 400 余位代表参加了论坛。

2 月 21 日 省政府与中国农业发展银行签署《支持云南实施乡村振兴战略金融服务合作协议》。

同日 《云南日报》报道：截至 2018 年底，全省已有 23.1 万建档立卡贫困残疾人实现脱贫。

2 月 24~26 日 中共中央政治局常委、国务院副总理韩正在大理、昆明，就当前经济运行、企业生产经营、生态环境保护等进行调研。他强调，云南要坚持新发展理念，推动高质量发展，大力支持实体经济，确保今年开好局、起好步，以优异成绩庆祝新中国成立 70 周年。

2 月 25 日 云南绿色能源战略咨询会暨创新论坛在昆明召开。本次论坛的举办旨在全面贯彻“创新、协调、绿色、开放、共享”新发展理念，深入实施云南省“绿色能源牌”发展战略。

2 月 26 日 《云南日报》报道：2018 年，云南省城镇保障性安居工程建设分配任务顺利完成，被国务院列入“落实有关重大政策措施真抓实干成效明显的地方名单”，受到国务院办公厅督查激励。

2 月 28 日 经国务院同意，国家发展和改革委员会印发《关于支持云南省加快建设面向南亚东南亚辐射中心的政策措施》共五个方面十四条，涵盖与周边国家农业合作、经贸合作等内容。

3 月 1 日 国家统计局公布 31 省份 2018 年 GDP 数据，云南省 GDP 总量为 17881.12 亿元，GDP 增速超过了全国平均水平。

同日 云南省玉溪市红塔区大营街街道大营街社区、云南省红河州红河日报社退休记者丁莲获评中宣部命名的第五批全国学雷锋活动示范点和岗位学雷锋标兵。

3 月 2 日 科学技术部与云南省政府签署《科学技术部 云南省人民政

府工作会商制度议定书（2019～2023）》，决定重点在强化“绿色科技”创新供给、提升区域创新能力等方面加强合作，推动云南打造绿色科技强省、促进经济高质量跨越式发展。

3 月 5 日　云南省“八出省五出境”铁路网的重要组成部分——成昆铁路扩能改造工程永仁至广通段全线轨道铺通，为 2019 年全线开通运营奠定坚实基础。

3 月 7 日　中共中央政治局常委、全国政协主席汪洋参加十三届全国人大二次会议云南省代表团的审议。他充分肯定了过去一年云南改革发展取得的成绩，希望云南深入贯彻习近平总书记对云南工作的重要指示精神，坚定不移落实党的民族政策和宗教工作基本方针，大力帮助人口较少民族和“直过民族”发展，努力打造民族团结进步示范区。2018 年，独龙族、基诺族、德昂族 3 个“直过民族”、人口较少民族实现整族脱贫，这在云南扶贫开发历程中具有历史性意义。

3 月 11 日　2018 昆明高原国际半程马拉松、上合昆明国际马拉松、腾冲国际马拉松和云南 · 水富国际半程马拉松赛事荣膺中国田径协会金牌赛事。

3 月 14 日　省政府发布《中共云南省委　云南省人民政府关于新时代扩大和深化对外开放的若干意见》，以进一步扩大和深化对外开放，深入推进面向南亚东南亚辐射中心建设。

3 月 15 日　云南昆明市、玉溪市、安宁市、芒市和昆明市石林县等县城、街道经全国爱卫会复审确认为 2018 年国家卫生城市（区）和国家卫生县城（乡镇）。

同日　2018～2019“中国足球发展基金会杯”首届云南省少数民族足球赛云南民族大学赛区举行启动仪式。全省共有 14 个赛区，举行大规模少数民族足球赛在全国尚属首次。

3 月 20 日　中国工业和信息化部、泰国数字经济和社会部共同主办的中泰数字经济合作部级对话机制第一次会议在昆明举行。会议围绕数字经济、工业互联网、人工智能等领域加强合作进行了研讨。

同日　中国文明网发布了《中央文明办公布全国文明城市提名城市中

的 141 个地级以上城市、城区 2018 年文明城市年度测评结果》，昆明在省会提名城市中排名第一。

3 月 21 日　全省河（湖）长制领导小组暨省总河长会议在昆明召开。会议强调坚决打好九大高原湖泊保护治理攻坚战和以长江为重点的六大水系保护修复攻坚战，推动全国生态文明建设排头兵和中国最美丽省份建设迈上新台阶。

同日　省委国家安全委员会第一次会议召开。会议强调坚决贯彻总体国家安全观，立足云南边疆、民族地区实际，统筹推进各领域国家安全工作，坚决维护国家安全，确保社会大局稳定。

3 月 25～30 日　云南省友好代表团访问柬埔寨和泰国，就经贸投资、基础设施建设等进行了深入的会谈并达成多项合作协议。

3 月 27 日　全省推进“旅游革命”现场会暨“一部手机游云南”工作领导小组第 15 次专题会议在丽江市召开。会议强调，要始终保持清醒头脑和旅游市场秩序整治高压态势，深入推进“旅游革命”，全面提升旅游六大要素品质，打造世界一流“云南旅游”。

3 月 29 日　丽江市举行丽江航空口岸国际货运开通仪式，标志着丽江航空口岸国际货场正式投入运行。目前丽江航空口岸已成为云南省仅次于昆明长水国际机场的第二大国际空港，是云南第二家开通国际航空货运的国际空港。

3 月 30 日　“宜宾—水富”零运价集装箱公共班轮实现常态化运行，标志着依托长江“黄金水道”航运价值和水富“万里长江第一港”的定位，长江上游的货运班轮航线已经延伸进了云南。

3 月 31 日至 4 月 4 日　全国人大常委会副委员长丁仲礼率全国人大省会执法检查组，在云南省就贯彻实施《中华人民共和国水污染防治法》情况开展执法检查。他对云南贯彻落实水污染防治法各项工作和取得的成效给予充分肯定，并提出工作建议。

4 月 7 日　中国工程科技发展战略云南研究院在昆明成立。研究院的成立将推动云南与中国工程院和院士专家进一步合作，为云南发展提供有力的人才支撑。

4月10日　习近平总书记给云南贡山县独龙江乡群众回信，祝贺独龙族实现整族脱贫，他说："脱贫只是第一步，更好的日子还在后头"，"让各族群众都过上好日子，是我一直以来的心愿，也是我们共同奋斗的目标"，"希望乡亲们再接再厉，奋发图强，同心协力建设好家乡、守护好边疆，努力创造独龙族更加美好的明天"。

同日　中国全国政协—越南祖国阵线中央暨边境省份组织友好交流活动开幕式在昆明举行。

4月12日　红云红河烟草（集团）有限责任公司曲靖卷烟厂吕忠等人和云南交投集团云岭建设有限公司、勐海茶厂生产部研发团队等单位（集体）入选2019全国五一劳动奖和全国工人先锋号拟表彰人选（集体）名单。

4月12~13日　第二届全国优质稻品种食味品质鉴评暨国家水稻良种重大科研联合攻关推进活动在三亚水稻公园举行。会上公布了第二届全国优质稻品种食味品质鉴评金奖名单，云南省农业科学院粮食作物研究所选育的籼稻品种"云恢290"上榜，这也是西南地区科研单位唯一获奖的籼稻品。

4月14日　贡山独龙族怒族自治县独龙江乡干部群众认真学习贯彻习近平总书记给独龙江乡群众回信精神。省委要求要把总书记的亲切关怀和殷殷嘱托转化为建设好家乡、守护好边疆的强大动力，以更大的信心、更大的干劲、更大的勇气，坚决打赢脱贫攻坚战，与全国一道进入全面小康社会，同心协力共创更加美好的明天。

4月15日　中共云南省委办公厅、云南省人民政府办公厅印发《关于城市安全发展的实施意见》。《意见》是对城市安全突出问题标本兼治、重在治本的系统谋划，对推动城市安全发展整体水平的提升具有重要意义。

4月16日　云南空港物流股份有限公司在新三板成功挂牌，是西南地区第一家新三板航空物流企业。

4月18日　省委召开常委会（扩大）会议，传达学习习近平总书记在解决"两不愁三保障"突出问题座谈会上的重要讲话精神。会议强调：要认真学习贯彻习近平总书记重要讲话精神，提高政治站位、强化政治担当、坚持目标标准、贯彻精准方略，深入分析存在的问题，拿出过硬措施和办法，确保2019年底全省基本解决"两不愁三保障"突出问题，为如期实现脱贫攻坚目标奠定坚实基础。

同日　省委、省政府召开全省营商环境提升年工作动员电视电话会议，强调要深入学习贯彻习近平总书记关于营商环境建设的重要论述，贯彻落实党中央、国务院关于优化营商环境的部署要求，牢固树立“抓营商环境就是抓竞争力、抓生产力，就是抓政治生态、抓发展环境”的思想意识，着力打造稳定、公开、公平、透明的营商环境，全力推动云南高质量跨越式发展。

4 月 19 日　省委退役军人事务工作领导小组会议在昆明召开。会议强调扎实做好退役军人工作。

同日　云南广播电视台与云南移动战略合作暨 IPTV 产品发布会在昆明举行。IPTV 是广播电视在新媒体领域的重要延伸，是重要的宣传思想文化平台和意识形态阵地，双方将发挥各自优势，共同建设、运营、管理好 IPTV。

4 月 22 日　2019 年滇西脱贫攻坚部际联系会议在临沧举行。会议强调：坚决打赢打好滇西片区脱贫攻坚这场硬仗。

4 月 24 日　云南省普洱市有机茶认证企业达到 95 家，认证证书达到 101 张，普洱市有机茶认证企业和认证证书数量均居全国第一。

4 月 25 日　云南西双版纳边境管理支队打洛边境派出所“全国民族团结进步创建活动示范单位”揭牌仪式在西双版纳打洛镇举行。

4 月 29 日　缅甸国务资政昂山素季来华出席“一带一路”国际合作高峰论坛后，顺访云南。

4 月 30 日　省委、省政府研究同意，13 个州（市）的 33 个贫困县（市、区）达到退出条件，摘掉贫困帽子。至此，全省累计有 48 个贫困县（市、区）脱贫摘帽，占贫困县总数的 54.5%，与全国贫困县退出进度大致相当，标志着全省脱贫攻坚取得了重大决定性成就。

5 月 5 日　云南玉溪抚仙湖度假区入选国家级旅游度假区。

5 月 6 日　国务院正式批复同意临沧市以边疆多民族欠发达地区创新驱动发展为主题，建设国家可持续发展议程创新示范区。临沧市成功创建示范区，是云南省落实习近平总书记考察云南重要讲话精神的具体行动，是我国探索边疆多民族欠发达地区创新驱动发展模式的典型示范。

5 月 7 日　省政府制定出台《关于促进云台经济文化交流合作的若干措

施》，进一步深化云台交流合作，促进云台经济社会融合发展。

5月10日　国务院办公厅《关于对2018年落实有关重大政策措施真抓实干成效明显地方予以督查激励的通报》中，云南公路水路交通建设等5个方面受到国务院通报表扬。2018年，云南全省综合交通建设投资完成2196亿元，居全国第一。

同日　省委常委会（扩大）会议召开。会议传达学习习近平总书记在全国公安工作会议上的重要讲话，同时强调，努力创造安全稳定政治社会环境，推动全省经济社会持续健康发展。

5月14日　云南省打造世界一流"绿色食品牌"工作领导小组会议召开。会议研究全省茶产业发展和"一部手机云品荟"建设工作，强调推动云茶产业绿色发展，加快打造成为千亿级产业。

5月16日　第二届中国西部国际投资贸易洽谈会在重庆开幕。云南、重庆、广西等西部九省（区、市）共同签署合作共建"陆海新通道"协议。"陆海新通道"西承中欧国际铁路大通道，东连长江黄金水产，南经中国—中南半岛经济走廊与新加坡等国相连。

5月17日　省委农村工作会议召开。会议强调：坚持农业农村优先发展，全面实施乡村振兴战略。

5月21日　以"智慧旅游让生活更美好"为主题的2019云南国际智慧旅游大会召开。会议提出把云南建设成为世界一流的智慧旅游目的地。

5月22日　中缅国际大通道大理至临沧铁路首座3000米以上隧道——墨家营隧道顺利贯通，标志着全线建设取得重大进展。

5月24日　全省脱贫摘帽县党委书记座谈会在昆明召开。会议强调：以钉钉子精神抓好脱贫摘帽后续工作，攻坚不停步，夺取新胜利。

5月30日　首批33家高新企业成功入驻云南省高层次人才创新创业园，云南省在推进高层次人才聚集和科技创新成果转化方面迈出实质性步伐。

5月31日　老挝万象中心大众公司首个交易日庆典仪式暨上市敲锣仪式在万象市老挝证券交易所举行。该公司由云南省建设投资控股集团有限公司与老挝吉达蓬集团合资组建，是云南省的国有企业在老挝证券交易市场的第一家上市公司。

同日　云南电力市场累计交易电量突破3000亿千瓦时。

6月6日　云南省“不忘初心、牢记使命”主题教育工作会议在昆明召开。会议强调：要以习近平新时代中国特色社会主义思想为指导，自觉把思想和行动统一到党中央的决策部署上来，扎扎实实开展好主题教育，以实际行动树牢“四个意识”、坚定“四个自信”、做到“两个维护”，坚定自觉地践行党的初心和使命。

6月10~11日　第二届中国—南亚合作论坛在玉溪市举行。本次论坛以“深化地方合作，实现互利共赢”为主题，设置了经贸、减贫、省市长对话、文化、传媒、孟中印缅地区合作等多项议题；同时平行举办中国—南亚省市长论坛、中国—南亚经贸合作会议、中国—南亚减贫地方合作论坛、中国—南亚媒体论坛、孟中印缅地区合作论坛第十三次会议。

6月12日　2019南亚东南亚国家商品展暨投资贸易洽谈会在昆明开幕。

6月12~13日　第七届中国—南亚东南亚智库论坛在昆明举行。本次论坛以“心手相连、命运共同—中国与南亚东南亚命运共同体建设”为主题。

6月14日　党中央部署开展“不忘初心、牢记使命”主题教育以来，云南省高度重视、精心组织，迅速启动、统筹推进，全省主题教育工作稳步开局、扎实推进。全省106家第一批主题教育单位已经全部完成部署启动。

同日　农业农村部公布第二批中国全球重要农业文化遗产预备名单，云南省漾濞核桃-作物复合系统、剑川稻麦夏种系统、双江勐库古茶园与茶文化系统、腾冲槟榔江水牛养殖系统、广南八宝稻作生态系统5个系统入选。

6月14~15日　第五届大湄公河次区域（GMS）跨境电子商务合作平台对话会暨中国（昆明）数字经济与跨境电子商务高峰论坛在昆明召开。本届对话会暨论坛以“把握时代脉搏，共享数字经济发展新机遇”为主题，旨在推动GMS成员国围绕跨境电商政策、标准、交易、信息、物流及通关便利化等开展交流对话，减少贸易壁垒，共享次区域消费大市场。

6月18日　云南粮食产业集团成立，标志着云南省已进入粮食产业发展的全新阶段。按照战略规划，到2022年，该集团将实现营业收入超100亿元，打造成为云南省最大粮食产业化龙头企业。

6 月 19 日　省委宣传部发布 2019 年首批“云岭楷模”先进事迹，授予汪德芬、李晟晖同志，追授杨大林、王秋婷同志“云岭楷模”荣誉称号，号召全社会向他们学习，决战脱贫攻坚。

6 月 21 日　《云南日报》报道：云南农业大学、深圳华大生命科学研究院等单位合作开展草地贪夜蛾成虫个体大片段基因组 DNA 提取、建库、测序和组装研究，目前完成了 2 个染色体水平的基因组测序和组装，这是全球首次完成草地贪夜蛾染色体级别的基因组组装，将为草地贪夜蛾后续研究提供重要的遗传资源。

6 月 22 日　由云南新型智库联盟主办的 2019 年“云岭智库论坛”在昆明举行。论坛聚焦“新时代云南高质量跨越式发展”主题，旨在深入学习贯彻习近平总书记关于推动高质量发展的重要论述以及对云南工作的重要指示批示精神，主动服务和融入国家发展战略，加快推动新时代云南高质量跨越式发展。

6 月 26 日　云南省国有金融资本控股集团有限公司在昆明正式挂牌成立，该集团是由省财政厅代表省政府履行出资人职责的国有独资企业。28 日，云南省国有金融资本控股集团有限公司下属全资子公司云南产业投资基金有限责任公司挂牌成立，标志着云南省级政府产业类投资基金专业化运营管理平台正式运行。

同日　第八届云台会在昆明开幕，本届主题为“共享‘一带一路’机遇，深化云台融合发展，推进辐射中心建设”。

同日　由云南建投集团承建的中国援助柬埔寨教育环境与设施改善项目在柬埔寨干丹省开工，该项目将覆盖柬埔寨金边、干丹省和磅湛省的 27 所学校，计划建设 23 栋教学楼、17 栋实验办公综合楼以及宿舍楼、足球场、篮球场等设施。

6 月 28 日　2018 年度云南省生物医药产业新闻发布会在昆明举行。2018 年，云南生物医药产业实现主营业务收入 1685.9 亿元，同比增长 12.8%；实现增加值 519.61 亿元，同比增长 12%。

同日　中越河口—老街口岸农副产品快速通关“绿色通道”正式开通，

成为中越双边第一个农副产品快速通关“绿色通道”。越南也成为继哈萨克斯坦、吉尔吉斯斯坦、塔吉克斯坦、蒙古国之后，与中国共同开通边境口岸农副产品快速通关“绿色通道”的第 5 个周边国家。

7 月 1 日　云南省国有股权运营管理有限公司、云南省煤炭产业集团有限公司在昆明正式挂牌成立。

同日　“不忘初心、牢记使命”云南省红色旅游系列活动启动仪式在云南陆军讲武堂举行，并发布 6 条云南省红色旅游经典线路。

7 月 3 日　由昆明医科大学第一附属医院申报的“国家卫生健康委毒品依赖和戒治重点实验室”正式获批建设，成为云南省首个国家级毒品依赖和戒治重点实验室，标志着云南省防毒戒毒进入新阶段。

7 月 4~9 日　全国政协副主席、九三学社中央常务副主席邵鸿率九三学社中央调研组在云南省就“深度贫困地区教育脱贫攻坚”开展专题调研。

7 月 5 日　华能澜沧江水电股份有限公司高级顾问、中国工程院马洪琪院士荣获国际大坝委员会终身成就奖。马洪琪院士提出了水利水电地下工程洞室群施工规划的基本原则和安全建设的关键技术，研制出我国第一台具有自主知识产权的高压长斜井滑升模板，填补了此项技术空白。

7 月 7 日　位于川滇黔三省交界处的鸡鸣三省大桥主拱圈顺利合龙，标志大桥建设取得重大阶段性进展，为 2019 年底建成通车奠定了坚实基础。大桥的建成将改变四川叙永县、云南镇雄县两个国家级贫困县隔河相望不相连的历史，并彻底改变当地民众交通状况。

同日　东格（东川—格勒）高速公路正式通车运营，是云南省 2019 年“能通全通”工程第一条通车的高速公路，是云南省高速公路网规划中第 8 条纵线 S25 昆明至巧家高速公路的重要组成部分，是云南省入川、渝的主要通道之一，也是昆明市骨架路网重要组成部分。

7 月 8 日　云南省运动员张德顺获得 2019 年世界大学生运动会女子 10000 米金牌。

7 月 9 日　省委全面深化改革委员会第四次会议召开。会议强调：要深入学习贯彻习近平总书记关于全面深化改革的重要论述和习近平总书记在党和国家机构改革总结会议上的重要讲话精神，增强“四个意识”、坚定“四个自信”、做到“两个维护”，紧密结合正在开展的“不忘初心、牢记使命”主题教育，利用好深化党和国家机构改革创造的有利条件，有力推动各项改革落实落细落地，更好服务全省经济社会发展大局。

同日 《云南日报》报道：国家口岸办 6 月份通报信息显示，中国（云南）国际贸易“单一窗口”标准版的货物申报、空运运输工具、公路运输工具、空运舱单、公路舱单 5 个主要业务日应用率、周应用率均已达到 100%，并保持稳定，提前半年完成国务院要求年底主要业务应用率达到 100%的工作目标。

7 月 10 日 《云南日报》报道：云南省确定了首批 21 个省级新型工业化产业示范基地，包括：烟草加工、生物医药、装备制造（电力装备）、信息（新一代信息技术）、水电硅材加工一体化、有色金属加工制造、精细磷化工等方面。

7 月 11 日 昆明市人民政府、云南省能源投资集团在昆明分别与华为技术有限公司签署战略合作协议。按照协议，昆明市政府将与华为公司在 5G 产业、智能制造、数字昆明、平安城市等领域加强合作；云南能投集团将与华为公司在公共云、智慧旅游、智慧教育、智慧能源、数字交通、数字环保等重点领域开展合作。

7 月 15 日 滇金丝猴全境保护网络在迪庆州香格里拉市成立。这一机构由云南省林业和草原局联合云南省绿色环境发展基金会、白马雪山国家级自然保护区管护局等 13 家单位建立，旨在推动滇金丝猴种群及其栖息地保护。

7 月 19~20 日 2019 年首届“数字云南”区块链国际论坛在昆明举办。丽江玉龙雪山景区获区块链电子发票，这是全国第一张区块链景区电子冠名发票，标志着云南省纳税服务正式开启区块链时代。

7 月 23 日 云南省打造世界一流“绿色食品牌”工作领导小组第 13 次会议召开。会议强调大力推进“一县一业”示范创建，推动世界一流“绿色食品牌”打造取得新突破。

7 月 28 日 云南大理白族自治州大理市双廊镇双廊村等 13 个村入选第一批全国乡村旅游重点村名单。

7 月 29~30 日　中国共产党云南省第十届委员会第七次会议在昆明举行。全会总结省委十届六次全会以来的主要工作，分析当前形势，对下半年工作进行安排部署。全会号召，以全省经济社会发展、社会大局稳定和党的建设不断加强的优异成绩庆祝中华人民共和国成立 70 周年！

7 月 31 日　中央军委授予荣誉称号仪式在北京举行。中央军委主席习近平向“排雷英雄战士”杜富国颁授奖章和证书。

8 月 1 日　《人民日报》刊发 6 个整版的专题报道《壮丽 70 年·奋斗新时代·共和国发展成就巡礼——云南》。报道充分展现了党的十八大以来，云南坚持以习近平新时代中国特色社会主义思想为指导，始终牢记和深入学习贯彻习近平总书记的重要指示精神，按照习近平总书记给云南提出的“主动服务和融入国家发展战略，闯出一条跨越式发展的路子来，努力成为民族团结进步示范区、生态文明建设排头兵、面向南亚东南亚辐射中心，谱写好中国梦的云南篇章”的要求，凝心聚力，共同奋斗。

同日　云南省决战县域高速公路“能通全通”工程领导小组第 1 次会议召开。会议强调决战决胜县域高速公路“能通全通”工程，并在有条件的州市积极推进县域间高速公路“互联互通”。

8 月 2 日　国家统计局云南调查总队发布数据显示：新中国成立 70 年来，云南扶贫历程实现了从救济型、区域开发型到精准扶贫型的转变，扶贫实现历史性跨越。特别是改革开放以来，3 次确定调整国家农村贫困标准，贫困人口规模大幅度减少，贫困发生率持续下降，减贫成果显著。

8 月 5 日　省委常委班子“不忘初心、牢记使命”主题教育第二次集中学习暨调研成果交流会在昆明举行。会议深入学习贯彻习近平新时代中国特色社会主义思想，对照习近平总书记重要指示精神特别是对云南工作的重要指示精神，交流调查研究成果、提出工作思路举措，把主题教育的成效转化为落实党中央重大决策部署、推动云南高质量跨越式发展的实际行动。

8 月 9~11 日　2019 中国高血压大会暨中国医师协会高血压专业委员会年会在北京召开。本次会议上，昆明市延安医院通过中国高血压中心认证和授牌，成为云南省首家国家级高血压诊疗中心。

8 月 12 日　国务院新闻办公室在北京举行以“新时代高质量跨越式发

展的云南答卷”为主题的庆祝新中国成立 70 周年云南专场新闻发布会。“云南答卷”的五个方面是：一是经济社会发展取得新成就，二是民族团结进步示范区建设迈出新步伐，三是生态文明建设开创新局面，四是面向南亚东南亚辐射中心建设展现新气象，五是民生保障得到新加强。

同日　《云南日报》报道：近日，中国银行云南省分行首笔对缅甸人民币直汇业务成功办理，标志着云南省首条对缅人民币汇款通道开通，在推动人民币国际化的道路上再次迈出坚实的一步。

8 月 20 日　由中国移动通信集团云南有限公司、昆明船舶设备集团有限公司、中移（上海）信息通信科技有限公司、华为技术有限公司共同建设的“智能制造 5G 应用联合创新实验基地”在昆明揭牌，标志着云南首个智能制造 5G 应用进入实际实施阶段。

8 月 23 日　普洱市首批通过“两检一统”标准认定的咖啡生豆出口乌克兰。这是“两检一统”标准认证在普洱实施以来的首次出口，标志着“两检一统”标准认证获得了国际认可。

8 月 26 日　新华社报道：国务院印发《中国（山东）、（江苏）、（广西）、（河北）、（云南）、（黑龙江）自由贸易试验区总体方案》。《总体方案》指出：在山东、江苏、广西、河北、云南、黑龙江 6 省区设立自由贸易试验区，是党中央、国务院作出的重大决策，是新时代推进改革开放的战略举措。要以习近平新时代中国特色社会主义思想为指导，全面贯彻党的十九大和十九届二中、三中全会精神，坚持新发展理念，坚持高质量发展，主动服务和融入国家重大战略，更好服务对外开放总体战略布局，把自贸试验区建设成为新时代改革开放的新高地。《总体方案》规划云南自贸试验区围绕打造“一带一路”和长江经济带互联互通的重要通道，建设联接南亚东南亚大通道的重要节点，推动形成我国面向南亚东南亚辐射中心、开放前沿，提出了创新沿边跨境经济合作模式和加大科技领域国际合作力度等方面的具体举措。

8 月 27 日　党中央决定，首次开展国家勋章和国家荣誉称号集中评选颁授，隆重表彰一批为新中国建设和发展作出杰出贡献的功勋模范人物。首批有 8 名“共和国勋章”建议人选，28 名国家荣誉称号建议人选，云南省高德荣入选国家荣誉称号建议人选。

后 记

《辉煌云南 70 年 · 大事记》一书由云南省社会科学院、中国（昆明）南亚东南亚研究院党组书记、院长何祖坤任主编，党组成员、副院长沈向兴任执行主编，李吉星、顾胜华、刘欣同志任副主编。参与编辑工作的人员有：攸扬、木文娟、刘鸿燕、梁初阳、陈曦、周月、苏醒、欧阳洁、曾黎梅、马颖娜、熊咏梅、钟雷、胡中健。

参与策划和修改的领导和专家有：罗杰、郑维川、杨正权、王文成、陈光俊、陈利君、黄小军、杨林兴、王国忠、范祖锜、何天华、字振华。

省委办公厅、省纪委省监委、省委组织部、省委宣传部、省委政法委、省委政策研究室、省委党史研究室、省人大常委会办公厅、省政府办公厅、省发展和改革委员会、省教育厅、省科技厅、省民族宗教委、省民政厅、省司法厅、省自然资源厅、省生态环境厅、省住房和城乡建设厅、省交通运输厅、省农业农村厅、省水利厅、省商务厅、省文化和旅游厅、省卫生健康委员会、省退役军人事务厅、省政府研究室、省广播电视局、省统计局、省政府发展研究中心、省地方志编纂委员会办公室、省政协办公厅等单位认真审读并提出了修改意见。省委办公厅、省委党史研究室、云南日报报业集团在资料收集中给予了大力支持，云南人民出版社为本书的出版做了大量编辑工作。对于给予本书帮助和支持的单位和个人，在此一并表示衷心感谢。

2018 年 10 月本书编辑工作正式启动。我们以《中国共产党通志》（上、中、下）、《当代中国大事记》（1949~1992）、《改革开放二十年大事记》、《中国共产党云南历史》（第二卷）、《云南省志》（2003）、《云南简史》、《当代云南大事纪要》（1949~2006）、《辉煌中国 · 云南六十年》、《云南改革开放 30 年历史经验》、《云南改革开放三十年》、《云南改革开放 30 年》、《云南省情》（2008 年版）、《云南年鉴》（2008～2018 年各辑）、《云南通讯》（2008～2018 年各期）、《云南日报》（1980～2019 年各期）为基础资料，认真梳理了 70 年来反映云南发展变化的重大事件、重要活动和重要文件，对涉及内容仔细斟酌、反复研判。编辑过程中，力求体现历史感、真实感，按照内容选录原则和标准，突出反映云南 70 年的辉煌成就。2019 年 2 月底形成初稿。2019 年 3 月至 7 月，在征求省级相关部门和各方面专家意见的基础上，经过反复修改完善，最终定稿付梓出版。

限于编辑工作水平，本书所编内容的详略和取舍，难免存在疏漏之处，恳请读者批评指正。

编　者

2019 年 8 月